# 能力达标
# 实训指导

主编　靳君　武玮

郑州大学出版社

**图书在版编目(CIP)数据**

能力达标实训指导 / 靳君,武玮主编. -- 郑州 :
郑州大学出版社,2024. 9
ISBN 978-7-5645-8367-5

Ⅰ. ①能… Ⅱ. ①靳…②武… Ⅲ. ①教育实习 - 研
究 Ⅳ. ①G424.4

中国国家版本馆 CIP 数据核字(2022)第 008677 号

能力达标实训指导
NENGLI DABIAO SHIXUN ZHIDAO

| | | | |
|---|---|---|---|
| 策划编辑 | 宋妍妍 | 封面设计 | 苏永生 |
| 责任编辑 | 胡佩佩 | 版式设计 | 苏永生 |
| 责任校对 | 郜 静 | 责任监制 | 李瑞卿 |

| | | | |
|---|---|---|---|
| 出版发行 | 郑州大学出版社 | 地 址 | 郑州市大学路40号(450052) |
| 出 版 人 | 卢纪富 | 网 址 | http://www.zzup.cn |
| 经 销 | 全国新华书店 | 发行电话 | 0371-66966070 |
| 印 刷 | 郑州宁昌印务有限公司 | | |
| 开 本 | 787 mm×1 092 mm 1 / 16 | | |
| 印 张 | 20.5 | 字 数 | 458 千字 |
| 版 次 | 2024 年 9 月第 1 版 | 印 次 | 2024 年 9 月第 1 次印刷 |

| | | | |
|---|---|---|---|
| 书 号 | ISBN 978-7-5645-8367-5 | 定 价 | 56.00 元 |

# 编委名单

| | |
|---|---|
| 主　　　任 | 张西方　马锦华 |
| 副　主　任 | 杜燕红　靳君　李广 |
| 本　书　主　编 | 靳君　武玮 |
| 本书副主编 | 胡月　张一楠　李慧慧　张明珠 |
| | 唐桂英　望欢　何晴利　张书喆 |
| | 谢渊　李静　刘佩佩　王艳艳 |
| | 唐文娟　高星　龚贺 |

# 前　言

幼儿园教师是一个实践性很强的职业,师范生教育是幼儿园教师职前培养阶段,职业能力实训是学前教育专业学生培养过程中重要的实践教学环节。为深入落实教育部《幼儿园教师专业标准(试行)》《学前教育专业师范生教师职业能力标准(试行)》《教育类研究生和公费师范生免试认定中小学教师资格改革实施方案》和师范类专业认证的相关要求,提升学前教育人才培养质量,洛阳师范学院学前教育专业聚焦创新精神和实践能力的应用型学前教育人才培养,持续推进人才培养模式和实践教学体系的改革研究与实践。

洛阳师范学院于2008年开始招收学前教育专业本科学生,在人才培养过程中,一直致力于实践教学体系的改革与实践,聚焦实践教学,立项1门国家级一流本科课程和10余门省级一流本科课程,获批国家级教学成果二等奖1项和多个省级实践教学改革项目,取得较好的改革成效。2019年,学前教育专业获批国家级一流本科专业建设点,2021年,通过教育部师范类专业认证(二级)。本书基于学前教育专业长期开展的专业能力实训教学,通过丰富的案例和实用的操作指导,帮助学生掌握幼儿园教育教学的实际操作技能,提高其解决实际问题的能力。本书的特点主要体现在以下几个方面:

1.内容全面:涵盖了学前教育专业能力实训的各个方面,包括保育与一日生活组织、游戏设计与组织、教育活动设计与指导、幼儿园班级管理、学前儿童行为观察与分析、幼儿歌曲弹唱、幼儿舞蹈、儿童画、玩教具制作、故事讲述等。

2.实用性强:结合幼儿园实际教育教学场景,通过案例分析、实训指导等形式,帮助学生快速掌握实际操作能力,提高其实践素养和创新能力。

3.系统性强:按照循序渐进的原则,从知识讲解到能力要求,再到实训指导,逐步引导学生掌握学前教育专业能力实训的核心内容。

4.注重创新:关注学前教育领域的新理念、新方法、新技术,培养学生的创新意识和创新能力,以适应未来教育的变革和发展。

本书由洛阳师范学院学前教育专业教师团队合作完成。主编靳君、武玮负责本书的定位、结构设计、大纲和通稿工作,并撰写前言。具体编写人员分工如下:武玮(第一章)、胡月(第二章)、张一楠(第三章第一节)、李慧慧(第三章第二节)、张明珠(第三章第三节)、唐桂英(第三章第四节)、望欢(第三章第五节)、何晴利(第三章第六节)、张书喆(第三章第七节、第八章)、谢渊(第三章第八节)、李静(第四章)、刘佩佩(第五章)、王艳艳(第六章)、唐文娟(第七章)、高星(第九章)、龚贺(第十章)。

本书在编写过程中,参考并引用了大量资料,在此一并表示感谢!特别感谢洛阳市实验幼儿园王利晓副园长及张玉星老师提供主题活动案例并获得授权使用相关图片。编写过程中存在疏漏与不当之处,敬请不吝指正!

洛阳师范学院学前教育学院
2024 年 1 月

# 目 录

# 第一章 保育与一日生活组织实训

## 第一节 幼儿园保育知识基础

### 一、幼儿园保育工作的内涵

#### (一)保育的内涵

"保育"从字面上的释义:"保"即保护、保健,即儿童身心尚未成熟所给予的保护、保健,让其能自由发展;"育"即生育、养育、教育。传统的保育,主要是指对儿童的身体进行保护和照顾。随着健康概念的日趋完善,以及人们对儿童生理、心理和教育的研究与探讨,有关儿童保育的概念也在不断扩展。保育的观念从传统的"保护身体发育"扩展到"促进幼儿个性发展和社会适应能力的提高",从"安全保护与卫生"扩展到"实施教育过程中的生理、心理和社会保健"。在此基础上,现代意义上的保育是指既促进儿童的身体健康,又促进儿童心理和社会适应的良好发展。

保育工作是幼儿园工作的重要组成部分,环境创设、卫生保健、生活与教育活动的保育教育以及卫生安全制度的建立,对幼儿的健康成长起着不可低估的作用,是维护和增进幼儿健康的重要保证。

#### (二)幼儿园保育工作的基本内容

《幼儿园工作规程》指出,幼儿园的任务是实行保育与教育相结合的原则,对幼儿实施德、智、体、美诸方面的教育。保育工作是幼儿园各项工作中的重要部分,已渗透幼儿园一日生活的各个环节。

1.为幼儿提供良好的生活环境

良好的生活环境主要包括符合安全与卫生要求的、适合并能促进幼儿身心健康发展的物质环境和精神环境。幼儿园的设施、设备要符合幼儿的生理和心理特点,环境布置要温馨,富有童趣。保教人员不仅要保证自身具有良好、健康的情绪和心理状态,还要为学前儿童营造一个尊重、自由、宽松、亲切的心理氛围。

2.做好日常生活的保育工作

为幼儿制定科学合理的生活制度,提供合理、均衡的膳食,对幼儿的进餐、饮水、睡眠、起床、穿脱衣服、盥洗、排泄等每个生活环节给予精心的照顾。

3. 做好教育过程中的保育工作

要注意教育环境的安全与卫生,合理调整活动室的通风、保暖、照明等设施,关注幼儿的坐、立、阅读、书写及握笔的姿势是否正确,注意玩具、剪刀、铅笔等的安全卫生。幼儿绘画活动通常属于教育活动,教师在组织幼儿进行这一活动时,需提醒孩子要注意用眼卫生、坐姿与握笔姿势,注意光线来源与亮度是否合理。

4. 做好卫生保健工作

幼儿园卫生保健工作的工作方针是贯彻预防为主,注重保教结合。幼儿园卫生保健工作的内容包括建立科学、合理的一日生活制度,为幼儿提供合理的营养膳食,制订与幼儿生理特点相适应的体格锻炼计划,建立健康检查制度,严格执行卫生消毒制度,协助落实国家免疫计划,加强日常保育护理工作,建立卫生安全管理制度,制订健康教育计划,做好各项卫生保健工作信息的收集、汇总和报告工作。卫生保健工作主要由保健医生负责,但也需要全园保教人员及其他人员的共同配合。

5. 做好安全管理工作

做好房屋、设备、消防、交通等安全防护和检查工作;做好幼儿的安全教育工作,如不跟陌生人走,不吃陌生人给的食物,不告诉陌生人自己的家庭住址、电话和姓名等;做好药品和危险品的管理,如药品、消毒液、危险品放在孩子拿不到的地方;做好幼儿入园和离园时的管理工作,防止意外伤害的发生。

6. 做好体格锻炼工作

根据幼儿的年龄及生理特点,每日有组织地开展各种形式的体格锻炼,掌握适宜的运动强度,保证运动量,提高幼儿身体素质。每天保证幼儿有充足的户外活动和体育活动时间,充分利用日光、空气、水和器械,有计划地让儿童进行体格锻炼。

7. 做好特殊儿童的保育工作

对体弱儿、残疾儿以及有心理行为问题的儿童提供特殊照顾、帮助与指导等。

## 二、幼儿园保育工作的实施原则

### (一)坚持保育和教育相结合原则

保育和教育相结合,是幼儿健康成长不可缺少又不可分割的条件。坚持保育和教育相结合,并将其渗透幼儿园教育的各个环节是保教管理工作的基本原则。保育与教育必须互相结合、互相联系、互相渗透。因此,保教人员在组织实施各项活动中要树立保育和教育相结合的观念,尊重幼儿身心发展的特点和规律,做到"保中有教""教中有保""保教结合""保教并重"。

### (二)坚持全员参与原则

保育工作不只是保育员和幼儿教师的工作,更需要卫生保健人员、食堂工作人员、后勤管理人员、保安人员的参与及全体工作人员相互配合、协同工作,才能做好儿童保育工作。

### (三)坚持家园同步原则

《幼儿园教育指导纲要(试行)》指出,家庭是幼儿园重要的合作伙伴。要做好幼儿的保育工作,还需要得到幼儿家庭的支持与配合。家长与保教人员应密切配合,培养幼儿良好的进餐、饮水、盥洗、排泄、睡眠等生活习惯和生活自理能力。

## 三、学前儿童保育知识构成

### (一)生理卫生与保育知识

运动系统、神经系统、内分泌系统、循环系统、呼吸系统、消化系统、泌尿与生殖系统等生理系统与感官皮肤相互协调,使人体能够进行复杂的生命活动。

1. 学前儿童运动系统的保育要点
(1)注意培养学前儿童各种正确的姿势,包括坐、立、行等。
(2)适当进行体育锻炼,促进骨骼和肌肉的发育。
(3)预防骨折、脱臼、肌肉损伤等伤害性事故的发生。
(4)经常晒太阳,促进身体对维生素 D 以及钙、磷等的吸收。
(5)学前儿童的服饰应有别于成人,要便于骨骼的发育和动作的发展,不能一味追求美观。

2. 学前儿童呼吸系统的保育要点
(1)用鼻呼吸,防止灰尘细菌入肺,减少感冒。
(2)掌握擤鼻涕的方法,防止引发中耳炎。
(3)保护嗓音,不长时间唱歌、呼喊。
(4)适当加强体育锻炼,促进胸廓及肺部发育。
(5)尽可能进行户外活动,保持室内空气流通。
(6)进餐不高声谈笑,防止食物误入气管。

3. 学前儿童消化系统的保育要点
(1)保持口腔卫生。
(2)保护好乳牙,定期检查牙齿。
(3)养成良好的饮食习惯。
(4)愉快进餐。
(5)定时排便,防止便秘。

4. 学前儿童循环系统的保育要点
(1)进行适当的运动和锻炼,以改善学前儿童心肌纤维的收缩性和弹性。运动前,要做好准备活动;剧烈运动后不要喝大量的水,防止增加心脏负荷;注意不同体质的儿童在运动中的表现。
(2)合理营养,防治贫血,注意摄入含丰富铁和蛋白质的食物。
(3)避免过度的或突然的神经刺激,否则,将会影响心脏和血管的正常机能。
(4)儿童衣服和鞋袜不宜过小、过紧,以免影响心脏活动和血液循环。
(5)应有正常的睡眠和适当的休息,以利于保护心脏。

5. 学前儿童神经系统活动的特点及保教要点
(1)优势法则保教要点:激发幼儿兴趣。

（2）始动调节保教要点：活动难度、强度应循序渐进，由易到难、由慢到快。

（3）镶嵌式活动保教要点：活动安排动静交替、劳逸结合。

（4）动力定型保教要点：制定一日生活制度，形成规律与习惯。

（5）保护性抑制保教要点：保证充足睡眠。

6. 学前儿童感觉器官的保育要点

（1）讲究科学采光。用眼时间不能长，多在户外活动，保持正确的作业姿势。

（2）注意维生素 A 及其他各种营养素的摄入。

（3）保持视觉器官的清洁，不用脏手揉眼，不共用洗漱用具。

（4）重视听觉器官的卫生，不用锐利工具挖耳，注意擤鼻涕的正确方法，尽量避免噪音。

（5）定期进行感觉器官的健康检查，发现问题及时解决。

（6）通过多种途径，训练感官能力。

7. 学前儿童皮肤的保育要点

（1）为防止尖锐或坚硬的东西损伤皮肤，学前儿童不宜佩戴任何首饰。

（2）要根据气温变化、运动量大小等实际情况及时提醒孩子增减衣服。

（3）在学前儿童可触及之处，不可放置炉子、开水、菜汤等物。

（4）婴幼儿，尤其是婴儿，晒太阳时应尽量将皮肤暴露在温和的阳光下，不要在烈日下暴晒。

（5）勤洗澡、洗头，勤剪指（趾）甲，保持皮肤清洁。

（6）最好选择宽松、吸汗、柔软的棉质内衣，小男孩裤子不用拉链。

（7）使用儿童专用的外用药，要注意用量。

**（二）营养卫生与保育知识**

1. 学前儿童膳食特点

（1）从婴幼儿膳食转向成人膳食。学前儿童消化系统、神经系统等系统功能的逐渐成熟对膳食的种类、营养含量、烹调方法等均有特殊的要求。随着生理功能日趋成熟，食物从糊状到细碎、小块，食材从单一到多样，餐次从多到少，慢慢趋向成人膳食。

（2）对蛋白质的质量要求高。学前儿童迅猛的生长发育速度要求足量的优质蛋白质参与组织细胞的合成与修复。因此，膳食中的优质蛋白不应低于蛋白质总量的 50% 才能满足需要。

（3）烹调的方法应易于消化吸收。依学前儿童的年龄特点，食材可切碎煮烂、软硬适中，避免高温油炸、过于油腻，温度应适宜且无刺激。如豆类不能整粒食用，干豆、鲜豆、硬果要切碎，鱼虾肉要去刺、去壳、去骨再食用等。

（4）膳食讲究形、色、香、味。烹调的食物要注意颜色漂亮、外形美观、味道鲜美，并经常变换花样，以增进学前儿童的食欲。

2. 学前儿童膳食配制的原则

（1）膳食平衡，比例适宜。

（2）食物配制符合学前儿童消化功能。

（3）食物品种丰富多样。

（4）注意烹调方法，讲究食物色、香、味、形，激发学前儿童食欲。

**3. 学前儿童食谱拟订的原则**

为保证膳食计划的顺利进行，托幼机构必须每周拟订下周食谱，以利于工作安排。食谱拟订要符合膳食配制的原则，遵守膳食制度的规定，同时要做到如下几点：

（1）按照早餐吃好、午餐吃饱、晚餐吃少的原则，恰当分配三餐一点的食物。

（2）注意食物品种的多样化，尽可能使不同食物中的营养素得到互补。

（3）尽量选择营养丰富的食物，例如，绿叶蔬菜或鲜豆淡色的或根茎类蔬菜营养价值要高；经常选用粗粮比单一选用细粮要好。

（4）一周食谱中，一日各餐的主、副食品不应重复；一周副食品不应有两次以上重复。食物的更换可用同类食物的不同品种轮流进行。

**4. 学前儿童食谱审核**

为了检验所订食谱的合理性和科学性，必须对食谱进行审核。一般从以下几方面进行：

（1）检查全园每日伙食费的收支是否平衡，如不平衡，应查明原因及时调整，要保证伙食费充分运用在本园儿童的伙食上。

（2）平时注意观察儿童的进食情况，定期进行形态指标和生理指标的测量，分析儿童的生长发育现状。

（3）定期进行营养计算，并参照各年龄儿童的营养素供给量标准加以分析，迅速调整。

**（三）一日生活组织与保育要点**

**1. 一日生活活动**

幼儿园一日生活活动是幼儿园把幼儿每日在园内的主要活动，如入园、进餐、盥洗、如厕、午睡、游戏、户外活动、离园等在时间和顺序上合理科学地进行安排。幼儿身体机能尚不成熟，需要教师安排合理的一日生活活动并做好保教工作。

生活活动中的保育工作包含教育因素，教育中也渗透着保育因素。在生活活动中保教结合，可以促进幼儿全面发展。合理安排一日生活活动能够满足幼儿身心需要，促进其身心健康发展；有助于培养幼儿有规律的生活习惯；能提高保教工作效率。进行一日生活组织的实训活动，有助于学前教育专业学生了解一日生活活动中保教工作的主要内容及要求，从而为幼儿的学习与发展提供适宜的支持。

（1）晨间接待[①]。晨间接待是幼儿园一日工作的开始，教师以怎样的精神状态迎接幼儿和家长，直接影响着幼儿在园一天的生活与情绪状态，也影响着家园信任关系的建立。具体包括晨间检查、亲师交接、晨间活动等。

（2）进餐。进餐是幼儿园重要的生活环节之一，根据园所制度的区别，全日制幼儿园一般为幼儿提供三餐两点、两餐两点、两餐一点等。进餐活动是为幼儿进行食育教育，帮

---

① 傅辰、董旭花：《学前教育专业实训教育指导》（第二版），科学出版社，2018，第97页。

助幼儿形成良好的饮食与卫生习惯的重要途径。

（3）晨间锻炼。晨间锻炼有助于儿童尽快进入大脑皮层的兴奋状态，精神抖擞地开始一天的在园生活。晨间锻炼一般以韵律操为主要活动形式。

（4）盥洗如厕。盥洗与如厕是幼儿一日生活中的重要过渡环节，既是幼儿调整状态，为参与下一活动做好准备的前提，又是培养幼儿良好生活习惯与自理能力的重要途径。

（5）游戏活动。游戏是学前儿童学习的主要形式，也是幼儿在园一日生活的基本活动形式，游戏的开展要尊重幼儿的意愿，活动形式包括户外体育游戏与自由游戏、室内区域游戏等。游戏过程要动静交替，避免幼儿在游戏中过度兴奋。

（6）教育活动。教育活动是幼儿在园期间重要的学习途径，在组织形式上分为集体活动与小组活动。集体教育活动一般包括健康、科学、语言、社会与艺术五大领域教育活动，教育活动的时间随儿童年龄增长而逐渐延长。

（7）午睡。幼儿神经活动存在"保护性抑制"活动规律，因此幼儿年龄越小，需要睡眠越多。午睡也是一日生活中存在很多安全隐患的环节，午睡时需要教师定时巡回检查，关注幼儿的睡眠状态。

（8）户外活动。户外活动可以为幼儿活动提供清新空气，保证氧的供应，减少呼吸道感染，增强抵抗力，保证紫外线照射，促进钙的吸收。全日制幼儿园每日户外活动时间应不少于2小时。

（9）离园。离园是幼儿园一日生活最后一个环节，也是总结当日活动，培养幼儿自我服务能力的好机会。教师需要组织好离园前的准备活动，做好离园安全交接工作。

2. 一日生活保育要点

（1）入园工作。

1）入园前环境准备。保育员进班后先开窗通风，再进行室内外清洁消毒，做到"六净"，即地面、桌椅、门窗、玩具柜、水杯架（格）、毛巾架（格）干净。准备小毛巾、餐巾纸、便纸、洗手肥皂等用品，有效防止幼儿疾病的发生。

2）晨间接待。主班教师在幼儿园门前热情地接待幼儿，主动向幼儿和家长问好，蹲下和幼儿沟通感情。如果幼儿哭闹，应从家长那接过幼儿，并把幼儿抱入怀里。

3）晨间健康检查。一摸：幼儿有无发热现象（可测体温）。二看：观察幼儿精神状态、面色等，观察有无传染病的早期症状表现，如咽部异常症状、皮肤或手部皮疹等。三问：个别幼儿饮食、睡眠、大小便情况。四查：有幼儿携带不安全的物品，发现问题迅速处理，并做好晨检记录。

在晨检中，教师如发现幼儿身体有异常，应立即请保健医生检查，家长、老师都要在场，如情况严重，直接请家长接回去。如果没有大碍，教师做好记录，多关注，保健医生也要经常巡查。

4）物品交接。主班教师与家长进行简单、必要的交流。记录家长为幼儿配带的衣物及药品，对于药品，要清楚记录药物名称、用法、用量，并由家长签字。接收幼儿携带的衣物、书包、玩具等物品。对特殊情况，要进行详细记录，并及时与班上其他教师衔接沟通。

5）组织晨间活动。组织来园幼儿的晨间活动：室内区域活动，或户外体育活动，或集体阅读活动,或与幼儿交谈分享口述日记和家园联系本等。

6)抚慰托小班幼儿情绪。情绪抚慰常用策略包括以下"五个一"。

抱一抱:对于哭闹的幼儿,教师先把他抱在怀里,给予安抚。

哄一哄:想方设法转移幼儿的注意力,减少其哭闹的频率。

说一说:引导幼儿和教师说说话、聊聊天,在说话和聊天的过程中,逐渐帮助幼儿恢复良好的情绪。

查一查:通过给家长打电话或发短信,多了解幼儿哭闹的真正原因。

定一定:和家长共同商讨解决幼儿哭闹的方法,达成共识;和幼儿做个约定,共同商量宣泄不良情绪的做法。

7)组织中大班幼儿值日生工作。教师要为幼儿提供适宜且有趣的劳动工具,如手套小抹布、彩色小拖把等,来吸引他们积极参与值日生工作,并用感兴趣的方式加以引导,帮助他们在不知不觉中做好值日生工作。开展"快乐小值日"系列活动,通过引导幼儿讨论、教师示范和讲解,以及幼儿练习等方式,帮助幼儿了解、掌握值日生工作的要求和方法,让幼儿能得心应手地做好值日生工作。

应注意,在整个入园工作中,保育员主要负责整理教室内外卫生,做好早餐前的准备;主班教师则主要负责迎接家长和幼儿,与家长做好交接,对幼儿进行晨间健康检查,组织幼儿晨间游戏。两个人一定注意,有分工更要有配合。如当主班教师在组织幼儿晨间游戏时,有个别家长送幼儿来园,教师应一边接待,一边关注其他幼儿,或请保育员及时跟上,避免因空岗而产生安全隐患。

(2)进餐的组织。

1)保育员做好餐前准备工作,按清水→消毒液→清水的步骤消毒餐桌,餐具、餐巾摆放规范。中大班也可安排小值日生进行餐前劳动,负责擦净餐桌,分发餐具等。

2)进餐前,带班老师应安排幼儿进行安静的活动(如唱歌、讲故事、玩手指谣等),组织幼儿先摆放椅子,再排队洗手,小班需由教师帮助卷好袖子。

3)组织洗干净手的幼儿进餐,创造愉快、安静的进餐气氛,可播放适宜进餐的轻音乐,使幼儿情绪安定,积极进餐。

4)分发食物或请幼儿有秩序地领取(分餐教师洗手后戴口罩)。少盛多添,保证饭菜的温度,注意干湿搭配。

5)由教师或幼儿来介绍饭菜,激发进餐的欲望。

6)进餐过程中,要精力集中,注意观察,及时添饭,不催食。随时指导和帮助幼儿掌握进餐的技能,培养独立进餐和不挑食、不剩饭的好习惯。托班幼儿需要老师喂饭,逐渐学习固定位置进餐;小班幼儿在老师的帮助与提醒下,学习自己独立使用小勺吃饭;中班以上的幼儿应该做到干净地吃完自己的一份饭菜,保持桌面、地面清洁。

7)餐后请幼儿分类摆放餐具,自觉擦嘴、漱口、洗手,搬放小椅子。

(3)盥洗如厕的组织。

1)盥洗的组织。①根据盥洗间空间的大小和设施设备的情况,组织幼儿排队,分批进行盥洗。②让幼儿知道饭前便后要洗手,教给或督促幼儿用正确的方法洗手,卷好袖口(小班幼儿由老师帮助,中班幼儿互相帮助,大班幼儿独立操作)—把手淋湿—搓上肥皂—按手背、手指、手腕顺序洗手—冲洗肥皂沫—甩手、抖掉水珠—用自己的毛巾擦干手并挂好毛巾,放下衣袖。③在幼儿未养成习惯时,教师要勤督促,多检查。

2)如厕的组织。①卫生间男女分厕的幼儿园,教会幼儿在自己相应的地方大小便。没有条件的,教师应组织男孩女孩分批如厕。除集体安排的时间外,对中小班的孩子,随时有需求,随时允许,而且对年龄小、自理能力差的孩子,老师要陪同照顾,帮助幼儿擦屁股、提裤子。②对 3 岁之后的幼儿,应开始培养自己擦屁股的能力,逐渐形成习惯,尤其是女孩,要教会其独立使用卫生纸从前向后擦屁股。③在幼儿未养成习惯时,教师要勤督促,多检查。

应注意,除了有序组织、随时教育之外,本着保教结合的原则,保教人员在幼儿盥洗如厕时,应尤其注意,随时保持盥洗室地面的干燥,以免幼儿因地面湿滑不小心摔跤。

(4)区域游戏的组织。

1)教师先要依据幼儿的年龄特点、发展水平,规划创设适宜的各类区域,并与幼儿一起制作明显的区域标识、区域牌、角色牌等。如小年龄班侧重角色扮演的区角创设,大年龄班侧重益智、阅读等区角的创设。

2)应发动家长和幼儿一起,搜集和投放丰富的操作材料,以满足不同发展水平幼儿的不同需要,还要根据幼儿活动的兴趣和熟练程度,及时补充和更换。

3)新设的区域,教师应先带领幼儿去各区观察,然后请幼儿思考并陈述自己今天的活动计划,或由幼儿分组讨论确定,教师可引导幼儿用图画、地图连线或自取区号牌等形式表述,鼓励幼儿自由选择。

4)幼儿按照人数要求、游戏规则自主活动,教师巡回观察,根据幼儿的活动情况做适宜的帮助和指导,尤其是还未建立游戏常规的小班幼儿,通过环境提示和教师及时的语言提示,使其逐渐形成习惯。

5)游戏结束后,教师用琴声或音乐声,提示幼儿整理区域材料和物品,做到物归原处,分类摆放。

6)教师引导幼儿用多种形式回想,或自己总结活动情况,或组织幼儿互相发问讨论,并大胆地用语言表述。

7)帮助幼儿张贴呈现或摆放展览记录纸、作品等。应注意,在区域游戏的组织中,首先需要正确处理好放任自由和严格控制间的关系,既放开手让幼儿自由选择、自主探索与尝试,又不能放松区角活动中常规的培养,以及必要的活动支持;其次,应当正确处理好全面巡视与重点观察之间的关系,主配班老师分工协作,尽可能关照到所有的区角,满足幼儿随时的需要。同时,对要特别记录的幼儿,或新投放材料的操作情况重点关注。

(5)教育活动的组织。

1)教育活动前的准备。物质准备:室内环境空气新鲜,光线充足,室外环境安静无干扰,确保幼儿充分的活动空间。教具和学习材料如实物、图片、课件等,要提前准备好,并与幼儿人数相等或多于幼儿人数。精神准备:进行儿童特征、教学内容及教育环境的分析。

了解幼儿的年龄特征、认知特点和认知能力。通过谈话讨论、幼儿作品表征或随机游戏中观察等多种形式,着重了解和分析幼儿在该活动内容方面的学习基础、已有知识水平和生活经验、学习兴趣等。

思考儿童的这些特点和已有经验对活动目标设计的影响,从而作为活动设计的依据分析主题的核心目标和活动内容所属领域,挖掘活动内容的价值,思考达到这些活动目标所需要的活动条件。

分析与活动内容相关的时间、环境、空间、材料及家长、社区等资源,并思考如何对以上环境条件有效组织和利用。

2)根据分析,确定活动的教育目标。注重幼儿情感、能力和习惯的培养,注重各学科、各领域间的互相渗透。

3)教师必须对活动流程非常熟练,示范动作要准确、到位;活动前提醒幼儿如厕,为参与教育活动做好准备。

4)活动过程要紧紧围绕目标展开,以幼儿为主体,注意观察了解幼儿,面向全体,灵活运用多种教育形式和方法,让幼儿充分运用各种感官,动脑、动口、动手,启发幼儿学习的积极性、主动性和创造性。

5)活动后注意对作品的保存,绘画、手工等注明幼儿姓名、日期、主题,便于今后进行一对一的作品分析,丰富幼儿成长档案。

6)活动后的效果检查与反思十分重要,及时记录和分析幼儿活动成功或失败的原因,总结经验,不断改进与提高。

合理组织教育活动,教师应正确处理好计划性和随机性之间的关系,在没有特殊情况时,教师应该按照提前制订的一日活动计划,安排教育活动;当有特殊情况时,比如受特殊天气的影响、特殊的社会热点问题的发生等,教师也可随机调整,安排教育活动。在教育活动的设计和组织中,一定要注意重视幼儿的智慧和参与度,当幼儿对学习内容形成了自己的理解,或者有新的想法,并想要表达时,教师通常要尽量满足幼儿的需要,哪怕是适当更改一些活动环节也是很有必要的。

(6)午睡的组织。

1)午饭后先组织幼儿安静地散步、如厕,避免兴奋。

2)幼儿入室后注意保持室内空气新鲜,暖和无风时可打开窗户,但应避免形成对流风(冬天要关窗),关灯、拉上窗帘,为幼儿营造一个安静、舒适、温馨的睡眠环境。

3)幼儿自己脱下鞋袜并摆放整齐,中、大班幼儿独立摆好枕头,按顺序脱去外衣裤。小班幼儿由老师帮助,先脱裤子再脱上衣,并折叠整齐放固定地方,教师注意检查不要让幼儿带危险物上床,以免发生意外。

4)用讲故事或放轻音乐等方式,帮助幼儿入睡。

5)教师守睡过程中要不断巡视,及时、细致地为每一位幼儿擦汗、盖被,纠正不良睡姿,动作要轻,以免影响幼儿睡眠,培养好习惯,随时观察幼儿有无异常现象。

6)夏冬两季使用空调时,要及时调节到适宜的室内温度,夏季保持26~28 ℃,冬季18~20 ℃。

7)随时观察,发现幼儿神色异常应及时报告,紧急处理,在睡眠过程中,如有小便的幼儿,及时督促幼儿如厕,为幼儿披上上衣,以免着凉。

8)值班时间不能以任何借口离开寝室,或做自己的私事、看书、睡觉等。

应注意,保教人员对幼儿携带上床的物品、绳子等很敏感,但容易忽视幼儿嘴巴中未咽下的食物,这同样很危险。如果含着食物躺下,容易造成幼儿窒息。所以,午睡前需要提醒并检查幼儿有没有含饭躺下。

(7)户外活动的组织。

1)活动开始前,做好场地卫生清洁、场地安全、场地布置、运动器械准备,组织幼儿大小便,检查幼儿着装。

2)整队,进行安全教育后,再带领幼儿有秩序地到室外。如有楼梯,要求幼儿扶好扶手,不推不挤,主配班老师一前一后随时督促,配班教师携带擦汗毛巾、卫生纸、衣物袋等必要的保育用品。

3)活动前先交代游戏规则和要求,老师做游戏示范,培养幼儿的规则意识。

4)活动过程中,让所有幼儿在教师视线内活动,保证安全,激发幼儿活动的兴趣,注意面向全体,动静交替,加强组织指导,注意个别差异。仔细地观察幼儿的表现,随时帮助或督促幼儿添减衣物、擦汗、擦鼻涕。

5)活动放松:活动结束后,慢慢减少活动量,进行活动后整理放松运动。

6)活动后,教师整队,清点人数无误后带回班级,认真反思并填写活动效果。

应注意,户外活动场地大,幼儿兴奋,所以保证幼儿安全,避免发生意外是十分重要的,尤其是要关注特殊幼儿,比如自理能力差的孩子,要多鼓励他们去尝试去锻炼;而对那些容易骨折、有先天性心脏病等的孩子,则要适时控制他们的活动量,给其提供其他条件,满足这些幼儿快乐游戏的权利。

(8)离园工作。

1)整理幼儿仪容仪表,整理个人物品。做好离园前准备,教师组织幼儿饮水、小便,为幼儿穿衣戴帽,检查鞋子、衣裤情况。

2)等待期间,与幼儿互动,关注幼儿情绪状态。与幼儿进行简短的谈话,安定其情绪,带领幼儿一起回顾一天的生活;对幼儿进行安全教育与礼仪教育。

3)与家长交流幼儿在园情况。离园时,热情接待每位家长,提醒幼儿主动向家长问好,向老师、小朋友说再见,有目的地与家长进行简短的交谈,向家长介绍幼儿在园情况,并亲手把幼儿交给家长,严格执行交接制度,有接送卡的园所要严格坚持使用。

4)对剩余幼儿进行照料。对未及时接走的幼儿应组织活动等待,直到家长来接。

5)清扫室内地面,整理玩具与图书。幼儿离园后,要做好活动室的清洁卫生,按规定进行消毒。认真检查本班的门窗、水电是否关闭,一切无误后锁门下班。

(四)疾病监测及预防知识

学前儿童正处在生长发育期,由于各器官、系统发育不成熟,机体功能处于较低水平,对环境的适应能力及对疾病的抵抗能力较差,很多致病因素均可导致学前儿童患病。幼儿园是学前儿童集中生活的地方,是幼儿园卫生保健工作的重要内容,一旦发生传染病极易造成流行。因此,积极预防、控制和减少各种致病因素,及早发现和控制疾病。

医学上对疾病有不同的分类方法,比较常见的分类有:按照致病原因,分为感染性疾病和非感染性疾病。如流行性感冒、肺炎、细菌性痢疾、婴幼儿肠炎、肠蛔虫等疾病是病毒、细菌、寄生虫等病原体感染致病,属感染性疾病;多动症、单纯性肥胖、近视、白血病、过敏症等疾病是因发育障碍、不良的生活和行为方式、外界环境刺激等致病,为非感染性疾病。按照患病部位,分为呼吸系统疾病、消化系统疾病、泌尿系统疾病、神经系统疾病、口腔疾病等。按照疾病有无传染性,分为常见病和传染病等。

随着生活环境的改变、预防医学的进步、医疗技术水平的提高,疾病的发病种类出现较大变化。总体上看,感染性疾病呈下降趋势,尤其是学前儿童过去易患的一些传染病,如麻疹、百日咳、白喉、乙型肝炎、肺结核、小儿麻痹症等,通过实施广泛的预防接种而得到了较好的控制或已被消灭(如天花)。但一些非感染性疾病,如单纯性肥胖、近视、哮喘、多动症等疾病的发病率则呈上升趋势。同时,还有一些新发现的疾病成为威胁学前儿童健康的危险因素,如传染性非典型性肺炎、新型冠状病毒性肺炎、甲型 H1N1 流感等。

针对传染性疾病,托幼机构需要从以下三个方面入手:

### 1.控制传染源

多数传染病在疾病早期传染性最强。要做到早预防、早发现、早报告、早诊断、早隔离、早治疗。早发现措施包括学前儿童入园前进行健康检查,加强“晨、午、晚检及全日健康观察”工作。对缺勤儿童要及时与家长联系,以便采取相应措施。

托幼机构应设隔离室,及时隔离患儿及传染病接触者,对曾与传染病患儿接触过的儿童,要实行检疫,进行观察。检疫期限应根据该传染病的最长潜伏期而定。幼儿园在进行检疫时,要求发现传染病患儿的班级不得与其他班级的儿童接触,不收新生、不转班、不转园。检疫期满无新患儿,方可解除检疫。

### 2.切断传播途径

(1)做好经常性的预防工作。平时注意环境清洁、饮食卫生,培养儿童良好的卫生习惯;消灭传播疾病的媒介生物,做好经常性的消毒工作。

(2)根据每种传染病的不同传播途径,采取不同的防御措施。

1)对于呼吸道传染病,室内定时通风,保持空气新鲜;有条件的可用紫外线灯对空气进行消毒;传染病流行季节,儿童不要去公共场所。

2)对于消化道传染病,培养幼儿良好的卫生习惯,饭前、便后用肥皂和流动水洗手;生吃瓜果最好削皮,不吃生冷、腐败变质、不清洁的食物;消灭蚊、蝇、老鼠等传染病的媒介。

3)对于日常生活接触传染的疾病,学前儿童日常用品,如毛巾、衣被、玩具、学习用品、餐具、桌椅等可分别采用清洗、暴晒、拆洗、消毒液擦拭等方法切断传播途径。

### 3.保护易感儿童

(1)预防接种。预防接种是把疫苗(用人工培育并经过处理的病菌、病毒等)接种到健康人的身体内,使人在不发病的情况下,产生抗体,获得特异性免疫力,以保护接种者不受相关病原体的感染,从而达到预防传染病的目的。有计划地进行各种预防接种,是提高机体免疫力、保护易感儿童的有效措施。儿童入园时,幼儿园应当查验预防接种证,发现没有预防接种证或未依照国家免疫规划受种的儿童,应督促监护人带儿童到当地规定的接种单位补证或补种,幼儿园应当在儿童补证或补种后复验预防接种证。

（2）增强儿童体质。合理安排儿童一日生活,培养儿童良好的个人卫生习惯,提供合理的营养,保证充足的睡眠,坚持体育锻炼和户外活动,提高幼儿对传染病的抵抗力。

**（五）安全与急救知识**

学前儿童正处于生长发育阶段,各个器官和组织娇嫩,平衡性、协调性较差,反应不够灵敏,缺乏自我保护能力,但他们天性活泼好动,对各种事物都充满了极大的兴趣,喜欢触摸、品尝、尝试,故极易发生各种伤害性事故。[1] 为此,托幼机构在建立健全各项规章制度、加强教师的工作责任心的同时,还应使保教人员掌握常用急救技术,以便对意外伤害进行快速而正确的处理,避免因惊慌失措或坐等医生而贻误病情,酿成大错。急救的原则是抢救生命,减少痛苦,防止并发症。以下将针对几种儿童常见意外或突发事故,介绍相应的急救技术。

**1. 气道异物的处置方法[2]**

儿童进食或口含小物件时哭闹、嬉笑,就可能将食物或小物件吸入喉部或气管内。异物进入喉部、气管,立即引起呛咳、吸气性呼吸困难、憋气、面色青紫等现象。

处理方法:

（1）背部叩击法（0—1 岁婴儿）。让婴儿俯卧在救护者前臂上,用手托住其下巴（手可放在膝盖上）,使婴儿身体略向前倾（头部低于躯干）,用另一手掌根在婴儿两肩胛骨中间用力向内向上叩击 5 次,使异物排出。若异物未排出,将婴儿翻转为仰卧位,在婴儿两乳头连线中部下一横指位置用食指和中指快速冲击性按压胸部 5 次。重复进行背部叩击和胸部冲击。

（2）海姆立克法。

1）立位腹部冲击法,一脚站于患儿两腿之间。对于意识清醒的儿童,救护者站在患儿身后,用双臂紧紧环绕儿童腰腹部,一手握空心拳,拳眼顶在胸部与肚脐连线的中点,另一手紧握此拳,快速向内向上冲击 5 次,压后放松,反复操作。儿童应低头张口,以便异物排出。

2）仰卧位腹部冲击法。对于无知觉患儿,让其仰卧,救护者一只手的掌根置于患儿腹部正中线、脐上方两横指处,不要触及剑突。另一只手放在第一只手背上,两手掌根重叠,放在上腹部,快速向内向上有节奏地冲击性按压,连续 5 次,重复操作若干次。检查口腔,如异物被冲出,迅速用手将异物取出。检查呼吸心跳,若无,立即采取心肺复苏进行施救。

**2. 出血的处置方法[3]**

（1）血管出血。

---

① 顾荣芳:《学前儿童卫生学》(第四版),江苏凤凰教育出版社,2008,第253-254页。

② 邓祖丽颖:《学前儿童保育学》,郑州大学出版社,2015,第149页。

③ 邓祖丽颖:《学前儿童保育学》,郑州大学出版社,2015,第150页。

1）毛细血管出血。血液从伤口渗出,量少,色红。

处理方法:一般无须包扎,用常规消毒棉球压迫即可。

2）静脉出血。血液持续不断地缓慢流出,色暗红。

处理方法:可抬高出血肢体以减少流血,然后对出血部位消毒并盖上几层纱布包扎。

3）动脉出血。血流速度快且量多,呈节律性喷出,色鲜红。

处理方法:

指压止血法:可作为临时的止血措施。方法是用拇指压住出血的血管上端(近心端),压闭血管,阻断血流。①面部出血:压迫两侧下颌角;②前臂出血:压迫肘窝处的肱动脉;③手掌、手背出血:压迫桡动脉;④手指出血:将手指屈入掌内,形成握拳状;⑤大腿出血:屈起伤者大腿,压迫腹股沟中点处的股动脉;⑥脚出血:压迫足背动脉跳动处。

加压包扎止血法:小动脉出血,伤口不大,用消毒纱布、棉花等做成软垫放在伤口上,以增加压力,再紧紧缠扎止血。

止血带止血法:四肢出血严重时,可将止血带扎在伤口的上端,扎前应先垫上毛巾或布片,然后每隔半小时必须放松 1 次,绑扎时间总共不得超过 2 小时,以免肢体缺血坏死。初步处理后,应立即送医院救治。

(2)鼻出血。学前儿童鼻出血原因很多,如外伤、鼻黏膜干燥、挖鼻孔、用力擤鼻涕、鼻内异物,以及上呼吸道感染、发热等均可引起鼻出血。

处理方法:

1）安慰儿童不要紧张,安静地坐着,张口呼吸,头略向前低,防止血液逆流入口腔、咽喉。

2）取消毒棉球擦净血液,用手指压住出血一侧的鼻翼或捏住两侧鼻翼 5～10 分钟,同时用湿毛巾冷敷鼻根部和前额,数分钟后多数可止血。

3）若不能止血,可用纱布卷、脱脂棉等塞鼻。

4）止血后,2～3 小时内不要做剧烈运动,避免再出血。

5）如经常反复鼻出血或经处理出血不止,且皮肤上常有出血的瘀斑,应去医院做全面检查,进一步查明出血原因并做相应处理。

# 第二节　保教实践能力要求

幼儿教师的保育实践能力是从事学前教育工作必备的专业能力。《幼儿园教师专业标准(试行)》及《学前教育专业师范生教师职业能力标准(试行)》中对教师及准教师的保育实践能力都有专门的论述。如《学前教育专业师范生教师职业能力标准(试行)》中提到,师范生需要掌握专业知识与技能,掌握"保育教育基础",掌握科学照料幼儿日常生活的基本方法,了解幼儿日常卫生保健、传染病预防和意外伤害事故处理的相关知识,掌握面临特殊事件发生时保护幼儿的基本方法。并且,能够安排和组织幼儿园一日生活的主要环节,具有将教育渗透一日生活的意识,能够与保育员协同开展班级常规保育和卫生工作。

科学的保教活动需要以学前儿童的身心健康发展为根本任务,因此,结合两个标准与幼儿园保育工作的实际情况,学前教育专业学生需要具备以下几种保教实践能力。

## 一、一日生活组织与保教能力

合理组织幼儿一日生活,有利于幼儿神经、运动、消化、呼吸、循环等诸多系统与器官的正常发育,培养幼儿良好的生活习惯,形成稳定的生活秩序,同时也有利于幼儿园各项工作有计划、有步骤地进行。

幼儿园保教人员需要密切配合,提高照顾幼儿一日生活的组织、教育与保育能力,依据幼儿身心发展特点,科学合理组织一日生活中的各类活动。在生活活动、教学活动和游戏活动中充分坚持保育和教育相结合的原则,是幼儿园教师应具备的重要专业能力。科学合理地组织幼儿园的一日生活,能给予幼儿良好的生活照料,发现各种教育契机进行幼儿教育,增强幼儿的自主服务能力,使他们从小养成良好的生活习惯,发现生活中的许多奥秘,学习知识。

如在组织幼儿洗手的环节,不仅要指导幼儿正确洗手的方式,还要引导幼儿来感知、认识水的特性,同时要在学习活动、游戏活动等教育活动中注重保育。如教师在组织指导幼儿阅读活动时,不仅要关注培养幼儿的阅读能力,还要注意养成幼儿正确的书写姿势、良好的阅读习惯。保教人员应将"保教结合"原则应用于生活活动、教学活动和游戏活动中,做到分工合作,有利于幼儿全面和谐的发展。

## 二、膳食评价与管理能力

合理的营养膳食搭配,能够保障幼儿营养的全面供给,激发幼儿食欲,促进学前儿童身体健康成长,减少疾病的发生。保教人员需要具备一定的营养膳食知识与营养膳食评价能力,能够有效运用《中国居民膳食指南》,合理评估幼儿每日、每周等阶段性营养状况,能够根据学前儿童生长状况、食物计算等方法评价食物利用与吸收情况。并为家长提出健康幼儿饮食的合理化建议,从而有效地管理幼儿膳食,最大化发挥膳食的营养作用。

## 三、疾病监测及预防能力

幼儿园保教结合的工作特点要求保教人员必须具备基本的卫生保健能力,尤其是疾病监测与预防能力。幼儿教师能够从每日晨间检查、一日生活活动中,从幼儿行动表现、面色、体温、淋巴结、四肢活动等方面,初步判断与筛查幼儿是否存在某些明显的疾病症状。传染病高发季节,幼儿教师能够与保健医生一道,从管理传染源、切断传播途径,保护易感者三个方面,共同为幼儿的在园生活筑起安全防线。同时,能够通过卫生保健、营养膳食、合理生活制度的安排等,有效预防幼儿疾病的传播与发展。

### 四、意外安全处置能力

生命权是学前儿童的基本权利之一。由于学前儿童自身生活经验及安全意识比较欠缺,运动功能发育不完善,且具有好奇、好动、好模仿的心理特征,因此,生活中较容易出现意外伤害。避免意外与急救技能是幼儿教师必备的基本能力之一。在幼儿园,幼儿的身体状况时刻都需要关注和照顾,因此教师需要具备以下急救技能:

1. 气道异物处理

异物进入喉部、气管,容易引起呛咳、吸气性呼吸困难、憋气、面色青紫等现象。因此,需要幼儿教师掌握海姆立克法、背部叩击法等处理气道异物的急救措施,在危急时刻挽救幼儿生命。

2. 小伤口处理

幼儿园中常见的小伤口包括擦伤、割伤和烫伤。因此,幼儿教师需要在职前阶段学会清洁和包扎小伤口,以防止感染和减轻疼痛。

3. 紧急出血处理

意外伤害可能导致大量出血,这种情况需要迅速控制出血并寻求进一步的急救和医疗救助,教师需要掌握正确的止血措施和急救步骤。

同时,应当意识到,教师是班级安全的第一负责人,做好安全巡查、危险物品的储存和使用、游戏材料等的检查等。教师需要熟悉幼儿园的事故管理程序和紧急联系人,以便在发生事故时能够迅速采取行动。

## 第三节　保育技能实训内容及要求

除一日生活的保育与组织之外,学生还需要掌握学前儿童生理卫生保育、生长发育测量与评价、营养膳食评价、学前儿童常用急救护理等基本保育技能。这些常用保育技能的保育实训活动的开展,可以帮助学生在"学前儿童卫生与保育"课程理论学习的基础上,较全面地掌握学前儿童保育专业能力,以满足幼儿园卫生与保育工作的基本需要。

### 一、模拟学前儿童生理卫生及保育家长课堂[①]

#### (一)实训目的

(1)自选一个系统结合人体模型介绍该系统基本结构及功能。

(2)结合人体模型介绍学前儿童该系统生长发育特点及其相应的保育要点。

---

① 栾文迪、鲁鸣、刘祥海:《学前教育专业实训指南》,中国矿业大学出版社,2014,第8页。

（二）实训内容

（1）结合影像资料及人体模型学习学前儿童各生理系统特点。

（2）分组讲解运动、呼吸、循环、消化、泌尿与生殖、内分泌、神经、皮肤、感官等生理系统基本结构及功能。

（3）讲解学前儿童该系统的主要生理特点。

（4）结合发展特点分析学前儿童该系统保育要点。

（三）实训形式

小组合作学习。

（四）实训步骤

（1）6～7人一组，操作人体模型及系统教具与挂图，合作学习学前儿童各系统生理结构、特点与功能。

（2）分工进行个人教具演示、视频及图片资源搜集、PPT制作及汇报展示。

（3）结合模型，组内汇报学前儿童某系统的生理特点与保育要点。

（4）组间分享学前儿童某系统的生理特点与保育要点。

（五）实训成果

（1）小组完成一份介绍学前儿童某系统生理特点及保育要点的思维导图。

（2）班级合成一份学前儿童整体生理卫生与保育要点的思维导图。

## 二、学前儿童生长发育常用指标测量及评价[①]

（一）实训目的

（1）知道学前儿童生长发育的常见形态指标及测量工具。

（2）掌握学前儿童生长发育常见形态指标的测量方法及注意事项。

（3）能够结合测量数据以及常用方法评估学前儿童生长发育情况。

（二）实训内容

（1）利用婴儿量床或卧式身长测量仪测量小儿身长、顶臀长。

（2）利用身高坐高计测量学前儿童坐高、身高。

（3）利用体重秤测量学前儿童体重。

（4）利用软皮尺测量学前儿童头围、胸围。

（5）根据2005年九省/市儿童体格发育调查数据，运用百分位数曲线图法、百分位数等级评价法及三项指标综合评定法评估学前儿童生长发育水平及速度。

（三）实训形式

（1）小组合作练习。

（2）课堂汇报评价分析。

---

（四）实训内容

1. 身高/身长测量

（1）身高测量要求。以立正的姿势站在仪器的底板上,脚跟并拢,手臂下垂,身体自然挺直;肩胛角尖、臀部和足跟三点靠在测量仪的垂直立柱上,头部保持正直,水平目视前方;测量时将测量仪上端的滑测板轻压幼儿头顶,读数,记录完毕将滑尺推至安全高度（图1-1）。

（2）身长测量要求。3岁以下小儿可用量床或卧式身长测量仪测量小儿身长。小儿取仰卧位,脱去鞋袜,卧于量床底板中线上,一位测量者扶住小儿头部,使小儿面向上,两耳在一水平线上,颅顶接触头板。另一位测量者位于小儿右侧,左手握住小儿双膝,使下肢伸直并紧贴量床床板,右手移动足板,使足板接触小儿足跟,读取量床上的刻度（图1-2）。

（3）测量记录。以厘米为单位,精确到小数点后1位。一般记录两次,每两次测量误差不超过0.5厘米。

图1-1　3岁后立位测量身高

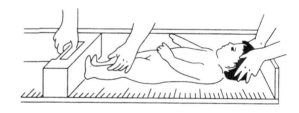

图1-2　3岁前仰卧位测量身长

2. 坐高测量

（1）坐高测量要求。保持双眼下眶和双耳屏形成的平面与地面水平,骶骨部和两肩胛间与身高坐高计接触;平视滑尺,读取数值（图1-3）。一般将滑尺移动三次。

（2）顶臀长测量要求。小儿取卧位,头部位置与测身长时要求相同,测量者左手提起小儿两腿,膝关节弯曲,同时使骶骨紧贴底板,大腿与底板垂直,然后移动足板,使其紧贴臀部,读取数值（图1-4）。一般将足板移动三次。

（3）测量记录。以厘米为单位,精确到小数点后1位。一般记录三次,每三次测量误差不得超过0.5厘米。求三次测量结果的平均值。

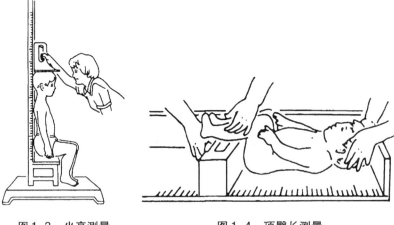

图1-3 坐高测量　　　　图1-4 顶臀长测量

3. 体重测量

（1）测量要求。3岁及以上学前儿童可采用立式体重测量（图1-5），测量时应尽可能脱去衣物、鞋袜等，站在体重秤上称量；3岁以下能稳坐的小儿可用坐式体重秤进行称量（图1-6）；尚不能稳坐的小儿需要躺在婴儿体重秤上进行称量（图1-7）。

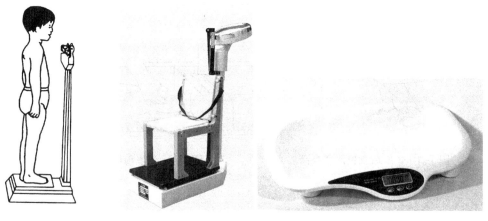

图1-5 立式体重测量　　图1-6 坐式体重测量　　　图1-7 卧式体重测量

（2）测量记录。以千克为记录单位，精确到小数点后1位。至少测量两次，两次测量误差不得超过0.1千克。

4. 生长发育评价①

（1）评价标准。以2005年九省/市儿童体格发育调查数据为评价标准（图1-8至图1-9）。

（2）评价方法。包括百分位数等级评价法、百分位数曲线图法（图1-10至图1-11）。

① 顾荣芳:《学前儿童卫生学》（第4版），江苏凤凰教育出版社，2021年，第78—81页。

### 0~18 岁儿童青少年身高、体重百分位数值表（男）

| 年龄 | 3rd 身高(cm) | 3rd 体重(kg) | 10th 身高(cm) | 10th 体重(kg) | 25th 身高(cm) | 25th 体重(kg) | 50th 身高(cm) | 50th 体重(kg) | 75th 身高(cm) | 75th 体重(kg) | 90th 身高(cm) | 90th 体重(kg) | 97th 身高(cm) | 97th 体重(kg) |
|---|---|---|---|---|---|---|---|---|---|---|---|---|---|---|
| 出生 | 47.1 | 2.62 | 48.1 | 2.83 | 49.2 | 3.06 | 50.4 | 3.32 | 51.6 | 3.59 | 52.7 | 3.85 | 53.8 | 4.12 |
| 2月 | 54.6 | 4.53 | 55.9 | 4.88 | 57.2 | 5.25 | 58.7 | 5.68 | 60.3 | 6.15 | 61.7 | 6.59 | 63.0 | 7.05 |
| 4月 | 60.3 | 5.99 | 61.7 | 6.43 | 63.0 | 6.90 | 64.6 | 7.45 | 66.2 | 8.04 | 67.6 | 8.61 | 69.0 | 9.20 |
| 6月 | 64.0 | 6.80 | 65.4 | 7.28 | 66.8 | 7.80 | 68.4 | 8.41 | 70.0 | 9.07 | 71.5 | 9.70 | 73.0 | 10.37 |
| 9月 | 67.9 | 7.56 | 69.4 | 8.09 | 70.9 | 8.66 | 72.6 | 9.33 | 74.4 | 10.06 | 75.9 | 10.75 | 77.5 | 11.49 |
| 12月 | 71.5 | 8.16 | 73.1 | 8.72 | 74.7 | 9.33 | 76.5 | 10.05 | 78.4 | 10.83 | 80.1 | 11.58 | 81.8 | 12.37 |
| 15月 | 74.4 | 8.68 | 76.1 | 9.27 | 77.8 | 9.91 | 79.8 | 10.68 | 81.8 | 11.51 | 83.6 | 12.30 | 85.4 | 13.15 |
| 18月 | 76.9 | 9.19 | 78.7 | 9.81 | 80.6 | 10.48 | 82.7 | 11.29 | 84.8 | 12.16 | 86.7 | 13.01 | 88.7 | 13.90 |
| 21月 | 79.5 | 9.71 | 81.4 | 10.37 | 83.4 | 11.08 | 85.6 | 11.93 | 87.9 | 12.86 | 90.0 | 13.75 | 92.0 | 14.70 |
| 2岁 | 82.1 | 10.22 | 84.1 | 10.90 | 86.2 | 11.65 | 88.5 | 12.54 | 90.9 | 13.51 | 93.1 | 14.46 | 95.3 | 15.46 |
| 2.5岁 | 86.4 | 11.11 | 88.6 | 11.85 | 90.8 | 12.66 | 93.3 | 13.64 | 95.9 | 14.70 | 98.2 | 15.73 | 100.5 | 16.83 |
| 3岁 | 89.7 | 11.94 | 91.9 | 12.74 | 94.2 | 13.61 | 96.8 | 14.65 | 99.4 | 15.80 | 101.8 | 16.92 | 104.1 | 18.12 |
| 3.5岁 | 93.4 | 12.73 | 95.7 | 13.58 | 98.0 | 14.51 | 100.6 | 15.63 | 103.2 | 16.86 | 105.7 | 18.08 | 108.1 | 19.38 |
| 4岁 | 96.7 | 13.52 | 99.1 | 14.43 | 101.4 | 15.43 | 104.1 | 16.64 | 106.9 | 17.98 | 109.3 | 19.29 | 111.8 | 20.71 |
| 4.5岁 | 100.0 | 14.37 | 102.4 | 15.35 | 104.9 | 16.43 | 107.7 | 17.75 | 110.5 | 19.22 | 113.1 | 20.67 | 115.7 | 22.24 |
| 5岁 | 103.3 | 15.26 | 105.8 | 16.33 | 108.4 | 17.52 | 111.3 | 18.98 | 114.2 | 20.61 | 116.9 | 22.00 | 119.6 | 24.00 |
| 5.5岁 | 106.4 | 16.09 | 109.0 | 17.26 | 111.7 | 18.56 | 114.7 | 20.18 | 117.7 | 21.98 | 120.5 | 23.81 | 123.3 | 25.81 |
| 6岁 | 109.1 | 16.80 | 111.8 | 18.06 | 114.6 | 19.49 | 117.7 | 21.26 | 120.9 | 23.26 | 123.7 | 25.29 | 126.6 | 27.55 |
| 6.5岁 | 111.7 | 17.53 | 114.5 | 18.92 | 117.4 | 20.49 | 120.7 | 22.45 | 123.9 | 24.70 | 126.9 | 27.00 | 129.9 | 29.57 |
| 7岁 | 114.6 | 18.48 | 117.6 | 20.04 | 120.6 | 21.81 | 124.0 | 24.06 | 127.4 | 26.66 | 130.5 | 29.35 | 133.7 | 32.41 |
| 7.5岁 | 117.4 | 19.43 | 120.5 | 21.17 | 123.6 | 23.16 | 127.1 | 25.72 | 130.7 | 28.70 | 133.9 | 31.84 | 137.2 | 35.45 |
| 8岁 | 119.9 | 20.32 | 123.1 | 22.24 | 126.3 | 24.46 | 130.0 | 27.33 | 133.7 | 30.71 | 137.1 | 34.31 | 140.4 | 38.49 |
| 8.5岁 | 122.3 | 21.18 | 125.6 | 23.28 | 129.0 | 25.73 | 132.7 | 28.91 | 136.6 | 32.69 | 140.1 | 36.74 | 143.6 | 41.49 |
| 9岁 | 124.6 | 22.04 | 128.0 | 24.31 | 131.4 | 26.98 | 135.4 | 30.46 | 139.3 | 34.61 | 142.9 | 39.08 | 146.5 | 44.35 |
| 9.5岁 | 126.7 | 22.95 | 130.3 | 25.42 | 133.9 | 28.31 | 137.9 | 32.09 | 142.0 | 36.61 | 145.7 | 41.49 | 149.4 | 47.24 |
| 10岁 | 128.7 | 23.89 | 132.3 | 26.55 | 136.0 | 29.66 | 140.2 | 33.74 | 144.4 | 38.61 | 148.2 | 43.85 | 152.0 | 50.01 |
| 10.5岁 | 130.7 | 24.96 | 134.5 | 27.83 | 138.3 | 31.20 | 142.6 | 35.58 | 147.0 | 40.81 | 150.9 | 46.40 | 154.9 | 52.93 |
| 11岁 | 132.9 | 26.21 | 136.8 | 29.33 | 140.8 | 32.97 | 145.3 | 37.69 | 149.9 | 43.27 | 154.0 | 49.20 | 158.1 | 56.07 |
| 11.5岁 | 135.3 | 27.59 | 139.5 | 30.97 | 143.7 | 34.91 | 148.4 | 39.98 | 153.1 | 45.94 | 157.4 | 52.21 | 161.7 | 59.40 |
| 12岁 | 138.1 | 29.09 | 142.5 | 32.77 | 147.0 | 37.03 | 151.9 | 42.49 | 157.0 | 48.86 | 161.5 | 55.50 | 166.0 | 63.04 |
| 12.5岁 | 141.1 | 30.74 | 145.7 | 34.71 | 150.4 | 39.29 | 155.6 | 45.13 | 160.8 | 51.89 | 165.5 | 58.90 | 170.2 | 66.81 |
| 13岁 | 145.0 | 32.82 | 149.6 | 37.04 | 154.3 | 41.90 | 159.5 | 48.08 | 164.8 | 55.21 | 169.5 | 62.57 | 174.2 | 70.83 |
| 13.5岁 | 148.8 | 35.03 | 153.3 | 39.42 | 157.9 | 44.45 | 163.0 | 50.85 | 168.1 | 58.21 | 172.7 | 65.80 | 177.2 | 74.33 |
| 14岁 | 152.3 | 37.36 | 156.7 | 41.80 | 161.0 | 46.90 | 165.9 | 53.37 | 170.7 | 60.83 | 175.1 | 68.53 | 179.4 | 77.20 |
| 14.5岁 | 155.3 | 39.53 | 159.4 | 43.94 | 163.6 | 49.00 | 168.2 | 55.43 | 172.8 | 62.86 | 176.9 | 70.55 | 181.0 | 79.24 |
| 15岁 | 157.5 | 41.43 | 161.4 | 45.77 | 165.4 | 50.75 | 169.8 | 57.08 | 174.2 | 64.40 | 178.2 | 72.00 | 182.0 | 80.60 |
| 15.5岁 | 159.1 | 43.05 | 162.9 | 47.31 | 166.7 | 52.19 | 171.0 | 58.39 | 175.2 | 65.57 | 179.1 | 73.03 | 182.8 | 81.49 |
| 16岁 | 159.9 | 44.28 | 163.6 | 48.47 | 167.4 | 53.26 | 171.6 | 59.35 | 175.6 | 66.40 | 179.5 | 73.73 | 183.2 | 82.05 |
| 16.5岁 | 160.5 | 45.30 | 164.2 | 49.42 | 167.9 | 54.13 | 172.1 | 60.12 | 176.2 | 67.05 | 179.9 | 74.25 | 183.5 | 82.44 |
| 17岁 | 160.9 | 46.04 | 164.5 | 50.11 | 168.2 | 54.77 | 172.3 | 60.68 | 176.4 | 67.51 | 180.1 | 74.62 | 183.7 | 82.70 |
| 18岁 | 161.3 | 47.01 | 164.9 | 51.02 | 168.6 | 55.60 | 172.7 | 61.40 | 176.7 | 68.11 | 180.4 | 75.08 | 183.9 | 83.00 |

注：①根据 2005 年九省 / 市儿童体格发育调查数据研究制定　　参考文献：中华儿科杂志，2009 年 7 期
　　②3 岁以前为身长

**图 1-8　0—18 岁男孩身高体重百分位数等级表**

0~18 岁儿童青少年身高、体重百分位数值表（女）

| 年龄 | 3rd | | 10th | | 25th | | 50th | | 75th | | 90th | | 97th | |
|---|---|---|---|---|---|---|---|---|---|---|---|---|---|---|
| | 身高(cm) | 体重(kg) | 身高(cm) | 体重(kg) | 身高(cm) | 体重(kg) | 身高(cm) | 体重(kg) | 身高(cm) | 体重(kg) | 身高(cm) | 体重(kg) | 身高(cm) | 体重(kg) |
| 出生 | 46.6 | 2.57 | 47.5 | 2.76 | 48.6 | 2.96 | 49.7 | 3.21 | 50.9 | 3.49 | 51.9 | 3.75 | 53.0 | 4.04 |
| 2月 | 53.4 | 4.21 | 54.7 | 4.50 | 56.0 | 4.82 | 57.4 | 5.21 | 58.9 | 5.64 | 60.2 | 6.06 | 61.6 | 6.51 |
| 4月 | 59.1 | 5.55 | 60.3 | 5.93 | 61.7 | 6.34 | 63.1 | 6.83 | 64.6 | 7.37 | 66.0 | 7.90 | 67.4 | 8.47 |
| 6月 | 62.5 | 6.34 | 63.9 | 6.76 | 65.2 | 7.21 | 66.8 | 7.77 | 68.4 | 8.37 | 69.8 | 8.96 | 71.2 | 9.59 |
| 9月 | 66.4 | 7.11 | 67.8 | 7.58 | 69.3 | 8.08 | 71.0 | 8.69 | 72.8 | 9.36 | 74.3 | 10.01 | 75.9 | 10.71 |
| 12月 | 70.0 | 7.70 | 71.6 | 8.20 | 73.2 | 8.74 | 75.0 | 9.40 | 76.8 | 10.12 | 78.5 | 10.82 | 80.2 | 11.57 |
| 15月 | 73.2 | 8.22 | 74.9 | 8.75 | 76.6 | 9.33 | 78.5 | 10.02 | 80.4 | 10.79 | 82.2 | 11.53 | 84.0 | 12.33 |
| 18月 | 76.0 | 8.73 | 77.7 | 9.29 | 79.5 | 9.91 | 81.5 | 10.65 | 83.6 | 11.46 | 85.5 | 12.25 | 87.4 | 13.11 |
| 21月 | 78.5 | 9.26 | 80.4 | 9.86 | 82.3 | 10.51 | 84.4 | 11.30 | 86.6 | 12.17 | 88.6 | 13.01 | 90.7 | 13.93 |
| 2岁 | 80.9 | 9.76 | 82.9 | 10.39 | 84.9 | 11.08 | 87.2 | 11.92 | 89.6 | 12.84 | 91.7 | 13.74 | 93.9 | 14.71 |
| 2.5岁 | 85.2 | 10.65 | 87.4 | 11.35 | 89.6 | 12.12 | 92.1 | 13.05 | 94.6 | 14.07 | 97.0 | 15.08 | 99.3 | 16.16 |
| 3岁 | 88.6 | 11.50 | 90.8 | 12.27 | 93.1 | 13.11 | 95.6 | 14.13 | 98.2 | 15.25 | 100.5 | 16.36 | 102.9 | 17.55 |
| 3.5岁 | 92.4 | 12.32 | 94.6 | 13.14 | 96.8 | 14.05 | 99.4 | 15.16 | 102.0 | 16.38 | 104.4 | 17.59 | 106.8 | 18.89 |
| 4岁 | 95.8 | 13.10 | 98.1 | 13.99 | 100.4 | 14.97 | 103.1 | 16.17 | 105.7 | 17.50 | 108.2 | 18.81 | 110.6 | 20.24 |
| 4.5岁 | 99.2 | 13.89 | 101.5 | 14.85 | 104.0 | 15.92 | 106.7 | 17.22 | 109.5 | 18.66 | 112.1 | 20.10 | 114.7 | 21.67 |
| 5岁 | 102.3 | 14.64 | 104.8 | 15.68 | 107.3 | 16.84 | 110.2 | 18.26 | 113.1 | 19.83 | 115.7 | 21.41 | 118.4 | 23.14 |
| 5.5岁 | 105.4 | 15.39 | 108.0 | 16.52 | 110.6 | 17.78 | 113.5 | 19.33 | 116.5 | 21.06 | 119.3 | 22.81 | 122.0 | 24.72 |
| 6岁 | 108.1 | 16.10 | 110.8 | 17.32 | 113.5 | 18.68 | 116.6 | 20.37 | 119.7 | 22.27 | 122.5 | 24.19 | 125.4 | 26.30 |
| 6.5岁 | 110.6 | 16.80 | 113.4 | 18.12 | 116.2 | 19.60 | 119.4 | 21.44 | 122.7 | 23.51 | 125.6 | 25.62 | 128.6 | 27.96 |
| 7岁 | 113.3 | 17.58 | 116.2 | 19.01 | 119.2 | 20.62 | 122.5 | 22.64 | 125.6 | 24.94 | 129.0 | 27.28 | 132.1 | 29.89 |
| 7.5岁 | 116.0 | 18.39 | 119.0 | 19.95 | 122.1 | 21.71 | 125.6 | 23.93 | 129.1 | 26.48 | 132.3 | 29.08 | 135.5 | 32.01 |
| 8岁 | 118.5 | 19.20 | 121.6 | 20.89 | 124.9 | 22.81 | 128.5 | 25.25 | 132.1 | 28.05 | 135.4 | 30.95 | 138.7 | 34.23 |
| 8.5岁 | 121.0 | 20.05 | 124.2 | 21.88 | 127.6 | 23.99 | 131.3 | 26.67 | 135.1 | 29.77 | 138.5 | 33.00 | 141.9 | 36.69 |
| 9岁 | 123.3 | 20.93 | 126.7 | 22.93 | 130.2 | 25.23 | 134.1 | 28.19 | 138.0 | 31.63 | 141.6 | 35.26 | 145.1 | 39.41 |
| 9.5岁 | 125.7 | 21.89 | 129.3 | 24.08 | 132.9 | 26.61 | 137.0 | 29.87 | 141.1 | 33.72 | 144.8 | 37.79 | 148.5 | 42.51 |
| 10岁 | 128.3 | 22.98 | 132.1 | 25.36 | 135.9 | 28.15 | 140.1 | 31.76 | 144.4 | 36.05 | 148.2 | 40.63 | 152.0 | 45.97 |
| 10.5岁 | 131.1 | 24.22 | 135.0 | 26.80 | 138.9 | 29.84 | 143.3 | 33.80 | 147.7 | 38.53 | 151.6 | 43.61 | 155.6 | 49.59 |
| 11岁 | 134.2 | 25.74 | 138.2 | 28.53 | 142.2 | 31.81 | 146.6 | 36.10 | 151.1 | 41.24 | 155.2 | 46.78 | 159.2 | 53.33 |
| 11.5岁 | 137.2 | 27.43 | 141.2 | 30.39 | 145.2 | 33.86 | 149.7 | 38.40 | 154.1 | 43.85 | 158.2 | 49.73 | 162.1 | 56.67 |
| 12岁 | 140.2 | 29.33 | 144.1 | 32.42 | 148.0 | 36.04 | 152.4 | 40.77 | 156.7 | 46.42 | 160.7 | 52.49 | 164.5 | 59.64 |
| 12.5岁 | 142.9 | 31.22 | 146.6 | 34.39 | 150.4 | 38.09 | 154.6 | 42.89 | 158.8 | 48.60 | 162.6 | 54.71 | 166.3 | 61.86 |
| 13岁 | 145.0 | 33.09 | 148.6 | 36.29 | 152.2 | 40.00 | 156.3 | 44.79 | 160.3 | 50.45 | 164.0 | 56.46 | 167.6 | 63.45 |
| 13.5岁 | 146.7 | 34.82 | 150.2 | 38.01 | 153.7 | 41.69 | 157.6 | 46.42 | 161.6 | 51.97 | 165.1 | 57.81 | 168.6 | 64.55 |
| 14岁 | 147.9 | 36.38 | 151.3 | 39.55 | 154.8 | 43.19 | 158.6 | 47.83 | 162.4 | 53.20 | 165.9 | 58.88 | 169.3 | 65.36 |
| 14.5岁 | 148.9 | 37.71 | 152.2 | 40.84 | 155.6 | 44.43 | 159.4 | 48.97 | 163.1 | 54.23 | 166.6 | 59.70 | 169.8 | 65.93 |
| 15岁 | 149.5 | 38.73 | 152.8 | 41.83 | 156.1 | 45.36 | 159.8 | 49.82 | 163.5 | 54.96 | 166.8 | 60.28 | 170.1 | 66.30 |
| 15.5岁 | 149.9 | 39.51 | 153.1 | 42.58 | 156.5 | 46.06 | 160.1 | 50.45 | 163.8 | 55.49 | 167.1 | 60.69 | 170.3 | 66.55 |
| 16岁 | 149.8 | 39.96 | 153.1 | 43.01 | 156.4 | 46.47 | 160.1 | 50.81 | 163.8 | 55.79 | 167.1 | 60.91 | 170.3 | 66.69 |
| 16.5岁 | 149.9 | 40.29 | 153.2 | 43.32 | 156.5 | 46.76 | 160.2 | 51.07 | 163.8 | 56.01 | 167.1 | 61.07 | 170.4 | 66.78 |
| 17岁 | 150.1 | 40.44 | 153.4 | 43.47 | 156.7 | 46.90 | 160.3 | 51.20 | 164.0 | 56.11 | 167.3 | 61.16 | 170.5 | 66.82 |
| 18岁 | 150.4 | 40.71 | 153.7 | 43.73 | 157.0 | 47.14 | 160.6 | 51.41 | 164.2 | 56.28 | 167.5 | 61.28 | 170.7 | 66.89 |

图 1-9　0—18 岁女孩身高体重百分位数等级表

中国 2~18 岁男童身高、体重百分位曲线图

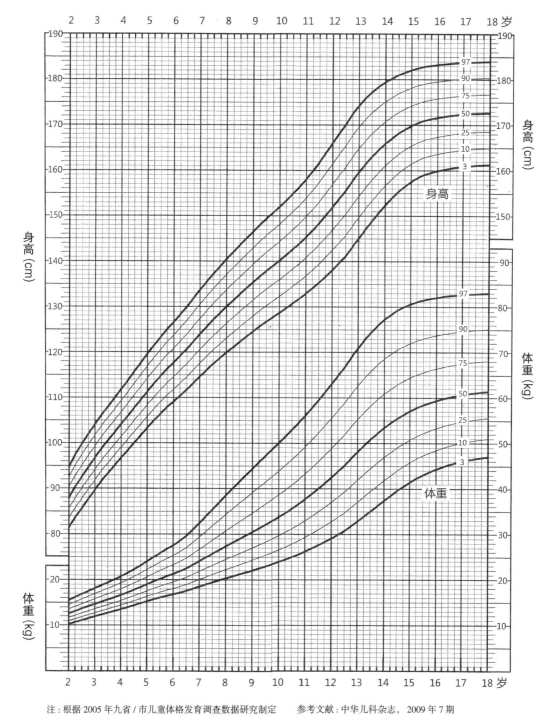

注：根据 2005 年九省 / 市儿童体格发育调查数据研究制定　　　参考文献：中华儿科杂志，2009 年 7 期

**图 1-10　2—18 岁男孩身高体重百分位数曲线**

中国 2~18 岁女童身高、体重百分位曲线图

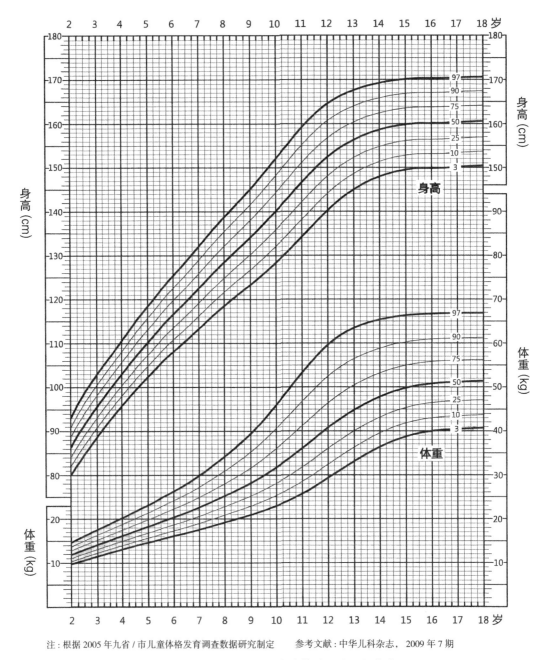

注：根据 2005 年九省 / 市儿童体格发育调查数据研究制定　　参考文献：中华儿科杂志，2009 年 7 期

图 1-11　2—18 岁女孩身高体重百分位数曲线

(3)评价过程。某小组分发一名儿童的动态身高体重(3 个月测试一次)测量数据,对照阶段性数据与标准,以等级法及百分位数法评价其各阶段发育水平、身高体重动态生长发育速度、综合评价其生长发育情况。

**(五)实训成果**

(1)身高坐高体重测量演示。

(2)生长发育评价展示。

(3)形成儿童生长发育评估报告。

## 三、学前儿童营养及膳食评价

**(一)实训目的**

(1)能从营养学角度记录并评估食谱。

(2)能结合《中国居民膳食指南》对幼儿食谱提出优化建议。

**(二)实训内容**

(1)带量食谱记录与营养评估。

(2)一日及各餐热量评估。

(3)食物种类搭配评估。

(4)食谱优化建议。

**(三)实训形式**

(1)保育课程见习食谱记录。

(2)课堂案例分析。

**(四)实训材料**

记录幼儿园一周带量食谱。

**(五)实训过程**

1.小组分工

4~5 人一组,记录并讨论分析搜集到的食谱。

2.营养成分计算

对照《常用食品及水果营养成分表》计算一日食谱所含营养。

3.食物营养评估

对照《中国居民膳食指南》评估食谱营养达标情况,对照蛋白质、脂肪、碳水化合物的产热量评估三类营养素供给情况,分析优质蛋白在每日蛋白中占比是否达 50%。

4.食物种类评估

评估谷薯类、动物食物类、蔬果类、豆类、能量类配制是否齐全;一日各餐的主、副食是否重复;一周副食重复是否超 2 次。

5.三餐热量计算

利用"薄荷健康"APP 或对照《常用食品及水果营养成分表》计算一日及各餐食谱所含热量。

6. 三餐热量评估

对照早餐（20%～25%）、午餐（30%～35%）、晚餐（25%～30%）、点心（10%～15%）的标准评估三餐热量达标情况。

7. 食物搭配评估

对照干稀搭配、荤素搭配、粗细搭配、深浅蔬菜搭配、米面搭配原则评估食物互补情况。

8. 膳食优化建议

结合评估情况提出优化建议。

（六）实训成果

（1）完成食谱营养评价报告一份。

（2）营养膳食优化建议若干。

（3）小组分享食谱营养评价报告。

（七）幼儿园一周带量食谱记录表（表1-1）

表1-1  幼儿园一周食谱记录表

| 时间 | 周一 | 周二 | 周三 | 周四 | 周五 |
|---|---|---|---|---|---|
| 营养早餐 | | | | | |
| 人均摄入量（克） | | | | | |
| 加点 | | | | | |
| 营养午餐 | | | | | |
| 人均摄入量（克） | | | | | |
| 加点 | | | | | |
| 营养晚餐 | | | | | |
| 制定依据描述 | | | | | |
| 营养分析与优化建议 | | | | | |

## 四、幼儿园安全与意外急救①

### （一）气管异物急救

1. 实训目的

（1）掌握气管异物的常用处理方法。

（2）熟练完成海姆立克、背部叩击法等几种气管异物处理实操。

（3）通过处理气管异物，熟悉安抚、稳定情绪的方法，培养关爱幼儿、关心伤者的情感。

2. 实训准备

（1）知识准备：气管异物的常用处理方法。

（2）环境及物质准备：保育仿真实训室、医用急救包、仿真婴儿等。

3. 实训过程

（1）观看视频，回顾并熟悉气管异物的急救操作方法。

（2）班级分组，每组选择一个实训项目，确定施救者与患者的扮演者。

（3）小组演练三项气管异物急救方法。

（4）教师巡回指导各小组演练情况。

（5）小组汇报分享，教师总结归纳气管异物的施救要点。

### （二）儿童常见出血急救

1. 实训目的

（1）掌握幼儿擦伤、划伤、切割伤等轻微外伤出血和鼻出血的处理方法。

（2）将知识转化为技能，熟练完成对以上几种出血情况的处理。

（3）通过处理出血的操作，熟悉安抚、稳定伤者情绪的方法，培养关爱幼儿、关心伤者的情感。

2. 实训准备

（1）知识准备：擦伤、划伤、切割伤及鼻出血的处理方法。

（2）用品准备：生理盐水、酒精、过氧化氢、碘酒、红汞、纱布、脱脂棉、绷带、创可贴、镊子、剪子、直径 3 厘米的小木棍、泡沫塑料垫等。

3. 实训过程

（1）分组及分工。

1）将全班平均分成 A、B、C、D 四个组。

2）A、B 组成员互相合作，C、D 组观摩，注意发现问题，之后互换进行练习。

（2）擦伤、划伤、切割伤等的处理方法。

1）清洗伤口：清除伤口上的杂物，用生理盐水或淡盐水清洗伤口。

2）消毒：用过氧化氢、酒精或碘酒对伤口进行消毒。边操作边语言分享操作流程。

---

① 朱凯利：《学前教育专业实训指导书》，西北大学出版社，2019，第 11 页。

3)止血:伤及表皮、毛细血管的小伤口出血量少,经消毒后就不出血了。消毒后还在出血的伤口,应根据情况选择按压伤口止血、加压包扎止血或加垫屈肢止血。

加压包扎止血:按压伤口5分钟还未止血,在伤口处先覆盖无菌纱布,再加垫比伤口稍大的纱布或脱脂棉垫,用绷带包扎紧,以不出血为度。

加垫屈肢止血:屈腿和前臂,然后将一根直径约3厘米的小木棍或泡沫塑料垫放置于肘窝处、腋窝、膝关节窝处或大腿根部,让"伤者"将其夹紧,再用三角巾、宽布条、手帕或绷带等紧紧缚住硬物以压迫四肢内侧的较大动脉,使血流不能通过,从而止住肢端(手指)的流血,并让伤口尽快凝固。同理,膝盖后窝夹住硬物也能使膝盖以下部分止血。边操作边语言分享操作流程。

4)包扎:伤口一旦止血,用碘酒消毒,敷上消毒纱布,用消毒绷带包扎。消毒后就止血的小伤口可以不包扎,在伤口处抹上红汞即可。注意红汞与碘酒不能混用。小伤口可以用创口贴。边操作边语言分享操作流程。

(3)鼻出血的处理方法。

1)冷敷止血:用冷水蘸湿毛巾冷敷患儿的前额和后颈。

2)按压止血:食指和拇指紧捏"患儿"两侧鼻翼,向鼻中隔按压10分钟,其间不松手。

3)填塞止血:取脱脂棉塞紧鼻孔。

4)边操作边语言分享操作流程。

4.实训评价(表1-2)

(1)分小组相互检查实训情况,并将观摩中发现的问题提出来,互相做出评价,总结处理出血时应注意的事项。

(2)同学们相互检查实训情况,并相互做出评价。

(3)指导教师点评,并推荐个别同学进行示范操作练习、纠错操作练习,便于全班巩固提高。

表1-2　幼儿园意外安全事故处置技能实训评价表

| 序号 | 评价内容 | 评价方式 | 评价等级 | | | |
|---|---|---|---|---|---|---|
| | | | 优 | 良 | 中 | 差 |
| 1 | 熟悉常见安全事故的种类、原因及急救操作步骤与方法 | 自我评价 | | | | |
| | | 学生互评 | | | | |
| | | 教师评价 | | | | |
| 2 | 安全急救小组情景模拟到位,准备充分,施救者与患者配合默契 | 自我评价 | | | | |
| | | 学生互评 | | | | |
| | | 教师评价 | | | | |
| 3 | 安全急救的操作步骤正确熟练,动作流畅连贯,施救过程沉着冷静,操作时间控制较好 | 自我评价 | | | | |
| | | 学生互评 | | | | |
| | | 教师评价 | | | | |

续表1-2　幼儿园意外安全事故处置技能实训评价表

| 序号 | 评价内容 | 评价方式 | 评价等级 | | | |
|---|---|---|---|---|---|---|
| | | | 优 | 良 | 中 | 差 |
| 4 | 安全急救小组汇报语言流畅,总结到位,施救要点明确 | 自我评价 | | | | |
| | | 学生互评 | | | | |
| | | 教师评价 | | | | |
| 评价说明 | | | | | | |

## 五、学前儿童疾病监测与预防技能实训[①]

**(一)实训目的**

(1)熟悉幼儿常见疾病的种类、症状,学习幼儿常见疾病的识别与预防方法。

(2)了解幼儿常见疾病产生的原因,并掌握相关对策与护理方法。

(3)掌握幼儿常见疾病的预防技能,树立防患于未然的疾病预防意识。

**(二)实训内容**

(1)手足口病和咽峡炎的识别与预防。

(2)麻疹和荨麻疹的识别与预防。

(3)流行性腮腺炎的识别与预防。

(4)水痘的识别与预防。

(5)湿疹的识别与预防。

**(三)实训环境**

校内仿真实训室,配套各类疾病症状模型或挂图。

**(四)实训要求**

(1)班级分组,重点了解幼儿疾病的症状、监测方法及日常护理等。

(2)教师应提供大量幼儿常见疾病的案例素材供学生讨论。

(3)学生要具备幼儿常见疾病的基本知识。

(4)重点掌握幼儿易混淆常见疾病的诊断与护理方法。

**(五)实训过程**

(1)通过知识背景介绍回顾并熟悉幼儿常见疾病的种类、症状及预防措施。

(2)班级分组,明确任务目标,请教师提供相应的案例材料来推断幼儿的病症,并提

---

① 朱凯利:《学前教育专业实训指导书》,西北大学出版社,2019,第16页。

出解决对策与护理建议。

（3）在校内实训室,通过播放视频使学生掌握幼儿易混淆疾病的辨别与预防。

（4）小组汇报分享,教师总结归纳幼儿常见疾病的辨别与预防要点。

**(六)实训评价(表1-3)**

项目考核由自我评价、学生互评和教师评价组成,采用等级评分制。

表1-3　幼儿疾病监测与预防技能实训评价表

| 序号 | 评价内容 | 评价方式 | 评价等级 | | | |
| --- | --- | --- | --- | --- | --- | --- |
| | | | 优 | 良 | 中 | 差 |
| 1 | 对幼儿常见疾病种类、症状掌握良好 | 自我评价 | | | | |
| | | 学生互评 | | | | |
| | | 教师评价 | | | | |
| 2 | 分组操作实训内容,对材料分析到位;辨别方法与护理建议合理 | 自我评价 | | | | |
| | | 学生互评 | | | | |
| | | 教师评价 | | | | |
| 3 | 对幼儿易混淆疾病能有效辨别 | 自我评价 | | | | |
| | | 学生互评 | | | | |
| | | 教师评价 | | | | |
| 4 | 能结合身边实例做汇报分享,语言流畅、表达准确 | 自我评价 | | | | |
| | | 学生互评 | | | | |
| | | 教师评价 | | | | |
| 评价说明 | | | | | | |

## 第四节　一日生活组织实训内容及要求

### 一、一日生活组织保教技能实训[①]

**（一）实训目的**

（1）掌握幼儿园晨检、盥洗、进餐、如厕、喝水、午睡和离园等生活环节的保育要点及各年龄段幼儿一日生活组织的要点。

（2）熟悉幼儿园一日生活各环节组织与实施的一般流程，并能在仔细观察的基础上至少组织一次生活活动。

（3）能够对幼儿园一日生活活动中常见的保育问题采取合理的引导策略。

**（二）实训内容**

（1）观看幼儿园一日生活各环节流程。

（2）赴幼儿园观察幼儿园一日或半日活动，完成幼儿园一日或半日活动设计。

**（三）实训环境**

规范运行的校外实训基地或幼儿园，能够完整且规范地展示幼儿园一日生活各环节。

**（四）实训要求及注意事项**

（1）明确该项目各活动环节的实训目的、内容与观察要点等，掌握一日生活活动组织实施的方法与要点。

（2）仔细观察，及时记录，重点掌握主班教师、配班教师的工作职责和要点；善于发现问题，积极思考，能够提出建设性的意见，并在实践中进行检验。

（3）遵守幼儿园的规章制度，不大声喧哗与吵闹，不影响幼儿园的正常工作与教学。

（4）学生需准备好记录所用的笔、记录表以及可以帮助记录的电子设备。

**（五）实训步骤**

（1）学习幼儿园一日生活各环节的理论知识，熟悉幼儿园一日活动流程。

（2）明确实训目的、观察要点及注意事项。

（3）赴幼儿园观察幼儿一日生活各环节，并记录各环节中教师典型的保教行为。

（4）分组完成幼儿园一日生活活动的设计，并完成"幼儿园一日生活活动安排及保教要点"（表1-4）。

（5）集体讨论，对幼儿园一日生活保育要点进行归纳总结。

**（六）实训成果**

（1）小组完成"幼儿园一日生活活动安排及保教要点"整理。

---

[①]　朱凯利:《学前教育专业实训指导书》(第2版),西北大学出版社,2019,第1页。

（2）幼儿园一日生活中教师保教行为分析与评价。

表1-4　幼儿园一日生活活动安排及保育要点

| 序号 | 时间 | 生活活动设计 | 主班教师职责 | 配班教师职责 | 保育员职责 | 保育要点 |
|------|------|------|------|------|------|------|
|  |  |  |  |  |  |  |
|  |  |  |  |  |  |  |
|  |  |  |  |  |  |  |

# 二、入园环节保教实训[①]

一日生活中入园环节保教活动主要包括晨间接待、晨间检查和晨间活动三部分。

**（一）实训目的**

（1）掌握晨间接待时幼儿哭闹的处理方法。

（2）了解晨间接待环节教师组织幼儿活动的内容。

（3）明确晨间接待的流程及注意事项。

（4）通过小组合作，模拟演练晨间接待环节并进行分析与评价。

**（二）实训要求**

1. 晨间接待

（1）观察教师晨间接待方式，如是否热情对待家长及幼儿，是否教育幼儿使用礼貌用语，是否指导幼儿将衣物放整齐等。

（2）记录教师了解幼儿在家的情况以及和家长交换意见的过程。

（3）尝试与幼儿亲切交谈，缓解幼儿早晨入园的不适应或焦虑情绪，对胆怯、孤僻、行为反常或生病的孩子多一些关注，引导他们尽快融入各项活动中。

2. 晨间检查

观察记录并学习晨间检查的内容和方法。

（1）一摸：摸幼儿额头、颈部和手心有无发热。

（2）二看：看幼儿精神和面色是否正常，有无流涕、皮疹、咽部充血、伤痕等。

（3）三问：问家长幼儿在家的饮食、睡眠、大小便等一般情况，问幼儿身体有无不舒服的感觉。

（4）四查：检查口袋里有无不安全的物品。

---

① 门亚玲、谭琳霞：《学前教育专业实训指导手册》，华中科技大学出版社，2021，第2-11页。

3.晨间活动

（1）观察记录幼儿晨间活动参与的整体情况,包括区角选择、活动主题、类型、方式等。

（2）记录教师在幼儿晨间活动期间的组织情况、介入幼儿活动的时机方式和指导幼儿活动的方式等。

（3）观察教师在晨间活动期间对特殊幼儿的个别教育。

（4）尝试指导中、大班幼儿做值日生工作,如洗水杯、擦桌椅、给自然角的动物喂食和给植物浇水等。

（三）实训记录表（表1-5）

表1-5　幼儿园晨检记录表

| 班级 | 日期 | 应到人数 | 实到人数 | 缺勤原因 | | 摸 | 看 | 问 | 查 |
|------|------|----------|----------|------|------|------|------|------|------|
| | | | | 事假 | 病假 | | | | |
| | | | | | | | | | |
| | | | | | | | | | |
| | | | | | | | | | |
| | | | | | | | | | |

## 三、午睡环节保教实训

**（一）实训目的**

（1）掌握午睡环节教师的工作内容及注意事项。

（2）掌握午睡环节幼儿常见问题的处理方法。

（3）通过小组合作,模拟演练午睡环节并进行分析评价。

**（二）实训要求**

（1）实训午睡前教师在散步活动、安静活动、检查提醒活动、午睡环境方面的准备工作。

（2）分析幼儿午睡过程中教师的组织管理情况、值班情况、对特殊幼儿的午睡照料等。

（3）记录幼儿午睡整体情况,包括午睡时间、午睡质量、午睡存在的问题等。

（4）记录午睡后的起床环节、安静环节教师的工作内容与方式等。

（三）实训记录表（表1-6）

表1-6 午睡环节教师保教行为记录表

| 班级 | | 教师姓名 | | 教师类别 | | 日期 | |
|---|---|---|---|---|---|---|---|
| 观察项目 | | | | | | | |
| 幼儿午睡情况 | | | | | | | |
| 教师睡前检查及情况 | | | | | | | |
| 教师指导 | | | | | | | |
| 反思及建议 | | | | | | | |

## 四、户外活动保教实训

幼儿户外活动包括常规的早操、户外体育活动、游戏和一些非预设性户外活动。观察幼儿户外活动,可在活动开始前、活动进行中、活动结束后三个时间段内对教师的保育工作内容进行分析记录。

（一）实训目的

(1)掌握户外活动环节教师的工作内容及注意事项。

(2)掌握户外活动环节幼儿常见问题的处理方法。

(3)通过小组合作,模拟演练户外活动环节并进行分析评价。

（二）实训要求[1]

(1)活动开始前,注意在场地卫生清洁、场地安全、场地布置、运动器械准备、幼儿着装环节中的操作方法和注意事项。

(2)活动进行时,注意对幼儿活动安全、幼儿活动量、幼儿身体健康状况的关注。

(3)活动结束后,注意物品归位整理及常规教育。

---

[1] 门亚玲、谭琳霞:《学前教育专业实训指导手册》,华中科技大学出版社,2021,第20页。

（三）实训记录表（表1-7）

表1-7　户外活动教师保教行为记录表

| 班级 | | 教师姓名 | | 教师类别 | | 日期 | |
|---|---|---|---|---|---|---|---|
| 活动类型 | | □早操□间操□户外体育活动□户外自由游戏 | | | | | |
| 活动开始前 | | | | | | | |
| 活动进行中 | | | | | | | |
| 活动结束后 | | | | | | | |
| 反思与建议 | | | | | | | |

## 五、离园环节保教实训

**（一）实训目的**

（1）掌握离园环节的流程及注意事项。

（2）了解离园环节教师组织幼儿活动的内容。

（3）掌握离园环节幼儿常见问题的处理方法。

（4）通过小组合作,模拟演练离园环节并进行分析与评价。

**（二）实训要求①**

（1）关注教师离园准备环节的保育行为。

（2）关注教师离园前对幼儿情绪状态的把握。

（3）关注教师与家长接送卡交接情况、沟通内容。

（4）模拟演练离园环节并进行分析与评价。

---

① 门亚玲、谭琳霞：《学前教育专业实训指导手册》,华中科技大学出版社,2021,第52-53页。

（三）实训记录表（表1-8）

表1-8　幼儿离园情况记录表

| 班级 | | | | | 人数 | | | |
|---|---|---|---|---|---|---|---|---|
| 日期 | 幼儿姓名 | 幼儿情绪状态 | | | 接送人 | 带回物品 | 与家长沟通内容 | |
| | | 好 | 中 | 差 | | | | |
| | | | | | | | | |
| | | | | | | | | |
| | | | | | | | | |
| | | | | | | | | |
| | | | | | | | | |
| | | | | | | | | |
| | | | | | | | | |

# 第五节　保育及一日生活组织案例资源

## 一、幼儿园一日生活组织案例

案例1：幼儿园门口，还没见到人影就先听到一阵哭闹声，这准是小雅。一路上，妈妈是抱着她走到幼儿园的，快到教室门口时更是艰难，因为小雅胖胖的身体一直在扭动着，反抗着。李老师从她妈妈怀里接过她时，费了九牛二虎之力才勉强把她抱稳。她还是一个劲儿地踢着小脚挥着小手，用最大的嗓门哭喊着，无论怎么安慰怎么哄，她就是不睁开眼睛，不停地哭喊。李老师很不解：为何小朋友入园这么难？该如何做才能帮助这些小朋友顺利入园呢？

案例2：寒气逼人的早晨，小班教室里一个小朋友也没有，李老师坐在位子上边吃早餐边等待孩子入园。正在这时，乐乐小朋友来了，乐乐妈妈说："乐乐，快向李老师问好呀！"李老师听到声音，瞟了一眼乐乐，随后眼睛看着碗继续吃，头也没抬地说："乐乐来了，老师在等你呢。"乐乐妈妈紧锁着眉头，一脸担忧地说："今天早上，乐乐起床有点流鼻涕，请老师关照一下！"李老师边吃边说："哦，没什么，我会注意乐乐的。""谢谢李老师！"

乐乐妈妈一步三回头、依依不舍地离开了教室赶去上班,而乐乐则自己坐到座位上玩玩具了。

案例3:某幼儿园的晨检工作多年来一直流于形式,保健医生和教师很少按照"一摸、二看、三问、四查"这些具体的晨检环节工作,但由于没有发生什么事故,园长也就没有认真过问和检查晨检工作。

一天早晨,该园小(3)班的小朋友贝贝从家里出来时,偷偷将妈妈给她新买的小玻璃球装进了上衣口袋。这些玻璃球五颜六色的,漂亮极了,贝贝想带给好朋友瑶瑶看一看。贝贝和妈妈走到幼儿园大门口时,正巧碰到李医生站在大门边在和一个家长聊着身上的时装,贝贝大方地向李医生问好,可李医生聊得太投入,根本就没有听到。贝贝妈妈见状,拍了拍女儿,说道:"我们先进去吧,阿姨正忙着呢。"

到了班级,带班的郑老师正忙着给小朋友分发玩具,见贝贝来了,便招呼贝贝过来和小朋友一起玩玩具。整个一上午的活动被郑老师安排得满满的,贝贝一直也没有机会向瑶瑶展示她的玻璃球。

午睡的时间到了,贝贝悄悄地把玻璃球握在手里上了床。趁下午带班的曲老师没注意的时候,贝贝将玻璃球拿给了旁边的瑶瑶看,两个人就在床上玩起了玻璃球。瑶瑶觉得玻璃球的颜色实在太诱人了,不知道有没有甜味,于是,她就将玻璃球偷偷放进了嘴里。可是,她的嘴刚动一动,玻璃球就被她一不小心咽了下去。吞吃了玻璃球的瑶瑶被吓得一动不动,而贝贝见瑶瑶还不拿出玻璃球,以为她要抢自己的玻璃球。于是就使劲向瑶瑶要,可瑶瑶却摇摇头,只摇头不说话。见此情景,贝贝着急了,她一边哭一边说:"瑶瑶,你还我玻璃球! 还我玻璃球!"

曲老师闻声立刻走过来,询问是怎么回事。贝贝哭着说:"她把我的玻璃球放嘴里了,不还给我。"曲老师又转身问瑶瑶:"是这么回事吗?"瑶瑶再也憋不住了,她哭着说:"我把玻璃球咽下去了,老师,我怕。"曲老师一听,赶忙问瑶瑶有没有不舒服的感觉,并马上打电话通知了保健医生和园长。幼儿园迅速将瑶瑶送到医院就诊,经过医院的精心处理,瑶瑶很快将玻璃球排出。不久,瑶瑶又重新回到了幼儿园。

案例4:午餐开始了,王老师举起孩子们刚刚画完的作品,生气地说:"今天的画你们画得很不好,有些人根本没有听老师的话,画得乱七八糟!"孩子们不禁抬起头看着她,王老师抽出一张画:"明明,你这画的是什么东西啊? 你听老师讲了吗?""怎么,老师一说你们,你们就不会吃饭了吗? 快吃!"……听到老师的训斥与催促,孩子们安静了,赶紧低下头大口地吃起来。

案例5:离园时间到了,孩子们一个一个地被家长接走,最后只剩下琪琪没人接。"今天我有事,我先走啰!"李老师拎起背包,快步走出了教室。"唉! 又有一个孩子没人接,真烦人!""我今天还要去买菜呢!"丁老师和王老师你一句我一句地聊着。琪琪一个人坐在小板凳上,无助地望着教室门口。

案例6:4岁的小女孩晶晶,被陌生人从重庆市某幼儿园带走,身心遭到严重摧残。晶晶的父亲唐某立马找到值班老师询问,老师也一脸茫然。后经老师仔细回忆和在幼儿园四处询问,才回忆起晶晶尚未放学时,就被一名自称"叔叔"的男子接走。随后,其父母以幼儿园管理疏忽为由,将幼儿园告上了法院,索赔精神损失费 8 万余元及医疗费。

作为一名幼教工作者,对于以上案例,你会如何处理?

### 二、幼儿生长发育测评案例

女童 Y,3 岁身高 90 厘米,体重 11 千克;3 岁 3 个月 92 厘米,体重 12.1 千克;3 岁 6 个月身高 96 厘米,体重 12.7 千克;3 岁 9 个月身高 100 厘米,体重 13.5 千克;4 岁身高 103 厘米,体重 14.1 千克;4 岁 3 个月身高 105 厘米,体重 15.8 千克;4 岁 6 个月身高 107 厘米,体重 16.7 千克;4 岁 9 个月身高 108 厘米,体重 17.5 千克;5 岁身高 109 厘米,体重 18 千克;5 岁 3 个月身高 111 厘米,体重 18.9 千克;5 岁 6 个月身高 113 厘米,体重 19.2 千克;5 岁 9 个月身高 115 厘米,体重 19.4 千克;6 岁身高 115.8 厘米,体重 19.7 千克;6 岁 3 个月 117.4 厘米,体重 19.8 千克;6 岁 6 个月身高 119.8 厘米,体重 20 千克;6 岁 9 个月身高 120.7 厘米,体重 20.7 千克;7 岁身高 122.4 厘米,体重 21.4 千克;7 岁 3 个月身高 124.5 厘米,体重 23.4 千克,7 岁 6 个月身高 126 厘米,体重 24.6 千克。请参考中国九省市儿童身高体重标准,用百分位数曲线图法及百分位数等级评定法评估该女童的生长发育,并对该女童后续的膳食调整提出建议。

### 三、幼儿园一周食谱案例(表 1-12)

| ** 幼儿园 12.1～12.5 带量食谱 单位:g | | | | | | | | | |
|---|---|---|---|---|---|---|---|---|---|
| | 星期一 | | 星期二 | | 星期三 | | 星期四 | | 星期五 | |
| | 食谱 | 带量/人 | 食谱 | 带量/人 | 食谱 | 带量/人 | 食谱 | 带量/人 | 食谱 | 带量/人 |
| 早餐 | 八宝粥 鸡蛋饼 西芹妙豆腐 | *八宝米 15g *面粉 50g 鸡蛋 10g *芹菜 40g 胡萝卜 15g 豆腐 30g | 红薯玉米糁粥 葡萄干发糕 炒土豆丝 五香鹌鹑蛋 | *红薯 10g 玉米糁 10g *面粉 50g 葡萄干 20g *土豆 60g 胡萝卜 10g *鹌鹑蛋 40g | 山药胡萝卜粥 紫薯小馒头 卷心菜炒鸡蛋 | *山药 5g 胡萝卜 2g 粳米 14g *面粉 50g 紫薯 20g *卷心菜 40g 鸡蛋 30g | 香香黑米粥 椒盐卷 蒸蛋羹 醋溜绿豆芽 | *粳米 7g 黑米 8g *面粉 50g *绿豆芽 70g 胡萝卜 10g 小香葱 1g | 二米粥 南瓜小馒头 冬瓜肉片 | *粳米 8g 小米 8g *面粉 30g 南瓜 20g 猪肉 15g 冬瓜 60g 胡萝卜 5g |
| 午餐 | 肉丝卤面 紫菜蛋花汤 | *面粉 50g 猪肉 20g 芹菜 20g 胡萝卜 15g 黄豆芽 10g 小葱 1g 青菜 10g *紫菜 5g 鸡蛋 10g 香菜 2g | 提子米饭 蕃茄豆花鱼 茄瓜炒鸡蛋 水果粥 | *粳米 50g 葡萄干 8g *龙利鱼 40g 西红柿 20g 嫩豆腐 20g 茄瓜 50g 鸡蛋 30g 红薯 10g *苹果 10g 梨 10g | 连汤肉片千层饼 | *猪肉 30g 冬瓜 20g 胡萝卜 20g 杏鲍菇 15g 豆腐 20g 蒜黄 5g 香菜 1g 木耳 2g *面粉 60g | 胡萝卜米饭 土豆炖牛肉 双花炒虾仁 红枣银耳羹 | *粳米 60g 胡萝卜 10g *牛肉 30g 土豆 40g 胡萝卜 10g 花菜 40g 西蓝花 30g 虾仁 20g *红枣 5g 银耳 5g | 臊子面 | *面粉 70g *猪肉 30g 白萝卜 30g 木耳 2g |
| 加餐 | 萝卜小丸子 香蕉 | *白萝卜 60g 面粉 20g 香蕉 80g | 山药糯米粥 苹果 | 山药 15g 糯米 15g 苹果 80g | 纯牛奶 花样加点 | 纯牛奶 100g *面粉 50g 南瓜 20g | 冰糖雪梨 | *雪梨 80g 冰糖 2g 枸杞 1g | 老面包 火龙果 | *老面包 50g 火龙果 80g |

图 1-12 某幼儿园冬季一周带量食谱

### 四、幼儿常见疾病与护理案例

幼儿园午餐时,老师发现小朋友们都在专心吃饭,只有笑笑迟迟不动筷子。原来笑笑的口腔里长了很多小米粒大小的水疱,水疱周围红红的,有些水疱已经破了,怪不得笑笑不想吃饭。老师赶紧把笑笑送到幼儿园保健室,保健医师发现笑笑的体温偏高(38 ℃),扁桃体也有些红肿,因此怀疑笑笑得了一种儿童常见的传染病。笑笑得了什么病? 该如何处理? 如何监测与预防幼儿疾病?

### 五、幼儿园安全急救案例

甜甜在幼儿园参加户外活动时和小朋友相互追逐,不小心摔倒了,导致膝盖、手掌等多处皮肤擦伤流血,甜甜大哭。幼儿园的小王老师刚刚参加工作,一时间不知道该怎么办才好。作为一名幼教工作者,遇到这种紧急的情况应该如何处理才能把事故对幼儿的伤害降到最小?

# 第二章 游戏设计与组织实训

学前教育是基础教育中的基础,是终身教育体系中的起点。游戏是学前教育的一种重要教育手段,这已经成为全世界主流教育的共识。自 1989 年颁布的《幼儿园工作规程》,到 2022 年出台的《幼儿园保育教育质量评估指南》,多个学前教育政策文件中都有"幼儿园教育以游戏为基本活动"的明确阐述。推进学前教育游戏化改革,需要幼儿教师具备游戏活动的设计、组织与指导能力,以更好地落实幼儿游戏权利,同时也是提高学前教育质量的重要手段。

## 第一节 幼儿园游戏知识基础

### 一、游戏的含义与特征

#### (一)游戏的含义

游戏是日常生活中非常普遍的社会现象,古今中外,男女老幼,都喜爱游戏。从不同的视角观察,对游戏就有不同的认识。语言学、体育学、心理学、人类学、社会学、教育学都对"游戏"下过不同的定义。综合各学科对游戏的理解,结合幼儿园实践,我们将游戏定义为:游戏是儿童在某一固定时空中,遵从一定规则,伴有愉悦情绪,自发、自愿进行的有序活动。通过儿童的表情、动作、角色扮演、言语及材料等可以判断儿童的行为是游戏还是非游戏。

#### (二)游戏的本质特征

1. 主动性

游戏是内在需要的自愿活动,是受内部动机控制的一种自愿行为,不受外在社会要求和其他因素的影响。即游戏的动机是内部动机,是游戏者内在的一种需要。环境激发和他人的要求对于游戏者投入游戏,不起主导作用。

2. 表征性

游戏是"日常生活"的表征,是社会生活的一部分。游戏的内容、种类和玩法,都受到社会的、地理的、文化的和习俗的影响。所有的游戏在某种意义上表征着社会生活,是"象征性的生活",而非"日常生活"本身。如筷子、牙刷等也会被幼儿当作玩具,即使是"就餐游戏""刷牙游戏",也不是日常生活中的吃饭、刷牙。游戏的虚拟性或非真实性在学前儿童的游戏中尤为明显。真正的游戏也是在儿童能够将真实的情境当成想象的情境时产生的,同时儿童以物代物、以人代人的象征思维能力也是在游戏中逐渐提高的。

3. 愉悦性

游戏是一种愉悦的行为。乐趣是游戏必备的性质,是游戏的元功能,游戏者自足于游戏的乐趣中,即使旁观者感觉不到乐趣,游戏者仍然自然其乐,并不在乎外部评价。游戏者在通过游戏活动获得乐趣之后,通过回味游戏乐趣,还能产生一种余音绕梁般的玩味性体验。越是深层的快乐体验就越能使人回味无穷,沉浸在回味中的时间也就越长,对下次游戏的期待也就越强烈。

4. 规则性

游戏是有规则的活动,游戏规则是游戏者在游戏中的行为顺序和被允许或被禁止的各种行为的规定,分为显性规则和隐性规则两种。显性规则是游戏明确规定的、游戏者需要有意识自觉遵守的规则,主要是关于游戏方法的规定,如棋类游戏、打扑克牌的游戏。游戏的隐性规则是约定俗成的、不必说明的规则,以参加者的技能、经验和合作意识为基础,同样具有限制和约束作用。例如,在角色游戏中,幼儿扮演某个角色,如厨师,要求幼儿的行为符合厨师的社会准则和道德规范,也就是厨师要在厨房制作食物,不能到处乱跑。规则在角色之中,要求游戏者以生活为蓝本,表现角色及角色之间的关系。

## 二、幼儿园游戏的类型

### (一)依据认知发展划分游戏类型

瑞士心理学家皮亚杰通过对儿童认知发展的研究,将儿童的认知阶段划分为感知运动阶段、前运算阶段、具体运算阶段,与此相对应,他将儿童的游戏划分为练习性游戏、象征性游戏和结构游戏、规则游戏。

1. 练习性游戏

练习性游戏多见于0—2岁阶段的儿童,这是游戏发展的第一阶段和最初形式。这时儿童的认知活动依靠直接感知和实际动作,游戏几乎没有任何象征性,所谓的游戏只是儿童为了获得某种愉快体验而单纯重复某种活动或动作。

练习性游戏又称感觉运动游戏或机能性游戏,由简单、重复的动作组成,是一种使感觉和运动器官获得快感的游戏。常见的感觉运动游戏有走、跑、跳、爬、推拉、拍球、跳绳等大肌肉运动游戏,以及剪贴、玩黏土等小肌肉运动游戏。

2. 象征性游戏和结构游戏

2—7岁儿童的主要特征是模仿,这一阶段的儿童游戏包括象征性游戏和结构性游戏两种形式。象征性游戏是以一物假装另一物和扮演角色为主要形式的一种游戏。在游戏中,幼儿"以物代物、以人代人",脱离当前对实物的知觉,以象征代替实物,并学会用语言符号进行思维,体现了儿童认知水平的发展。

结构游戏是以各种结构材料建构物体的一种结构造型游戏,需要游戏者具备一定的建构技能,儿童自然的结构游戏发展比较缓慢,需要成人更多的指导。从学前末期开始,象征性游戏和结构游戏便逐渐减少,进入结束期。

### 3. 规则游戏

规则游戏多见于 7—12 岁阶段的儿童,是两个以上的儿童按照预先规定的规则进行的,具有竞争性质的一种游戏,比如棋类游戏、体育游戏等。规则游戏的发展,标志着游戏逐渐推动了具体的象征内容而进一步抽象化。此时,儿童的语言和抽象思维能力有了发展,开始能站在别人的观点上看问题,利用别人的观点去校正自己的观点,所以在游戏中大家共同遵守一定的规则便成为可能。通过游戏,儿童对规则的认知和理解水平逐步提高,通过控制自己的行为,遵守规则的能力也逐步增长。从此,规则游戏便逐步成为主要的游戏形式并延续下去,陪伴人的一生。

### (二)依据社会性发展划分游戏类型

社会性发展也是儿童心理发展的一个重要方面。美国心理学家帕登从儿童的社会交往行为的程度出发,将儿童的游戏划分为偶然的行为、旁观、独自游戏、平行游戏、联合游戏、合作游戏六种类型。

#### 1. 偶然的行为

偶然的行为指儿童关注于碰巧引起兴趣的事,如玩弄身体、在椅子上爬上爬下、东游西荡等,其实质并不是游戏。

#### 2. 旁观

旁观指儿童在旁边观看其他孩子的游戏,但并没有参与其中。这种情况在两三岁儿童当中比较常见,但同样也不属于真正意义上的游戏行为。

#### 3. 独自游戏

独自游戏是指儿童在游戏中自己玩自己的。学步期的婴儿常常这样单独玩游戏。即使有同伴在场,儿童也是以自我为中心的,专心玩自己的玩具,不注意同伴在做什么。这一阶段的游戏还没有表现出明显的社会性特征。

#### 4. 平行游戏

平行游戏是 2—3 岁儿童常见的游戏形式。在此阶段,游戏由两个或两个以上的儿童一起来玩,他们可能会玩相同的玩具和游戏,也会有相互模仿的现象和少许的交谈,但是他们不会设法影响或改变同伴的游戏活动,相互之间没有合作行为,仍然是独立的游戏。

#### 5. 联合游戏

联合游戏是 4 岁左右儿童常见的游戏形式,是指儿童和同伴一起玩游戏,谈论共同的活动,但是他们没有分工,也没有共同的具体活动目标,都是儿童根据自己的愿望进行游戏。这一阶段儿童对于同伴一起玩表现出较大的兴趣,在游戏中开始出现明显的社会交往行为。联合游戏为儿童的社会化提供了一个良好的平台,创设了一个类似成人的小社会,使儿童获得更多与同伴交往的机会和更丰富的经验。

#### 6. 合作游戏

合作游戏在 5 岁以后的儿童中开始较多出现,是指儿童之间相互配合,有共同的目的,有达到目的的方法,有组织有分工,并能遵守规则进行的游戏。这一时期儿童的语言表达较为流畅,有了一定的社会交往能力,儿童可以有较长时间的游戏合作,游戏内容也较为多样。

**（三）依据游戏的关键特征划分游戏类型**

根据游戏的关键特征,我们可以将幼儿园游戏划分为创造性游戏和有规则游戏两大类。

1. 创造性游戏

创造性游戏是指儿童在教师的指导下自己创造出来的游戏,包括角色游戏、表演游戏和结构游戏,充分体现了幼儿的自主性,教师的作用更多体现在游戏前的准备、过程性的指导,儿童是游戏的主体和主导。

2. 有规则游戏

有规则游戏是预先包含一定内容和规则的游戏,包括运动性游戏和教学性游戏两种,这类游戏中教师作用的体现更加突出,需要老师来设计游戏、组织游戏,以体育游戏为典型代表。

## 三、游戏理论

**（一）早期经典的游戏理论**

早期的游戏理论主要研究游戏产生的原因,即儿童为何游戏,限于各研究者的视角及其所处时代所限,有的理论只说明了游戏的一个方面,而有的理论也只是一种假说。

1. 精力过剩说

精力过剩说的代表人物是德国学者席勒、英国学者斯宾塞。其主要观点是:生物都有维持自身生存的能力,生物体进化越高级,其生存能力就越强。高等动物除了维持生存需要耗费的精力之外,尚有剩余精力,游戏便成了剩余精力的一种出路。儿童在日常生活中耗费的精力较少,有剩余的精力,这些剩余的精力必须从体内发散出去,否则就像不透气的蒸锅那样会爆炸,游戏便是宣泄剩余精力,保持健康的最佳通道。

2. 放松说

放松说的代表人物是德国学者拉察鲁斯和裴茄克。与剩余精力说相反,放松说的主要观点是:人类在脑力或体力劳动后都会感到疲劳,为了放松自己,消除疲劳恢复精力,就产生了游戏。对儿童来说,由于身心发展水平的限制和生活经验的缺乏,他们对复杂的外部世界难以适应,很容易疲劳,所以需要游戏来使自己得以放松和恢复精力。

3. 生活准备说

生活准备说也称本能练习说或预习说,代表人物是德国生物学家格罗斯。主要观点是:儿童有天生的本能,但本能不能适应未来复杂的生活,要有一个生活准备阶段,这就要求儿童在天赋能力的基础上进行练习,锻炼自己适应"生存竞争"所必需的能力。因此,游戏是儿童对未来生活的一种无意识的准备,是一种升华本能、演练生活的手段。例如,女孩喜欢在"娃娃家"游戏中做饭、照顾宝宝,男孩喜欢玩车、打仗游戏等,从生活准备说的观点解释就是男女各自在为未来生活做准备。

4. 复演说

复演说的代表人物是美国心理学家霍尔,他认为游戏是人类生物遗传的结果,儿童游戏是重现祖先生物进化的过程,是对从太古时代到文明社会之行为发展的复演活动。例如,儿童的爬,从复演的观点解释就是重现了人类猿猴进化到人期间的攀爬的过程。

除上述理论外,还有成熟说、生长说等。这一时期的游戏理论,主要受到达尔文生物进化论思想的影响,从生物性的角度探究儿童游戏的原因,而忽略了人的主观能动性和社会性,所以在解释现代儿童游戏行为时有许多牵强之处。但早期经典的游戏理论首次对儿童游戏这一问题进行研究,为后来游戏理论的发展奠定了基础。

**(二)现代游戏理论**

20世纪60年代以后,儿童游戏研究迎来了一个空前繁荣的时期,各个学科的研究者加入儿童游戏研究的行列。

**1. 认知动力的游戏观**

瑞士心理学家皮亚杰是20世纪研究儿童认知能力阶段性发展的主要代表人物。在皮亚杰看来,游戏是儿童内容存在的自我活动的表现,是一种本能性的活动,是儿童内心世界的反映。游戏是儿童发展的一种心理表征,儿童通过游戏能够获得情感、认知、社会性、意志和人格等方面的发展。游戏是儿童认识客体的重要方法,儿童通过游戏巩固已有的概念和技能,使思维和行为相协调、平衡配合,通过建立"同化"和"顺应"之间的平衡来建构经验。

在游戏中,儿童努力使自己的经验适合先前主客体相互作用中形成的结构,儿童通过游戏补充、巩固儿童生活活动达到的水平,而儿童游戏的形式是由儿童现实认知发展的阶段性决定的。也即处于感知运动阶段的儿童主要表现出的游戏形式是练习性游戏,处于前运算阶段的儿童主要表现出的游戏形式是象征性游戏,而具体运算的儿童主要表现出的游戏形式是规则游戏。

**2. 精神分析的游戏观**

以奥地利心理学家弗洛伊德为代表的精神分析学派认为,一切生物都具有一些与生俱来的原始冲动和欲望,而人的原始冲动和欲望在现实社会中受到压抑,这种压抑如果找不到一条出路便会导致精神分裂。游戏便是排解内在心理矛盾和冲突的途径之一。儿童游戏是为了追求快乐,宣泄不满。游戏中由于愿望的满足和痛苦的消失而获得情感上的快乐。游戏是敌意或报复冲动的"宣泄",或现实中不能实现的愿望的"补偿",所以这一理论又称发泄说或补偿说。

弗洛伊德人格理论是其游戏理论的起点。儿童游戏的动力源于潜意识的动机,是由本我人格结构中的快乐原则所支配和驱动的,是满足的源泉,能够帮助儿童发展自我的力量,解决本我和超我的冲突。弗洛伊德还强调,游戏是希望的投射,人们通过让不愉快的经验在游戏情境中重演,可增加个体对那些由不愉快经验引起的负面情况的控制能力,因而游戏具有治疗作用,游戏的疗愈功能为儿童提供了一个发泄不可接受的常常是放肆的、冲动的行为和情绪的"安全岛"。这种观点也成了后来游戏治疗技术的理论依据。

**3. 社会活动的游戏观**

苏联的社会文化历史学派主要从马克思主义的活动论观点来解释游戏。以维果茨基为代表的社会活动游戏观认为,游戏的本质是一种社会性的活动,儿童看到周围成人活动,并在游戏中模仿这些活动,因此儿童游戏反映了成人世界的实践活动。他明确强调了儿童游戏的社会性,认为儿童在真实的实践情况之外,通过游戏,创造一种想象的情境,从而掌握基本的社会关系,并在游戏中再造了某种生活现象,因此是一种"社会性实践"。结合最近发展区理论,维果茨基认为"游戏是发展的源泉,能够产生最近发展区"。儿童与成人或同伴之间的社会互动,能够促进儿童的发展。

20世纪是西方儿童游戏研究的多元化时代,研究者从不同学科、不同视角获得的关于儿童游戏的研究成果,为我们观察、理解和研究儿童游戏提供了多样化的理论视角。

# 第二节 游戏设计与组织能力要求

《幼儿园教师专业标准(试行)》中专门提出了幼儿教师要具备游戏活动的支持与引导能力。本节按照游戏的进程,详细介绍在游戏前、中、后进行游戏设计与组织的能力要求。

## 一、游戏前的准备能力

教师在游戏开始前应为游戏的顺利开展做好充分的准备,主要体现在创设良好的环境和条件,包括经验、时间、场地和材料等方面的准备。

### (一)经验准备

儿童的游戏是其日常生活的表征,游戏是建立在儿童所掌握的知识和生活经验基础上的,是儿童生活经验的再现与升华,儿童的知识越丰富、生活经验越丰富、经验感知越充分,游戏的主题与内容也就越新颖、越充实。幼儿的生活经验主要来自家庭、幼儿园和社会生活的日常见闻,为了做好经验准备,教师要善于借助家长的力量,来丰富幼儿的相关生活经验,同时利用上课谈话、组织参观等多种活动丰富幼儿的知识,加深幼儿对周围生活、人与人关系的印象。

1. 密切家园合作

父母是孩子的第一任教师。教师可密切与家长合作,充分发挥他们的作用,使幼儿在家庭中获得更广泛的知识和生活经验,为游戏的开展打下良好的基础。

2. 开展谈话活动

谈话活动可以运用在游戏前或日常生活中。游戏前的谈话可以引起幼儿的回忆,再现他们的生活经验,有利于教师直接组织幼儿开展游戏。例如,在"娃娃家"游戏开展之前,教师先和幼儿就"过生日""宝宝生病了""家里来客人了"等主题进行谈话活动,让幼儿通过交流讨论,丰富"娃娃家"的游戏内容。

3. 组织参观活动

参观是丰富幼儿生活经验的最直接的方式。在组织幼儿参观时,不仅要帮助幼儿了解事物,认识事物间的关系,还要帮助幼儿了解人与人之间的关系。例如,带幼儿去超市参观时,教师不仅要带幼儿看超市里有什么东西,东西怎么分类,还要指导幼儿观察超市里都有哪些人,都在哪里做什么等。

除了参观,教师还可以采用带领幼儿看图片、讲故事、看电视等多种方式,丰富幼儿对周围生活的印象,为游戏的开展打下良好的基础。

**（二）时间准备**

游戏是需要充足的时间保证的,一般来说,幼儿区域游戏时间每次不能少于 30 分钟。只有游戏时间充分,幼儿才有选择区域、寻找游戏伙伴、商量主题情节、准备材料进行游戏等过程。如果游戏时间太短,游戏就难以充分展开和深入下去,势必影响游戏的效果。

教师要从学前教育的整体观念出发,确定游戏在整个幼儿园一日生活日程中的位置,分配一定的时间。一般来说,上午和下午都可以设置一次区域游戏的时间,让儿童在游戏中得到自由愉悦的发展。

**（三）场地和材料准备**

1. 设置固定的游戏区域

教师要根据班级的场地面积大小与空间结构等因素,合理进行班级游戏区域的创设,一般来说,班级常见的游戏区域有:角色游戏区、表演游戏区、结构游戏区、益智区、阅读区、生活区、自然角等。在布置游戏区时,要遵循动静分离、同类型区域相近等原则。

例如,阅读区和美工区属于相对安静的区域,要和相对喧闹的区域如表演区、娃娃家分开。安静的区域能为儿童提供独自游戏或与一两个小朋友一起游戏的独处空间,而喧闹的区域则为儿童提供了激发其产生社会性交往的、互动的小组游戏的空间。

2. 做好材料准备

材料是幼儿进行游戏的物质条件,它能激发幼儿游戏的愿望和兴趣,发展幼儿的想象力和创造力,适宜的游戏材料不仅反映了幼儿的发展水平,也渗透了教师的教育意图,在做好材料准备时应注意以下几点:

（1）投放材料要能够有效支持幼儿的游戏。在角色游戏中,教师应根据主题投放相应的材料,例如,小吃店的游戏,可以投放饺子、包子、面条、锅碗等。在结构游戏中,教师应根据幼儿的年龄特点,投放合适的建构材料。

（2）支持幼儿使用替代性材料。游戏是幼儿对现实生活的反映,幼儿在游戏中往往需要借助想象完成游戏材料的制作,当游戏中没有儿童需要的真实的材料时,替代性材料就显得格外重要。例如,幼儿用"沙子"替代"小米",用"竹竿"替代"马"。游戏所需要的材料除少数形象逼真的物品如娃娃、小动物等,绝大多数材料都可以用简单的物品来替代。教师应发动幼儿在平时收集一些废旧物品形成一个"百宝箱",指导幼儿进行分类收藏,当开展游戏时,由幼儿去"百宝箱"里寻找需要的游戏材料。

（3）鼓励幼儿参与材料准备工作。幼儿是游戏的主体,让幼儿一起为某一主题准备材料,对幼儿来说也是一项很有意义的活动。

## 二、游戏中的观察能力

经过上一环节,教师为幼儿的游戏做好了充分的准备。在儿童游戏的过程中,如果进展顺利,教师主要的工作就是对幼儿的游戏进行观察、记录与分析。

**(一)游戏观察的意义**

1.了解儿童身心发展情况与兴趣爱好

《幼儿园教育指导纲要(试行)》指出:要善于发现幼儿感兴趣的事物、游戏和偶发事物中所隐含的教育价值,把握时机,积极引导。关注幼儿在活动中的表现和反应,敏感地察觉他们的需要,及时以适当的方式应答,形成合作探究式的师幼互动。那么要如何发现呢? 观察就是很好的途径与方法。

案例:某小班正在开展有关汽车的主题活动,教师为幼儿设置了"洗车保养"游戏区,墙上贴着"洗车一次3元,保养一次8元"的告示。你认为这样的区域设置合理吗? 为什么?

很显然,这样的区域设置是不合理的,小班的幼儿没有汽车保养的经验,而如果老师能细心观察,很容易就能发现幼儿的已有经验水平。

2.为环境创设和制订游戏计划做准备

只要观察和倾听,儿童会告诉你,什么是他们需要的环境。

案例:一所有大片塑胶场地的幼儿园希望通过改造户外环境给儿童提供多样化的户外学习机会,他们改变了惯常的由设计师和教师来决定改造方案的做法,而是让教师观察孩子们户外游戏时的行为,了解孩子们的需求,同时还带孩子们参观别的幼儿园并在其中玩耍。回到自己的幼儿园后,让孩子们一起讨论并用绘画的方式表达自己希望户外场地中增加什么和改变什么,最终这些想法在设计师的帮助下实现了。

3.是有效指导与科学评价的前提

在孩子游戏时,观察孩子行为动机,了解孩子的内心想法,你才可以有效干预,进行正面的指导教育。

案例:一位细心的教师通过观察中班美工区中幼儿的行为,发现孩子们总是花很长时间寻找材料和工具,且活动结束后不知道把工具和未用完的材料归位。于是,教师设计了"如何整理美工区"的集体教学活动,从回忆参观超市的活动开始,与孩子们一起讨论为什么超市里的商品种类那么多,人们仍能很快找到自己要购买的商品,从而梳理出如何让物品有序摆放的经验,并引导孩子们利用透明整理箱和自己设计的标记,学习区域活动材料的整理。从这个意义上说,是儿童的问题决定了教学的内容和方式,儿童参与了教学活动的设计。

实施教育,观察先行。教师通过观察发现了美工区材料混乱的原因在于儿童不会有序摆放,从而在后续的集中教学活动中,以超市物品摆放引发幼儿自己讨论出整理区域材料的方法,以观察为基础的教学指导效果显著。

**(二)游戏观察的方法**

1.定点法

定点法,定点不定人,是指观察者固定在某个区域或某一地点进行观察,见什么观察什么,来此区域的幼儿均可作为观察对象。这种观察方法适合于了解一个主题或一个区域幼儿的活动情况,深入了解该区域幼儿在活动中材料的使用情况、幼儿的交往互动、游戏情节的发展、幼儿解决问题的能力等。一般在游戏活动过程中使用此方法。记录多采用实况详录法(表2-1)。

表2-1 幼儿游戏观察记录表

幼儿园: 班级:

观察者: 日期:

| 活动区: | 幼儿: |
|---|---|
| 幼儿游戏情况实录 | 观察者分析 |
|  |  |

2. 扫描法

扫描法又称时段定人法,是指教师在观察时对班里全体幼儿平均分配时间,用同样的时间对每个幼儿轮流进行扫描观察。该方法适合于了解全体幼儿的活动情况,如游戏中开展了哪些主题？每个幼儿选了哪些主题？扮演了什么角色？使用了什么材料？这一方法在活动开始和结束时使用最多。记录一般用表格形式,需要将所观察的内容事先用表格的形式准备好,游戏开始时,就直接将所观察的内容在表格中做记号即可(表2-2)。

表2-2(1) 幼儿游戏类型观察记录表

幼儿园: 班级:

观察者: 日期:

六种游戏类型的操作性定义

| 游戏类型 | 操作性定义 |
|---|---|
| 无所事事 | 儿童没有做游戏,只是碰巧观望暂时引起他们兴趣的事情,如没有可注视的就玩弄自己的身体,或走来走去、爬上爬下、东张西望 |
| 旁观 | 儿童基本上在观看其他儿童的游戏,有时凑上来与正在做游戏的儿童说话、提问题、出主意,但自己并没有直接参与游戏 |
| 独自游戏 | 儿童独自一人游戏,只专注于自己的活动,根本不注意别人在干什么 |
| 平行游戏 | 儿童能与他人在同一处玩,但各自玩各自的游戏,既不影响他人,也不受他人影响,互不干涉 |
| 联合游戏 | 儿童与他人在一起玩同样的或类似的游戏,相互追随,但没有组织与分工,每人做自己想做的事情 |
| 合作游戏 | 儿童为某种目的组织在一起进行游戏,有领导、有组织、有分工,每个儿童承担一定的角色任务,并且相互帮助 |

表2-2(2)　游戏类型观察记录表

| 观察方法:扫描法 | | | | 观察时间: | | | |
| --- | --- | --- | --- | --- | --- | --- | --- |
| 观察对象: | | | | 观察情境: | | | |
| 时间 | 游戏类型<br>被试代号 | 无所事事 | 旁观 | 独自游戏 | 平行游戏 | 联合游戏 | 合作游戏 |
| | | | | | | | |
| | | | | | | | |
| | | | | | | | |
| | | | | | | | |

3. 追踪法

追踪法,定人不定点,是指观察者事先选取1~2名幼儿作为观察对象,观察幼儿在区域游戏中的情况,适合于观察个别幼儿,深入细致了解其活动全过程。记录可用实况详录法,也可使用图示法将幼儿游戏轨迹画出来(图2-1)。

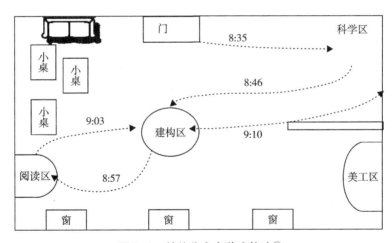

图2-1　某幼儿室内游戏轨迹①

## 三、游戏中的指导能力

### (一)游戏指导的原则

1. 注意语言的艺术性

语言是师幼互动的方式,是教师游戏指导的重要载体,教师的语言可以有以下几种类型:询问式语言——你准备用它来做什么呀? 建议式语言——做相框上的花边怎么样? 鼓励式语言——你收拾得真干净! 邀请式语言——你也来和大家一起贴花好不好?

---

① 施燕、韩春红:《学前儿童行为观察》,华东师范大学出版社,2011,第96页。

指令式语言——请把剪刀放到桌上！在进行指导时,老师可以根据具体情况来进行选择。

2. 注意幼儿的个体差异

教师在游戏指导的过程中要关注不同发展层次的幼儿在活动中的情况,并进行相应的指导。

案例:在创作"青花瓷"活动中,针对不同能力水平的幼儿,教师所扮演的角色和指导方式是不同的。例如:能力较强的幼儿——欣赏者;能力一般的幼儿,在幼儿遇到困难或寻求帮助时——及时介入,通过语言提示等引导他;能力较弱的幼儿——采用示范法或直接给予帮助。

3. 注意介入的最佳时机

教师的主要任务是观察幼儿的游戏行为,了解幼儿的游戏动机和分析幼儿的行为水平。当幼儿需要教师的支持和帮助时,教师应该以顺应幼儿的游戏意愿为前提,适时适宜地介入指导,以帮助幼儿实现自己的游戏构思。哪些是教师介入的恰当时机呢? 例如,当幼儿无所事事、频繁换区时;当幼儿活动遇到困难时,如无法在一张纸上画出桥,无法搭建机器人;当幼儿游戏情节单一、重复时,当幼儿规则秩序被破坏时。

**(二)游戏指导的方法**

1. 平行式

平行式是教师采用平行游戏的方式,教师在幼儿附近,和幼儿玩相同的或不同材料和情节的游戏。目的是引导儿童模仿,在这其中教师起着暗示指导的作用。那什么时候适合采用平行式介入? 一般来说,在幼儿对新玩具材料不感兴趣、不会玩,或只喜欢玩某一类游戏时,或在游戏中遇到困难时,我们可以采用平行式指导的方法。

案例:盖房子。在中班幼儿的建构游戏中,最典型的建构技能就是架空,但王老师发现,乐乐在今天盖房子的过程中,还不能很好地运用架空这项技能,盖起来的墙总是倒塌,只能用传统的一块块垒高的方式来搭墙,这让乐乐很苦恼。王老师观察之后,没有直接帮助乐乐,而是也来到建构区搭起了房子,并且一边搭一边说:"我今天盖子想换一种方法搭,我发现5块积木横着垒起来和1块积木竖起来一样高,那我就用两块积木竖起来支撑着房顶看看行不行。哇成功了,原来还可以用架空的方式盖房子。"

2. 交叉式

交叉式是教师以扮演角色的方式,通过教师与幼儿、角色与角色的互动,起到指导幼儿游戏的作用。那么什么时候适合采用交叉式介入? 一般来说,在幼儿的游戏进展受阻、情节单一时可以采用交叉式的指导,目的在于推进儿童游戏的深入。

案例:两个"小交警"呈直角站在十字路口的两端,两个人讨论后决定,倒数10个数换一下信号灯。老师很快发现两个"小交警"在同时亮起红灯或者绿灯,她不动声色地站在十字路口的一端,对着"小交警"说:"小交警,我应该往哪边走啊,都是绿灯,要是走会不会撞到一起呢?"两个"小交警"互相望了一眼,其中一个迅速换成红灯。老师很快从亮绿灯的路口通过。两个"小交警"继续很开心地做游戏,信号灯也一直顺利更替着。

另外,在采用交叉式指导方法时,教师还要注意把握指导的"度"。当幼儿游戏能够

顺利开展下去时,教师则可以退场,不能待得太久。

3. 垂直式

垂直式是指当幼儿出现严重违反规则、出现攻击性等危险行为时,教师直接以教师的身份介入游戏,对幼儿的行为进行直接干预。但要注意的是这种方式很容易破坏幼儿的游戏气氛,不宜多用。

**(三)游戏指导的几种不当做法**

1. 谨防"乱入"打断幼儿探究

案例:孩子们在建构区玩停车的游戏,用积木搭了好几层停车库,小天说:"我第一层停小汽车,第二层停卡车,第三层停飞机……"孩子们玩得正开心,老师却觉得不对:"飞机和汽车怎么会停一起呢? 我觉得停车场应该停汽车。"显然,这样的做法干预了幼儿的自主选择,限制了他们的活动兴趣。

2. "视而不见式"的游戏放任

案例:三个孩子一起玩"公交车"的游戏,大家都嚷嚷着要做司机,谁都不肯相让,一旁路过的老师却"视而不见"。最终,孩子们玩"公交车"游戏的想法只能放弃,三个人各玩各的,开起了"私家车"。

通过这个案例可以看出,表面上看,孩子们有了新的游戏情节,但老师却错过了指导幼儿解决合作游戏问题的良好时机。

3. "救火队员"式的应急帮忙

案例:教师在游戏中充当"救火队员",处理"角色区怎么没人""超市里拥挤""理发店抢生意"等本该让孩子自己解决的问题。

通过这个案例我们可以看出,在这个游戏中,教师看似很忙碌地在指导儿童的游戏,但却没能激发幼儿自主解决问题的主动性。长此以往,老师就无法判断幼儿真实的游戏能力与游戏水平,也无法采用适当的方法来指导幼儿的游戏。

## 四、游戏后的评价能力

在幼儿的游戏结束之后,教师不仅要组织幼儿做好整理工作,更重要的是要注意对此次游戏进行总结和评价。这是教师游戏指导非常重要的一项能力,成功的评价对提高游戏质量、发展游戏情节、巩固幼儿在游戏中所获得的情绪体验等都有直接的导向作用。

**(一)评价的内容**

1. 根据游戏情节进行评价

在游戏过程中,教师应随时发现和捕捉一些典型的情节,抓住幼儿想象力、创造力萌发的良好时机进行评价。

2. 根据游戏材料和玩具的制作与使用情况进行评价

当缺少玩具时,有些幼儿会寻找替代物、一物多用,有的幼儿会自己动手,现场制作一些玩具。这时幼儿的想象力、问题解决能力都得到了提高,教师在评价时应给予充分的肯定,以鼓励幼儿的创造热情。

3. 根据游戏中幼儿的行为进行评价

教师选择一些游戏中典型的问题,例如"娃娃家"里争抢玩具,让幼儿讨论,使其在讨论中懂得如何改正不好的行为。

**(二)评价的形式**

1. 讨论

当在游戏中发生纠纷时,教师可以让幼儿讨论是与非,如果幼儿因生活经验缺乏讨论不出结果,教师就可以找机会让幼儿通过参观等活动丰富生活经验。

2. 现场评价

有的游戏开展得很好,教师就可以保留游戏现场,组织进行现场评价。例如,"猴山建筑"游戏很有特色,在各组游戏结束后,教师可以带领全体幼儿来参观"猴山",请幼儿介绍设计和建造的方法。

3. 汇报发言

游戏结束了,教师让各组幼儿都讲讲他们是怎么玩的,教师应有重点地抓住某些主题汇报,使它与今后的游戏联系起来。如在"小剧场"的表演游戏汇报完之后,教师说:"听说你们明天演新戏×××,我想看,你们能卖一张票给我吗?"这样一来,很多幼儿也想买预售票,于是就引发了卖票的游戏情节,这样的评价使幼儿对第二天的游戏充满期待。

**(三)评价的要点**

1. 引导幼儿自主评价

注重发挥评价的激励作用,多给幼儿表现的机会,让他们分享游戏时的感受,讨论感兴趣的问题,给幼儿自我展示、相互交流的机会,让幼儿真正成为评价的主体。教师适时引导,提问以开放性问题为主,使幼儿不仅有讨论的话题,而且能表达不同的观点。在幼儿讲述的过程中,教师应及时发现幼儿的"闪光点",引发幼儿自主讨论,自主得出结论。

2. 注意游戏过程中的评价

重点评价幼儿在游戏过程中的积极性、创造性的发挥,对幼儿有价值的创新都要予以肯定。教师要善于运用随机评价的方法,特别要灵活地抓住游戏中有意义的小事,及时加以肯定。例如,在"肯德基"的餐厅游戏中,只要顾客打电话订餐,无论多远"经理"都会送货上门,这件事经过评价后成为热门话题。"乐乐超市"的幼儿说:"我们也要送货上门。"就这样,随机评价变点滴小事为有意义的事,给全体幼儿以良好的影响。

3. 能力与品德并重

在肯定幼儿独立创新意识的同时,教师应重点评价幼儿在团结友爱、互相帮助、尊老爱幼等社会公德方面的表现,表扬那些有同情心,能热心帮助他人的幼儿,消除现实生活中种种消极因素对幼儿不良的影响,陶冶幼儿的心灵。

# 第三节　角色游戏实训内容及要求

角色游戏是幼儿根据自己的兴趣和愿望,以模仿和想象,通过角色扮演,创造性地表现其生活体验的活动,主要特点是:表征性、创造性和社会性。角色游戏是学前期最典型的游戏类型之一,对于促进幼儿的社会性发展,发展恰当的自我意识,摆脱自我中心;促进幼儿的同伴交往;提供践行社会规则的机会;促进幼儿社会性情感的发展;促进幼儿的认知发展;促进幼儿意志品质的发展;促进幼儿身体和语言的发展等具有重要的意义和价值。

## 一、实训任务

### (一)实训目标

(1)感受角色游戏对幼儿发展的意义与价值。

(2)了解幼儿园角色区常见的游戏材料。

(3)学会观察、分析幼儿角色游戏行为。

(4)能够对幼儿园班级中角色区进行环境创设。

(5)能够对幼儿角色游戏进行指导与评价。

### (二)实训内容

(1)角色游戏的观察。

(2)角色游戏区环境创设。

(3)角色游戏的指导。

## 二、任务实施

### (一)角色游戏的观察与指导

1. 角色游戏观察

请同学们根据以下角色游戏观察记录表,利用到幼儿园见习的机会,开展角色游戏观察的实训任务,填写表2-3。

### 表2-3 幼儿园角色游戏观察记录表①

幼儿园： 班级：

观察者： 日期：

| 角色游戏<br>的环境 | □角色游戏的区域： | |
|---|---|---|
| | □角色游戏区的场地面积： | |
| | □角色游戏区的材料投放情况： | |
| 角色游戏<br>的行为 | □游戏主题： | |
| | □材料的运用与游戏技能： | |
| | □新颖性与创新性： | |
| | □游戏常规的执行： | |
| | □社会参与水平： | |
| | □游戏持续时间： | |
| | □其他 | |
| 角色游戏<br>的指导 | □丰富幼儿对角色的认识 | □善于观察幼儿,与幼儿互动,促进游戏情节的发展 |
| | □和幼儿共同创设游戏的物质条件 | □其他 |
| | □帮助幼儿学会分配和扮演角色 | |

请详细记录一个幼儿园的角色游戏。（从游戏的主体、角色、材料、动作、情节等方面记录）

反思与建议：

教师指导：

---

① 时松:《幼儿园教育见习实习手册》,华东师范大学出版社,2015,第13页。

2.角色游戏指导

请同学们根据自己记录的角色游戏案例,结合小班、中班、大班幼儿角色游戏的特点和指导要点(表2-4),设想如果自己是教师,会如何指导幼儿的游戏活动,并补充记录在角色游戏观察表后。

表2-4　幼儿角色游戏的特点及指导要点

| 年龄班 | 角色游戏特点 | 指导要点 |
|---|---|---|
| 小班 | 1.主要直接依赖玩具<br>2.幼儿正处于平行游戏的高峰期,喜欢和同伴玩同样或相似的游戏<br>3.游戏时没有组织者,角色间相互交往少<br>4.游戏没有明确的主题,往往是重复操作,摆弄玩具<br>5.主题单一,情节简单 | 1.教师要为幼儿提供种类少、数量多,而且形状相似的成品玩具<br>2.多以角色的身份参与游戏,以游戏的口吻来指导幼儿,或者以平行游戏指导帮助幼儿明确主题和角色<br>3.引导幼儿与同伴进行各种游戏内外的交往,同时注意游戏常规的培养<br>4.培养幼儿独立游戏的能力 |
| 中班 | 1.角色游戏的内容比小班丰富多了,持续的时间也延长了<br>2.游戏主题还不稳定,经常出现半路换场的现象,游戏情节也比较简单<br>3.幼儿有较强的角色意识<br>4.幼儿正处于联合游戏的阶段,有了与同伴交往的愿望,但交往技能还比较欠缺,因此常常与同伴发生纠纷 | 1.教师应在提供成品玩具的基础上,增加半成品以及废旧物品材料的提供,丰富游戏材料<br>2.以平行游戏或合作游戏的方式指导,引导幼儿拓展游戏主题,设计游戏情节,学会分配角色,加深对角色的理解<br>3.引导幼儿在游戏中学会解决简单纠纷的办法,掌握交往技能以及相应的规范<br>4.引导幼儿开展讨论、讲评,在讨论中分享经验,寻找答案,解决问题 |
| 大班 | 1.游戏内容丰富,主题新颖而多样;角色增多并能反映较为复杂的人际关系<br>2.游戏的独立性、计划性、合作性都加强了,能够按照自己的意愿主动选择并有计划地游戏;游戏规则也显得更为复杂<br>3.幼儿处于合作游戏阶段,喜欢并且善于和同伴一起游戏,解决问题的能力进一步加强 | 1.应着重培养幼儿独立开展游戏的能力<br>2.多用提问、建议等语言形式指导游戏<br>3.关注幼儿的合作程度,引导幼儿在游戏中展开更多、更深入的沟通交流<br>4.在游戏评价环节中,教师应给予幼儿更多表现的空间,培养他们分析问题和评价游戏的能力<br>5.引导儿童一起准备游戏场地和材料 |

（二）角色游戏区环境创设

请同学们4~6人一组,每组选择一个角色游戏的主题,讨论填写"角色游戏材料投放实训任务单(表2-5)",设计相关材料。

表2-5　角色游戏材料投放实训任务单①

| 主题名称 | | | 设置数量 | |
|---|---|---|---|---|
| 幼儿角色游戏发展阶段 | 专门化玩具配备 | | 非专门化玩具配备 | |
| | 名称 | 提供方式 | 名称 | 提供方式 |
| 模仿阶段 | | □实物法<br>□替代法<br>□师幼共制法 | | □实物法<br>□替代法<br>□师幼共制法 |
| 萌动阶段 | | □实物法<br>□替代法<br>□师幼共制法 | | □实物法<br>□替代法<br>□师幼共制法 |
| 创造阶段 | | □实物法<br>□替代法<br>□师幼共制法 | | □实物法<br>□替代法<br>□师幼共制法 |
| 玩具制作 | 玩具1 | □教师制作 | □幼儿制作 | |
| | 玩具2 | □教师制作 | □幼儿制作 | |
| 游戏材料投放方式 | □直接放置在玩具柜上<br>□放置在篮子或托盘上<br>□放置在游戏场地上<br>□其他 | | 标识制作方式 | □照片对应<br>□图案对应<br>□数字对应<br>□其他 |
| 其他所需设备 | | | | |

## 三、实训评价

在进行了角色游戏区环境创设之后,请同学们收集、制作相关主题游戏的材料,布置角色游戏区。每组汇报小组作业,师生共同根据"角色游戏材料投放实训评价表(表2-6)"进行点评。

---

① 葛东军:《幼儿园教师教育技能实训教程》,广东教育出版社,2019,第18页。

表2-6　角色游戏材料投放实训评价表①

| 一级评价指标 | 二级评价指标 | 评分 | 备注 |
|---|---|---|---|
| 主题游戏材料设计<br>（40分） | （1）选择的主题贴近幼儿生活（10分） | | |
| | （2）能够根据游戏发展阶段选择恰当的玩具材料，专门化玩具和非专门化玩具数量比例合理（20分） | | |
| | （3）玩具材料提供方式符合实际，符合幼儿水平，支持幼儿自主性、创造性发展（10分） | | |
| 主题游戏材料制作<br>（30分） | （4）以幼儿制作为主，制作方式符合幼儿的发展水平（15分） | | |
| | （5）制作精美、耐用（10分） | | |
| | （6）完成数量在两个以上（5分） | | |
| 主题游戏材料投放<br>（30分） | （7）玩具投放方式合理，有利于幼儿使用和整理材料（20分） | | |
| | （8）标识制作清楚，符合幼儿发展水平（10分） | | |
| 总分 | 100分 | | |

# 第四节　表演游戏实训内容及要求

表演游戏也称戏剧游戏，是指幼儿根据故事或童话等文学作品的内容和情节，通过角色扮演，运用语言、动作和表情进行表演的一种游戏形式。根据角色扮演形式的不同，表演游戏主要有自身表演、桌面表演、影子戏和木偶戏四种表现形式。表演游戏对于加深幼儿对文学作品的学习理解，对幼儿语言和想象力的发展有突出作用。

## 一、实训任务

### （一）实训目标
（1）感受表演游戏对幼儿发展的意义与价值。
（2）了解幼儿园表演区常见的游戏材料。
（3）能够进行表演区的环境创设。
（4）学会观察、分析幼儿表演游戏行为。
（5）能够评价与指导幼儿的表演游戏。

### （二）实训内容
（1）表演游戏的观察。

---

① 葛东军：《幼儿园教师教育技能实训教程》，广东教育出版社，2019，第15页。

（2）表演游戏材料制作与投放。

（3）表演游戏的指导。

## 二、任务实施

### （一）表演游戏的观察与指导

1. 表演游戏观察

根据角色扮演形式的不同,表演游戏主要有自身表演、桌面表演、影子戏、木偶戏四种表现形式,具体如表 2-7 所示。

表 2-7　表演游戏的种类

| 种类 | 含义 | 举例 |
|---|---|---|
| 自身表演 | 幼儿自己扮演角色进行表演的游戏活动 | |
| 桌面表演 | 在桌面上以小玩具替代作品中的角色,幼儿以口头独白、对白和操纵玩具角色的动作,来再现作品的内容 | |
| 影子戏 | 有投影、手影和皮影戏等 | |
| 木偶戏 | 木偶戏是我国重要的民间传统艺术品种之一,常见的木偶有布袋木偶、手指木偶、杖头木偶、提线木偶和人偶等 | |

请同学们结合上述各类表演游戏,根据以下表演游戏观察记录表,利用到幼儿园见习的机会,开展表演游戏观察的实训任务,填写记录表(表 2-8)。

表2-8　幼儿园表演游戏观察记录表

幼儿园：　　　　　　　　　　班级：
观察者：　　　　　　　　　　日期：

| 表演游戏的类型 | □自身表演 | □桌面表演 |
| --- | --- | --- |
| | □影子 | □木偶戏 |
| | □其他 | |
| 表演游戏的环境 | □表演游戏区： | |
| | □表演区的场地面积： | |
| | □表演区的材料投放： | |
| 表演游戏的行为 | □游戏主题： | |
| | □游戏材料及运用： | |
| | □表演技能： | |
| | □游戏常规的执行： | |
| | □社会参与水平： | |
| | □游戏持续时间： | |
| | □其他 | |
| 表演游戏的指导 | □选择适合幼儿表演的文学作品 | □帮助和支持幼儿进行游戏 |
| | □帮助幼儿理解作品的内容,掌握故事的情节和人物的形象特点 | □其他 |

请详细记录一个表演游戏。(从游戏的主题、角色、情节、材料、动作与对话等方面记录)

反思与建议：

教师指导：

2. 表演游戏指导

请同学们根据自己记录的表演游戏案例,结合小班、中班、大班幼儿表演游戏的特点和指导要点(表2-9),设想如果自己是教师,会如何指导幼儿的游戏活动,并补充记录在表演游戏观察表(表2-8)后。

表2-9　幼儿表演游戏的特点及指导要点

| 年龄班 | 表演游戏特点 | 指导要点 |
|---|---|---|
| 小班 | 1.对表演游戏有极大的兴趣<br>2.表演有一定的创造性<br>3.表演欲望强,但角色意识弱<br>4.交往欲望较低,表演能力弱 | 1.在故事选择上,要选择幼儿感兴趣、对话简洁、重复多、动作表现性强且只有一个场景的故事<br>2.在角色扮演上,教师可以从示范表演到逐步放手<br>3.在材料准备上,给幼儿准备形态逼真的服装和道具 |
| 中班 | 1.能独立分配角色,但角色更换意识不强<br>2.目的性较差,嬉戏性强,需要教师提醒才能坚持住持<br>3.表演手段以动作为主 | 1.在选择故事上,要选择对话简洁、动作重复、场景少而集中的故事,方便布置道具<br>2.提供物质条件:相对固定的表演区,并保证30分钟以上的游戏时间,2~4种简单易操作的材料<br>3.指导分配角色:教师在尊重幼儿意愿的前提下做好分组工作,以开放的心态引导、等待幼儿解决问题 |
| 大班 | 1.能独立分配角色并选择道具,形成角色认同<br>2.目的性、计划性较强,能在游戏开始前对规则、情节、顺序进行协商<br>3.表演手段集中在动作和对白上,表演意识较强<br>4.表现力上,幼儿根据自己的理解塑造角色,调整对白与动作 | 1.提供时间、空间、多种基本游戏材料,少干预<br>2.提供反馈,提高幼儿表现故事、塑造角色的能力<br>3.反思性谈话和小组讨论,启发幼儿在理解现有情节的基础上,通过想象创造性地表现作品角色 |

3. 表演游戏区的材料制作与投放

请同学们4~6人为一组,每组选择一个年龄班和适合其年龄特点的故事,设计制作表演游戏材料,并运用制作好的材料进行故事表演,设计游戏前、中、后的指导策略和具体行为(表2-10)。

表2-10　表演游戏指导实训单①

| 表演游戏名称 | | 适合年龄班 | |
|---|---|---|---|
| 游戏前的指导重点 | 指导幼儿选择作品：<br>指导幼儿理解作品：<br>指导幼儿使用材料：<br>指导幼儿创设场景：<br>指导幼儿准备道具： | | □讲解法<br>□示范法<br>□讨论法 |
| 游戏中的指导重点 | 指导幼儿分配角色：<br>指导幼儿把握角色主要特点：<br>培养幼儿的语言表达能力：<br>培养幼儿表情、动作的表现技能： | | □讲解法<br>□示范法<br>□讨论法<br>□平行介入法<br>□材料介入法 |
| 游戏后的指导重点 | 启发幼儿进行创造性表演：<br>培养幼儿的语言表达能力：<br>培养幼儿表情、动作的表现技能： | | □讲解法<br>□示范法<br>□讨论法 |
| 具体指导步骤 | 游戏前 | | |
| | 游戏中 | | |
| | 游戏后 | | |
| 注意：表演游戏要突出（　　　）性 | | | |

## 三、实训评价

在进行了表演游戏展示之后，各组交换体验游戏材料，师生共同根据"表演游戏指导实训评价表（表2-11）"进行讨论评价。

① 葛东军：《幼儿园教师教育技能实训教程》，广东教育出版社，2019，第18页。

表2-11　表演游戏材料指导实训评价表①

| 一级评价指标 | 二级评价指标 | 评分 | 备注 |
|---|---|---|---|
| 表演游戏指导设计<br>（60分） | （1）故事及游戏形式的选择符合幼儿的年龄特点和发展水平（10分） | | |
| | （2）指导语言和教师行为设计有利于幼儿对故事和游戏表现技能的理解和掌握（30分） | | |
| | （3）指导重点定位准确，有针对性的措施（20分） | | |
| 表演游戏指导模拟实践<br>（40分） | （4）态度亲切自然、指导语清晰（10分） | | |
| | （5）恰当使用示范、讨论等方法，帮助幼儿提高语言、动作等方面的表现能力（20分） | | |
| | （6）注重游戏性（10分） | | |
| 总分 | 100分 | | |

# 第五节　结构游戏实训内容及要求

结构游戏也称建构游戏，是幼儿利用各种不同的结构玩具或结构材料，如积木、积塑、金属片、泥、沙、雪等，构造物体形象，反映现实活动的一种游戏。结构游戏对于锻炼幼儿手部动作的灵活性有突出作用，并能有力地促进幼儿创造性思维的发展，培养幼儿细心、耐心、坚持克服困难等优良品质。结构游戏是幼儿园常见的游戏类型之一，通过结构游戏环节的实训，使学生了解幼儿园结构游戏开展的整体情况，熟悉不同年龄段幼儿建构技能的发展水平，以及教师指导等内容。

## 一、实训任务

### （一）实训目标

（1）感受结构游戏对幼儿发展的意义与价值。

（2）了解幼儿园结构区常见的游戏材料。

（3）学会观察、分析不同年龄段幼儿建构技能的发展水平。

（4）能够评价与指导幼儿的结构游戏。

### （二）实训内容

（1）结构游戏的观察。

（2）结构游戏的指导。

---

① 葛东军:《幼儿园教师教育技能实训教程》,广东教育出版社,2019,第19页。

## 二、任务实施

### (一)结构游戏的材料投放

#### 1.结构游戏类型

根据游戏中所使用材料的不同,结构游戏可分为积木搭建类游戏、积塑插接类游戏和自然物建构类游戏,具体如表2-12所示。

表2-12 结构游戏的材料类型

| 材料类型 | 说明 | 示例 |
|---|---|---|
| 积木搭建类 | 利用垒高、砌接等方法将积木等建构材料连接起来表现物体的形象,是幼儿园开展较早、较为普及的一种结构游戏。积木的种类多,可分为大、中、小型积木 | |
| 积塑插接类 | 用各种形状的片、块、粒、棒等塑料部件,通过插接、镶嵌扣接、齿轮接、组装接等方法组成各种物体或建筑物模型的游戏 | |
| 自然物建构类 | 利用沙土、冰雪等自然材料表现建筑、物体形象的游戏。沙土、冰雪是不定形的建构材料,幼儿可随意操作,此类游戏贴近生活,简便易行 | |

#### 2.幼儿建构技能的发展

表2-13 幼儿建构技能

| 建构技能 | 说明 | 示例 |
|---|---|---|
| 堆高、平铺和重复 | 2—3岁幼儿在结构游戏初期的技能,这一时期幼儿喜欢将积木首尾相接地排列,逐渐会从"紧密平铺"过渡到"有间隔平铺" | |

续表2-13 幼儿建构技能

| 建构技能 | 说明 | 示例 |
|---|---|---|
| 围合 | 至少用四块积木形成一上包围圈,把一块空间完全包围在积木内。这对幼儿而言并不是一个简单的任务,需要幼儿有一定的空间意识 | |
| 架空 | 用一块积木架在相互之间有一定距离的两块积木上,从而把它们连接起来,如搭建小桥或为房子加盖房顶。对幼儿而言,掌握架空技能需要经历一个反复尝试的过程 | |
| 插接、镶嵌 | 把一个物体嵌入另一个物体内,如齿形积塑、雪花片等。这类玩具的结构元件上都有凸出的头和凹进的孔,或开有槽 | |
| 排列组合、模式 | 将材料按一定的规律排放在一起,然后重复这种组合,这标志着幼儿发现了事物之间的关系(相同或相似) | |

　　学生在掌握了以上结构游戏的基础知识后,根据"结构游戏材料实训任务单"(表2-14),完成此项实训任务。

表2-14 结构游戏材料实训任务单①

| 任务要求 | | 任务指向 | |
|---|---|---|---|
| 认识建构区和游戏材料 | | 熟悉区域：<br>1.建构游戏材料的一般投放要求<br>中型积木放置在（ ）区,使用（ ）放置；小型积木和积塑放置在（ ）区,使用（ ）盛放。有很多不同类型零件的建构材料使用（ ）盛放。(请选择:建构、益智、教具柜、筐子或盒子、分类盒)<br>2.积木建构区的布置要点<br>地面：<br>墙饰：<br>告示板： | |
| 自由建构 | | 结构游戏材料、特点及游戏价值<br>1.结构游戏的材料有哪些?<br>2.通过观察建构区幼儿的活动,你体会到的结构游戏的特点有哪些? | |
| 小组主题建构 | 建构主题 | | 分析幼儿建构此主题的过程 |
| | 建构材料 | | 1.建构所需要能力的经验<br>2.教师可以给予的支持和引导<br><br>建构前：<br><br>建构中： |
| | 具体建构内容 | 使用建构技能(此建构材料如何连接、延展,如何建构成线、面、体) | |
| | | | |
| | | | |
| 收拾玩具材料 | | 教师如何指导幼儿在活动结束后收拾场地、整理材料 | |

**(二)结构游戏的观察与指导**

根据不同年龄班幼儿结构游戏的特点和教师的指导要点,开展结构游戏观察与指导实训,要求学生到幼儿园进行结构游戏的观察,记录游戏过程,并指出如果自己是教师会如何进行指导(表2-15)。

---

① 葛东军:《幼儿园教师教育技能实训教程》,广东教育出版社,2019,第8页。

## 表2-15 幼儿园结构游戏观察记录表①

幼儿园： 班级：

观察者： 日期：

| | | |
|---|---|---|
| 小班 | 基本特点 | □比较关注建构动作 □目的性、计划性差 |
| | | □选取的材料比较简单,建构技能简单 |
| | | □自控能力差,持久性差 |
| | | □其他 |
| | 指导要点 | □引导幼儿认识结构材料,学习结构技能 |
| | | □引导幼儿有意识地给自己的结构物命名,提高游戏的计划性和目的性 |
| | | □引导幼儿逐步明确游戏主题,提高主题的稳定性 |
| | | □初步建立结构游戏的规则,教会幼儿爱护、整理、保管玩具的方法 |
| | | □其他 |
| 中班 | 基本特点 | □对建构过程和结果都感兴趣 □建构的目的性、计划性明确 |
| | | □能围绕主题开展游戏 □建构主题相对明确 |
| | | □能够独立整理结构游戏的材料 □其他 |
| | 指导要点 | □教师借助生活活动和教育活动丰富幼儿的生活经验 |
| | | □引导幼儿设计建构方案,提高游戏的目的性和计划性 |
| | | □提高幼儿的建构技能,幼儿能根据平面图进行建构 |
| | | □引导幼儿在独立操作的同时相互合作,开展小组活动,分工合作 |
| | | □组织幼儿开展评议活动,取长补短,发展创造性思维,提高建构水平 |
| | | □其他 |
| 大班 | 基本特点 | □幼儿建构的目的性、计划性、持久性增强 |
| | | □相互之间合作加强 □建构技能不断提高,日趋成熟 |
| | | □游戏的灵活性增强,能根据游戏情景产生新的建构主题 |
| | | □其他 |
| | 指导要点 | □培养幼儿独立建构的能力,能在制订计划的基础上按计划建构 |
| | | □提高建构目的性,利用建构材料和辅助材料围绕一个主题进行建构 |
| | | □引导幼儿使用游戏语言,提高其评价能力 |
| | | □鼓励和引导幼儿加强合作,开展集体建构活动 |
| | | □开展集体建构活动,共同设计方案,分工明确,明确规则 |
| | | □其他 |
| 请详细记录一个幼儿园结构游戏。 | | |
| 反思与建议： | | |

---

① 时松:《幼儿园教育见习实习手册》,上海:华东师范大学出版社,2015,第16页。

## 第六节　体育游戏实训内容及要求

体育游戏也称为活动性游戏或运动游戏,是根据一定的体育任务设计的,由身体动作、情节、角色和规则组成的一种活动性游戏,是幼儿体育活动的一种主要形式。其内容丰富有趣,形式活泼多样,有严格的规则和明确的结果,对幼儿具有很大的吸引力,对发展幼儿的基本动作具有突出作用。

### 一、实训任务

体育游戏是幼儿园常见的游戏类型之一,也是深受幼儿喜爱的趣味体育活动,通过体育游戏的实训,使学生了解幼儿园体育游戏开展的整体情况,熟悉体育游戏开展的几大环节,以及教师指导等内容。

**(一)实训目标**

(1)感受体育游戏对幼儿发展的意义与价值。

(2)了解组织体育游戏各环节的注意事项。

(3)学会观察、分析不同年龄段幼儿体育游戏的特点及适宜的游戏形式。

(4)能够评价与指导幼儿体育游戏。

**(二)实训内容**

(1)体育游戏的观察与指导。

(2)体育游戏设计与实施。

### 二、任务实施

**(一)体育游戏的观察与指导**

在体育游戏的观察中,需要注意以下几个部分的内容:观察幼儿园体育游戏的开展情况,主要包括开展的形式、时间,幼儿的参与状态等;观察不同年龄段幼儿体育游戏的发展水平,主要包括身体素质、大小肌肉发展特点、动作的协调性、稳定性等;观察幼儿园体育游戏开展的几大环节,包括热身、开展、放松等环节;观察教师对幼儿体育游戏的指导,主要包括是否能根据幼儿的年龄特点选择合适的体育游戏,游戏前是否做好充足准备,游戏过程中的组织与教学是否准确到位,游戏过程中的指导是否合理有效等。

请同学们根据"幼儿园体育游戏观察记录表(表2-16)",分组进入不同的年龄班中进行体育游戏的观察与记录,反思以上几点中存在的问题,并思考改进措施。

## 表2-16  幼儿园体育游戏观察记录表

幼儿园：                                    班级：

观察者：                                    日期：

| 班级人数： | | | | 授课教师： | |
|---|---|---|---|---|---|
| 游戏名称： | | | | 游戏时间： | |
| 游戏阶段 | 游戏过程与内容概要 | | | | 备注 |
| | 幼儿行为 | 教师指导 | 材料运用 | 其他 | |
| 准备环节 | | | | | |
| 热身环节 | | | | | |
| 开展环节 | | | | | |
| 结束环节 | | | | | |
| 游戏分析与评价： | | | | | |
| 反思与建议： | | | | | |

（二）体育游戏的设计与实施

此部分实训需要学生能够根据幼儿身体动作发展目标,恰当设计相应的体育游戏,能够合理地进行组织与实施,并进行分组活动展示。设计体育游戏时应包括游戏目标、游戏准备、游戏活动的过程、游戏总结与评价等要素,并指出教师的指导要点。

### 三、实训评价

在进行了体育游戏展示之后,师生共同根据体育游戏设计与指导评价表(表2-17)进行讨论评价。

表2-17　体育游戏设计与指导评价表[①]

| 一级评价指标 | 二级评价指标 | 评分 | 备注 |
| --- | --- | --- | --- |
| 游戏设计(50分) | (1)选择的游戏材料符合幼儿的年龄特点和该年龄段的动作发展目标(20分) | | |
| | (2)器械选择与使用合理(10分) | | |
| | (3)动作安排次序合理(10分) | | |
| | (4)游戏活动环节设计可循环重复(10分) | | |
| 体育游戏指导模拟实践(50分) | (5)态度亲切自然、声音洪亮,着装适合体育活动(10分) | | |
| | (6)语言讲解简洁、层次清楚、重难点清晰(20分) | | |
| | (7)示范动作准确、缓慢,示范位置恰当,有利于幼儿学习(20分) | | |
| 总分 | 100分 | | |

# 第七节　幼儿园游戏案例资源

## 一、中班角色游戏"开心照相馆"[②]

### (一)游戏来源

孩子们对拍照并不陌生,大人手里的照相机让许多孩子都觉得十分好奇。如果能让孩子们也有机会拿着相机尽情拍照,如果孩子们有机会装扮成各种自己喜爱的角色,那足以让孩子们满心欢喜。孩子们将在这里留下一张张可爱的笑脸,这个游戏就自然成为"开心照相馆"。

① 葛东军:《幼儿园教师教育技能实训教程》,广东教育出版社,2019,第29页。
② 朱家雄、金秋:《游戏发展成长课程教师指导用书》,浙江人民出版社,2019,第338-341页。

（二）游戏准备

1.游戏场景

（1）前期创设。

1）选择相对独立的空间,可用照相机和宝宝画像等主要元素设计宝宝照相馆的店面标牌,将其呈现在醒目位置,并用活泼且明快的色调布置整体场景。

2）借助桌椅、服饰架等,将整体场景划分为装扮区、拍摄区、欣赏区。

3）选择合适的位置,张贴或悬挂各种动态夸张的儿童图片和照片等,营造活泼的艺术氛围。

（2）后期优化。

可发动家长将幼儿的相片和相册等带来幼儿园,引导幼儿装饰自画像,把画像放于成品或自制相框内,丰富游戏场景。

2.游戏道具

（1）前期创设。

1）自制可替换内容的拍摄背景,如大幅 KT 板上交替固定各色材质、各种画面等。

2）可摆放各种装扮物和相框、相册,以及装饰所用的盒子、柜子、架子等（可贴有自制的专用标识）。

3）桌椅、沙发、花架等辅助拍摄的物品。

（2）后期优化。

可调整拍摄背景和架子、沙发等布景,不断呈现富有新意的拍摄环境,引发幼儿的拍摄兴趣。

3.游戏材料

（1）前期创设。

1）投放大小不一、款式不一的废旧照相机和自制照相机。

2）投放大量可供幼儿自主装扮的服饰。

3）收集和自制一定数量的半成品游戏材料,如有照片或画像的相框、相册等。

4）投放一定数量的低结构材料,如可供幼儿自主装扮的串珠彩带,可供幼儿自主操作的碎纸、吸管等。

（2）后期优化。

逐步更新自主装扮的服饰,丰富装扮角色,不断收集和自制半成品材料,适当添加低结构材料。可通过自主简便的操作方式,设计"漂亮宝宝""滑稽宝宝"等评选内容,保持幼儿的游戏兴趣。

（三）案例解读

1.初始阶段

（1）客观记录。

闹闹举着照相机走来走去,时不时地假装拍照的样子。"我还没打扮好,不许拍!"丹丹见闹闹走过来连忙说。闹闹把镜头对准了慧慧,慧慧连忙摆了一个造型,闹闹按了一下相机,就转身离开了。"我还要拍,"慧慧不满意,"我还没笑呢!"慧慧绕到闹闹面前要求重新拍。"那要怎么拍啊?"闹闹一脸莫名状。"你要等我笑了再拍!"慧慧又摆了一个造型,然后咧嘴一笑,可是闹闹并没按下照相机。"快拍呀!"慧慧着急了,闹闹这才按下照相机。"我一笑你就拍!"慧慧重复要求。"好吧……"闹闹重新举起相机,这次慧慧一笑,闹闹立马按了相机。

(2)分析解读。

幼儿:闹闹对于用相机拍照还是十分非常感兴趣的,但显然是个缺乏经验的摄像师。因此,他先是被还没完成装扮的丹丹拒绝了;之后又引起了慧慧的不满而被一再要求重拍;最后在反复拍摄中才掌握了拍摄技巧。

游戏初始阶段,幼儿往往缺乏角色操作的相关经验,需要在多次的角色扮演和与同伴的不断交往中,逐渐积累游戏经验,这是一个自然、自主的过程。

(3)支持推动。

1)环境创设:教师借助背景墙的变化或道具的搭配组合等,为幼儿提供不同的拍摄辅助物。还可将装扮物摆放在拍摄道具的某一醒目位置,如将沙滩帽摆放在游泳圈旁,有助于激发幼儿的相关联想和拍摄兴趣。

2)关注引导:教师需关注并捕捉幼儿在角色扮演中较为突出的关键性问题,如摄影师缺乏拍摄经验是影响该角色游戏的关键问题。教师需及时通过讲解、示范等方式为幼儿丰富拍摄常识,推动游戏的正常发展。

3)强化体验:教师可对比描述幼儿在游戏中的各种转变,尤其需要凸显幼儿的点滴进步,及时肯定同伴对幼儿的帮助,使幼儿获得积极的情感体验,有利于幼儿热情地投入游戏,积极地和同伴交往。

2.发展阶段

(1)客观记录。

丹丹很喜欢装扮自己,戴戴帽子、围围披肩、试试鞋子……可每次总是不肯让别人给拍照。慧慧把丹丹的帽子拿来戴在自己头上,丹丹生气地说:"我的帽子我要戴的!""我拍好还给你。"慧慧说。"我要拍了!"丹丹大叫起来,摄影师闹闹听到立马跑了过来,举起相机刚要拍,丹丹用手挡着脸叫得更大声了:"不要你拍! 不要你拍!"老师走了过来:"慧慧,帽子先借我们戴戴好吗?"慧慧把帽子递给了老师,老师把帽子戴在丹丹头上说:"真好看,陪我照一张?"丹丹摸了摸头上的帽子没有拒绝,老师搂着丹丹,让闹闹给他俩拍照。

(2)分析解读。

1)幼儿:喜欢装扮的丹丹,被慧慧拿走了帽子很生气;闹闹误以为丹丹想拍照,让丹丹更生气。

2)教师:教师并没有责备丹丹的大声喊叫,而是向慧慧要回了帽子,戴在丹丹头上并夸赞了丹丹。教师的言行在短时间内安抚了丹丹的情绪,接着老师自然地提出合影的建议,在丹丹的默认下,使丹丹有了初次被拍摄的体验。

（3）支持推动。

1）环境创设：老师可发动家长收集各类成品装扮物，也可引导幼儿自制各种装扮物。在丰富装扮物的同时，师生可共同设计分类标签，将装扮物有序投放在活动区，逐渐养成幼儿自主整理的习惯。

2）关注引导：教师需要尊重、关注不同个性的幼儿在游戏中的喜好和表现。在幼儿发生冲突时，根据幼儿的情绪变化，把握适宜的时机巧妙介入，使幼儿感受到来自教师的喜爱和鼓励，化解幼儿的消极情绪。

3）强化体验：老师可借助幼儿感兴趣的装扮物，引发幼儿的游戏想象，激发幼儿的拍摄兴趣，也可在幼儿自主装扮的基础上，组织幼儿相互欣赏和评价。并引导摄影师在拍摄过程中自然地夸夸同伴，强化被拍摄幼儿的自信。

3. 成熟阶段

（1）客观记录。

天天是孩子们最喜欢的摄影师。刚拿起相机，就有小伙伴儿主动邀请天天拍照。"天天快过来！"丽丽抱着一个靠枕朝天天招手，天天刚想走过去却被慧慧挡住了："先给我拍一个吧，我都打扮好了。"慧慧熟练地开始摆造型。天天看了看不远处的丽丽说："丽丽也要拍。"说着，丽丽走了过来，天天指了指丽丽的靠枕，"你们一起拿着，我一起拍！"在天天的指挥下，两个小姑娘把小脸贴在靠枕边，"一、二、三……咔嚓。"天天熟练地发出指令，并按下相机。

（2）分析解读。

幼儿：幼儿已能自然扮演各自的角色开展游戏，如天天扮演摄影师，丽丽和慧慧则争先要求天天给自己拍照。在游戏过程中，幼儿也能自主解决遇到的问题，如丽丽和慧慧同时要求拍照，天天则能较好地提出自己的建议，自然化解争先拍照的矛盾，并建议同伴一起合影，游戏因此变得更加好玩。

（3）支持推动。

1）环境创设：游戏后期，老师可有意识地多增加各种人物间的合影以及角色扮演的装扮物，并放置在游戏区域内的醒目处，为幼儿自主装扮成更多的人物角色提供环境暗示和材料支持。

2）关注引导：老师需及时发现幼儿游戏的新内容，如案例中同伴合影是幼儿自然发生的游戏行为。老师可及时肯定和欣赏幼儿的合照，还可以鼓励幼儿尝试简单画画与同伴的合影，呈现幼儿的游戏成果。

3）强化体验：老师可借助幼儿绘画而成的合影，展示幼儿的游戏成果，并引发幼儿对游戏成果的描述，如鼓励幼儿说说照片中的人物是哪位摄影师拍摄的作品，还可引导幼儿简单装饰作品，强化幼儿与同伴合影的积极体验。

## 二、中班建构游戏"停车库"①

### (一)游戏来源

"嘟嘟……汽车开啦!"男孩子们总是对小汽车情有独钟,班里的玩具汽车越来越多,"这么多的汽车,怎么停呢?"老师的问题引发了孩子的讨论:"停到地下车库!""停到有车位的地方!""我爸爸上次停到了一个会升上去的地方……"孩子们不断回忆着。"我们自己造个车库,小汽车就有地方停了!"孩子们说干就干。"我想搭地下车库!""我要搭升降车库!"孩子们开始搭建自己特别喜欢的停车库。

### (二)游戏准备

1.游戏场景

(1)前期创设。

1)老师可先组织幼儿共同商议,合作搭建高楼,如住宅区、写字楼、酒店等,为建造停车库提供参考依据。

2)引导幼儿自主思考,给高楼配建相应的停车场,在区域醒目位置张贴各种停车库的图片,张贴或摆放酒店、商场、住宅楼等图片或模型(图片可请幼儿一起搜集)。

3)在区域内选择合适的地方设置作品展示区,呈现幼儿每次搭建的作品照片或实物。

(2)后期优化。

收集并张贴幼儿去过的停车库照片,鼓励引导幼儿用不同的方式搭建停车库,拓展停车库周围的相关场景,如道路、小区等。展示更多幼儿搭建的作品。

2.游戏道具

(1)前期创设。

1)各种可供幼儿自主摆放或搭建的高楼大厦、小商店等建筑模型或纸箱板等替代物。

2)停车库出入口的指示牌以及里面的各种指示箭头等(可提供仿真物品或自制)。

3)各种各样大小不同、品种各异的仿真玩具汽车;少量自制环保车,如牛奶罐添加轮子改制的洒水车等。

(2)后期优化。

根据幼儿游戏的开展,提供更多需要的道具,如停车库内每个车位的标牌、安全标志等,进一步激发幼儿的游戏兴趣。

3.游戏材料

(1)前期创设。

1)提供较大块的各种形状、质地和颜色的建构材料,如泡沫砖块、芙蓉板、大块积木等。

2)搜集日常生活中易于搭建的物品和材料。如奶粉罐、牛奶罐、饮料瓶、木板等。

3)提供各种质地,各种颜色的纸、笔、剪刀,胶水等,供幼儿随时根据想象添加辅助物,如设计粘贴安全标识等。

---

① 朱家雄、金秋:《游戏发展成长课程教师指导用书》,浙江人民出版社,2019,第362-366页。

（2）后期优化。

根据幼儿的游戏情况,进一步丰富并添加各种材料,如可以用来装饰停车场的建构材料等。

（三）案例解读

1.初始阶段

（1）客观记录。

茂茂在几栋"高楼"之间走来走去。老师问:"茂茂,你想搭建停车库吗?"茂茂"嗯"了一声,继续边走边看。看了一会儿后,茂茂搬来了芙蓉板。在"小区"前面的空地上开始搭建停车库。

老师问:"茂茂,你为什么把停车库建在这儿啊?"茂茂说:"我家楼下也有停车的地方,回家的时候汽车停在这儿很方便!"茂茂把一块儿芙蓉板平放在地上,旁边竖着放了两块芙蓉板,又加了一个顶。停车库造好了,茂茂开心地拿了一辆小汽车放在里边。

（2）分析解读。

1）幼儿:茂茂在游戏中能有意识地进行建构,如先观察了场地,然后根据自己的想法,有目的地选择停车库的搭建位置。茂茂搭建的停车库虽然比较简单,但是运用了垒高和架空的方法,搭建的是一个有顶的停车库。

2）教师:教师能关注幼儿的游戏情况,仔细观察幼儿的游戏,并通过交谈来了解幼儿的想法。在游戏中,教师退位观察,尊重幼儿的游戏意愿,支持幼儿的游戏行为。

（3）支持推动。

1）环境创设:老师可提供一些停车库周围的相关场景的图片或照片,如道路、小区、酒店等,拓展幼儿的游戏场景,使幼儿的游戏情节更加丰富多彩。

2）关注引导:老师要肯定、尊重幼儿的游戏意愿和成果,增强幼儿的自信心和游戏兴趣。同时要注意观察幼儿的游戏情况,有意识地引导幼儿共同关注同伴的游戏,鼓励幼儿主动与同伴互动交往。

3）强化体验:老师可请幼儿和同伴相互介绍自己在哪里搭建了停车库,为什么选在这里搭建等,使幼儿在和同伴的互动中增强游戏带来的快乐体验。

2.发展阶段

（1）客观记录。

"下班啦!"潇潇把车从停车库里开了出来。他把车停在一边,拿了好几块大块积木平铺在地上,接着在大积木周围摆了大半圈的芙蓉板,盖了个顶,还留了个"车库门"。"到家了!"潇潇又把车开进了另一个停车库。

老师开来了一辆较大的车:"我也到家了,可我开不进去!"潇潇想了想,拿了一块长条形积木,把积木一头搁在车库门口的积木上,做了一个斜坡说:"现在可以了!""好办法!"老师夸潇潇。"我家的地下车库门口就是斜斜的!"笑笑一脸得意。

（2）分析解读。

1）幼儿:潇潇根据自己的生活经验搭建了一个地下车库,搭建过程中用了比较简单的平铺、围合、架空技能,但暂时没注意到车库入口的高度会导致汽车难以入库。

2）教师:教师发现车库入口的问题后,并没有直接指出,而是以游戏角色的身份向潇潇提出了质疑,帮助潇潇发现地下车库的门太低,地面太高,车开不进去,由此引导潇潇思考如何做出调整。

（3）支持推动。

1）环境创设:教师可用对比的方式呈现问题解决前后的图示,引发幼儿的关注,丰富幼儿的建构经验。

2）关注引导:教师要善于观察幼儿的游戏行为,根据游戏情况随机地引导幼儿,引导时最好能以游戏的角色身份介入,这样易于幼儿接受,也更能激发幼儿的游戏积极性。

3）强化体验:教师可请幼儿在同伴面前说说自己在游戏中是怎么解决问题的,并给予幼儿肯定和鼓励,以此来增强幼儿的自信心,体验游戏带来的快乐和成就感。

3. 成熟阶段

（1）客观记录。

茂茂继续搭建着自己的停车库,他把两块芙蓉板面对面竖立起来,然后在它们上面盖了一块芙蓉板,接着又在这块芙蓉板上竖立了两块芙蓉板。再往上盖一块……就这样,茂茂总共搭建了4层。停车库搭好后,茂茂拿来了好多辆车,把他们一辆辆停在各层车库里。把车停往第3层车库时,茂茂不小心把整个车库碰倒了,他愣了一下,把汽车捡起来放到一边,开始重新搭建车库。

（2）分析解读。

幼儿:基于单层车库的搭建经验,茂茂运用了架空的方式继续向上搭,完成了4层车库的建构。在材料的运用上,茂茂选择了较大块的芙蓉板,因为芙蓉板大而坚固,易于架空搭建,且视觉效果好。

茂茂在搭建过程中比较认真专注,能坚持完成自己的搭建作品,同时比较有耐心,面对车库的倒塌没有表现出消极的情绪,而是积极地重新继续搭建,有较好的行为品质。

（3）支持推动。

1）环境创设:提供一些比较特别的车库图片或照片,如升降车库、多层车库等,激发幼儿的想象力和创造力。同时增加投放一些相关的游戏道具,如停车库内每个车位的标牌、安全标志等,丰富幼儿的游戏场景。

2）关注引导:教师要持续关注幼儿的游戏行为,当幼儿需要帮助时,及时提供引导和支持;当幼儿无须教师介入时,可退位观察。对于幼儿在游戏中出现的良好行为品质。教师要及时肯定和赞扬,以强化幼儿的良好行为。

3）强化体验:教师可有意识地向幼儿描述或请幼儿自主讲述在游戏中发生的特别事件,引导幼儿从不同角度去发现、感受游戏带来的快乐。

# 第三章 教育活动设计与指导实训

## 第一节　幼儿园主题活动设计与指导实训

幼儿园主题活动是一种整合性教育活动,以特定主题为核心,通过多种形式和方式引导幼儿参与其中,旨在促进幼儿的深度学习与全面发展。幼儿园主题活动打破科学之间的界限,将各种学习内容围绕一个中心主题有机连接起来,让幼儿通过主动学习与探索,获得与"中心主题"有关的较为完整的经验。在课程园本化背景下的幼儿园主题活动需要整合多领域教育内容,以推进幼儿的深度学习与多方面发展。然而,如何深度挖掘主题活动资源,如何有效平衡各领域教育内容之间的关系,如何绘制主题活动网络图,如何兼顾幼儿实际发展与园所特色发展的需要等,都是幼儿园主题活动设计实施过程中需要面对的具体问题。本章节实训围绕幼儿园主题活动设计与指导基本原理,从主题活动资源挖掘、主题活动设计、主题活动实施、主题活动反思与叙事等方面开展实训项目,以此提升主题活动设计实效。

### 一、知识基础

#### (一)幼儿园主题活动的定义与特点

幼儿园主题活动是指在幼儿园教育环境中,以一个核心主题为线索,围绕主题设计和组织的一系列教育教学活动。幼儿园主题活动具有整体性、连贯性、综合性等特点,能够促进幼儿全面发展与深度学习。

#### (二)幼儿园主题活动特点

1. 聚焦幼儿生活经验

在幼儿园教育中,幼儿的生活经验是他们学习的重要基础。因此,主题活动的设计与实施应始终以幼儿为中心,关注他们的兴趣、需求和特点。这需要教师深入了解幼儿的生活背景,关注他们的日常经历,将这些元素融入活动中。通过这样的方式,主题活动不仅能引起幼儿的兴趣,还能让他们在有意义的学习中积累经验,实现个人成长。同时,教师还需要关注幼儿的学习过程,引导他们通过自主探索和合作学习的方式,发展自己的认知能力和社会技能。

2. 整合融通领域内容

幼儿园教育涉及多个领域,如健康、语言、社会、科学、艺术等。在主题活动的设计中,教师应有意识地整合这些领域的知识和技能,让幼儿在活动中得到全面发展。例如,一个以"春天"为主题的活动,可以包括观察春天的植物(科学领域)、学习春天的歌曲(艺术领域)、讲述春天的故事(语言领域)等。通过这样的整合,主题活动不仅能丰富幼儿的知识体系,还能培养他们的综合能力。同时,教师还需要关注不同领域之间的联系和整合,促进幼儿跨领域的学习和发展。

3. 关注游戏活动形式

游戏是幼儿最喜爱的活动形式之一,也是他们学习的重要途径。在主题活动中,教师应注重游戏的设计和运用,让活动充满趣味性。游戏可以激发幼儿的学习兴趣和积极性,使他们在快乐的氛围中学习知识、锻炼能力。同时,游戏也有助于幼儿社会性发展。例如,教师可以设计一些角色扮演游戏、益智游戏等,让幼儿在游戏中学习和成长。此外,教师还可以利用游戏中的情境和角色扮演等方式,帮助幼儿理解和掌握相关的知识和技能。

4. 赋能教师持续生成

为了让主题活动真正发挥作用,我们应注重实践的生成性,让幼儿在实践中学习,生成新的经验生长点。实践是幼儿获取经验、认识世界的重要途径,通过丰富的实践机会,如观察、实验、制作和游戏等,他们不仅可以掌握相关的知识和技能,还能在实践中发现问题、解决问题,从而培养创新思维和解决问题的能力。主题活动中的挑战和困难为幼儿提供了生成新经验生长点的机会,教师的生成性思维应助力教师关注不断变化的教育环境和儿童需求,并被赋予真正的教育指导权,支持、鼓励、生成新活动、新游戏、新探索,从而实现幼儿真正有意义的学习与成长。

**(三)幼儿园主题活动设计与实施的方法与流程**

1. 确定主题

确定主题是幼儿园主题活动设计的第一步,也是最为关键的一步。在选择主题时,我们需要深入了解幼儿的兴趣、年龄特点和发展需求。这可以通过观察幼儿在日常活动中的表现、与幼儿的交流以及家长的反馈等途径来实现。根据《幼儿园教育指导纲要(试行)》要求,幼儿教育应关注幼儿的兴趣和需要,鼓励幼儿主动探索和发现,发挥幼儿的主体性。因此,选择一个符合幼儿兴趣、年龄特点和发展需求的主题至关重要。

2. 设计活动

设计活动是主题活动实施的关键环节之一。围绕主题,我们需要设计各类活动,包括游戏、手工制作、科学探索等,以激发幼儿的兴趣和好奇心。在设计活动时,我们需要考虑活动的目的、内容、形式和时间等因素。例如,可以设计一些游戏活动,如"动物找家""垃圾分类游戏"等,以促进幼儿的思维能力;也可以设计一些手工制作活动,如"制作环保袋""制作昆虫标本"等,以培养幼儿的动手能力和创造性。

在设计活动时,我们需要充分考虑幼儿的年龄特点和认知水平,选择适合的活动内容和形式。例如,对于年龄较小的幼儿,我们可以设计一些简单的游戏和手工制作活动;对于年龄较大的幼儿,我们可以设计一些更具挑战性的科学探索和艺术创作活动。此外,我们还需要关注活动的可操作性和安全性,确保活动能够顺利进行。

### 3. 资源整合

资源整合是主题活动实施的重要环节之一。为了给幼儿提供更加丰富多彩的活动体验,我们需要充分利用幼儿园内外的各种资源。这包括幼儿园内的设施、设备、图书等资源,也包括幼儿园外的社区资源、自然资源等。

在资源整合的过程中,我们需要根据活动的需求和目标,选择合适的资源并加以利用。例如,如果我们的主题是"环保小卫士",我们可以利用幼儿园内的废旧物品进行手工制作,同时也可以组织幼儿参观附近的环保设施或参与社区的环保活动。此外,我们还可以利用自然资源进行户外探险和科学观察等活动,让幼儿更加亲近自然、了解自然。

### 4. 实施策略

实施策略是主题活动实施的关键环节之一。在实施主题活动时,我们需要根据幼儿的实际情况和活动的进展情况,灵活调整活动策略。这包括根据幼儿的反应和表现及时调整活动的难度和内容;根据活动的进展情况灵活调整活动的时间和进度安排;根据天气、季节等外部因素的变化及时调整活动的形式和地点等。

在实施策略的过程中,我们需要保持对幼儿的关注和照顾,确保他们在活动中的安全和健康。同时,我们也需要与幼儿建立良好的互动关系,鼓励他们积极参与活动并表达自己的想法和感受。此外,我们还需要根据活动的实际情况及时调整教学策略和方法确保活动的顺利进行。

### 5. 评价与反思

评价与反思是幼儿园主题活动实施的重要环节之一。在幼儿园主题活动的设计与实施过程中,评价与反思是一个不可或缺的环节。通过对活动过程和结果进行全面评价,我们可以及时发现问题并改进,从而提高活动的效果和质量。

首先,评价的全面性是评价与反思的基础。我们需要对活动的目标达成情况、幼儿的表现和反应、活动的组织和实施等方面进行全面的评价。这包括对活动的设计、实施过程、幼儿参与度、活动效果等方面进行全面的分析和评估。只有全面评价,才能更准确地了解活动的整体效果,找出其中的问题和不足。

其次,评价的客观性是评价与反思的核心。评价过程中,我们需要以客观事实为依据,公正地评价活动的优劣得失。避免主观臆断和偏颇片面的评价,确保评价结果的客观性和准确性。只有这样,我们才能准确地发现问题,为改进提供依据。

再次,评价的及时性是评价与反思的关键。在活动结束后,我们需要及时进行总结评价,发现问题及时改进。避免拖延评价时间,导致问题无法及时得到解决。及时的评价有助于我们及时调整教学策略和方法,确保活动的顺利进行。

此外,评价的针对性也是评价与反思的重要方面。针对不同层次、不同年龄的幼儿进行评价,分析他们的特点和差异,找出共性和差异,因人施教,提高教学效果。这有助于我们更好地满足幼儿的需求,促进他们的全面发展。

最后,评价的时效性是评价与反思的保障。评价不仅仅是为了总结过去,更重要的是为了指导未来。我们需要确保评价结果具有时效性,能够为今后的主题活动设计和实施提供借鉴和参考。只有时效性的评价才能真正发挥指导作用,推动幼儿教育质量的不断提高。

综上所述,评价与反思是幼儿园主题活动实施的重要环节之一。在评价过程中,我们需要注重全面性、客观性、及时性、针对性和时效性等方面的要求。通过全面、客观、及时、有针对性的评价和反思,可以及时发现问题并改进活动设计和方法,提高幼儿园主题活动的质量和效果,为幼儿的全面发展奠定坚实的基础。

## 二、能力模块

幼儿园主题活动设计对学前教育专业师范生的专业能力提出了全方位的要求。这些能力不仅包括资源整合、活动设计、主题活动生成等实践技能,还包括反思性实践、知识建构等学术素养。这些能力和素养共同构成了学前教育专业师范生的核心能力结构,也是他们未来成长为优秀幼儿教育工作者的关键所在。

### (一)资源整合能力:多元化与综合化的挑战

在幼儿教育高质量发展建设背景下,资源整合能力不仅仅是简单地收集与利用材料,更要求师范生能够站在教育生态学的高度,洞察幼儿园内外环境中各种资源的潜在教育价值。这意味着,师范生应具备跨学科的知识结构,能够从多角度审视和整合各种资源。例如,他们应能够将自然科学、社会科学、艺术等多领域的知识融入主题活动中,同时结合幼儿园的物质环境、人际关系以及社区文化背景等元素,为幼儿打造一个综合性的学习体验。

对于学前教育专业师范生而言,资源整合能力细化目标与期望如下:

1. 深入了解资源

应熟悉幼儿园内外的各种资源,包括但不限于图书、玩具、设备、场地、社区资源等,并了解它们的潜在教育价值。

2. 跨学科整合

在整合资源时,应能够跨越学科界限,将不同领域的知识和技能融合在一起,为幼儿提供多元化的学习体验。

3. 资源利用策略

应掌握有效的资源利用策略,如时间管理、资源分配等,确保资源的充分利用和活动的顺利进行。

### (二)活动设计能力:以幼儿为中心的创新实践

活动设计是学前教育实践中的核心环节,它要求师范生不仅理解儿童发展心理学、教育学等基础理论,还能将这些理论转化为富有创意和实效性的活动方案。在设计过程中,师范生需要依据幼儿的年龄特点、认知发展阶段和兴趣需求,创造出寓教于乐的活动内容。这些活动应具有层次性,以适应不同发展水平幼儿的需求;具有连贯性,以确保幼儿能够在持续的学习过程中建构知识;具有挑战性,以激发幼儿的好奇心和探索欲望。

对于学前教育专业师范生而言,资源整合能力细化目标与期望如下:

■ **能力达标实训指导**

1. 理解幼儿发展

深入理解不同年龄段幼儿的发展特点和兴趣需求,并依据学习发展规律设计活动。

2. 活动类型与结构

设计活动时,应考虑活动的类型(如游戏、手工制作、科学探索等)和结构(如开始、中间、结束等),确保活动的层次性和连贯性。

3. 挑战与适宜性

活动应具有一定的挑战性,但也要确保适宜性,避免过于困难或过于简单。

**(三)主题活动生成能力:灵活应变与即兴创作的艺术**

主题活动生成能力体现了教师的教育机智和实践智慧。它要求教师能够敏锐地捕捉幼儿在学习过程中的表现和反应,并据此灵活地调整活动策略。这种能力需要教师具备丰富的实践经验和对幼儿行为的深入理解。同时,它也是一种即兴创作的艺术,要求师范生能够在瞬间做出决策,生成新的活动元素或改变活动方向,以保持幼儿的学习兴趣和动力。

对于学前教育专业师范生而言,资源整合能力细化目标与期望如下:

1. 观察与理解

认真观察幼儿生活与游戏,读懂幼儿发展需要,及时发现幼儿的兴趣和需求变化,并据此调整活动策略。

2. 即兴创作

在活动过程中,能够根据实际情况即兴创作,生成新的活动元素或改变活动方向。

3. 灵活应变

面对突发情况或问题,能够迅速做出决策,确保活动的顺利进行。

**(四)活动评价与叙事能力:反思性实践与知识建构的过程**

活动评价与叙事能力被视为反思性实践的重要组成部分。它要求师范生具备对教育活动的元认知能力,即对自己教学实践进行批判性反思的能力。这包括了对活动目标、内容、方法、幼儿表现等多方面的全面评价。同时,还应能够将评价结果转化为叙事文本,通过故事、案例等形式呈现出来。这种叙事不仅是对活动的记录和描述,更是对教育实践知识的建构和分享,有助于师范生在专业共同体中交流和成长。

对于学前教育专业师范生而言,资源整合能力细化目标与期望如下:

1. 全面评价

对活动进行全面的评价,包括活动的目标达成情况、幼儿的表现和反应、活动的组织和实施等方面。

2. 叙事技巧

掌握有效的叙事技巧,如时间线叙事、故事叙事等,将活动过程和结果以清晰、生动的方式呈现出来。

3. 反思与改进

通过叙事,反思自己的教学实践,发现存在的问题和不足,并寻求改进的方法和策略。

通过以上细化阐述与分析,我们可以更深入地理解幼儿园主题活动设计对学前教育专业师范生的能力要求,以及这些能力如何在实际教学中发挥作用。

## 三、实训内容及要求

### (一)设计幼儿园主题活动

1.实训任务

学生将通过实际操作,学习如何设计符合幼儿发展特点和兴趣的主题教育活动。具体任务包括绘制主题资源网络图、绘制主题活动网络图以及设计主题活动方案。

2.任务实施

任务1:绘制主题资源网络图。学生需要选择一个适合幼儿的主题,例如,动物、植物、交通工具等,并收集与该主题相关的图片、故事书籍、实物等资源。然后,将这些资源进行分类整理,并用图表形式绘制出主题资源网络图。这个任务旨在帮助学生厘清思路,明确活动所需的资源,为后续的活动设计做好准备。

任务2:绘制主题活动网络图。在绘制主题资源网络图的基础上,需要进一步设计主题活动的具体内容和流程。可以选择合适的教学方法和活动形式,例如,游戏、手工制作、音乐舞蹈等,然后将这些活动按照逻辑顺序连接起来,绘制出主题活动网络图。这个任务旨在帮助学生将活动内容有机地组织起来,形成一个有条理的活动方案。

任务3:设计主题活动方案。学生需要根据绘制的主题资源网络图和主题活动网络图,编写详细的主题活动方案。方案应包括活动目标、活动准备、活动过程和活动评估等内容。需要考虑如何引导幼儿参与活动、如何培养幼儿的综合能力等方面,确保活动方案的有效性和可操作性。

3.实训评价

学生的实训成果将根据以下几个方面进行评价:

(1)主题资源网络图的准确性和完整性。

(2)主题活动网络图的逻辑性和连贯性。

(3)主题活动方案的设计合理性和实用性。

(4)学生在实训过程中的团队合作能力和解决问题的能力。

### (二)评价幼儿园主题活动

1.实训任务

评价幼儿园主题活动是培养幼儿教师对幼儿园教学活动进行观察、分析和评价能力的重要环节。通过参与实训项目,教师将学习如何准确评估幼儿园主题活动的设计与实施效果,为提升教学质量提供有效指导。

2.任务实施

任务1:观摩幼儿园主题活动汇报,并进行现场评析。在这个任务中,学生将有机会观摩不同幼儿园举办的主题活动汇报。在观摩过程中,师范生应仔细记录活动的目标、内容和组织形式等关键要素,并关注活动中幼儿的参与程度、兴趣表现以及教师的教学策略等方面。观摩后,需要对每个活动进行现场评析,包括对活动设计的评价、教学方法的分析以及幼儿发展的观察与反思。

任务 2:观摩幼儿园主题活动,撰写教研反思。在这个任务中,学生将选择自己感兴趣的一个或多个幼儿园主题活动进行深入观摩。观摩后,需要撰写一份教研反思报告,对主题活动的设计与实施进行全面评价和思考。报告内容可以包括幼儿园主题活动的优点和不足之处、教学策略的优化建议以及对自己教学经验的总结与展望等。通过撰写教研反思报告,学生能够进一步加深对幼儿园主题活动的理解与把握。

3.实训评价

评价幼儿园主题活动的实训项目旨在培养教师的观察、分析和评价能力,提高其对教学活动的指导能力。对于学生的实训成果,可以进行以下方面的评价:

(1)观摩记录的准确性和完整性。

(2)现场评析的逻辑性和深度。

(3)教研反思报告的结构合理性和观点独到性。

(4)对教学改进的建议的可行性和创新性。

通过综合评价各项指标,可以客观地评估学生在评价幼儿园主题活动方面的能力和水平。

**(三)撰写幼儿园主题活动班本叙事案例**

1.实训任务

撰写幼儿园主题活动班本叙事案例是培养学前教育专业师范生对幼儿园教学活动的观察、分析和记录能力的重要环节。通过参与实训项目,学生将学习如何准确捕捉和记录幼儿园主题活动中的教育过程和幼儿的学习成果,为提升教学质量提供有效指导。

2.任务实施

任务 1:查找班本叙事优秀案例,并分析案例撰写思路。在这个任务中,学生需要查找一些优秀的幼儿园班本叙事案例,并进行深入分析。学生可以从学校图书馆、教育期刊或互联网等渠道获取相关案例,然后仔细阅读并分析这些案例的撰写思路。重点关注案例的结构安排、语言表达、故事线索等方面,以及案例如何突出活动的目标、内容和幼儿的学习成果。通过分析优秀案例,学生可以借鉴其写作技巧和方法,为撰写自己的班本叙事案例做好准备。

任务 2:尝试撰写幼儿园班本叙事案例。在这个任务中,学生将根据自己的实际教学经验和观察,尝试撰写一篇幼儿园班本叙事案例。学生可以选择一个自己参与过的幼儿园主题活动作为案例的主题,并结合活动的目标、内容和幼儿的学习成果进行撰写。在撰写过程中,需要注意案例的结构安排、语言表达和故事线索等方面,力求使案例具有逻辑性、可读性和感染力。同时,还可以运用图片、视频等多媒体元素来丰富案例的内容,提高读者的阅读体验。

3.实训评价

撰写幼儿园主题活动班本叙事案例的实训项目旨在培养教师的观察、分析和记录能力,提高其对教学活动的记录和反思能力。对于学生的实训成果,可以进行以下方面的评价:

（1）对优秀案例的分析深度和准确性。

（2）班本叙事案例的结构合理性和逻辑性。

（3）语言表达的准确性和生动性。

（4）故事线索的连贯性、层次性。

（5）对幼儿学习过程、学习成果表征方式的多元性、真实性、教育性。

## 四、案例资源

### 《关于路线图的那些事儿》

——中班"路线图"主题课程故事

洛阳市实验幼儿园　张玉星　王利晓

**一、课程背景**

婚假旅行归来，孩子们围着老师不断地寻问："老师，为什么这段时间都没见到你？你到底去哪了？"面对孩子们的追问，我们在活动室里开展了集体谈话活动。张老师分享了自己的旅行环岛路线图，激发了孩子们浓厚的兴趣："张老师，你去那么远的地方不会迷路吗？""到底什么是路线图？""路线图对我们的生活有哪些帮助？"追随孩子的兴趣，我们从他们的"生活圈"出发，生发了"寻找生活中的路线图—绘制活动室的地图—萌宝导航幼儿园游览图—我创作的'图'"等一系列关于生活中路线图的探索。

**二、教师思考**

一场旅行，引发孩子们对生活中路线图的关注，《3—6岁儿童学习与发展指南》在社会领域"目标三"具有初步的归属感中指出，要运用幼儿喜闻乐见和能够理解的方式激发幼儿喜欢自己的班级和幼儿园，培养初步的归属感。于是追随孩子们的谈论，我们开启了一场关于路线图的探索……

1. 生活中处处都有路线图，课程资源就在我们身边

在幼儿的日常生活中，处处都能见到路线图，小区里的平面示意图、图书馆里的分类导视图、公园里的旅游导览图、幼儿园里的消防示意图等，这些随处可见的路线图，给我们提供了丰富的课程资源，也使得孩子有了丰富的前期经验。

2. 幼儿感知路线图对生活提供的帮助，并有着浓厚的探索兴趣

通过前期调查，幼儿了解到生活中有很多时候都会用到路线图，比如我们乘坐地铁时、去公园游玩时，路线图可以帮助我们快速、准确地找到路线与位置，给我们的生活提供了很大的帮助，因此他们对于生活中路线图有着浓厚的探索欲。

3. 路线图能够帮助幼儿熟知自己的生活环境，萌生出幼儿园小主人意识

幼儿园里都有哪些好玩的地方？大班的哥哥、姐姐的活动室会在哪一层？从幼儿园到家会经过哪些地方？有几条路线可以选择？通过实地观察，幼儿自主设计路线图，熟悉自己生活的环境、了解自己的幼儿园。

综合以上思考，同时通过对生活中路线图的探索，制定如下主题目标、主题资源和实施路径大致框架。

## 三、主题目标

(1)通过实地观察、亲身体验,感知路线图在生活中的有用和有趣。

(2)在探秘路线图的过程中,遇到困难能接受同伴的意见和建议。

(3)自主设计路线图,了解幼儿园的有趣之处,萌生出幼儿园小主人意识。

## 四、主题资源(图3-1)

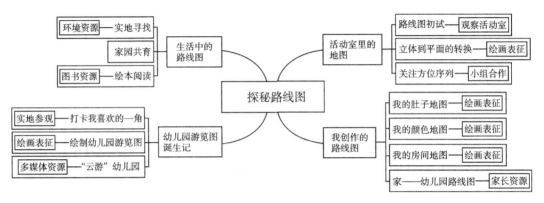

图3-1　主题资源框架图

## 五、预设实施路径(图3-2)

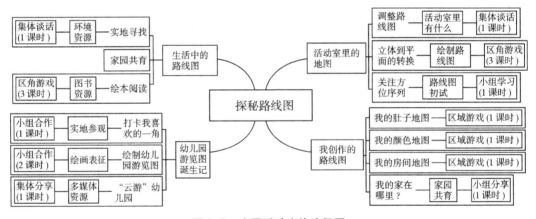

图3-2　主题活动实施路径图

## 六、课程实施

### 1.寻找生活中路线图

活动预设目标:

(1)通过对周围环境的观察,能发现生活中的路线图。

(2)了解路线图为我们生活提供的帮助,感知它的有用和有趣。

"生活中你在哪里见到过路线图?路线图里包含了哪些有趣的事情?"带着问题发起资源搜集的活动,家长们和孩子一起寻找身边路线图(图3-3至图3-8),探索发现路线图里的秘密……

图 3-3　手机导航里的路线图

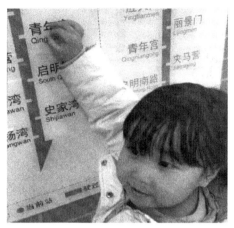

图 3-4　地铁站里的路线图

图 3-5　益智区里的中国地图

图 3-6　路线图上的图标

图 3-7　路线图上标志物

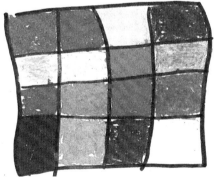

图 3-8　路线图上有很多的颜色

　　通过家园共育,孩子们发现了生活中很多地方都有路线图,路线图对我们的生活有哪些帮助?于是孩子们又开始了新一次的讨论,并用绘画的方式进行表征(图3-9至图3-11)。

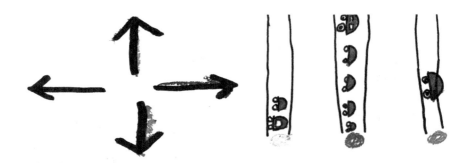

图3-9　路线图上可以表示方向　　　图3-10　路线图能避免拥堵

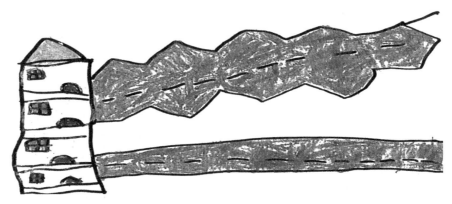

图3-11　路线图能找到最近的回家路

　　在整个过程中,孩子们通过讨论、调查、分析,了解路线图上有不同的图标、颜色、线条,它们代表着不同的含义,并且能初步了解到路线图对我们生活提供的帮助,为孩子们后续探索路线图提供了经验支持。

　　2.观察设计活动室里的路线图

　　活动预设目标:

　　(1)通过对活动室的实地观察,初步尝试绘制活动室路线图。

　　(2)了解自己生活的环境,增强班级归属感。

　　有了前期对路线图的观察与了解,孩子们又发起了新的挑战:如果小班的弟弟、妹妹来参观自己的班级,我们该如何介绍自己的活动室?于是一场关于"活动室里的路线图"的故事就开始了……

　　小组讨论:路线图上画什么?活动室里所有的物品都需要画上去吗?最终孩子们通过实地查看和集体讨论,确定班级路线图上要呈现如图3-12至图3-15所示的具有代表性的地方:

图 3-12　活动室的门

图 3-13　活动室里的投影仪

图 3-14　活动室里的区角

图 3-15　活动室里的小朋友

　　确定了路线图上要呈现的内容后,接下来孩子们便开始了第一次的尝试,他们各自拿着画笔在纸上开始设计活动室里的路线图(图 3-16),设计完成后,所有小组围在一起进行交流与分享。

图 3-16　第一次尝试设计活动室里的路线图

在分享交流中,孩子们发现了新的问题:

(1)画纸太小,路线图上的很多信息根本画不进去。

(2)一张路线图上用了很多的颜色和符号,乱乱的,很难看懂。

针对这一次出现的问题,孩子们提出新的解决办法:

(1)在设计路线图之前,要先想好自己要呈现的内容,合理划分每个地方所占用的位置,用符号表示活动室的物品。

(2)活动室里的每一处空间,可以用不同的颜色来表示(比如活动室的三个门用蓝色、六个区角用红色来表示)。

有了第一次的经验分享,很快孩子们又开始了第二次的尝试,如图3-17所示。

图3-17　第二次设计活动室里的路线图

经过两次的探索与实践,幼儿得到收获和成长:

(1)经验的转变:初期幼儿对路线图的经验是朦胧的、表面的。通过第一次对活动室实地观察绘制路线—同伴之间的分享学习—第二次尝试设计,逐渐加深对路线图的理解与兴趣。

(2)表征能力的提升:在制作路线图的过程中,孩子们将活动室里的物品转化为图形指代,借助线条、颜色表示,将立体世界转化为平面路线图。

教师的反思:在活动中注重幼儿在小组分享互评中的新发现、新问题,关注幼儿经验的获得、重组和改进,助推了幼儿在与资源互动中学习与发展。

3.幼儿园导览图诞生记

活动预设目标:

(1)通过打卡"我喜欢的一角",了解自己的幼儿园,萌生出幼儿园小主人的意识。

(2)尝试小组合作,共同设计并分享幼儿园导览图,体验成功的乐趣。

有了前期设计活动室路线图的经验,孩子们又发出新的挑战:"设计幼儿园导览图",幼儿园里有哪些好玩的地方?和小伙伴一起走进幼儿园,打卡"我最喜欢的一角"(图3-18)。一楼有我最好奇的监控室、操场最爱的滑滑梯,二楼是中班小朋友的活动室,还有园长和老师的办公室、三楼是大班哥哥、姐姐的班级,还有很多好玩的功能室……

图 3-18  打卡幼儿园里"我最喜欢的一角"

直接观察让孩子们收获了更多的经验,由于幼儿园实在是太大了,为了更好地记录与设计,孩子们通过商量、组队的方式自由组合,分成了三个小组进行活动,路线图绘制好了,按照他们自己画的地图能不能到达目的地呢? 于是他们交换彼此的地图,尝试走一走(图 3-19)······

图 3-19  沿路线图游览幼儿园

在一次又一次的尝试中,孩子们倾听接纳、交往探讨,从中体验了成功的乐趣。通过绘制幼儿园的路线图,孩子们开始真正认真地观察自己生活的幼儿园,了解每个活动室和功能室的位置,熟悉幼儿园的每一处空间,关注到里面的一房一路、一草一木,萌生出幼儿园小主人的意识。

4.我创作的"图"

活动预设目标:

(1)通过绘本阅读,了解到路线图的多样与有趣。

(2)能根据自己的想法大胆尝试创作路线图。

(3)家园合作,设计家—幼儿园的路线图。

路线图上还有哪些有趣的秘密?借助绘本《我的地图书》《我会看地图了》,孩子们知道了原来路线图不单单有道路的,我们生活中的每个部分都能变成"图"。比如我们设计的"藏宝图、颜色图、肚子地图、我的'心'图(图3-20至图3-23)等"。

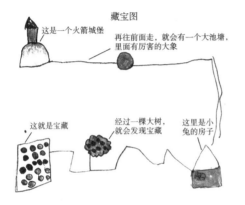

图3-20 藏宝图　　　　　　　　　　图3-21 颜色图

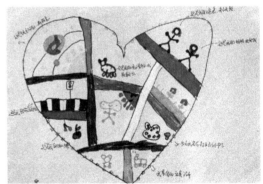

图3-22 我的肚子地图　　　　　　　图3-23 我的"心"图

除了孩子们自由创作的"图",我们加强家园联系,设计了自己专属的"家—幼儿园"路线图(图3-24)。有了完整的路线图,小朋友介绍的内容更详细、丰富,并且还邀请自己的好朋友沿着路线图去自己家里做客。

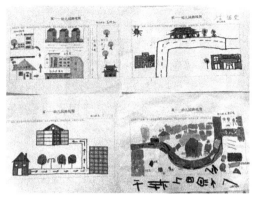

图 3-24　分享家—幼儿园路线图

教师反思:园区外的社会生活也是课程的重要来源。

(1)孩子生活的社区环境、居民小区也是他们现实生活的重要组成部分,通过家—园—社区三者相互关联,丰富幼儿的生活经验,架构自己的生活空间。

(2)以家乡游玩路线图为切入点,以此了解家乡的风土人情、风景名胜、历史文化,萌发幼儿爱家乡的情感。

《路线图的那些事儿》最终课程实践路径如图 3-25 所示。

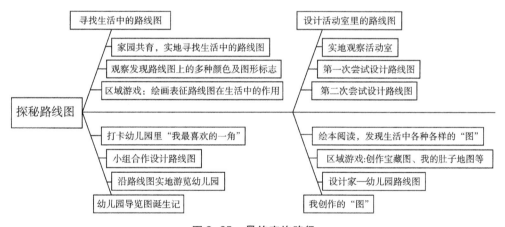

图 3-25　最终实施路径

**七、课程评价**

在本次的主题活动中,我们从孩子的"生活圈"出发,每一个幼儿都是积极、主动、有能力的学习者,每一位家长都是课程资源中不可或缺的重要伙伴!本次的主题活动评价主要从以下两个方面体现。

1.家长评价

(1)本次主题活动增强孩子的空间感知能力,并让孩子充分行使自主选择权。在绘制路线图之前孩子首先会回忆从家到学校都会经过哪些地方,并自己决定将哪些建筑物绘制在路线图的哪些地方。

——段然妈妈留言

（2）孩子色彩感知能力提高。在对物体上色过程中,孩子会对色彩搭配有自己的看法,比如学校的颜色我建议涂成黄色的,但孩子却认为棕色更适合。

——柴永琳妈妈留言

（3）培养孩子思维的多样性,感知数学中的规律美。如在设计游乐场图案中,孩子发现旋转木马中间的柱子的颜色是按照黄紫的规律排列的。

——李弘途爸爸留言

（4）可以借此机会让孩子留心生活中的路线图。绘制完路线图后,孩子告诉我在日常生活中路线图到处可见,比如公园里、地铁站、景区里,甚至幼儿园里都可以见到路线图的影子,孩子和我约定下次去公园的时候尝试看着路线图带我们游览公园。

——赵睿铭爸爸留言

2.幼儿评价

儿童成长在于过程、体验、经验的获得。从孩子们萌发对路线图的探索行为开始,他们的学习就开始了,在这个过程中,孩子们通过观察、寻找、查找资料等途径认识并了解了生活里的路线图,又通过小组分享、绘画表征等形式输出他们的认识。按照对路线图朦胧的表面的经验—实地观察设计活动室及幼儿园的路线图—自主创作路线图的过程,感受到路线图在生活中的有用和有趣,逐步建构起关于路线图更深、更广的经验,萌生幼儿园小主人的意识。

**八、课程反思**

1.教师要有一定的课程资源敏感度

生活中有许多蕴含教育价值的课程资源,看似不经意的一场旅行谈话,却引发了孩子们对路线图的好奇与关注。在实践中,老师追随幼儿的兴趣,和孩子们一起走进生活中他们最熟悉的教育现场(活动室、幼儿园、家),提取他们生活中的鲜活素材,助推幼儿的学习与发展。

2.教师应给予幼儿相应的教育支持,满足他们学习与发展的需要

教师应根据幼儿的身心发展特点和需要,给予幼儿相应的教育支持,满足他们学习与发展的需要。中班上学期幼儿理解能力与表征能力在逐步提升的同时,教师需要辨别问题任务的难易程度,跟随幼儿的步伐,明晰行动路径,从观察活动室—绘制幼儿园的导览图—设计家到幼儿园路线图,整个过程中,教师注重幼儿经验的链接、思维的拓宽、能力的发展,不断助推幼儿的成长。

## 第二节　学前儿童健康教育活动设计与指导实训

学前儿童健康关乎学前儿童的生存质量,决定学前儿童的适应能力,也为学前儿童的全面发展奠定了良好的基础。学前期是身心健康养成的关键时期,学前儿童的健康与他们成年后的健康息息相关,宏观来看更是决定了一个国家未来的人口素质,所以做好学前儿童健康教育极为重要。领域教学中也将健康放在了首要位置。做好学前儿童健康教育需要师范生不仅要树立科学的儿童观、教育观和健康观,还应具备多样化的专业知识储备和能力素养。在教育实践中,幼儿教师常常会遇到知识和经验的瓶颈,通过在校期间的实训任务,搭建理论与实践的桥梁,健康教育领域的实训任务即将知识基础与能力转化为具体可操作的模块,给教师与学生更直观的引导和方法,逐渐达成课程实训目标,为教育实践环节奠定基础。

### 一、知识基础

#### (一)学前儿童健康教育活动的含义与特点

学前儿童健康教育作为幼儿园教育活动的组成部分,它和其他领域的教育一样,都是有目的、有计划地引导幼儿生动、活泼、主动活动的多种形式的教育过程。其主要功能和发展目标是保护和促进幼儿的健康,帮助幼儿丰富有关身体保健和身体锻炼的知识和技能,使幼儿形成对待健康的积极态度和情感,逐步养成有利于健康的行为和习惯,达成身体、心理和行为的健全状态。学前儿童健康教育不仅为幼儿身心的发展提供了良好的健康存在,而且为幼儿园开展其他教育提供了良好的条件。[①] 整体来说,学前儿童健康教育活动具有生活化、整合性和多样化的特点。健康教育活动的内容与学前儿童的生活息息相关,涉及幼儿的身体健康、心理健康、适应能力、动作发展、生活习惯和生活能力、安全教育等各个方面,并要求途径和形式的多样化。

#### (二)学前儿童健康教育活动的目标与内容

学前儿童健康教育活动的目标涵盖幼儿认知、动作与技能以及情感与态度,包括帮助他们获得健康知识,根据年龄特点培养良好的生活习惯和生活自理能力,促进幼儿的身体发育,增强幼儿体质,增加幼儿对体育活动的兴趣,引导他们积极参与,形成体育锻炼习惯,发展基本动作,并注重良好意志品质的培养。

学前儿童健康教育内容包括安全教育、身体保护与生活自理能力教育、体育教育、饮食营养教育、心理健康教育五个方面,具体如表3-1所示:

---

① 庞建萍、柳倩:《学前儿童健康教育与活动指导》,华东师范大学出版社,2014年。

表 3-1　学前儿童健康教育的具体内容

| 维度 | 具体教育内容 |
|---|---|
| 安全教育 | 1. 交通安全　2. 消防安全　3. 食品卫生安全<br>4. 防触电、防溺水　5. 幼儿园玩具安全　6. 幼儿生活安全 |
| 身体保护与生活自理能力教育 | 1. 生活卫生　2. 清洁卫生　3. 环境卫生　4. 器官保护卫生 |
| 体育教育 | 1. 基本动作练习　2. 基本体操练习<br>3. 体育游戏　4. 运动器械练习 |
| 饮食营养教育 | 1. 认识食物的名称、形状、色彩、性质<br>2. 知道营养素与人体健康的关系<br>3. 建立良好的行为习惯<br>4. 掌握饮食的方法和技能<br>5. 了解民间饮食文化及风俗习惯<br>6. 养成健康文明的饮食礼仪<br>7. 知道简单的处理和烹调食物的方法 |
| 心理健康教育 | 1. 学习表达和调节自己的情绪情感方式<br>2. 学习锻炼社会交往的能力<br>3. 学习锻炼独立生活和学习的能力<br>4. 学习养成良好的习惯<br>5. 进行合适的性教育<br>6. 预防心理障碍和行为异常 |

**（三）学前儿童健康教育活动的方法和途径**

1. 示范讲解法

示范讲解是指教师通过精炼趣味的语言、规范的动作以及科学方法进行教学示范，或结合实物加以掩饰，帮助学前儿童尽快掌握知识和技能。年龄较小的儿童自控能力较弱，对危险的识别缺乏经验，讲解示范可以帮助儿童形成正确的安全概念。幼儿可以通过模仿积累生活经验，养成良好的生活及卫生习惯。动作练习和器械操作同样离不开教师的讲解示范，除了教师的示范，还可以利用文学作品，例如故事、诗歌、儿歌、木偶表演等，这些形式表达更加直观，形式更具趣味，对认知与技能的养成起到潜移默化的作用。

2. 案例分析法

由于学前儿童健康教育具有生活化的特点，利用儿童在生活中的所见所闻以及亲身经历事件进行谈话活动，举出实例来分析讨论。学前儿童也可以自己提出问题、发表意见，得出结论。在此过程中学前儿童表达自己真实的想法，教师鼓励他们对同伴的言行和案例中的言行加以评价，从而提高其是非判断的能力，主动选择正确的行为。

3. 游戏锻炼法

通过游戏的形式模拟和构建教育情景，让儿童学会在特定情景下进行动作和行为训练，例如安全意识和自我保护能力的培养可以通过角色游戏；饮食营养教育可以参观超市、采购食品,在成人的帮助下加工和制作;生活自理能力的习得可以通过真实的日常生活场景,加上趣味性的语言和流程讲解加深印象;户外体育可以辅助游戏器械,教师有组织地针对跑、跳、翻滚等某一动作设计游戏,也可以设置竞争机制。从认知到动作技能或行为习惯的养成,需要通过一定的动作练习才能巩固,另外,对于动作技能和行为习惯养成需要持之以恒,并在练习过程中贯穿意志品质的培养。

## 二、能力模块

能力模块要求学生能够提取和运用相关知识设计和实施学前儿童健康教育活动,具备设计和实施学前儿童健康教育活动的能力;评论当下幼儿园在健康教育领域中的做法,并能够运用学前儿童健康教育的基本理论和知识去判断和解决学前儿童常见的健康问题;在前期积累的知识基础上评价学前儿童健康教育活动,指导下一步健康教育教学活动的开展。具体包括:

### (一)资料收集与信息提炼能力

健康领域贴近生活实际,除了要求教师具备丰富的生活经验以外,还要有正确且科学的生活常识。因此,在实训过程中,部分章节需要提前收集资料,对自己先前的经验和知识进行扩充和纠错,例如常用的急救常识、身体器官的功能和常见疾病的预防,营养学的相关知识,各地的饮食风俗和文化等。对学生的资料收集和信息提炼能力有一定的要求,选择学前儿童感兴趣和需要的,并转化为他们易于接受的形式来设计教学环节。

### (二)教学案例设计与撰写能力

编写教案的首要素质是教学知识和能力,明确健康领域关键经验和活动指导要点。首先是对教学目标有明确的把握,参考3—6岁儿童年龄特点和关键经验拟定具体目标,并分类将其明确地表达在教案中。注重教学活动的多样性,包括丰富的教学材料、以儿童为中心的互动方式、趣味精炼的语气语调和语言等。教案的编写还需要教师具备良好的知识结构和逻辑思维能力,教案中的各个环节和教学步骤应该有明确的逻辑关系,把握年龄特点的同时注重环节本身的循序渐进。

### (三)儿童行为观察与分析能力

观察是既看又思考的过程,是我们认识儿童的一种重要方式。学前儿童健康教育贴近幼儿的生活实际,且年龄差异和个体差异都较为明显。例如,身心状况中的体态和适应能力、动作发展中的协调性、灵敏性和耐性,手部精细动作的控制等,尤其是小班入园阶段的生活自理能力等。儿童行为的观察与分析能力对于制定活动目标,完善活动过程,发现儿童存在的健康问题,做好本园教研和家园共育非常重要。

### (四)教育活动组织与实施能力

该能力是进行实训的落脚点,将教案中存在于理论层面的活动环节付诸实践,并通过实践检验其可操作性。做好充足的教学准备,熟记教学目标与环节,根据不同的活动需要转变教师角色,营造趣味性和科学性兼顾的活动氛围。在此过程中也会出现一些突发状况,与预设的过程有所差异,考验学生的临场应变能力,例如活动秩序的管理,活动材料或多媒体设备的操作,随机生成的教育契机,出其不意的提问与回答等,通过经验的不断积累,逐渐应对自如。

### (五)教育评价能力

学前儿童健康教育评价是科学制订活动计划的基础和依据,很多实训过程侧重儿童发展知识和领域知识,而忽视教育评价。学生应明确评价的原则和实施过程,把握学前儿童健康教育的客观现状,准确发现存在的问题,及早采取干预措施,改善个体或群体儿童健康水平,具体包括对以卫生学、心理学知识为基础的学前儿童健康状况的评价,以幼儿园组织与管理知识为基础的健康管理制度评价,以儿童发展知识、幼儿园课程理论等为基础的健康教育活动评价。

## 三、实训模块

### (一)设计与实施安全教育活动

1. 实训任务

明确生活中学前儿童可能会接触的安全隐患,掌握必要的急救措施,熟悉《3—6岁儿童学习与发展指南》中不同年龄阶段应具备的安全知识,进行生命教育和死亡教育的启蒙。

2. 任务实施

任务1:收集安全隐患的案例,可以是多个场景下的,例如幼儿园中、来园路上、家里等,也可以是不同教学环节中的,例如户外体育活动、过渡环节、来园离园等。结合幼儿的生活实际,讨论可以通过何种方式来预防和避免,并将其做成表格的形式。思考如何将安全常识用幼儿可理解、可接受的方式传达,并设计教学环节。

任务2:角色扮演,模拟急救情景,按照正确、科学的方法和步骤进行急救训练,在模拟中掌握常用的急救方法。例如,异物卡喉最常用且最有效的海姆立克急救法,掌握动作要领和注意事项,两位同学合作完成,其他同学来评价。另外,对于烧烫伤处理、高热惊厥、异物入眼鼻、骨折等,也要掌握其急救方法。

任务3:观摩电影《寻梦环游记》,交流分享观后感,谈一谈对生命和死亡的看法,思考如何将这一感受传递给幼儿。寻找与生命教育、死亡教育相关的教学素材,例如以《爷爷变成了幽灵》为例,结合语言领域的教学设计方法,解读绘本,引发幼儿思考,达到生命教育的升华。

3. 实训评价

(1)安全常识不能有科学性错误。

(2)教师具备科学的唯物观,明确生命教育和死亡教育的内涵。

(3)模拟情景下的急救训练应沉着冷静,方法正确。

### (二)设计与实施身体保护和生活自理能力教育

1. 实训任务

明确身体内外部主要器官的名称和主要功能、常见疾病的预防措施等,用通俗易懂的语言讲解保护身体各器官的方法;熟悉《3—6岁儿童学习与发展指南》中"生活习惯与生活能力"下有关生活自理能力的具体目标,掌握不同年龄阶段生活自理能力应达到的水平;创造性地思考更简便和易于幼儿接受的生活自理能力培养方法。

2.任务实施

任务1:自制挂图,查阅资料,说明身体器官名称和主要功能。以小组为单位,分工完成。将身体器官的相关知识按照小、中、大班来分类,明确每个年龄阶段应该掌握的难度和深度,小组之间互相评价和修改,汇总成一份表格,存档备用。

任务2:设计游戏,引导幼儿掌握生活自理的方法,将能力养成的步骤细化,结合语言、图画转变为幼儿可接受的内容。例如,擦屁股、洗手、叠衣服、系鞋带等。

任务3:观摩幼儿园一日活动视频,通过观察记录的形式,选取不同幼儿分析其生活自理能力的发展水平,并据此编制《3—6岁儿童生活自理能力评定表》,通过行为检核的方式量化幼儿的发展水平。该表在实训中是理论化的,需要在后期见习或实习中选取样本进行测试,计算得分,可进一步使用SPSS数据分析工具进行男女差异、年龄差异的分析,掌握科学的研究方法。

3.实训评价

(1)身体器官和主要功能以及常见疾病的预防措施不能有科学错误。

(2)身体保护和生活自理方法应结合幼儿年龄特点,在其能力范围内。

(3)生活自理能力的培养应因材施教,因人而异。

(4)掌握量表制作的方法,行为检核表各条目应具有意义和差异。

**(三)设计与实施体育活动**

1.实训任务

明确幼儿动作发展的关键经验,熟悉《3—6岁儿童学习与发展指南》中"动作发展"各年龄阶段目标和教育建议,设计户外活动场地,设计早操操节动作,熟悉常见的体育器械,学会自制活动器械,分别掌握粗大动作和精细动作发展的途径和方法。

2.任务实施

任务1:设计户外活动场地,说明场地的分区、功能和对幼儿动作发展的价值。要求使用图文并茂的方式,在白纸上绘制,标注出不同的场地名称,投放的器械或自制玩教具,也可以某一个场地和辅助器械为例,说明如何玩转这块地方。对画画的要求无须太高,标注清晰即可。完成后投影在电脑屏幕上随机选择几位同学分享他们的创设理念和玩法。

任务2:设计早操操节动作。需要建立在基本动作基础之上,熟悉走、跳、跑、爬、投掷等基本动作的变换方式,也可以加大难度,增加队形队列变化,注意兼顾身体锻炼和美感。

任务3:自制体育活动器械,通过图文并茂的形式来展示,说明用到了哪些材料,体现了哪些玩教具制作的原则,阐述具体的玩法以及对学前儿童体育的促进作用。

3.实训评价

(1)体育活动设计兼顾人体机能适应性规律、人体机能活动变化的规律、动作技能形成的规律。

（2）自制玩教具应注重美观和实用性的统一，经济性和价值性的统一。

（3）兼顾动、静，兼顾粗大动作和精细动作的发展。

（4）户外活动和场地设计应考虑季节天气的影响以及不同地域的差异。

（5）活动设计注重幼儿意志品质的培养。

**（四）设计与实施饮食营养教育活动**

1. 实训任务

了解营养学相关知识，明确饮食营养教育目的和对幼儿身心发展的价值，思考和设计促进幼儿感官发展、语言发展和认知发展的饮食营养教育活动环节，参考幼儿园公众号设计幼儿园一周菜谱，了解民间饮食文化和风俗习惯，突出文化自信，撰写教案。

2. 任务实施

任务1：设计趣味性的教育环节，总结方式方法，分组讨论并分享，促进幼儿感官发展、语言发展和认知发展。例如，设计需要儿童操作的环节，通过尝尝、闻闻、触摸来感知食物的质地，或包饺子、包粽子、做面条、种蔬菜等，将这些环节组合，扩充为完整的教学过程。

任务2：假设你是幼儿园的营养师，设计一份幼儿园的一周菜谱。参考优秀幼儿园公众号中的一周食谱，了解常见食物对学前儿童营养的价值。

任务3：收集各地饮食文化和风俗习惯，或通过民间故事，或品尝各地美食，了解健康文明的饮食礼仪，丰富相关的通识性知识。

3. 实训评价

（1）突出环境育人的重要性，注重儿童通过视觉、触觉、味觉和嗅觉等手段感知和辨别食物。

（2）多样化的教学方式，为幼儿创设主动表达的场景。

（3）注重对儿童思维的刺激，激发其主动探索的欲望和对美好生活的向往。

（4）注重对儿童个性品质的培养，如节约、勤劳、文明礼貌等。

**（五）设计与实施心理健康活动**

1. 实训任务

参考幼儿社会性发展的年龄阶段特点，明确幼儿心理健康的标准，设计简易的学前儿童心理健康评定表。掌握《3—6岁儿童学习与发展指南》中"情绪安定愉快"目标下的年龄发展特点。区别心理健康教育与社会领域活动设计的差异，辨别由心理问题引发的幼儿行为偏异，掌握除活动设计之外促进幼儿心理健康的方法。

2. 任务实施

任务1：给学生推荐使用杨玉凤主编的《儿童发育行为心理评定量表》和戴晓阳主编的《常用心理评估量表手册》，找到与心理相关的量表，参考其条目，从动作发展正常、认知活动积极、情绪积极向上、人际关系融洽四个方面确定并自编幼儿心理健康的标准，并设计简易的评定表。

任务2:讨论由心理问题引起的儿童行为偏异,分组后各组分配一个主题,深入理解并进行课堂分享,分析产生的原因,总结幼儿心理健康教育的途径。

3.实训评价

(1)将心理环境创设、专门的心理健康教育活动、渗透性的心理健康教育相结合。

(2)注重心理健康引导过程中的家园共育。

(3)尊重儿童人格尊严,不歧视不嘲笑,具有公平对待行为偏异儿童的态度。

(4)教师应具有共情能力。

## 四、案例资源

**大班健康活动说课稿——《保护眼睛》**

洛阳师范学院学前教育学院2017级本科生　席文茜

指导教师:赵东群

尊敬的各位评委老师,大家好! 今天我说课的主题是大班健康活动《保护眼睛》。结合《幼儿园教育指导纲要(试行)》《3—6岁儿童学习与发展指南》两个重要文件,接下来,我将从设计意图、活动目标、活动重难点等六个方面展开本次说课。

### 一、设计意图

(1)保护眼睛是我国当前亟待解决的社会问题。2020年6月5日,国家卫生健康委在北京同仁医院发布了《中国眼健康白皮书》,全国政协委员、全国防盲技术指导组组长王宁利在发布会上表示,儿童青少年总体近视发生率53.6%,大学生的近视率达到90%多,近视眼已经引起了党和政府的高度关注。近视的防治应从幼儿期就予以重视。由此可见,保护眼睛,爱护视力已经成为社会发展的要求和幼儿发展的需要。

(2)落实《幼儿园教育指导纲要(试行)》和《3—6岁儿童学习与发展指南》对幼儿健康发展提出的要求。《幼儿园教育指导纲要(试行)》《3—6岁儿童学习与发展指南》明确指出"大班幼儿应该掌握必要的安全保健常识,养成主动保护眼睛的良好生活习惯。"因此,健康领域应开展有针对性的教育活动。

(3)结合大班幼儿的视力发展特点和已有经验水平。

大班幼儿的眼睛还处于生长发育阶段。不科学的用眼习惯会影响幼儿的视力,大班幼儿已经知道一些保护眼睛的方法,但对于方法的掌握和使用仍需全面细致的引导。基于以上三点,我设计了本次活动。让幼儿在直接感知、实际操作、亲身体验中掌握主动保护眼睛的方法。

### 二、活动目标

活动目标的制定应体现它的教育性、价值性和实际性。结合大班幼儿的年龄特点和发展水平,制定以下目标:

认知目标:了解眼睛的基本结构,知道保护眼睛的基本方法。

能力目标:能够在日常生活使用保护眼睛的方法。

情感目标:感受眼睛的重要性,养成在日常生活中主动保护眼睛的行为习惯。

### 三、说活动重难点

结合《3—6岁儿童学习与发展指南》精神,大班幼儿应养成主动保护眼睛的良好生活习惯。通过与大班幼儿的交谈发现,大多数幼儿对日常生活中保护眼睛的方法掌握得还不够全面,需要具体细致和全面深入的引导。因此,本次活动的重点为:知道更多日常生活中保护眼睛的基本方法。

习惯的养成不是一蹴而就的,行为的建立亦是一个潜移默化的过程,需要持续的巩固和不断的强化。因此,本次活动的难点为:主动使用保护眼睛的基本方法,养成保护眼睛的行为习惯。

### 四、活动准备

经验准备:初步认识到保护眼睛的重要性并知道一些保护眼睛的方法。物质准备:眼罩、眼睛洞洞书、小卫士勋章等。

### 五、活动方法

张雪门先生指出,在教学方法的选择和应用上应坚持"幼儿怎么学,教师就怎么教,以学定教"。3—6岁的幼儿以具体形象思维为主。在进行保护眼睛教育时,只有遵循幼儿的思维特点,结合具体的行为和情境,才能培养幼儿主动保护眼睛的行为习惯。本次活动主要运用了以下方法。

(1)观察法。通过观察同伴的眼睛和"眼睛洞洞书",让幼儿在"猜测—观察—讨论"中了解眼睛的基本结构和作用。

(2)游戏法。通过"黑暗大冒险"和"情景问答游戏",让幼儿在"试一试、说一说、找一找"中感受眼睛的重要性,知道并使用保护眼睛的正确方法。

(3)启发式提问法。通过启发式提问,引导幼儿主动思考并探讨保护眼睛的办法。

(4)分组讨论法。幼儿分组讨论后,制定保护眼睛公约,养成在日常生活中主动保护眼睛的意识和行为习惯。

### 六、活动过程

为了有效实现活动目标,我将活动设计为以下四个层层递进、环环相扣的环节。

**环节一:游戏导入,体验黑暗**

师:小朋友们,你们好。今天呀,老师想请你们玩一个"黑暗大冒险"的游戏。请你们过来带上眼罩后走到自己的座位上。

游戏结束后,我会请幼儿说一说"带上眼罩走路是什么感觉呢?"

(通过此环节,幼儿在游戏中亲身体验黑暗,感受眼睛的作用和重要性,进而引出本次活动的主题《保护眼睛》。)

**环节二:观察讨论,出示"眼睛洞洞书"**

了解身体器官的功能是爱护身体的前提。因此,在本环节我会引导幼儿认识眼睛的基本结构和功能,为建立保护眼睛的行为提供认知基础。

首先,我会请幼儿观察同伴的眼睛。"眼睛对于我们这么重要,那眼睛长什么样呢?你们可以观察一下身边小伙伴的眼睛。说一说你都看到了什么?"

接下来,我将出示眼睛洞洞书。

教师:看!这有一个黑色的小圆点,你们互相看一看,它会藏在眼睛的什么地方呢?谁知道它叫什么?这个小黑点叫瞳孔,在黑暗的光线下会放大,在强烈的光线下会缩小,防止光线伤害我们的眼睛。

哎?瞳孔外面还有一个大大的圆,它是什么呀?(停顿)哦,有的小朋友说它是我们的眼珠?其实呀,它叫虹膜。瞳孔和虹膜共同组成我们的黑眼珠,防止光线伤害我们的眼睛。

哎?你们再相互看一看眼睛里除了有黑眼珠,还有什么呀?哦,你们都发现了还有眼白。眼白还有一个大名叫巩膜,它就像妈妈的怀抱一样,保护着黑眼珠,不让它受到伤害。

眼睛里还有一样东西,能防止灰尘和细菌跑进来。你们猜猜,它是什么呢?哦,有的小朋友猜对了,它是眼睫毛。瞳孔、虹膜、巩膜、眼睫毛都像"小卫士"一样,保护着我们的眼睛。

(此环节首先让幼儿观察同伴的眼睛;其次,以幼儿感兴趣的立体直观"洞洞书"形式,让幼儿在观察、猜测、讨论中,结合教师的总结,进一步了解眼睛的基本结构和作用。)

**环节三:分组情景问答游戏,制定《保护眼睛公约》**

1. 分组情景问答游戏

教师:现在,老师啊,也请你们玩一个"眼睛小卫士"的游戏。

每组小朋友桌子上都有答题卡对号和错号。听到问题后,不能说出自己的答案,认为是对的就举对号卡,错的就举错号卡。老师请举牌的小组来分享他们的答案,回答正确可以得到一个眼睛小卫士勋章。在这个环节,我将出示以下三个情景。

情景一:晶晶在家里连续看动画片。

情景二:晶晶用脏手使劲揉眼睛。

情景三:晶晶不想吃蔬菜水果,只想吃糖果和蛋糕。

每一个情景后,教师请幼儿结合情境图片,自主发言,展示答案,答对奖励,并结合幼儿的回答进行经验的总结与提升。

如情景一,晶晶连续看动画片,是对是错?大班幼儿已经有了看电视不能太久和太近的经验,知道要看一会儿休息一会儿。幼儿展示答案后,我会启发幼儿进一步探讨"那看多久要休息一下呢""有什么好办法可以让眼睛得到休息""应该坐在多远的地方看电视呢?"

让幼儿结合情景,主动探讨在生活中保护眼睛的办法,我将结合幼儿经验帮助幼儿具体认知看电视不能超过30分钟,要保持3米左右的距离。并鼓励幼儿探讨可操作的保护眼睛的办法,如,怎么知道自己已经看了30分钟该休息眼睛了呢?如何知道自己离电视的距离是3米呢?深化和具体化大班幼儿关于保护眼睛的认知,为养成良好的行为习惯提供经验支撑。

又如,情景三,妈妈给晶晶准备了炒时蔬和水果,可是晶晶只想吃糖果和蛋糕,是对还是错呢?幼儿展示答案后,我会请幼儿说一说"你认为应该怎么做呢?""吃糖会伤害我们的眼睛吗?"我将结合幼儿经验总结:糖果、蛋糕等甜食吃进体内,不仅会伤害牙齿,还会破坏我们体内保护眼睛的维生素,导致视力下降。有效拓宽大班幼儿关于保护眼睛的新经验。

游戏后,我会继续与幼儿讨论:"你还知道哪些伤害眼睛的行为和保护眼睛的好办法呢?"

试课中幼儿能结合自己的生活经验,有效拓展活动内容,如,气球杆会戳伤眼睛;不能用摸过大蒜、辣椒的手摸眼睛等。

(此环节为本次活动的重难点环节,以幼儿的经验为基点,设置三个难易不同,层层递进的游戏情境。游戏情境既有对已有经验的深化,也有新经验的拓展,让幼儿在主动参与、思考探究中掌握更多保护眼睛的方法,基本实现了本次活动的重点。同时,也为突破活动的难点"主动使用保护眼睛的办法,养成保护眼睛的行为习惯"提供了经验支撑。)

2.制定"保护眼睛公约"

教师:为了更好地保护我们的眼睛,老师请你们制定一个"保护眼睛公约"。4个小朋友为一组,请你们讨论后画出保护眼睛的办法。画好后每组派一个代表来分享你们画的办法,画的又对又全的小组,可以得到一个眼睛小卫士勋章。

从方法的掌握到行为的建立需要成人的引导,环境的暗示,以及生活中的不断实践。如,大班幼儿已经知道了保持正确坐姿保护眼睛的方法,但是在作画过程中仍会出现不良坐姿。我会以此为契机表扬能够保持良好坐姿,保护眼睛的幼儿,强化幼儿主动将知识转化为行为的意识。

画好后,幼儿分享解读制定的公约。通过幼儿分享的"保护眼睛公约"可以看出,幼儿基本掌握了较全面的,在日常生活中主动保护眼睛的方法。如,尖锐物品不能靠近眼睛等,防止眼外伤;保持正确看书姿势和选择适宜的看书环境,正确使用电子产品,少吃甜食,多运动,多吃水果蔬菜,多看绿色植物等,防止近视;不能揉眼,干净的毛巾分类等,防止眼部感染。

活动结束后,我会将幼儿制定的"保护眼睛公约"张贴在班级墙上,发挥环境的教育作用,时刻提醒幼儿养成保护眼睛的行为习惯。

(此环节,让幼儿小组合作,制定并分享"保护眼睛公约",进一步巩固保护眼睛的办法,引导幼儿养成主动保护眼睛的行为习惯,达到了巩固重点突破难点的效果。)

**环节四:活动延伸,家园共育**

教师:请你们回家跟爸爸妈妈一起制定一份"家庭保护眼睛公约"吧!

延伸环节我将保护眼睛的办法延伸到家庭中去,以期形成教育合力,使幼儿养成主动保护眼睛的行为习惯。夸美纽斯早就告诉我们,"健康之精神寓于健康之身体","保护眼睛、科学用眼"的习惯只有立于幼年,家园共育,才能让眼睛安全度过生长发育的关键期,给童年明亮的世界。本次活动结合大班幼儿的特点,采用多种方法,让幼儿在亲身体验、具体感知、直接操作中主动掌握和使用保护眼睛的方法,从而实现活动目标,促进幼儿健康成长。

本次说课到此结束,敬请各位专家老师批评指正!

## 第三节　学前儿童科学教育活动设计与指导实训

### 一、知识基础

#### (一)学前儿童科学教育活动的定义

学前儿童科学教育是指幼儿在教师的指导下,通过自身的活动,对周围的自然界(包括人造自然)进行感知、观察、操作、发现,以及提出问题、寻找答案的过程。①

#### (二)学前儿童学习科学的特点②

1. 3—4 岁儿童学习科学的特点

幼儿探究事物的特点:随机式的探索,情境驱使,不是问题驱使,做中学,做中思考和探究,探究的最大的价值是对对象的发现。

幼儿科学认知特点:认识处于不分化的混沌状态;认识带有模仿性,缺乏有意性;认识带有表面性和片面性。

2. 4—5 岁儿童学习科学的特点

幼儿探究事物的特点:幼儿具有强烈的问题意识,开始主动动手动脑寻找问题的答案,更聚焦于他们不理解的问题。幼儿从寻找答案的过程中感到满足,然而探究过程中还没有明确的方法意识。

幼儿科学认知特点:初步理解科学现象中表面的和简单的因果关系;开始根据事物的表面属性、功能和情景进行概括分类。

3. 5—6 岁儿童学习科学的特点

幼儿探究事物的特点:幼儿问题意识越来越强,喜欢刨根问底,能够自主动手动脑寻找答案,真正得到解决,才会满足;幼儿探究能力增强,并具备一定的探究方法意识,例如通过假设验证、讨论等方法进行探究,逻辑思维萌发;有目的地探究,合作探究,通过事实证据寻求对现象和结果合理的解释。

幼儿科学认知特点:初步理解科学现象中比较内在的、隐藏的因果关系;认识事物和现象时,更接近事物和现象的本质;能初步根据事物的本质属性进行概括分类。

#### (三)学前儿童科学教育的方法③

1. 观察法

观察是一种有目的的知觉活动,它是从一定的任务出发,有计划、比较持久地运用多种感官感知某种对象,使之获得具体的印象,并在此基础上逐步形成概念的过程与方法。

---

① 施燕:《学前儿童科学教育与活动指导》,华东师范大学出版社,2019,第 8 页。
② 施燕:《学前儿童科学教育与活动指导》,华东师范大学出版社,2019,第 8 页。
③ 施燕:《学前儿童科学教育与活动指导》,华东师范大学出版社,2019,第 8 页。

101

2. 实验法

学前儿童科学教育中实验的方法是在人为控制条件下,教师或幼儿利用一些材料、仪器和设备,通过简单演示和操作,对周围常见的科学现象加以验证的方法。

3. 测量

测量是指用目测或简单的测量工具对物体的物理量进行简单的、初级的测定活动。测量可以帮助幼儿更准确地去观察、认识周围世界,获取关于时间、空间、距离等方面的具体经验。

4. 种植

学前儿童科学教育中种植方法是指幼儿通过在园地、自然角种植花卉、蔬菜、农作物的活动。

5. 饲养

学前儿童科学教育中的饲养是指幼儿在饲养角喂养和照管习性温顺的动物的活动。

6. 信息交流

信息交流是指幼儿将获得的有关周围环境的信息,以语言或者非语言的方式进行表达。

7. 游戏法

游戏法是指学前儿童利用自然界的物质材料、科技玩具、图片等物品,进行具有游戏性质的操作活动,它是学前儿童科学启蒙的一种有效方法。

8. 文学艺术法

文学艺术法是指在科学教育过程中运用低幼文学作品、低幼艺术作品等作为学前儿童科学教育活动的内容和手段来进行科学教育,以达到培养学前儿童科学教育素养目的的一种方法。

### (四)学前儿童科学教育活动设计的方法与流程

1. 确定活动内容与活动名称

确定活动内容与活动名称是幼儿园科学教育主题活动设计的第一步,也是最为关键的一步。在选择内容时,我们需要深入了解幼儿的兴趣、年龄特点和发展需求。这可以根据《幼儿园教育指导纲要(试行)》《3—6 岁儿童学习与发展指南》,结合幼儿学习科学的特点、科学探究能力水平,选择适宜的儿童科学教育内容,确定适宜的活动名称。因此,选择一个符合幼儿兴趣、年龄特点和发展需求的活动内容,确定活动名称是重要一步。

2. 设计活动

设计活动是幼儿园科学教育活动实施的关键。围绕活动名称和活动内容,我们需要设计儿童科学教育活动。在设计活动时,我们需要考虑活动的目标、活动准备、活动重难点、活动的方法、活动时间安排等因素。

(1)确立活动名称。确定的活动名称需要符合以下要求:活动名称能够概括地反映出教育活动的内容、发展目标;符合科学领域内容和特点,简单明了,一语中的;符合儿童化的特点,从而激发儿童兴趣。例如,中班科学活动:小动物朋友的脚印。

(2)设计意图。在撰写设计意图时,要结合生活实际、幼儿需要、幼儿年龄特点与需求、《幼儿园教育指导纲要(试行)》《3—6 岁儿童学习与发展指南》的要求,写出活动的来源、活动依据,以及活动目的。

(3)活动目标和活动重难点。首先,依据《幼儿园教育指导纲要(试行)》和《3—6 岁儿童学习与发展指南》,以及幼儿发展水平设计目标和活动重难点①②;具体如表 3-2 至表 3-4 所示。其次,依据不同的科学活动类型确立目标和活动重难点。幼儿科学教育的活动类型主要有观察认识型活动、设计制作活动、交流讨论类活动、实验探究性活动。

表 3-2　不同年龄段幼儿观察认识型活动目标要求

| 目标类型 | 教学目标 | 适用年龄段 | 举例 |
|---|---|---|---|
| 观察兴趣 | 喜欢观察,积极参与观察活动 | 小班及以上 | 给蘑菇洒水、盖被子、晒太阳,萌发观察蘑菇桶的兴趣(小班"神奇的蘑菇桶") |
| 观察技能 | 运用多种感官感知事物的特征 | 小班及以上 | 通过摸一摸、看一看,知道蘑菇是白色的、软软的、凉凉的(小班"揭秘蘑菇桶") |
| | 对不同的对象进行比较观察 | 中班及以上 | 感知小麦和韭菜的主要外形特征,知道小麦是粮食,韭菜是蔬菜(大班"小麦和韭菜") |
| | 有顺序地观察事物的特征 | 中班及以上 | 尝试由整体到局部细致地观察晚樱的花和树干(大班"美丽的晚樱") |
| | 对事物进行长期系统的观察 | 中班及以上 | 学习观察并记录蚕宝宝的生长过程(大班"观察蚕宝宝") |
| | 观察事物的变化和现象的发生 | 小班及以上 | 观察冰遇热发生的变化(小班"冷冷的冰");观察并比较报纸、打印纸、牛皮纸等不同材质折好的六边形纸花同时放入水中,哪个最先开花(中班"纸花开放") |
| 表达技能 | 运用语言大胆讲述自己在观察中的发现 | 小班 | 在观察共享单车后,积极地运用语言表达自己的发现,如共享单车有车龙头、车轮、坐垫等(小班"共享单车") |
| | 运用完整的语言讲述并交流自己在观察中的发现 | 中班及以上 | 在观察完各种各样的瓜后,能运用完整的语言表达每种瓜的外形特征及它们的异同(中班"各种各样的瓜") |
| | 用图画或其他符号等多种方式记录自己观察的结果 | 中班及以上 | 学习用图画的方法表现自然角中蚕宝宝的生长变化(大班"观察蚕宝宝") |

---

① 中华人民共和国教育部:《幼儿园教育指导纲要》,2001 年 7 月 2 日。

② 中华人民共和国教育部:《3—6 岁儿童学习与发展指南》,2012 年 9 月。

续表3-2　不同年龄段幼儿观察认识型活动目标要求

| 目标类型 | 教学目标 | 适用年龄段 | 举例 |
|---|---|---|---|
| 有关观察对象的科学认识 | 认识观察对象的显著特征 | 小班 | 观察迎春花的颜色、花瓣、枝条等显著特征（小班"观察迎春花"） |
| | 认识观察对象的多样性 | 小班及以上 | 在观察的基础上知道苹果是各种各样的,如有红色的、黄色的、绿色的,有甜的也有酸的（小班"各种各样的苹果"） |
| | 认识各个观察对象的不同点和相同点 | 中班及以上 | 通过观察、比较和分析,发现和描述小麦和韭菜的异同点（大班"小麦和韭菜"） |
| | 探寻观察对象的变化规律 | 大班 | 在观察的基础上探寻种子发芽和水分的关系（大班"种子发芽的条件"） |

表3-3　不同年龄段幼儿设计制作型活动目标要求

| 教学内容 | 适用年龄 | 具体目标 | 列举 |
|---|---|---|---|
| 感受技术产品 | 0—2岁 | 运用多种感官感知技术产品的特点和用途 | 使用学步车、照镜子、玩玩具 |
| 体验操作乐趣 | 2—3岁 | 提出他们可能办到的事情,在家长或教师的帮助下操作与体验 | 骑三轮车、玩大型玩具、玩纸、泥塑 |
| 掌握简单工具的使用 | 3—4岁 | 能正确使用简单的测量工具、生活工具和自制工具 | 学习用推、按、拧等不同方法使用电筒 |
| 按程序进行操作或制作 | 4—5岁 | 能利用各种材料和设备按规定步骤制作简单物品（教师帮助） | 学习按步骤正确制作"自制汽水" |
| 设计并开展科技小制作 | 5—6岁 | 设计以及操作有自己的想法,能用交谈、图像、图样、模型等手段来设计并操作,同时能简单说明理由 | 学习选择合适的材料自行设计并制作 |

表3-4　不同年龄段幼儿交流讨论型活动目标要求

| 目标类型 | 教学目标 | 年龄班 |
|---|---|---|
| 表达交流技能 | 尝试用语言表达自己的想法和发现 | 小班 |
| | 运用语言大胆、完整、有效地交流自己的想法、做法和发现 | 中班 |
| | 主动认真地倾听、理解、分享和评价他人的观点,并用连贯的语言与他人讨论交流 | 中班及以上 |
| | 会用各种手段进行交流（图画、动作、表情等） | 小、中、大班 |
| | 乐于表达,愿意用语言表达对主题的认识 | 小、中、大班 |

表3-4 不同年龄段幼儿交流讨论型活动目标要求

| 目标类型 | 教学目标 | 年龄班 |
|---|---|---|
| 资料收集与整理技能 | 了解资料收集与整理的途径和方法。学习运用常见的搜集信息方法：询问、查阅图书、网上搜索等 | 中、大班 |
| 科学知识和经验 | 丰富有关讨论主题的科学经验 | 中班及以上 |
| | 学习在资料收集与鉴别信息的基础上构建科学知识 | 大班 |

依据幼儿的兴趣以及需要确立活动目标和活动重难点。幼儿对外界事物有天生的好奇心，因此要依据幼儿的兴趣以及需要确定活动目标。生命的最初几年是智力发展最为迅速的时期。学前儿童阶段的科学教育越普及，幼儿对科学的兴趣越浓厚，幼儿潜力开发也越有效，产生优秀科技人才的基础也越厚实。

（4）活动准备[1]。①活动材料必须紧扣具体活动目标。②要为幼儿提供充足的、富有趣味性的材料。数量足够的材料可以减少幼儿的等待、闲逛和攻击性行为，提高幼儿学习科学的积极性和效率。③选择适合的物理活动环境。环境的空间大小、安静程度、温度、通风、湿度、干净与否都会在一定程度上影响幼儿的学习。无论是在室外还是在室内活动，都应选择在安静、干净、空气清新、无污染的地方进行。④创设宽松的心理环境。宽松、和谐的人际氛围是幼儿学科学的必备条件之一。

（5）活动过程。首先活动开始形式即导入部分可以有多样的方法。①设疑开始（猜一猜）。疑问可以由教师直接提出，也可以以谜语、儿歌的形式间接提出。②图示开始（看一看）。教师可以利用彩图、标本实物、课件来导出活动。③故事开始（听一听）。让幼儿听一段短小的故事。④情境表演（看一看）。创设一定的情境或利用情景来进行模拟表演，把幼儿带到教育活动中。⑤游戏开始（玩一玩）。以游戏的形式开始，在游戏中激发幼儿兴趣。

展开部分（引导学前儿童逐步思考）是教育活动的核心部分。①以多种形式让幼儿积极参与活动，让幼儿成为活动的真正主角，如观察、实验、操作、测量、记录等。②要思考活动设计几个环节、每个环节的目的、每个环节达成哪个目标、时间如何分配。③要思考哪个环节是重点，应如何突出；哪一个环节是难点，应如何突破。⑤注意环节衔接与递进。环节之间要由浅入深，由易到难，循序渐进；要层次清楚，环环相扣。⑥在具体表述的时候，注意教师的引导语、提问句、操作过程的说明，简明的转换语，对幼儿的要求、小结语等都应清晰地写明。

（6）活动结束与活动延伸。活动结束部分要总结归纳教育内容，巩固活动目标。活动延伸部分可以引导幼儿运用多种形式交流探索的结果，将活动内容和目标进一步延伸到领域活动、家庭活动、社会活动中。

---

[1] 施燕：《学前儿童科学教育与活动指导》，华东师范大学出版社，2019，第132页。

## 二、能力模块

幼儿园科学活动设计对学前教育师范生的专业能力提出一些能力要求。这些能力包括观察幼儿能力、活动设计能力、活动生成能力、社会生活中进行科学教育的能力、活动评价能力等实践技能,以及活动实施能力、创新教学能力。

### (一)观察幼儿的能力

对于学前教育专业师范生而言,观察幼儿的能力有如下几方面:深入观察幼儿的集体活动、区域活动、生活活动等各项活动中的表现,分析幼儿的科学学习与探索的发展水平,结合幼儿的发展水平、实际需要,设计适宜的儿童科学教育活动。

### (二)活动设计能力

活动设计是学前教育实践中的核心环节,要求师范生理解儿童科学学习与探索的特点,设计富有创意和实效性的活动方案。在设计过程中,师范生需要依据幼儿的年龄特点、认知发展阶段和兴趣需求,创造出寓教于乐的活动。对于学前教育专业师范生而言,活动设计能力细化目标与期望如下:

1. 理解幼儿发展

师范生应深入理解不同年龄段幼儿的科学学习与发展的特点和兴趣需求,以此为基础设计活动。

2. 活动类型与结构

设计活动时,师范生应考虑活动的类型(如观察认识型、讨论交流型、设计制作型、实验探究型等)和结构(如开始、中间、结束等),确保活动的层次性和连贯性。

3. 挑战与适宜性

活动应具有一定的挑战性,但也要确保适宜性,避免过于困难或过于简单。

### (三)活动的组织实施和生成能力

对于学前教育专业师范生而言,活动组织与生成细化目标与期望如下:

1. 实施能力

能够综合运用所学知识设计、实施幼儿园科学教育活动。

2. 创造能力

在活动过程中,大胆地运用多种活动方法设计实施活动的同时,师范生还能够根据实际情况,生成新的活动元素或改变活动方向。

3. 灵活应变

面对突发情况或问题,分析和解决幼儿园科学教育中的实际问题,确保活动的顺利进行。

### (四)活动评价

活动评价包括了对活动目标、内容、方法、幼儿表现等多方面的全面评价。对于学前教育专业师范生而言,活动评价能力细化目标与期望如下:

1. 全面评价

师范生应对活动进行全面的评价,包括活动的目标达成情况、幼儿的表现和反应、活动的组织和实施等方面。

2. 反思与改进

通过评价,师范生可以反思自己的教学实践,发现存在的问题和不足,并寻求改进的方法和策略。

通过以上细化阐述与分析,我们可以更深入地理解幼儿园科学活动设计对学前教育专业师范生的能力要求,以及这些能力如何在实际教学中发挥作用。

## 三、实训模块

### (一)设计幼儿园科学教育活动

1. 实训任务

学生将通过实际操作,学习如何设计符合幼儿发展特点和兴趣的儿童科学教育活动方案。

2. 任务实施

任务1:绘制科学活动网络图。在绘制主题资源网络图的基础上,学生需要进一步设计主题活动的具体内容和流程。学生可以选择合适的教学方法和活动形式,例如,采用实验、观察、记录、讨论等方法,通过区域活动、集体活动、一日生活、阅读活动等途径,将系列活动按照逻辑顺序连接起来,绘制出主题活动网络图。这个任务旨在帮助学生将活动内容有机地组织起来,形成一个有条理、有系统的活动方案。

任务2:设计主题活动方案。学生需要根据绘制的主题活动网络图,编写详细的主题活动方案。方案应包括活动设计意图、活动目标、活动准备、活动过程、活动结束、活动延伸和活动评估等内容。学生需要考虑如何引导幼儿参与活动,如何培养幼儿的综合能力等方面,确保活动方案的有效性和可操作性。

任务3:实施主题活动方案。学生需要根据设计的科学活动方案,灵活有效地实施科学活动。组织实施过程中,学生需要考虑引导幼儿参与活动,达成活动目标,提高活动有效性,体现幼儿主体,促进幼儿发展,根据幼儿的活动表现,灵活有效地实施活动方案,确保活动方案的有效性和幼儿主体性。

3. 实训评价

学生的实训成果将根据以下几个方面进行评价:主题网络图的准确性、完整性、逻辑性、连贯性;每个活动方案的设计合理性和实用性;学生在实训过程中的组织实施能力、团队合作能力和解决问题的能力。

### (二)评价幼儿园主题活动

1. 实训任务

评价幼儿园科学活动是培养幼儿教师对幼儿园教学活动进行观察、分析和评价能力的重要环节。通过参与实训项目,师范生将学习如何准确评估幼儿园科学活动的设计与实施效果,为提升教学质量提供有效指导。

2. 任务实施

任务1:观摩幼儿园科学活动汇报,并进行现场评析。在这个任务中,师范生将有机会观摩不同幼儿园举办的科学活动汇报。在观摩过程中,师范生应仔细记录活动的目标、内容和组织形式等关键要素,并关注活动中幼儿的参与程度、兴趣表现以及教师的教学策略等方面。观摩后,需要对每个活动进行现场评析,包括对活动设计、活动实施、教师综合素质以及幼儿发展等多方面进行评价。找到活动的优点和不足之处,提出优化建议,写出对自己教学经验的总结与展望等。

任务2:小组合作实施幼儿园科学活动,撰写教研反思。在这个任务中,师范生将选择自己感兴趣的一个或多个幼儿园科学活动进行实际实施。实施后,撰写一份教研反思报告,对科学活动的设计与实施进行全面自我评价和思考。通过撰写教研反思报告,师范生能够进一步加深对幼儿园科学活动的理解与把握。

3. 实训评价

对于师范生的实训成果,可以进行以下方面的评价:观摩记录的准确性和完整性;现场评析的逻辑性、合理性、科学性和深度;教研反思报告的合理性和观点独到性,对教学改进的建议的可行性和创新性。

通过综合评价各项指标,可以客观地评估师范生在评价幼儿园科学活动方面的能力和水平。

## 四、案例资源

**案例一　　橘子(小班)**①

**一、设计意图**

橘子是幼儿生活中经常见到的水果,在吃水果的过程中,幼儿对橘子产生了兴趣。《3—6岁儿童学习与发展指南》中提出,小班幼儿能够发现事物的明显特征。根据幼儿的这一特点,我设计了橘子这一活动。通过活动,幼儿运用感官感知橘子,提升幼儿感知能力和表达能力。

**二、活动目标**

(1)在教师的指导下学习运用各种感官感知橘子,了解橘子的特征。

(2)在观察及感知的基础上,尝试用适当的语言表达自己的发现。

(3)愿意参与观察活动,在教师的帮助下,能有意识地围绕教师的问题进行观察。

**三、活动准备**

(1)每人带一个橘子,教师事先装入摸袋,将摸袋集中放于大筐中。

(2)湿纸巾、餐盘。

(3)幼儿面对教师围坐成半圆。

---

① 张俊:《幼儿科学领域教育精要——关键经验与活动指导》,教育科学出版社,2017年,第105页。

**四、活动过程**

(一)活动导入

1. 出示摸袋,设置情境,引导幼儿用触觉感知橘子

(1)教师:跳跳虎给大家送来了一个礼物。用手摸一摸,你猜会是什么,摸上去有什么感觉?

(2)教师小结:摸上去是软软的,扁圆的。

(二)观察橘子

1. 观察橘子的外部特征

(1)观察橘子的颜色。

教师:"橘子是什么颜色的?"

(2)感知橘子的气味。

教师:"闻一闻橘子是什么味道的。"

(3)教师小结:橘子是扁圆形的、软软的,橘子的颜色有的是绿色的,有的是橘黄色的,有的颜色深一点,有的颜色浅一点,橘子的皮摸上去是糙糙的,橘子闻起来是香香的。

2. 剥橘子,观察橘子的内部特征

(1)观察剥开的橘子。

教师:"猜猜橘子里面是什么样子的?"(教师剥开橘子引导幼儿描述橘子肉是一瓣儿一瓣儿的。)

(2)点数橘子瓣儿。

教师:"这个橘子有几瓣儿,我们一起来数数。"(教师将剥下来的橘子瓣儿排成一排,让幼儿点数。)

3. 品尝橘子,感知橘子的味道

(1)教师:"橘子吃到嘴里是什么味道的?"(请幼儿品尝事先剥好的橘子。)

(2)教师:"橘子里面小小的、硬硬的是什么?"(引导幼儿说出是橘子的籽儿。)

(三)活动结束

教师结合实物总结橘子的外部、内部特征和味道。橘子是扁圆形的、软软的,橘子的颜色有的是绿色的,有的是橘黄色的,有的颜色深一点,有的颜色浅一点,橘子的皮摸上去是糙糙的,橘子闻起来是香香的。橘子是一瓣一瓣的,里面有籽儿,吃起来酸酸甜甜的。

(四)活动扩展

在区域活动中,阅读关于橘子的绘本,进一步了解橘子的特点。

**案例二　吹泡泡(中班)①**

**一、设计意图**

幼儿园的科学探究活动应该让幼儿亲身经历真实的研究过程。吹泡泡活动就是围

---

① 董旭华等《幼儿园优秀科学活动设计88例》,中国轻工业出版社,2017,第28页。

绕这一理念,通过一系列富有趣味的操作活动,让幼儿探究吹泡泡工具的多样性和可变性。在活动开始阶段,我为幼儿提供了钥匙、漏勺、苍蝇拍、刷子等生活中常见的物品,引导幼儿在操作中逐步发现吹泡泡工具的特点;再启发幼儿根据前面得出的结论把树叶、细铜丝等材料变成吹泡泡的工具。在层层递进的操作活动中,我遵照"做在前,说在后;感知在前,总结在后"的教育策略,给予幼儿适当的引导,让幼儿真正地做科学、体验科学,并体会探索、发现、成功的快乐。

### 二、活动目标

(1)探索各种吹泡泡的工具,了解有小洞和间隙的材料能吹出泡泡。

(2)尝试改变物体的形状,自制吹泡泡的工具。

(3)体验吹泡泡的乐趣。

### 三、活动准备

(1)吸管、钥匙、漏勺、苍蝇拍、刷子、树叶、细铜丝若干。

(2)泡泡液、小毛巾、筐子等。

(3)实验统计表(见下表)。

| 材料 | 猜猜(人数) | 第一次实验验证(人数) | 第二次实验验证(人数) |
|---|---|---|---|
| 苍蝇拍 | | | |
| 漏勺 | | | |
| 刷子 | | | |
| 钥匙 | | | |

### 四、活动过程

1.选用吸管吹泡泡,感知吹泡泡的技巧以及注意事项

(1)谈话活动:请幼儿说说自己喜欢的游戏。

(2)呈现材料(吸管、泡泡液),请幼儿选用吸管自由吹泡泡。吹泡泡之前,提示幼儿注意事项,比如:只能往外吹,不能吸;注意别把泡泡液洒在外面和身上;等等。

(3)幼儿自由吹泡泡,教师提示个别幼儿慢慢吹,才能吹出大泡泡。如果有个别幼儿洒出泡泡液,提示幼儿用小毛巾擦干净。

2.尝试运用多种特别的材料吹泡泡,了解吹泡泡工具的共同特点

(1)讨论:还有什么东西可以吹出泡泡。

(2)教师——呈现苍蝇拍、漏勺、刷子、钥匙等材料,请幼儿猜想是否可以吹出泡泡。

教师可以每呈现一种材料就询问幼儿是否可以吹出泡泡,统计一下认可的人数,并记录下来(记录在"猜猜"一栏中)。

(3)每个幼儿四种材料,分别进行实验验证。请幼儿把能够成功地吹出泡泡的材料收集到一个筐子中,把不能吹出泡泡的材料仍然放进自己手中的材料袋中。

(4)交流分享:哪一种材料能吹出泡泡?哪一种吹不出泡泡?再次统计人数,记录在前面的实验统计表中。对于幼儿吹不出泡泡的材料,教师带领幼儿重新试一试,尽可能让每个幼儿都能体验成功。

（5）探究泡泡是从哪里出来的。请幼儿认真观察，感知材料的共同特点。

小结：苍蝇拍、漏勺、刷子、钥匙等材料能吹出泡泡，是因为它们都有小洞和间隙，有小洞和间隙的材料就能吹出泡泡。

3．创造性地迁移和运用经验，自制吹泡泡工具

（1）探索如何利用树叶制作吹泡泡的工具。①呈现树叶，请幼儿观察，询问：用树叶可以吹出泡泡来吗？为什么？②每人一片树叶，请幼儿尝试用树叶吹出泡泡。③讨论交流：自己是如何把树叶变成吹泡泡的工具的。

小结：在树叶上穿出小洞就可以吹出泡泡。

（2）探索如何改变铜丝形状制作吹泡泡的工具。①呈现铜丝，询问幼儿：用铜丝可以吹出泡泡来吗？②每人一根铜丝，请幼儿尝试用铜丝吹出泡泡，并请幼儿相互交流。

小结：改变铜丝的形状，扭出任意形状的小孔或间隙就可以吹出泡泡。

4．活动结束

吹泡泡大赛：比一比谁能吹出最大的泡泡。

**五、活动延伸**

延伸讨论：不同形状的吹泡泡工具会吹出不同形状的泡泡吗？泡泡是什么颜色的？

# 第四节　学前儿童数学领域活动设计与指导实训

## 一、知识基础

学前儿童数学活动的设计与组织实施是要建立在把握学前儿童数学教育规律，掌握学前儿童数学教育的目标与内容、方法与途径、数学核心经验及其学习路径的基础上，活动设计的出发点和落脚点是在培养幼儿的数感、符号意识、运算能力、空间观念、时间观念、数据分析观念、推理能力、建构模型思想这几个数学关键能力上。与这些关键能力的发展相对应，师范生需要从集合与分类、数概念与数运算、测量与统计、空间与时间这几大板块的数学教育内容的设计与实施出发，逐步形成研究学前儿童数学教育的科学态度，不断提高数学教育实践中解决问题的能力，重新审视自己对学前儿童数学教育的认识，在以核心经验为线索的数学教育实践中，与幼儿一同感受数学的"有用"和"有趣"，逐渐成为有数学自信、有数学智慧并乐在其中的幼教工作者。

学前儿童数学教育要遵从生活性、游戏性、渗透性的教育原则，在专业实训过程中要重点关注以下几方面的基础知识。

**（一）把握学前儿童数学教育目标**

理解学前儿童数学学习的规律与特点，综合考虑学前儿童的年龄阶段特点、认知水平、兴趣特点以及数学学科的特殊性，结合《幼儿园教育指导纲要（试行）》《3—6 岁儿童学习与发展指南》精神，学会确定学前儿童数学教育目标，目标的制定要具体、清晰，有针对性、可操作、可测量、可评估。

**（二）选择适宜的学前儿童数学教育内容、方法、途径**

师范生需根据学前儿童数学教育的目标,选择符合学前儿童认知水平、兴趣特点和教育需要的教育内容,并为其设计多样化的教学方法和途径,掌握在实践操作中灵活运用的各种形式的组织方法和手段,并学会观察不同方法对学前儿童数学学习的影响。能根据不同幼儿的学习差异性,调整教学方法和内容,灵活应对学前儿童数学学习的个体差异,提供有针对性的教学。

**（三）掌握学前儿童数学核心经验及学习路径**

1. 集合与分类

集合的相关学习要求是在不教给幼儿集合术语的前提下,让幼儿感知集合及其元素,学会用对应的方法比较集合中元素的数量,并将有关集合、子集及其关系的一些思想渗透整个幼儿数学教育的内容和方法中去。幼儿感知集合的关键性经验主要有以下四个方面:感知集合及其元素;区别"1"和"许多";两个集合元素的一一对应比较;感知集合间的关系与简单运算。

分类是根据事物的某种特征(属性)将其集合成类的过程。简单而言,就是把相同的或者具有某一共同特征(属性)的东西归并到一起。指导幼儿学习分类的核心经验主要涉及以下三个方面:能根据某种明显的外部特征将物体进行分类(颜色、形状等);能根据两种或两种以上特征将物体进行多元分类;能根据较为本质的特征对常见物体进行分类,并用表示概念的词来表示。

2. 数概念与数运算

数概念的形成是一个复杂的智力活动过程,其核心是要理解事物与数的对应。数概念的形成和发展需要掌握两个关键的核心经验:一是对数字符号的理解,二是对数的意义的理解以及对数量关系的认知。数概念教育要注意的是:让幼儿认识数字,必须理解数字在不同情境下所表达的实际意义,而不是纯粹的数字认知,帮助学前儿童掌握基本的数字概念,知道数量是物体集合的一个属性。我们用数字来命名具体的数量,但数字不仅仅用于表示物体的数量,还可以是命名数、参照数、基数和序数。与命名数、参照数相比,基数与序数的理解是幼儿建立数感,进行有意义的数数和数运算的重要基础。

数运算能力是学前儿童数学认知能力的重要组成部分,对于 6 岁以前的孩子,数运算主要是指加减运算。加减运算的目的不仅仅是训练幼儿记忆加减事实,更重要的是让幼儿理解数与数之间的关系,并懂得在何种问题情境中应用何种运算。数运算的核心经验要注意以下几点:第一,往一个集合里添加物体(组合)或者拿走物体(分解)会使集合发生变化;第二,集合之间可以根据数量的属性进行比较,还可以根据多、少或相等进行排序;第三,一定数量的物体(整体)可以分成几个相等或不等的部分,这几个部分又可以合成一个整体。

3. 测量与统计

测量是把一个待测定的量与一个作为标准的同类量进行比较的过程。测量的实质是比较,在比较中产生"标准"和"单位",测量出相对精确的数值,就可以进行量的比较或量的计算。因此,测量是建立在"量"的感知和比较基础之上的。多数幼儿都是通过自然和非正式的活动来学习量的比较的,他们往往通过观察、感觉、移动、倾听等方式,注意到物体间的差异,并关注到物体的轻重、大小、长短、厚薄、精细、宽窄、高矮、胖瘦、冷热、远近等相关属性。通过对物体属性的比较,幼儿在两个或两组物品之间建立关系,比较是排序和测量的基础。

统计是儿童收集、组织数据并描述和解释数据的一项活动,因为统计会涉及分类、计数、比较数量、测量、一一对应等数据处理过程,因此,有关统计的教学活动更适合放在中、大班进行。学前儿童统计思维的发展往往会借助直观的结构或图表,他们会先后经历从理解实物图表、图片式图表,慢慢进入更具象征性的条形图表,最后到理解数符号图表的过程。学前儿童对统计意义的认识和对统计技能的掌握都需要通过亲身参与和体验才能逐步建立和深入。因此,在教育教学过程中,要有意识地引导和启发幼儿进行相应的探究性操作活动,让他们在积极思考以及与他人的分享交流中感受到统计的有趣和有用,同时,也要让他们在获得数据收集、数据整理、数据分析的相关经验的基础上,能够对某些结果做出简单的判断和预测。

4. 时间与空间

幼儿认识时间是时间知觉问题,教幼儿认识时间,感知时间的存在,可以发展幼儿的时间知觉。帮助幼儿树立时间概念,加强幼儿对时间顺序性、周期性等的理解,可加深幼儿对次序关系、整体与部分关系的认识,提高其思维的水平。关于幼儿时间概念学习与发展的核心经验应包括:对时间的认知、对时间的标识与记录、惜时守时等时间意识等。

空间是人脑对物体在空间内的存在形式产生的间接的、概括的反映,包括空间形体、空间方位、空间量等。空间方位可以帮助我们准确、详细地表明方向、路线和位置等;空间量是计量事物的空间长度、面积、体积以及事物距离的量范畴,空间量的指标有表示笼统比较程度的形容词空间量,如多少、大小、长短、粗细、高矮、厚薄、宽窄、轻重、远近等,也有表示精确比较程度的"数词+单位名词"空间量,如一米、一分米、一厘米等。学前儿童数学教育中的空间概念对儿童学习与发展有重要意义,一方面可以与幼儿生活的三维空间世界建立联系,另一方面可以提升幼儿的空间知觉能力与空间想象能力,为进一步学习其他数学知识打下一定基础。

## 二、能力模块

### (一)学前儿童集合与分类活动的设计与实施能力

1. 感知集合教育的设计与实施能力

有关集合教育的学习内容,对于小年龄幼儿来说,主要学习的内容在于感知集合及其元素,区别"1"和"许多",两个集合元素之间的一一对应比较。对于大年龄幼儿一般是指大班幼儿,主要侧重于集合间的关系与简单运算。感知集合活动的设计与组织实施,主要遵循以下几个方面的原则:

(1)渗透生活情景,设置问题背景。

(2)调动游戏手段,感知巩固概念。

（3）调动多种形式,加强操作体验。

（4）学习正确比较,体验多种比较。

（5）关注交流讨论,提升逻辑思考。

感知集合间的关系与运算对于数的组成和加减运算具有积极的意义。幼儿对集合的学习主要是感知,而不是概念的传授和讲解。需要通过操作、游戏等手段加以渗透,让幼儿的交流由感性的经验上升到抽象概念,由零碎体验上升到逻辑系统需要,有目的、有计划地引导性教学。

2. 分类教育活动的设计与实施能力

分类教育活动是建立在观察比较基础之上,在进行分类教学活动之前,要引导幼儿对材料仔细观察,讨论有哪些属性,进而根据不同的分类标准进行分类。我们在分类教育活动中要注意形成以下三个方面的意识和能力:

（1）充分利用自然资源和日常生活情境。

（2）提供多种形式和材料的操作,扩展幼儿有关分类的标准,尝试多元分类标准。

（3）鼓励幼儿交流分类的结果,以促进幼儿抽象逻辑思维的发展。

**（二）学前儿童数概念与数运算活动的设计与实施能力**

1. 数量关系活动的设计与实施能力

数量关系通常是用比较得来的,比较的结果不外乎有三种情况:"多""少"和"一样多"。那么数量比较活动的设计与指导要着重把握以下三个内容的活动设计能力:

（1）感知数量的"多少"关系。数量比较活动建立在感知数量的"多少"关系基础上。感知数量的"多少"关系,我们可以借助操作或游戏进行多种形式的训练,比如,变换物体的不同种类、变换物体的排列形式、变换各种数量的物体等方式,来促进幼儿对数量"多少"的感知。

（2）进行数量"多少"比较。运用一一对应比较和分别计数判断都可以达到比较物体数量的目的。"一一对应"是不经计数就可以判定物体集合是否相等的最简便、最直接的方式。在幼儿有了一一对应的观念以后,他们的计数将更具有意义。因此,不要因为这不是计数活动而认为它没有意义,而应鼓励孩子用这种逻辑的方法来比较物体数量的多少。

用分别计数的方法来比较物体多少,则需要建立在理解数的顺序和数之间相互关系的基础上。比如孩子要知道 5 个橘子和 6 个橘子哪个多、哪个少,他首先需要掌握手口一致地点数物体并说出总数的技能,而后要具备对两个数大小的判断能力,还要能够理解数的基数意义,并将数的大小与数量的多少建立联系,最后,才能得出比较的正确结果。因此,通过对两组物体分别计数来比较数量要比一一对应比较数量困难。

（3）进行 10 以内数的"大小"比较。进行数的"大小"比较要求幼儿已经能够理解基数的意义,知道数代表的是所有相应数量的实物。在这类活动中,可向幼儿介绍">""<"" ="符号,通过用数字表示数量,在数量比较的基础上,引导幼儿理解数字的大小,并运用符号来表示数字之间的大小关系,理解">""<"符号的意义。活动中需要注意的是,让幼儿明白符号只能用在数字中间,表示数字的大小关系。

2.数运算教学活动的设计与实施能力

数运算表现的是数与数之间的一种关系,具有较强的抽象性,而学前儿童又以具体形象思维为主。因此,重视孩子的年龄特点,借助具体实物和幼儿熟悉的生活事件帮助幼儿理解加减运算可以更好地降低他们理解的难度。数运算教学活动的设计与实施要重点关注以下几个方面:

(1)通过实物和口述应用题,帮助幼儿理解加、减法的含义。

(2)学习列加减算式,理解算式意义,如学习用数字、符号记录加减运算过程和结果,理解算式的含义,或者用看图列式的方法提高幼儿思维能力,培养幼儿主动发现问题和解决问题的能力。

(3)学习自编应用题:通过示范编题,引导幼儿了解应用题结构,仿编、补充、改错等多种形式,引导幼儿学习编题的方法,再到引导幼儿独立自编应用题可以锻炼他们准确地使用数学语言,并促进抽象思维能力的发展。

**(三)学前儿童测量与统计活动的设计与实施能力**

1.学前儿童测量活动的设计与实施能力

幼儿测量能力发展比数概念要晚,同时测量还涉及测量的方法和技巧,以及对测量结果的描述和表征,因此学前儿童测量活动组织与实施有赖于教师的示范和指导。具体来说,测量活动的设计与实施要注意以下几点:

(1)测量活动要结合儿童的日常生活活动进行,可以通过游戏、活动区角以及墙面环境创设等多种途径让幼儿体验测量活动,激发他们的测量意识,为他们提供测量的机会。

(2)引导幼儿理解测量要领,掌握测量的方法,即引导幼儿注意对齐测量的起始位置,特别强调"前一次测量的终点,就是下一次测量的起点"这个操作要点。同时,要引导幼儿通过操作去理解测量就是用小的单位组合在一起,用等量替换的方法去表示被测量对象的量。

(3)引导幼儿初步理解测量单位与测量结果之间的关系,即测量单位的长短与测量次数之间呈反比关系。

除了理解测量的意义和掌握测量的技巧,还要注意支持幼儿对测量结果进行记录和评价。比如提供一些操作记录单或记录表,让幼儿对测量结果进行描述和多元表征,用最接近测量事实的数字来记录测量结果,让幼儿体验测量活动的严谨性、科学性也是对其数学思维品质的培养。

2.学前儿童统计活动的设计与实施能力

在统计教育活动过程中,我们首先要注意让幼儿在生活和游戏中感知统计的形式,形成统计意识,同时,还要有意识地在实际操作活动中让幼儿体验、分享和交流统计结果,形成对数据的简单解释和判断。幼儿园统计活动教学需要重点关注幼儿以下几方面能力的形成:

(1)通过资料的收集整理,在分类、比较的基础上建立统计意识,学会简单的统计。

(2)能用图画、数字、图文结合、初级图表等形式表征数据统计结果,能看懂象征性图表和用数符号记录的统计结果。

（3）尝试用统计思想对有关资料进行数据的收集、整理、分析和解释,从而进行简单的分析、判断和预测。

总之,要有意识地引导和启发幼儿进行相应的探究性操作活动,让幼儿在积极思考以及在与他人的分享交流中感受到统计的有趣和有用。同时,也要让他们在获得数据收集、数据整理、数据分析的相关经验的基础上,能够对某些结果做出简单的判断和预测。

**（四）学前儿童时间与空间活动的设计与实施能力**

1. 学前儿童时间认知活动的设计与实施能力

当幼儿通过日常生活、游戏等活动,对时间概念有了初步认识,积累了一定的感性经验之后,可通过专题教学活动,帮助幼儿整理和巩固对时间顺序性、周期性等的认识,加深幼儿对次序关系、整体与部分关系的认识,提高抽象逻辑思维能力。时间认知教学活动设计与组织实施要注意以下几个要点:

（1）充分利用生活场景,为幼儿建立时间概念与生活的关系。

（2）重视幼儿实践与操作,集体操作与分组操作相结合,支持幼儿操作、讨论、猜想、自我表达。

（3）坚持以幼儿为主体,注意幼儿谈话、感知在前,教师总结在后的教学策略与步骤。

（4）家园共育,拓展延伸,推进幼儿对知识的理解和应用。

2. 学前儿童空间认知活动的设计与实施能力

空间认知教学活动大致分为三大类教学活动,分别是认识几何形体的教学活动,等分教学活动和认识空间方位的教学活动。这些专题教学活动,为幼儿提供接触各种变式图形的机会,让幼儿在观察、比较、思考、描述等探索性活动中,增进对空间概念的认知。

（1）认识几何形体教学活动的设计与组织要点:第一,在幼儿充分感知几何图形的轮廓后,再总结图形的特征,获得对图形特征的认知;第二,要注重变式图形的使用,避免给幼儿造成不良的思维定式;第三,动手操作是幼儿认识图形的基础,要给幼儿提供充分的动手操作的时间和空间;第四,要注重沟通数学与生活的联系,使幼儿从小就能了解数学在生活中的应用。

（2）等分教学活动的设计与组织要点:第一,通过讲解示范,帮助幼儿理解等分的含义和等分的方法;第二,让幼儿动手操作,探索等分的方法;第三,引导幼儿探索,认识图形之间的整体、部分关系,如可以采用分隔、拼合的方法,引导幼儿用语言表述图形之间的关系。在等分活动实施过程中要注意,等分图形的教学顺序是先等分平面图形再等分立体图形,先二等分再四等分;要引导幼儿探索等分的多种方法;要给幼儿提供充分的探索的时间和材料,去认识等分前后图形之间的关系。

（3）空间方位活动的设计与组织要点:第一,在幼儿具体感知自身身体各部分方位的基础上理解方位词。可充分运用观察、操作和游戏的方法帮助幼儿从以自身为中心辨别空间方位过渡到以客体为中心辨别方位;第二,可以从幼儿生活经验出发,提供熟悉的场景资料,借助语言描述和图片、实景的对应关系加深对空间方位的认识。

## 三、实训模块

### (一)学前儿童数学教育活动设计与组织实施

以小组为单位,自定义年龄段,自选数学教育内容,根据《幼儿园教育指导纲要(试行)》《3—6岁儿童学习与发展指南》精神,设计一个数学教育活动方案,在小组内部研课磨课的基础上,完成模拟试讲,并进行教学视频的录制。

1. 要求

(1)执教人在组织实施教育活动的过程中教态要自然、大方,熟悉教学环节与流程,师幼互动良好,有一定的控场能力和教育机智。

(2)教具或PPT的制作要精美、实用,能充分为活动目标服务。

(3)教学信息多向交流,反馈及时,矫正奏效。

(4)注重学法指导,情知交融,启迪思维,培养能力。

(5)充分体现幼儿的主体地位,幼儿参与面广,自主、合作、探究学习有机结合,观察、思考、讨论、操作有机结合。

2. 评价标准

(1)教学设计:教学目标明确、具体,符合学前儿童的认知水平和发展特点。

(2)教学内容:贴近学前儿童的实际生活,是否富有趣味性,是否有层次结构。

(3)教学方法:教学方法多样化,能够激发学前儿童数学学习的兴趣,能够促进师幼互动。

(4)教学实施:教学过程有条理,能够有效组织学前儿童的数学学习活动,组织与掌控力强,注意提问的有效性,师幼互动积极,能够有效收集并分析幼儿的反馈,并根据反馈,灵活调整教学策略,保证教学效果,及时关注幼儿的心理和情感需求,教学中体现了教育伦理。

(5)教学资源利用:能合理运用教学资源,包括教具、学具、多媒体资源、图书等。

(6)反思与改进:有对课程组织实施的深入反思,提出明确的改进方案。

### (二)学前儿童数学活动教案撰写

自定义年龄段,自选数学活动内容,设计一个学前儿童数学教育活动方案,形成规范、完整的教案。

1. 要求

(1)教学设计科学,体现以儿童为本的数学教育理念,教案规范、完整。

(2)能把握不同年龄段幼儿的数学核心经验,教学目标清晰,具有操作性,目标与学习内容能够有机整合,并体现新课程理念,能准确梳理教学重难点。

(3)教学思路清晰,教学结构严谨,逻辑性强。

(4)教学方法符合幼儿的认知规律,面向全体,体现差异,因材施教。

2. 评价标准

(1)设计意图:符合《幼儿园教育指导纲要(试行)》《3—6岁儿童学习与发展指南》

的要求,把握领域特点,贴近幼儿生活实际,设计新颖,思路清晰,符合幼儿发展需要。

（2）活动目标:切合幼儿发展水平和发展需要,能围绕主题,难度适当,表述准确精炼、主体统一,覆盖全面（认知、技能、情感）,体现数学领域特点,针对性强,具有可操作性。

（3）活动重难点:活动重难点突出,有相应的教学策略帮助实现活动重点,突破活动难点。

（4）活动准备:活动前的物质准备、知识储备均符合实现教学活动目标的要求;能最大程度地支持和满足幼儿学习、探索、操作活动的需要;有效利用现代化教学手段,适用、适时、适当地增加活动的实效性和趣味性。

（5）活动过程:过程设计结构严谨,层次清晰,各环节之间过渡自然流畅,体现循序渐进,有层次感;教学方法和活动组织形式适宜,能体现幼儿的主体性,为幼儿提供感知与操作的机会,安排充分的思考和探索时间;提问具有思考性、启发性、开放性的特点,能预测教学活动过程中可能出现的问题并设计出相应的教学活动策略;活动设计详略得当,重难点突出,时间充分,教学手段设计针对性强,既适合幼儿的认知特点,支持儿童的学习,又有利于学习目标的达成。

（6）活动延伸:活动延伸自然合理,丰富有趣,能为下一次数学教学活动的开展埋下伏笔。

**（三）学前儿童数学优质课评析**

观摩一节一线名师的幼儿园数学优质课,梳理评析其教学思路,审视其教学设计的优点、亮点及其儿童观、教师观、教育观,并形成相应的优质课评析报告。

1. 要求

对数学名师优质课的教学设计、教学过程、教学方法、师幼互动、教学工具与资源的利用、幼儿数学核心经验的学习达成情况等进行全面、深入的分析。

2. 评价标准

（1）能理论联系实际,能秉持科学的儿童观、教师观、教育观、教学观对学前儿童数学教育活动进行全方位的评价。

（2）能提出合理、具体的建议,优化改进活动效果,助力提升活动质量。

（3）在评析中合理引用学前教育领域和学前儿童数学教育相关理论,支持自身的观点和建议。

**（四）学前儿童数学玩教具设计与展示**

在学前儿童数学教育中,创造性的教学方法和教具设计对于培养儿童对数学的兴趣和理解至关重要。请结合《幼儿园教育指导纲要（试行）》《3—6岁儿童学习与发展指南》精神,选择一个数学核心经验,设计一款数学玩教具,为学龄前儿童提供有趣而富有教育意义的数学体验。

1. 要求

（1）数学玩教具设计要求:确保玩教具的设计与数学核心经验相关,能使儿童通过游戏和互动的方式融入数学学习;玩教具的形状、颜色、材质、尺寸等设计,应考虑儿童年龄、兴趣和认知水平;确保玩教具的安全性,排除可能的危险因素。

（2）提供说明书:有明确清晰而简明的玩法说明,说明儿童如何使用这个数学玩教具,以及如何与其他儿童或教育者进行互动。

（3）录制讲解视频:分析说明所设计的数学玩教具对儿童数学认知、逻辑思维发展等方面的教育意义,清晰描述数学玩教具的使用方法和互动方式。

2. 评价标准

（1）设计质量。

核心经验关联:设计是否清晰地反映选择的数学核心经验,与《学前儿童数学教育纲要》相关。

设计要点考虑:设计的形状、颜色、材质等要素是否能够适应目标年龄段的儿童认知水平,吸引他们的兴趣。

安全性和创意度:设计是否考虑了儿童的安全性,同时是否富有创意,能够引起儿童的好奇心和兴趣。

（2）玩法说明书。

清晰度和简洁性:玩法说明书是否清晰明了,能够让儿童轻松理解如何使用玩教具,同时使用简洁而明了的语言。

互动性和协同性:玩法说明书是否能够引导儿童进行互动,促进学习,且是否说明了与其他儿童或教育者互动的方式,鼓励团队协作。

（3）教育意义分析。

核心经验分析:分析设计如何与选择的数学核心经验相关联。

数学认知促进和逻辑思维培养:分析设计如何促进儿童数学认知的程度,以及如何培养他们的逻辑思维。

创造性思维和问题解决能力:分析设计如何激发儿童的创造性思维,培养他们解决问题的能力。

## 四、案例资源

### 案例一　中班数学活动《7 的守恒》

**一、设计意图**

（1）尊重中班幼儿直觉思维的认知发展特点,通过制造有效的认知冲突,帮助幼儿理解数的守恒。数的守恒是对基数概念认识的深化,理解和掌握数的守恒是幼儿数概念形成的一个重要标志。根据皮亚杰的认知发展理论,中班儿童处于前运算阶段,其思维特点是易受外部知觉特征的影响。本次活动在尊重中班幼儿直觉行动思维的前提下,提供丰富的材料供幼儿感知操作,让幼儿逐步学会排除物体外部特征和排列形式的干扰,始终抓住"数数"这一判断数的守恒的基本方法,理解数的守恒现象。

（2）落实《3—6 岁儿童学习与发展指南》《幼儿园教育指导纲要（试行）》指导精神,使幼儿在充分感知的基础上理解数的守恒。蒙台梭利说:"我听过了,我就忘记了;我看见了,我就记得了;我做过了,我就理解了。"这句话充分体现了幼儿的独特的学习方式。作为教师,我们应该支持和理解幼儿"做中学"的学习方式,让他们通过直接感知、亲身体验、实际操作来获取知识与经验。《幼儿园教育指导纲要(试行)》指出,"教师应成为活动的支持者、合作者、引导者",活动中教师要心中有目标,眼中有幼儿,时时有教育,以互动的、开放的、研究的理念,让幼儿真正成为学习的主体。本次活动根据"循序渐进、层层深入"的教学原则,让幼儿在看一看、摆一摆、数一数、说一说的轻松互动过程中获得数守恒的知识。整个活动最大限度地让幼儿去观察、比较和感知7个等量物体,让他们在反复操作中体会不同物体数量守恒的关系,落实《3—6岁儿童学习与发展指南》所提倡的:利用生活和实际中的游戏情境,引导幼儿理解数概念。

(3)根据中班幼儿感知集合概念的发展特点,帮助幼儿排除外部知觉特征的干扰,发展其数的守恒概念。4—5岁是数词和物体数量建立联系的阶段,这一阶段的幼儿能对7以内物体进行准确点数并说出总数,有了最初的数群概念。但是,在判断两组或多组等量物体时,很容易受物体大小、形状、颜色、种类、排列形式的影响得出错误的判断。《7的守恒》这一教学活动以《白雪公主与七个小矮人》这一童话故事为引子创设情境,通过任务分派的方式使抽象的数学知识童趣化,在教学活动中引导幼儿认识到:东西的多少不能只用眼睛看,应该数一数才知道,并强调运用点数计数这一基本方法来感知集合中物体数量的不变性,从而理解数的守恒这一逻辑概念,进而促进幼儿数概念及数理逻辑能力的发展。

## 二、活动目标

1. 情感目标

在操作和交流过程中体会数学的重要和有趣。

2. 认知目标

能不受物体大小、形状、颜色、排列形式、种类等因素的影响,初步感知7个等量物体的数量守恒。

3. 技能目标

能通过点数的方法准确计数7以内物体的数量。

## 三、活动重难点

活动重点:感知、理解物体的数量不受其大小、形状、颜色、排列形式、种类等因素变化而变化。

活动难点:能排除物体外部特征和排列形式的干扰,始终抓住"数数"这一判断数的守恒的基本方法,理解数的守恒现象,体验数学的重要和有趣。

## 四、活动准备

知识经验准备:中班幼儿能感知常见事物的大小、多少、颜色、种类、形状等外部特征,能按照物体的特征进行分类;中班幼儿在点数后能说出总数,并且能通过一一对应或数数的方式比较两组物体的多少。这为数的守恒的学习奠定了基础。

物质准备:泥塑的苹果、蛋糕、甜甜圈、夹心脆饼干若干;纸艺鲜花若干;多媒体课件;小筐若干、不同难度任务卡若干。

环境准备:用"白雪公主与七个小矮人"的贴画进行教室环境创设。

**五、活动过程**

1. 导入部分:故事情境导入

在《白雪公主和七个小矮人》的童话故事基础上续编情节,创设大总管为七个小矮人筹备晚宴的任务情境,引发幼儿兴趣和参与热情。

教师:"白雪公主回到皇宫跟王子过上了幸福甜蜜的生活,但是她依然时常想起在她落难时帮助过她的七个小矮人。这天,公主突然吩咐大总管说,已经邀请了七个小矮人来皇宫里共进晚餐,请准备一顿丰盛的晚宴招待他们。可是,时间有点来不及了,大总管想要邀请小朋友们帮助准备晚餐,你们愿意吗?"

2. 基本部分:操作感知,总结发现

本部分通过层层递进的五个环节,让幼儿在直接感知、亲身体验、实际操作过程中学会排除干扰,理解数的守恒,并掌握用"数数"这一基本方法判断数的守恒,进而体会与发现:物体的数量不受其大小、形状、颜色、排列形式、种类等因素变化而变化。

**环节一:水果装盘(数量不受大小影响)**

操作材料:每组的桌面上有个小筐,筐里大红苹果、小红苹果混在一起,各7个,盘子两个。

要求:每个盘子里放同样的水果。

教师提问:怎么有的盘子里苹果多,有的盘子里苹果少呢?少的够客人吃吗?

引导点数,大苹果7个,小苹果7个。教师把点数的结果以统计表格的形式在PPT中呈现。

小结:苹果大小虽然不同,但是数量都一样,都是7。

**环节二:蛋糕装盘(数量不受形状影响)**

操作材料:小筐里三角形蛋糕、正方形蛋糕、圆形蛋糕各7个,盘子3个。

要求:同样的蛋糕放一盘。

教师:"请小朋友们观察,这3盘食物,它们不同之处是什么,相同之处有哪些?"

教师引导观察:它们都是7个,只是形状不同。教师把点数的结果以统计表格的形式在PPT中呈现。

小结:蛋糕的形状虽然不同,但是数量都一样,都是7。

**环节三:甜甜圈装盘(数量不受颜色影响)**

操作材料:绿色甜甜圈、红色甜甜圈、黄色甜甜圈、紫色甜甜圈各7个,盘子4个。

要求:同样的东西放一盘。

教师:"请小朋友们观察,这四盘甜甜圈,它们不同之处是什么,相同之处是什么?"

教师引导观察:它们形状一样,数量一样,颜色不同。教师把点数的结果以统计表格的形式在PPT中呈现。

教师总结:甜甜圈的颜色虽然不同,但是数量都一样,都是7。

**环节四:夹心脆装盘(数量不受排列形式的影响)**

操作材料:夹心脆28块,盘子4个。

要求:幼儿自由摆放造型,每盘装7块。

教师:"最后一种夹心脆是宫廷糕点师最拿手也最受大家喜欢的餐后甜点,大总管让糕点师多做了些,要求每一盘装7块,且摆放的造型要不一样。请小朋友们帮忙给夹心脆装盘摆造型。"

教师示范用7块夹心脆摆成一朵花的造型。让幼儿自由摆放并分享各自摆的造型,教师在PPT中呈现还可能出现的摆放形式。

小结:饼干的排列形式虽然不同,但是每一盘的数量都一样,都是7。

教师:"夜幕降临,七个小矮人如约而至,他们跟白雪公主在皇宫里愉快地享用着晚餐,度过了一个美妙而难忘的夜晚。"

**环节五:观察鲜花(数量不受种类影响)**

教师:"大总管很感激小朋友们又快又好地完成了任务,他说要送鲜花给大家作为奖励。"

每组小朋友得到了一束鲜花(一束7朵,每束不一样,总共7种花),每束鲜花都不一样,但数量都是7朵。

教师引导观察:说出每一束有几种花,一共有几支,结果发现,每一束花的种类虽然有所不同,但是数量都一样。

小结:鲜花的种类虽然不同,但是数量都一样,都是7。

3.结束部分:游戏放松,巩固7的守恒

将幼儿分成7人一组,玩《拉个圆圈走走》的游戏以复习巩固7的守恒,通过边唱歌边变换做各种队形的方式,让幼儿比较数量是否有变化。

教师:"拉个圆圈走走,拉个圆圈走走,拉个圆圈蹲下来呀/转一转呀/跑一跑呀/变两排呀……,数量变没变?"

幼儿:"没变。"

**六、活动延伸**

活动区提供各种难度的任务卡,请小朋友在任务卡上挑出数量是7的物品。任务卡相较于实物操作而言,抽象程度更高,且任务难度分级。尊重儿童在发展水平、能力、经验、学习风格等方面的个体差异,促进每个儿童富有个性的发展,努力使每个儿童都能获得满足和成功。

任务卡干扰因素越多,难度系数越大,如图3-26所示。

干扰因素:大小

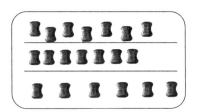
干扰因素:排列形式

干扰因素：种类

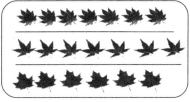

干扰因素：形状

干扰因素：排列形式、大小

干扰因素：排列形式、形状

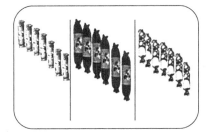

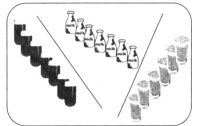

干扰因素：颜色、大小

干扰因素：颜色、种类

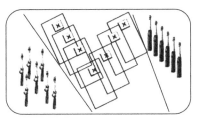

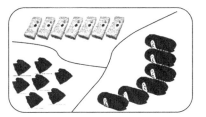

干扰因素：大小、颜色、排列方式

干扰因素：颜色、形式、排列方式

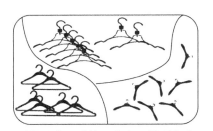

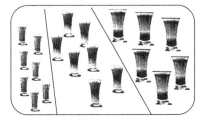

干扰因素：形状、大小、排列方式

干扰因素：颜色、大小、排列方式

图3-26 活动任务卡

**案例二　大班数学活动《盒子里面是什么?》**

**一、设计意图**

(1)落实《幼儿园教育指导纲要(试行)》《3—6 岁儿童学习与发展指南》精神,使幼儿在充分感知的基础上进行量的比较。《幼儿园教育指导纲要(试行)》指出,要"引导幼儿对周围环境中的数、量、形等现象产生兴趣,并学习用简单的数学方法解决生活和游戏中某些简单的问题"。《3—6 岁儿童学习与发展指南》建议,要"引导幼儿感知和理解事物'量'的特征"。因此,本次活动借助生活中的常见物品,设计《盒子里面是什么?》这一数学活动,以游戏精神引领幼儿调动视觉、听觉、触觉、运动觉等多个感觉通道,比较物体间量的差异,进而判断出盒子里面是什么,发展逻辑思维能力。

(2)基于大班幼儿的兴趣和量概念教育的要求。大班幼儿已经具备一定的感知量的能力,他们好奇心强,喜欢挑战,对量的比较已经不满足于简单的基于感性经验的认知。因此,我通过提供丰富的生活材料,创设了"盒子里面是什么?"这一问题情境,激发幼儿探究热情,鼓励和支持幼儿通过观察、比较、操作等方法感知物体间量上的差异,培养其用数学思维去解决生活中实际问题的能力。

**二、活动目标**

认知目标:知道用看一看、掂一掂、听一听、比一比等方法比较物体间量的差异。

能力目标:能够记录和描述自己的发现,并根据量的差异做出判断。

情感目标:愿意积极动手动脑寻找答案,探究中有所发现时感到兴奋和满足。

**三、活动重难点**

活动重点:知道用看一看、掂一掂、听一听、比一比等方法比较物体间量的差异。

活动难点:能够记录和描述自己的发现,并根据量的差异做出判断。

**四、活动准备**

经验准备:大班幼儿对物体间量的特征具有一定的感知经验;知道吸铁石可以吸附铁质物品。

物质准备:轻重不同的鹅卵石、铁球、玻璃球、橡胶球、绒球;粗细不同的小木墩、麻绳、吸管;长短不一的筷子;宽窄不同的橡皮;牙膏盒;磁铁;操作记录表若干。美工区各种不同的画笔及不同类型的盒子。

**五、活动过程**

为了达到预期活动目标,本次主要通过"排除法"这一逆向思维模式,让幼儿充分感知不同材料在不同维度下量的差异性。具体流程如下:

1. 开始部分:设置悬念,激发探究兴趣

教师:"小朋友们看,老师这里有两个牙膏盒,我将这个材料盘里的一样东西放进了这个盒子里。今天请小朋友们都来当小小侦探员,在不打开这个盒子的情况下,一起来侦查出这个盒子里面是什么。"

导入部分用前置悬念的方式,创设情境,以问题解决为导向,引发幼儿兴趣,调动其参与活动的积极性和探究欲望。然后,让两个小朋友为一组,每组分发一套操作材料,一个空牙膏盒,一张记录表,要求在不打开空盒的情况下,首先判断什么东西绝对不可能在盒子里。把它记录下来,并说出理由。

第一轮探索,大部分幼儿用到比一比、看一看等方式,直接排除了最宽的橡皮擦、最长的筷子、最大号的鹅卵石。

2.基本部分:多感观参与比较量的差异,逐步缩小目标材料范围

教师:"小朋友们刚刚用到了比一比、看一看的方式,去掉了三件塞不进盒子的物品。那么剩下的都可以放进盒子里,我们可以怎样一个一个排除呢?下面,老师会把装有神秘物品的盒子也发给你们,这一次你们可以打开空盒子,再试一试,哪些物品绝对不可能在盒子里,做好记录,一会来说出你的理由。"

第二轮自由探索,涉及长短、轻重、粗细等多个维度下的量的比较。因此,幼儿需要调动视觉、听觉、触觉、运动觉等多种感觉通道来进行综合判断。活动中,幼儿把材料逐一放进空盒子里,与装有神秘物品的盒子进行比较,他们用到了看、摇、听、摸、掂等方式,感知比较物体在大小、长短、轻重、质地软硬及其放在盒子里发出声音差异的特点,逐步缩小目标材料范围。

第二轮探索结束,记录表上被排除的材料有筷子、吸管、麻绳等,此时,引导幼儿梳理自己的操作经验,说出是用到什么方法排除的这些材料。幼儿回答,是太轻,或太重,或发出的声音太小等原因排除掉了这些物品。

第三轮,排除干扰,推理判断,最终锁定目标材料。经过前两轮的深度感知和差异比较,幼儿发现神秘物体是可以滚动的,他们主要将答案锁定在铁球、玻璃球、橡胶球、大号木墩这四个有一定质量并可以滚动的物体上。对此,进一步引导幼儿闭上眼睛排除干扰,用掂量的方式感知轻重,幼儿逐一排除了橡胶球、木墩和玻璃球,最后锁定盒子里剩下的应该是铁球。

教师启法提问"什么东西可以验证里面是铁球?"最后幼儿想到了磁铁。教师提供磁铁,供幼儿验证,当幼儿用磁铁靠近盒子里的物品时,能感受到磁力,则说明里面是铁球。最后,老师打开盒子,揭晓答案。

本环节,幼儿通过多感观参与,用到比较、排除的方法,逐步缩小答案范围,并借助记录和表达,梳理自己的探究经验。

3.结束部分:迁移经验,学以致用

为了巩固量的比较,让幼儿运用数学方法解决实际生活问题,并感知到数学的有用和有趣,设置了整理美工区画笔的实操环节,让幼儿把散乱的笔全部放回适合的盒子。在这个过程中,幼儿会感知长短、粗细、多少等量上的差异,进而去选择不同的盒子放不同规格的笔,将前一个环节的操作经验迁移到实际问题的解决过程中。

**六、活动延伸**

在益智区准备包罗万象的题卡,让幼儿根据常见物体间量的差异说出题卡中最大/最小、最轻/最重、最长/最短、最快/最慢、最厚/最薄的物品。任务卡相较于实物操作而言,抽象程度更高,更需要唤起幼儿的生活经验,同时也更有利于加深幼儿对量概念的理解。

# 第五节　学前儿童语言教育活动设计与指导实训

儿童的语言发展是通过日常的语言交往和在有组织的语言教育活动中获得语言经验而实现的。幼儿园语言教育活动是教育活动的一个领域，是一项专门的语言学习活动，可以给幼儿提供集中学习语言知识和发展语言能力的机会。有计划、有目的的语言教育活动，能有顺序、有步骤地训练儿童的语言能力，或提供语言知识为学习对象，全面地发展儿童的语言能力。进行幼儿园语言教育活动设计与指导实训，有助于学前教育专业的学生掌握学前儿童语言教育核心经验、活动设计、活动评价等专业知识，进而综合运用所学知识科学设计、组织、实施和评价幼儿园语言教育活动，分析、解决各种幼儿园语言教育中的实际问题。

## 一、知识基础

### （一）学前儿童语言教育活动的含义

幼儿园语言教育活动是指教师有目的、有计划、有组织地开展的，以促进儿童语言学习与发展的教育活动。其根本目的是在教师的指导下，促进儿童积极主动地与人交谈，与周围的语言环境不断地交互，学习倾听与表达，从而不断获得语言经验，提高语言交流与表达能力。[①]

### （二）学前儿童语言教育活动的目标

学前儿童语言教育目标是学前儿童教育总目标的重要组成部分。宏观上，要依据一定的社会培养目标和学前教育机构保育、教育的主要目标，还要依据学前儿童语言发展规律。《幼儿园教育指导纲要（试行）》和《3—6 岁儿童学习与发展指南》在中观层面规定了学前儿童语言教育的目标，这些目标的具体实施都要通过具体的语言教学活动目标的达成来实现。

1. 学前儿童语言教育活动的总目标

（1）《幼儿园教育指导纲要（试行）》中语言领域的总目标。教育部 2001 年 7 月颁布了《幼儿园教育指导纲要（试行）》，是幼儿园教育的纲领性文件。《幼儿园教育指导纲要（试行）》指出，幼儿园的教育内容是全面的、启蒙性的，可以相对划分为健康、语言、社会、科学和艺术五个领域。各领域之间的内容相互渗透，共同促进幼儿情感、态度、能力、知识、技能等方面的发展，其中将语言领域的目标设定为五个，分别为：①乐意与人交谈，讲话礼貌；②注意倾听对方讲话，能理解日常用语；③能清楚地说出自己想说的事；④喜欢听故事、看图书；⑤能听懂和会说普通话。

（2）《3—6 岁儿童学习与发展指南》中语言领域的总目标。《3—6 岁儿童学习与发

---

① 　顾晓燕：《学前儿童语言教育与活动指导》，教育科学出版社，2022 年，第 9 页。

展指南》是教育部于 2012 年 10 月颁布的,是指导幼儿园和家庭科学实施保育和教育,促进幼儿身心全面和谐发展的重要指导性文件。《3—6 岁儿童学习与发展指南》中有关语言领域的学习与发展目标是对《幼儿园教育指导纲要(试行)》中语言领域目标的重申和发展。《3—6 岁儿童学习与发展指南》将幼儿语言学习与发展的目标分为两个子领域:倾听与表达、阅读与书写准备,并分别提出了如下目标,见图 3-27。

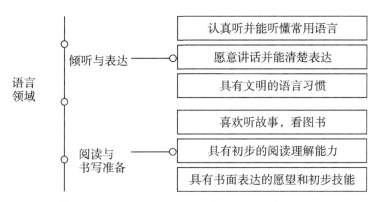

图 3-27 《3—6 岁儿童学习与发展指南》中语言领域的学习与发展目标

2.《幼儿园教育指导纲要(试行)》《3—6 岁儿童学习与发展指南》中语言领域目标的具体内容与要求

(1)《幼儿园教育指导纲要(试行)》中语言领域目标的具体内容与要求。

1)创造一个自由、宽松的语言交往环境,支持、鼓励、吸引幼儿与教师、同伴或其他人交谈,体验语言交流的乐趣,学习使用适当的、礼貌的语言交往。

2)养成幼儿倾听的习惯,发展语言理解能力。鼓励幼儿大胆、清楚地表达自己的想法和感受,尝试说明、描述简单的事物或过程,发展语言表达能力和思维能力。

3)引导幼儿接触优秀的儿童文学作品,使之感受语言的丰富和优美,并通过多种活动帮助幼儿加深对作品的理解。

4)培养幼儿对生活中常见的简单标记和文字符号的兴趣。

5)利用图书、绘画和其他多种方式,引发幼儿对书籍、阅读和书写的兴趣培养前阅读和前书写技能。

6)提供普通话的语言环境,帮助幼儿熟悉、听懂并学说普通话。少数民族地区还应帮助幼儿学习本民族语言。

(2)《3—6 岁儿童学习与发展指南》中语言领域目标的具体内容与要求。《3—6 岁儿童学习与发展指南》中语言领域分为倾听与表达、阅读与书写准备两个子领域。

1)子领域一"倾听与表达"的目标和内容如下:

目标 1:认真听并能听懂常用语言。如表 3-5 所示。

**表 3-5　目标 1　认真听并能听懂常用语言**

| 3—4 岁 | 4—5 岁 | 5—6 岁 |
|---|---|---|
| 1. 别人对自己说话时能注意听并做出回应<br>2. 能听懂日常会话 | 1. 在群体中能有意识地听与自己有关的信息<br>2. 能结合情境感受到不同语气、语调所表达的不同意思<br>3. 方言地区和少数民族幼儿能基本听懂普通话 | 1. 在集体中能注意听老师或其他人讲话<br>2. 听不懂或有疑问时能主动提问<br>3. 能结合情境理解一些表示因果、假设等相对复杂的句子 |

目标 2:愿意讲话并能清楚表达。如表 3-6 所示。

**表 3-6　目标 2　愿意讲话并能清楚表达**

| 3—4 岁 | 4—5 岁 | 5—6 岁 |
|---|---|---|
| 1. 愿意在熟悉的人面前说话,能大方地与人打招呼<br>2. 基本会说本民族或本地区的语言<br>3. 愿意表达自己的需要和想法,必要时能配以手势动作<br>4. 能口齿清楚地说儿歌、童谣或复述简短的故事 | 1. 愿意与他人交谈,喜欢谈论自己感兴趣的话题<br>2. 会说本民族或本地区的语言,基本会说普通话;少数民族聚居地区幼儿会用普通话进行日常会话<br>3. 能基本完整地讲述自己的所见所闻和经历的事情<br>4. 讲述比较连贯 | 1. 愿意与他人讨论问题,敢在众人面前说话<br>2. 会说本民族或本地区的语言和普通话,发音正确清晰;少数民族聚居地区幼儿基本会说普通话<br>3. 能有序、连贯、清楚地讲述一件事情<br>4. 讲述时能使用常见的形容词、同义词等,语言比较生动 |

目标 3:具有文明的语言习惯。如表 3-7 所示。

**表 3-7　目标 3　具有文明的语言习惯**

| 3—4 岁 | 4—5 岁 | 5—6 岁 |
|---|---|---|
| 1. 与别人讲话时知道眼睛要看着对方<br>2. 说话自然,声音大小适中<br>3. 能在成人的提醒下使用恰当的礼貌用语 | 1. 别人对自己讲话时能回应<br>2. 能根据场合调节自己说话声音的大小<br>3. 能主动使用礼貌用语,不说脏话、粗话 | 1. 别人讲话时能积极主动地回应<br>2. 能根据谈话对象和需要,调整说话的语气<br>3. 懂得按次序轮流讲话,不随意打断别人<br>4. 能依据所处情境使用恰当的语言,如在别人难过时会用恰当的语言表示安慰 |

2)领域二"阅读与书写准备"的目标和内容如下:

目标1:喜欢听故事,看图书。如表3-8所示。

表3-8　目标1　喜欢听故事,看图书

| 3—4 岁 | 4—5 岁 | 5—6 岁 |
|---|---|---|
| 1. 主动要求成人讲故事、读图书<br>2. 喜欢跟读韵律感强的儿歌、童谣<br>3. 爱护图书,不乱撕、乱扔 | 1. 反复看自己喜欢的图书<br>2. 喜欢把听过的故事或看过的图书讲给别人听<br>3. 对生活中常见的标识、符号感兴趣,知道它们表示一定的意义 | 1. 专注地阅读图书<br>2. 喜欢与他人一起谈论图书和故事的有关内容<br>3. 对图书和生活情境中的文字符号感兴趣,知道文字表示一定的意义 |

目标2:具有初步的阅读理解能力。如表3-9所示。

表3-9　目标2　具有初步的阅读理解能力

| 3—4 岁 | 4—5 岁 | 5—6 岁 |
|---|---|---|
| 1. 能听懂短小的儿歌或故事<br>2. 会看画面,能根据画面说出图中有什么,发生了什么事等<br>3. 能理解图书上的文字是和画面对应的,是用来表达画面意义的 | 1. 能大体讲出所听故事的主要内容<br>2. 能根据连续画面提供的信息,大致说出故事的情节<br>3. 能随着作品的展开产生喜悦、担忧等相应的情绪反应,体会作品所表达的情绪情感 | 1. 能说出所阅读的幼儿文学作品的主要内容<br>2. 能根据故事的部分情节或图书画面的线索猜想故事情节的发展,或续编、创编故事<br>3. 对看过的图书、听过的故事能说出自己的看法<br>4. 能初步感受文学语言的美 |

目标3:具有书面表达的愿望和初步技能。如表3-10所示。

表3-10　目标3　具有书面表达的愿望和初步技能

| 3—4 岁 | 4—5 岁 | 5—6 岁 |
|---|---|---|
| 1. 喜欢用涂涂画画表达一定的意思 | 1. 愿意用图画和符号表达自己的愿望和想法<br>2. 在成人提醒下,画时姿势正确 | 1. 愿意用图画和符号表现事物或故事<br>2. 会正确书写自己的名字<br>3. 写画时姿势正确 |

**(三)学前儿童语言教育活动的类型和内容**

学前儿童语言教育活动的类型和内容是多样的,主要分为专门性语言教育活动和渗透性语言教育活动。专门性语言教育活动是教师有目的、有计划、有组织地开展语言教育活动,主要的类型有谈话活动、讲述活动、听说游戏、文学作品教育活动和早期阅读活动,主要以集体教学活动的形式展开。本书中学前儿童语言教育活动的类型和内容主要指的是专门性语言教育活动。

渗透性语言教育活动主要指的是在日常生活、游戏活动、其他领域中的语言交流和学习活动,作为专门性语言教学活动的有效补充,能够促进儿童频繁地运用语言,以锻炼他们的语言表达能力。

## 二、能力模块

### (一)谈话活动的设计与实施能力

学前儿童谈话活动是教师有目的、有计划地组织幼儿围绕一定话题进行交谈,学习交谈规则,培养倾听和轮流说话能力的教育活动。

1. 谈话活动的内容选择

在选择谈话活动的内容时,首先需要注意所选的内容应具有一个明确的中心话题。谈话活动应该围绕一个具体、有趣的话题进行,儿童对该话题应具有一定的熟悉度、新鲜感。该中心话题也应贴近儿童生活,与儿童生活中共同关注的内容有关,能引起儿童谈话与讨论的兴趣。其次,应拥有丰富的谈话素材。幼儿对谈话内容积累的素材越多,谈话活动就越容易开展,幼儿才能做到有话可说。再次,应注意多方互动交流。所选的谈话内容应该能引发教师和幼儿双向的交流互动,或者幼儿与同伴、教师等多向的交流互动。最后,要具有宽松自由的谈话氛围。幼儿可以围绕话题自由地发表自己的观点、看法,畅所欲言地进行信息交流和经验分享。

2. 谈话活动的核心经验分析

根据谈话本身的语言要素、学前儿童谈话活动的特点,谈话活动的核心经验主要包括三个范畴:第一,倾听习惯和能力。倾听习惯主要表现为倾听的主动性,倾听的行为和回应行为。倾听能力主要表现为理解对方话语的直接含义,并做出相应行为;初步理解对方话语中句子、词汇或语气语调隐藏的含义。第二,交流和表达的规则。主要体现为幼儿在交流和表达时应使用礼貌用语、能遵守谈话规则、围绕谈话主题进行交流。第三,谈话策略。主要指幼儿在学前阶段应学习和发展发起谈话的策略、辅助表达的策略和维持谈话的策略,保证谈话活动的顺利进行。

3. 谈话活动的组织与实施

(1)创设谈话情景,引出谈话主题。在谈话活动中,教师首先要激发幼儿的谈话兴趣,营造宽松自由的氛围,让幼儿有话想说,进而引出谈话主题,鼓励幼儿参加谈话活动。教师可以采用实物、直观教具、游戏、表演、语言等形式创设谈话情景,启迪儿童的谈话兴趣和思路。如在组织谈话活动《我喜欢的小动物》时,教师可事先请小朋友从家里带来各种动物玩偶放在教室当作动物,创设带小朋友们逛动物园的情景,引出该话题。需注意的是,该环节只是将谈话话题引出,使儿童自然地进入谈话活动,因此无论采用何种引入方式,时间不宜过长,一般3—5分钟即可。

(2)围绕话题运用已有经验自由交谈。当引出谈话话题以后,教师可鼓励幼儿结合自己的已有经验围绕话题进行自由交谈。如在谈话活动《我喜欢的小动物》中,教师引出该话题后,可以引导幼儿说说"哪个小动物是你带来的呢?""除了这些小动物,你还见过哪些小动物?""你最喜欢的小动物是什么?"等。在此环节,教师要给幼儿充分的机会表达自己的内心感受,同时需要注意自由交谈中的个别差异,去重点倾听语言能力较弱儿童的谈话,经常给予鼓励。

(3)围绕中心话题拓展交谈内容。谈话活动重在引导幼儿"喜欢说""愿意说""敢说",培养幼儿与人交谈的态度。也注重引导幼儿学习新的谈话技能和谈话规则,掌握谈话的思路和方法。因此,在幼儿运用已有经验充分交谈后,教师可引导幼儿拓展交谈内容。如在谈话活动《我喜欢的小动物》中,教师可采用提问的方式引导幼儿说一说喜欢小动物的理由。需要注意的是,教师在该环节可根据实际情况适时进行隐形示范,如:"老师最喜欢的小动物是小羊,它摸起来毛茸茸的,还会咩咩叫,好像在叫妈妈。"

**(二)讲述活动的设计与实施能力**

讲述活动是学前儿童语言教育的一种重要组织形式,在幼儿园教育活动中占据重要地位。主要指在相对正式的语境中,以凭借物为讲述载体,培养幼儿独立构思和表述一定内容的语言能力,即发展幼儿独白语言为基本目的的语言教育活动。

按照讲述的内容,讲述活动可分为叙事性讲述、描述性讲述、说明性讲述和议论性讲述;按照讲述凭借物的特点,讲述活动可分为看图讲述、实物讲述和情景表演讲述。

1. 讲述活动的内容选择

首先,教师在开展讲述活动之前,需要认真选择讲述活动的内容,使讲述活动的内容贴合幼儿的兴趣、生活经验、语言发展水平,同时又能促进幼儿讲述能力的发展。因此,在选择讲述活动的内容时应先选择与幼儿生活直接相关的内容,如讲述周末去公园的经历。随着幼儿年龄的增长再逐渐扩展主题,选择距离幼儿现实生活较远的主题或记忆中的内容,如"长大后自己想要做什么""自己做过有趣的梦"等。其次,在选择讲述活动内容时还要考虑讲述所需要的水平要由易到难。如看图讲述活动,小班选择单幅简单画面的讲述;中大班画面数量增加,且需要讲出多幅图之间的关系。最后,讲述活动的类型要从单一到多样化。小班主要以看图讲述和叙事性讲述为主,到中班时,可增加实物讲述或说明性讲述,大班增加说明性讲述。

2. 讲述活动的核心经验分析

讲述活动的核心经验主要有四个方面:讲述内容、讲述结构、讲述语言和讲述情景。其中讲述内容主要指的是讲述者观察凭借物后,讲述其中所包含的要素,如:时间、地点、人物、事情的起因、经过、结果等故事六要素等。讲述结构是指讲述内容的组织方式,幼儿在观察、思考了解讲述对象后,能按照合理的顺序讲述并能让听者理解。如在说明性讲述《好吃的水果》时,可围绕水果的颜色、形状、气味、味道等由外到内进行讲述。讲述语言是指幼儿在讲述活动中使用的词汇、句子,《3—6岁儿童学习与发展指南》中指出4—5岁幼儿能"基本完整讲述""比较连贯讲述",5—6岁幼儿能"有序、连贯、清楚讲述""讲述时能使用常见的形容词、同义词等,语言比较生动"。这些都是对讲述语言的期望和要求。讲述情景指的是幼儿在讲述时通过语气把人物的情绪、状态表现出来,能在叙述的过程中使用不同的语气表现人物之间的对话,丰富自己的讲述内容。

3.讲述活动的组织与实施

（1）引导幼儿感知理解讲述对象。在讲述活动中,幼儿首先需要感知、理解讲述对象。如在看图讲述《拦路的大树》(图3-28)中,教师先引导幼儿观察画面:"画面里面都有谁?""发生了一件什么事情?"该环节主要帮助幼儿初步理解讲述中需要包含的内容要素,发展"讲述内容"这一核心经验。

（2）鼓励幼儿运用已有经验自由讲述。在幼儿感知理解讲述对象的基础上,教师指导幼儿应用已有经验讲述。在交代清楚讲述要求以后,教师可邀请幼儿在集体面前进行独立讲述,讲述的过程中要注意倾听幼儿的讲述内容,及时发现讲述内容中的闪光点,如"他刚才说的'风和日丽'这个词可真好听!"

（3）引进并学习新的讲述经验。讲述活动学习的重点是学习新的讲述经验,新的讲述经验主要是指讲述的思路、讲述的全面性、讲述的基本方式。如在看图讲述《拦路的大树》时,教师可以引导幼儿学习这样的讲述思路:什么时间—在哪里—大象他们遇到了什么事情—车上的乘客都会说些什么、做些什么——最后他们是如何结束这件事情的。帮助幼儿理顺讲述思路,从而清楚、有条理地进行讲述。

图3-28 《拦路的大树》

### （三）听说游戏的设计与实施能力

听说游戏是指用含有规则的语言教育游戏组织儿童进行语言教育学习的活动。活动目标以培养儿童的倾听和表述能力为主,活动的内容主要集中在听和说的理解与表达方面。听说游戏的主要特点是将语言教育目标内隐于游戏之中,游戏的规则即语言学习的重点内容,同时在活动中也不断扩大游戏的成分。听说游戏一般可分为语音练习的游戏、词汇练习的游戏、句子和语法练习的游戏、描述练习的游戏。

1.听说游戏的内容选择

听说游戏使用游戏的方式组织儿童进行的语言教育活动,含有较多的规则游戏的成分,能够较好地吸引儿童参与语言学习的活动中,并在积极愉快的活动中完成语言学习的任务。在选择听说游戏的内容时,可根据本班幼儿语言发展特点进行选择,如小班是语音教育的关键期,培养幼儿正确发音是小班语音教育的重点任务,教师就可以根据本班幼儿在容易发错的音节进行听音和发音游戏。中大班可以进行更多的词汇、句子、语法、描述性练习游戏。

2.听说游戏的核心经验分析

听说游戏主要指向幼儿的倾听和表达,因此听说游戏的核心经验有听辨音和清楚表达,即能认真倾听并分辨出他人说的内容并清楚地进行表达。

3.听说游戏的组织与实施

(1)创设游戏情景,引发儿童兴趣。在听说游戏开始前,教师可采用物品、动作或语言创设游戏情景,引发幼儿参与活动的兴趣。如听说游戏《开火车》,教师播放火车鸣笛和行进的音频,做出开火车的动作"呜呜呜,火车火车就要开了,谁来坐?"吸引幼儿参与到听说游戏中。

(2)交代游戏规则,明确游戏玩法。在创设游戏情景之后,教师接着就要向幼儿交代游戏的规则。游戏的规则是听说游戏学习的重点内容,因此教师可采用语言讲解、示范等方式交代清楚游戏规则。如《开火车》中,当教师把火车开到小朋友前询问:"呜呜呜,火车火车就要开,谁来坐?"想要坐火车的小朋友需要回答出"呜呜呜,火车火车就要开,我来坐"以后,方可上车,然后在一起边说儿歌边开火车。说错了则不能上车,大家需要再重新念儿歌,寻找新的乘客。

(3)教师指导儿童游戏。在该环节,教师扮演了重要的角色,主导游戏的进程,目的在于帮助儿童熟悉游戏的玩法,为下一环节儿童自主游戏奠定基础。

(4)儿童自主游戏。在上一环节教师的指导下,幼儿经过练习已经比较熟悉游戏的规则和玩法,具备独自开展听说游戏的基础,因此教师可以放手让幼儿自主开展活动。

**(四)文学作品教育活动的设计与实施能力**

幼儿园文学作品活动是指以适合学前阶段儿童心理发展水平、接受能力和阅读能力相适应的文学作品为载体开展的语言教育活动。其目的是向幼儿展示成熟的语言,使其积累文学语言,扩展词汇量,培养幼儿倾听的有关技能,鼓励幼儿创造性地运用语言,并培养儿童的艺术想象力。寓言、童话、幼儿故事、儿歌、幼儿诗等都属于幼儿文学作品的体裁。

1.文学作品教育活动的内容选择

幼儿文学作品既是教育目标的载体,又是教育活动的依据。在选择作品内容时既要考虑作品的教育功能,又要考虑幼儿的年龄特点、欣赏趣味和欣赏能力。可以选择那些有鲜明生动的形象的作品;作品结构简单,情节单纯而有趣;作品的语言浅显易懂、具体生动;作品体裁以学前儿童熟悉的生活为主。为了更好地让幼儿在文学作品教育活动中得到一定的语言发展和智力启蒙,培养其正确的思维方式以及良好品德行为习惯,有时还可以选择一些经典、传统的文学作品。

2. 文学作品教育活动的核心经验分析

根据幼儿文学作品所具有的特点,幼儿在文学作品教育活动中可以获得的核心经验有词汇、结构、情节、运用与表现。词汇是指在幼儿文学作品中出现的需要幼儿了解、学习和积累的名词、动词、形容词等;结构是指文学作品中所含有的一致的句子或段落的表达方式;情节指文学作品中事件发生的脉络,该核心经验在故事体裁的文学作品活动中最为突出;运用与表现主要指幼儿在学习过程中能再现文学作品的角色、动作、表情、对话等,并进一步将自己的生活经验用作品的形式表现出来,以及在生活中如何运用和表现学过的文学作品。[①] 其中儿歌体裁的文学作品教育活动的核心经验还包括节奏、韵律,幼儿诗体裁的文学作品教育活动的核心经验包括意境和想象,故事体裁的文学作品教育活动的核心经验包括角色形象、评判性思维。

3. 文学作品教育活动的组织与实施

(1)激发幼儿学习文学作品的兴趣。在文学作品教育活动的第一环节,应通过多种策略激发幼儿学习文学作品的情趣。可使用提问、猜谜语等多种方式,引发幼儿的兴趣。如学习儿歌《一排鸭子》,教师可采用猜谜语的方式,引出儿歌中的主角鸭子,也可以播放鸭子的叫声,请幼儿猜测是谁的叫声。

(2)学习幼儿文学作品。引出所要学习的文学作品以后,需要对文学作品进行学习。首先教师可通过完整朗诵等方式呈现文学作品,让幼儿整体了解所要学习的文学作品。在朗诵过程中,可根据体裁特点辅以背景音乐,创设与内容相贴合的氛围。然后,教师可根据内容进行提问、示范、出示图谱的方式帮助幼儿加深对作品内容的掌握。最后,借助图谱等引导幼儿说一说作品内容。

(3)迁移作品经验。在幼儿学习了解作品的基础上,教师还可以进一步引导幼儿迁移作品经验,给幼儿提供与作品有关的操作、游戏、角色扮演、创造性的想象和语言表述等,加深对作品理解的同时也能创造性地表达自己的认识与想象。如在散文诗《春雨的色彩》中,幼儿对作品学习以后,教师可引导幼儿思考"你认为春雨还会是什么颜色? 为什么?"并用散文中的结构进行表达。

**(五)早期阅读活动的设计与实施能力**

早期阅读活动是有目的、有计划地发展儿童阅读能力,培养儿童具有良好的阅读习惯和阅读态度的活动。[②]

1. 早期阅读活动的内容选择

要进行早期阅读活动,就一定要选择适合幼儿阅读经验和阅读水平的优秀图书。幼儿的识字量有限,选择的图书应以图为主或图文并茂,图书的画面要生动活泼,形象和情节生动有趣,内容有一定的启发性,宣扬真、善、美。

---

① 刘宝根:《学前儿童语言教育与活动指导》,华东师范大学出版社,2018 年,第 65 页。
② 张明红:《学前儿童语言教育与活动指导》,华东师范大学出版社,2021 年,第 212 页。

2. 早期阅读活动的核心经验分析

早期阅读活动的核心经验主要有三个方面：良好的阅读行为和习惯、阅读内容的理解和阅读策略的形成、阅读内容的表达和评判。其中良好的阅读行为和习惯指的是喜欢阅读，愿意和成人一起阅读，阅读时能爱护书籍，知道翻书的顺序，知道图书的结构等；阅读内容的理解和阅读策略的形成指理解图书内容的前后关系和意义，能根据连续画面提供的信息大致说出图书情节、根据画面线索猜想图书情节的发展等；阅读内容的表达和评判指通过阅读图书对书中的内容能用自己的方式进行表达，并对图书中角色形象或图书主旨等进行评价、判断。

3. 早期阅读活动的组织与实施

（1）激发阅读兴趣。在早期阅读活动伊始，要通过有效的策略吸引幼儿对阅读的兴趣，可让幼儿通过观察图书封面思考图书的内容，如阅读《大卫不可以》时，教师可以引导幼儿观察"封面上的小男孩在做什么？""你觉得他的妈妈会对他说什么呢？""那他会做哪些事情呢？"由此激发幼儿的阅读兴趣。也可以结合幼儿的生活经验来导入，如阅读《母鸡萝丝去散步》时，教师可引导幼儿回忆自己和家人散步时遇到了哪些事情，帮助幼儿回忆与图书主题有关的生活经验，从而导入该书。

（2）幼儿自主阅读。早期阅读活动重在让幼儿阅读，因此在引出所要阅读的图书以后，教师可提出阅读要求，让幼儿带着一定的目的性去自主阅读。如在导入《谁咬了我的大饼》这本书以后，教师可提出阅读要求"请小朋友翻阅这本有趣的绘本，帮助小猪找一找到底是谁咬了他的大饼吧！"在幼儿自主阅读的过程中，教师可巡回指导，关注幼儿在阅读过程中的行为，提示幼儿阅读的重点。

（3）师幼共同阅读。该环节是早期阅读的重要环节。首先，教师根据阅读前提出的问题引导幼儿结合画面进行回答，也可以先让幼儿说一说自己最感兴趣的内容，对于幼儿存在疑惑的画面教师需要重点讲解。然后在了解幼儿对该书认知情况的基础上，教师带领幼儿一起完整阅读，深入了解图书的细节和内容。最后，归纳图书内容，即引导幼儿根据画面说出故事的大致情节或主要内容。

（4）师幼研讨。通过前三个环节，幼儿已经基本掌握图书的基本内容，教师可以带领幼儿一起对书中的角色形象或更深层次的内容进行思考和讨论，如阅读完《大卫不可以》以后，教师可以引导幼儿结合生活经验想一想、说一说"大卫是个怎样的小朋友？""为什么大卫做了那么多不被妈妈允许的事情，甚至把花瓶打碎了，妈妈还会抱抱大卫，对他说'大卫乖，我爱你'？""如果是你，你在生活中会怎样做呢？"等。

## 三、实训模块

### （一）设计与实施谈话活动

1. 实训任务

（1）根据幼儿年龄特征和语言发展情况，制定合适的谈话活动主题。

（2）围绕谈话活动，设计逐层深入的问题。

（3）独立设计一份完整的谈话活动方案并进行微型课展示。

2.任务实施

(1)任务1:根据幼儿年龄特征和语言发展情况,制定合适的谈话活动主题(表3-11)。

表3-11　谈话活动主题制定任务表

| 年龄班级 | 谈话主题(数量不限) |
|---|---|
| 小班 |  |
| 中班 |  |
| 大班 |  |

(2)任务2:请围绕大班谈话活动《我的周末》,设计逐层深入的问题(表3-12)。

表3-12　《我的周末》问题设计表

| 问题1: |
|---|
| 问题2: |

(3)任务3:请根据幼儿年龄特点和语言发展特点,从任务1中选择其中一个主题设计谈话活动方案(表3-13)并进行微型课展示。

表3-13　谈话活动方案

| 活动名称: |
|---|
| 活动目标: |
| 活动准备: |
| 活动过程: |

3.实训评价(表3-14)

表3-14　谈话活动评价表[①]

| 项目 | 评价标准 | 分值 | 评价 | | |
|---|---|---|---|---|---|
| | | | 得分 | | |
| | | | 学生<br>(20%) | 教师<br>(40%) | 幼儿园教师<br>(40%) |
| 谈话内容 | 1.有趣新颖,对幼儿有一定的新鲜感 | 15 | | | |
| | 2.具体明确,为幼儿所熟悉,有一定的生活经验 | | | | |
| | 3.有教育意义,能促进幼儿全面发展 | | | | |

---

① 顾晓燕:《学前儿童语言教育与活动指导》,教育科学出版社,2022年,第225页。

续表3-14　谈话活动评价表

| 项目 | 评价标准 | 分值 | 评价 | | |
|------|---------|------|------|------|------|
| | | | 得分 | | |
| | | | 学生(20%) | 教师(40%) | 幼儿园教师(40%) |
| 预设目标 | 1.符合《幼儿园教育指导纲要(试行)》《3—6岁儿童学习与发展指南》精神,切合幼儿的语言发展水平和学习需要 | 15 | | | |
| | 2.涉及谈话兴趣、倾听习惯、拓展话题能力和交谈规则等核心内容 | | | | |
| | 3.从幼儿角度拟定,表述简洁明了,具体可操作 | | | | |
| 准备 | 1.经验准备充分,丰富幼儿相关经验 | 10 | | | |
| | 2.物质准备全面有效:创设良好的语境,提供必备的教玩具,有效利用多媒体手段(含PPT、希沃) | | | | |
| 活动过程 | 1.创设有趣的谈话情境,引入生动 | 50 | | | |
| | 2.环节清晰,过渡衔接自然,逐步展开话题 | | | | |
| | 3.以幼儿为主体,组织形式多样,引发幼儿运用已有经验自由交谈 | | | | |
| | 4.谈话氛围宽松自由,幼儿结伴充分交谈 | | | | |
| | 5.教师提问巧妙,教学方法灵活,助推话题延伸 | | | | |
| | 6.教师回应及时有效,师幼互动密切融洽 | | | | |
| | 7.有效借助玩教具和多媒体手段丰富谈话内容 | | | | |
| | 8.教师的隐形示范典型有效,引导幼儿获得谈话新经验 | | | | |
| | 9.围绕活动目标展开教学,重难点凸显 | | | | |
| | 10.教师教态大方亲切,语言组织和小结处理恰当 | | | | |
| 活动效果 | 1.有效实现活动目标 | 10 | | | |
| | 2.幼儿获得新的谈话经验 | | | | |
| 总成绩 | | | | | |

**(二)设计与实施讲述活动**

1.实训任务

(1)根据讲述活动的内容和对象特点,设计讲述活动目标。

(2)根据活动内容,独立设计完整的讲述活动方案并进行微型课展示。

2.任务实施

(1)**任务1**:请根据图3-28选定合适的年龄班级并制定相应的活动目标(表3-15)。

表3-15  活动目标制定表

| 认知目标: |
|---|
| 能力目标: |
| 情感目标: |

（2）任务2:请以《生活中的标识符号》为主题,选择合适的年龄班级进行活动方案撰写(表3-16),并进行微型课展示。

表3-16  讲述活动方案

| 活动名称: |
|---|
| 活动目标: |
| 活动准备: |
| 活动过程: |

3. 实训评价( 表 3-17)

表3-17  讲述活动评价表①

| 项目 | 评价标准 | 分值 | 评价 | | |
|---|---|---|---|---|---|
| | | | 得分 | | |
| | | | 学生（20%） | 教师（40%） | 幼儿园教师（40%） |
| 讲述内容 | 1. 直观形象,适宜幼儿直接感知理解 | 15 | | | |
| | 2. 想象丰富,启迪幼儿多维联想思考 | | | | |
| | 3. 有教育意义,能促进幼儿全面发展 | | | | |
| 预设目标 | 1. 符合《幼儿园教育指导纲要(试行)》《3—6 岁儿童学习与发展指南》精神,切合幼儿的语言发展水平和学习需要 | 15 | | | |
| | 2. 涉及讲述兴趣、感知理解、独立构思和独白语言发展等核心内容 | | | | |
| | 3. 从幼儿角度拟定,表述简洁明了,具体可操作 | | | | |
| 准备 | 1. 经验准备充分,丰富幼儿相关经验 | 10 | | | |
| | 2. 物质准备全面有效,创设讲述语境,提供必备教玩具,有效利用多媒体手段(含 PPT、希沃) | | | | |

---

① 顾晓燕:《学前儿童语言教育与活动指导》,教育科学出版社,2022 年,第230 页。

续表3-17 讲述活动评价表

| 项目 | 评价标准 | 分值 | 评价 | | |
|---|---|---|---|---|---|
| | | | 得分 | | |
| | | | 学生（20%） | 教师（40%） | 幼儿园教师（40%） |
| 活动过程 | 1.引入生动有趣,引发幼儿充分感知讲述对象和自由表达 | 50 | | | |
| | 2.环节清晰,过渡衔接自然,逐步推进讲述 | | | | |
| | 3.以幼儿为主体,组织形式多样,引发幼儿扩展想象和完整表达 | | | | |
| | 4.创设相对正式的语境,促进幼儿构思表达 | | | | |
| | 5.教师提问恰当,教学方法灵活,引导幼儿构思和充分表达讲述 | | | | |
| | 6.教师回应及时有效,师幼互动密切融洽,引发幼儿充分运用独白语言 | | | | |
| | 7.讲述示范典型到位,引导幼儿学习讲述新经验 | | | | |
| | 8.有效借助玩教具和多媒体手段,引发幼儿巩固和迁移新的讲述经验 | | | | |
| | 9.围绕活动目标展开教学,重难点凸显 | | | | |
| | 10.教师教态大方亲切,语言组织和小结处理恰当 | | | | |
| 活动效果 | 1.有效实现活动目标 | 10 | | | |
| | 2.幼儿获得新的讲述经验 | | | | |
| 总成绩 | | | | | |

**（三）设计与实施听说游戏**

1.实训任务

（1）根据听说游戏的主题,设计适宜的活动目标。

（2）根据听说游戏的主题,设计游戏的玩法和规则。

（3）根据听说游戏的内容,独立设计完整的讲述活动方案并进行微型课展示。

2.任务实施

（1）任务1:请根据儿歌《小动物怎么叫》选择合适的年龄班级并制定活动目标(表3-18)。

附:儿歌《小动物怎么叫》

小动物怎么叫

小花猫,喵喵喵,捉到老鼠喵喵喵。

小小鸡,叽叽叽,找到小虫叽叽叽。

小鸭子,嘎嘎嘎,吃到鱼虾嘎嘎嘎。

小黄狗,汪汪汪,啃到骨头汪汪汪。

表3-18　听说游戏活动目标制定表

| 认知目标： |
| --- |
| 能力目标： |
| 情感目标： |

（2）任务2：请根据《小动物怎么叫》，选择合适的年龄班级并制定游戏的玩法和规则（表3-19）。

表3-19　听说游戏设计表

| 游戏玩法： |
| --- |
| 游戏规则： |

（3）任务3：请自拟活动主题，选择合适的年龄班级，设计听说游戏活动方案，并进行微型课展示。

表3-20　听说游戏活动方案设计表

| 活动名称： |
| --- |
| 活动目标： |
| 活动准备： |
| 活动过程： |

3. 实训评价（表3-21）

表3-21　听说游戏评价表①

| 项目 | 评价标准 | 分值 | 评价 | | |
| --- | --- | --- | --- | --- | --- |
| | | | 得分 | | |
| | | | 学生（20%） | 教师（40%） | 幼儿园教师（40%） |
| 游戏内容 | 1.有趣好玩，适宜幼儿的语言水平，又具有一定的挑战性 2.规则明确，体现倾听和表达的要求 3.有教育意义，能促进幼儿全面发展 | 15 | | | |

---

① 顾晓燕：《学前儿童语言教育与活动指导》，教育科学出版社，2022年，第234-235页。

续表 3-21　听说游戏评价表

| 项目 | 评价标准 | 分值 | 评价 | | |
|---|---|---|---|---|---|
| | | | 得分 | | |
| | | | 学生<br>（20%） | 教师<br>（40%） | 幼儿园教师<br>（40%） |
| 预设<br>目标 | 1. 符合《幼儿园教育指导纲要(试行)》《3—6 岁儿童学习与发展指南》精神,切合幼儿的语言发展水平和学习需要 | 15 | | | |
| | 2. 涉及游戏兴趣、规则遵守、倾听和表达能力发展等核心内容 | | | | |
| | 3. 从幼儿角度拟定,表述简洁明了,具体可操作 | | | | |
| 准备 | 1. 经验准备充分,丰富幼儿相关经验 | 10 | | | |
| | 2. 物质准备全面有效,创设直观游戏情境,提供必备玩教具,有效利用多媒体手段(含 PPT、希沃) | | | | |
| 活动<br>过程 | 1. 引入生动有趣,激发幼儿参与游戏的积极性 | 50 | | | |
| | 2. 环节清晰,过渡衔接自然,逐步推进游戏 | | | | |
| | 3. 以幼儿为主体,组织形式多样,引发幼儿遵守规则和参与游戏 | | | | |
| | 4. 创设直观生动的游戏情境,促进幼儿合作游戏 | | | | |
| | 5. 游戏讲解示范准确到位,引导幼儿个别、分组游戏 | | | | |
| | 6. 教师提问恰当,组织方法灵活,促进幼儿愉快游戏 | | | | |
| | 7. 教师回应及时有效,师幼互动密切融洽,幼儿游戏练习充分 | | | | |
| | 8. 有效借助玩教具和多媒体手段引发幼儿自主游戏和改变玩法 | | | | |
| | 9. 围绕活动目标展开教学,重难点凸显 | | | | |
| | 10. 教师教态大方亲切,语言组织和小结处理恰当 | | | | |
| 活动<br>效果 | 1. 有效实现活动目标 | 10 | | | |
| | 2. 幼儿获得新的语言经验,促进倾听与表达能力发展 | | | | |
| 总成绩 | | | | | |

**(四)设计与实施文学作品活动**

1. 实训任务

(1)根据作品特点和幼儿语言发展水平,设计儿歌教学活动的目标。

(2)根据作品特点和幼儿语言发展水平,设计幼儿诗教学活动的目标,并进行仿编。

(3)设计故事教学活动方案,并进行微型课展示。

2.任务实施

（1）任务1：请根据儿歌《一排鸭子》，选择合适的年龄班级并制定活动目标（表3-22）。

附：儿歌《一排鸭子》

一排鸭子

一排鸭子，个子矮矮。

走起路来，屁股歪歪。

翅膀拍拍，太阳晒晒。

伸伸脖子，吃吃青菜。

表3-22　儿歌活动目标设计表

| | |
|---|---|
| 认知目标： | |
| 能力目标： | |
| 情感目标： | |

（2）任务2：请根据作品特点和幼儿语言发展水平，设计幼儿诗教学活动的目标，并进行仿编（表3-23）。

附：幼儿诗《家是什么》

家是什么

家，是一盏灯、一个屋檐、一张柔软的床。

有了灯，不再害怕夜晚没有星星和月亮。

有了屋檐，不再担心风吹和雨打。

有了床，累了，困了，可以睡上甜甜的觉，做个美美的梦。

家是太阳，是爸爸妈妈的笑容，是温暖的阳光。

表3-23　幼儿诗活动设计表

| | |
|---|---|
| 认知目标： | |
| 能力目标： | |
| 情感目标： | |
| 仿编： | |

（3）任务3：请设计《小青蛙卖泥塘》的活动方案（表3-24），并进行微型课展示。

表3-24　《小青蛙卖泥塘》活动方案设计表

| | |
|---|---|
| 活动名称： | |
| 活动目标： | |
| 活动准备： | |
| 活动过程： | |

3．实训评价(表 3-25)

表 3-25　文学作品活动评价表①

| 项目 | 评价标准 | 分值 | 评价 | | |
|---|---|---|---|---|---|
| | | | 得分 | | |
| | | | 学生<br>（20%） | 教师<br>（40%） | 幼儿园教师<br>（40%） |
| 作品<br>内容 | 1．主题鲜明、情节单纯、角色典型、意境优美 | 15 | | | |
| | 2．语言生动、浅显，诗歌节奏押韵、朗朗上口 | | | | |
| | 3．有教育意义，能促进幼儿全面发展 | | | | |
| 预设<br>目标 | 1．符合《幼儿园教育指导纲要(试行)》《3—6 岁儿童学习与发展指南》精神，切合幼儿的语言发展水平和学习需要 | 15 | | | |
| | 2．涉及倾听兴趣、文学语言学习、艺术想象力和审美创造力等核心内容 | | | | |
| | 3．从幼儿角度拟定，表述简洁明了，具体可操作 | | | | |
| 准备 | 1．经验准备充分，丰富幼儿相关经验 | 10 | | | |
| | 2．物质准备全面有效，创设作品情境，提供必备玩教具，有效利用多媒体手段(含 PPT、希沃) | | | | |
| 活动<br>过程 | 1．引入生动有趣，激发幼儿活动积极性 | 50 | | | |
| | 2．环节清晰，过渡衔接自然，逐步深入作品内涵 | | | | |
| | 3．以幼儿为主体，组织形式多样，引发幼儿欣赏和感受作品美 | | | | |
| | 4．活动氛围愉悦，作品意境直观，幼儿充分感知理解作品 | | | | |
| | 5．教师朗诵、讲述准确到位，引导幼儿朗读表达 | | | | |
| | 6．教师提问恰当，组织方法灵活，促进幼儿审美体验 | | | | |
| | 7．讲述示范典型到位，引导幼儿学习讲述新经验 | | | | |
| | 8．有效借助玩教具和多媒体手段引发幼儿分段或完整欣赏，自主表达表现作品 | | | | |
| | 9．围绕活动目标展开教学，重难点凸显 | | | | |
| | 10．教师教态大方亲切，语言组织和小结处理恰当 | | | | |
| 活动<br>效果 | 1．有效实现活动目标 | 10 | | | |
| | 2．幼儿学习多样化的文学语言，获得作品美感体验 | | | | |
| 总成绩 | | | | | |

---

① 顾晓燕：《学前儿童语言教育与活动指导》，教育科学出版社，2022 年，第 241 页。

**（五）设计与实施早期阅读活动**

1.实训任务

（1）仔细赏析图画书，设计活动目标。

（2）根据要求，设计幼儿自主阅读活动环节的指导要点。

（3）设计完整的活动方案，并进行微型课展示。

2.任务实施

（1）任务1：仔细赏析图画书《谁咬了我的大饼》，设计合适的活动目标（表3-26）。

表3-26 《谁咬了我的大饼》活动目标设计表

| 认知目标： |
| --- |
| 能力目标： |
| 情感目标： |

（2）任务2：根据《谁咬了我的大饼》的内容以及幼儿水平，设计自主阅读环节的指导要点（表3-27）。

表3-27 《谁咬了我的大饼》指导要点设计表

| 引导语： |
| --- |
| 提出阅读要求： |
| 教师指导要点： |

（3）任务3：请选择适合幼儿欣赏的绘本，自选年龄班级，设计完整的活动方案（表3-28），并进行微型课展示。

表3-28 早期阅读活动方案设计表

| 活动名称： |
| --- |
| 活动目标： |
| 活动准备： |
| 活动过程： |

3. 实训评价(表3-29)

表3-29　早期阅读活动评价表①

| 项目 | 评价标准 | 分值 | 评价 | | |
|------|---------|------|------|------|------|
| | | | 得分 | | |
| | | | 学生<br>(20%) | 教师<br>(40%) | 幼儿园教师<br>(40%) |
| 阅读内容 | 1.画面单纯、直观,形象生动、典型,色彩和谐,页码适中,利于幼儿读图猜测 | 15 | | | |
| | 2.主题鲜明、内容浅显,利于幼儿阅读和理解 | | | | |
| | 3.有教育意义,能促进幼儿全面发展 | | | | |
| 预设目标 | 1.符合《幼儿园教育指导纲要(试行)》《3—6岁儿童学习与发展指南》精神,切合幼儿的语言发展水平和学习需要 | 15 | | | |
| | 2.涉及阅读兴趣、书面语言学习、阅读习惯和能力等核心内容 | | | | |
| | 3.从幼儿角度拟定,表述简洁明了,具体可操作 | | | | |
| 准备 | 1.经验准备充分,丰富幼儿相关经验 | 10 | | | |
| | 2.物质准备全面有效,创设阅读情境,提供必备玩教具,有效利用多媒体手段(含PPT、希沃) | | | | |
| 活动过程 | 1.引入生动有趣,引发幼儿观察猜测封面、认读书名 | 50 | | | |
| | 2.环节清晰,过渡衔接自然,逐步推进阅读 | | | | |
| | 3.以幼儿为主体,组织形式多样,引发幼儿观察理解和自主阅读 | | | | |
| | 4.阅读氛围良好,幼儿自主愉快阅读,学习书面语言 | | | | |
| | 5.教师翻书、看书的示范准确到位,引导幼儿学习阅读方法,养成阅读习惯 | | | | |
| | 6.教师提问恰当,组织方法灵活,促进幼儿阅读表现 | | | | |
| | 7.教师回应及时有效,师幼互动密切融洽,幼儿体验阅读的愉悦 | | | | |
| | 8.有效借玩教具和多媒体手段引发幼儿分段或完整阅读,锻炼自主阅读能力和语言表达能力 | | | | |
| | 9.围绕活动目标展开教学,重难点凸显 | | | | |
| | 10.教师教态大方亲切,语言组织和小结处理恰当 | | | | |
| 活动效果 | 1.有效实现活动目标 | 10 | | | |
| | 2.幼儿获得阅读的新经验,增进对阅读的热爱,养成良好的阅读习惯 | | | | |
| 总成绩 | | | | | |

---

① 顾晓燕:《学前儿童语言教育与活动指导》,教育科学出版社,2022年,第245-246页。

## 四、案例资源

**案例一　讲述活动：大班谈话活动《秋游去哪里玩》**

### 一、设计思路

秋高气爽,风轻云淡,气候宜人。秋天丰富而多彩,它是个丰收的季节,是个充满喜悦的季节,是个处处都蕴涵着教育契机的季节。大班的孩子具有强烈的探究欲望,并已具备了一定的秋游的生活经验,在语言方面也能够较清楚地围绕某一主题展开讨论,表述人物、事件等内容。因此,结合孩子们的生活经验,围绕"秋天去哪里玩"展开具有思辨性的谈话活动,共同协商秋游的去处。引导儿童在活动中大胆地表述自己的想法,鼓励幼儿表明反对或支持同伴的观点,说明选择或判断的理由,充分发挥幼儿的语言能力及解决问题的能力。

### 二、活动目标

(1) 了解辩论的基本形式,表达自己对秋游的期望和想法。

(2) 能够自信、大胆、清晰地描述自己喜欢去秋游的地点并说明理由。

(3) 积极参与辩论活动,愿意倾听并尊重其他人的观点,养成良好的沟通习惯。

### 三、活动重难点

重点:能大胆表达自己关于秋游的意见,体验辩论交流的乐趣。

难点:能用辩论的方法描述自己喜欢去哪里秋游,并从多个角度说明理由。

### 四、活动准备

物质准备:投票板,投票叶,秋游计划表。

经验准备:幼儿已有秋游经验,对秋游地点有一定了解,自主制订了自己的秋游计划。

### 五、活动过程

1. 谈话导入

教师:"小朋友,秋天到了,你们知道秋天与其他季节有什么不一样的地方吗?"

幼儿:"天气转冷、树叶凋落、水果丰收、粮食成熟等。"

教师:"秋天到了,美丽的大自然发生了许多变化,老师有一个想法:让我们一起去秋游体验一下秋天的大自然吧。"

2. 出示投票板,让幼儿自主投票

教师:"课前老师已经筛选了适合秋游的五个地点,老师现在发给每个小朋友一片落叶,请小朋友们选择一个自己最想去的秋游地点。小朋友们可以排着队有序地进行。"

规则:一人一票,在自己心仪的秋游地点贴上贴纸。

3. 夸一夸,我的计划最好玩

(1) 根据投票结果,幼儿分成两组面对面辩论。教师展示得票率最高的两个实景图片:王城公园和隋唐植物园。帮助小朋友进入辩论状态。

教师:"下面进入第一个环节:轮流辩论。轮流就是要一个接一个,你们这边说为什么要去王城公园,那边的小朋友就要说为什么去隋唐植物园。如果现在有小朋友正在发言,那其他的小朋友和老师应怎么做呀?没错!我们应该安安静静地认真听这位小朋友表达自己的观点。现在小朋友是不是了解了辩论的规则了?那我们现在立马开始吧。"

幼儿轮流发言,表明自己的观点和理由。

(2)教师提示,幼儿讨论过后开始举手发言。教师引导幼儿展开思考,讨论本次辩论赛中不同的原因和理由。

教师:"老师现在听了两组小朋友都讲了自己的观点和理由,老师觉得,大家对幼儿园的景色都很感兴趣,那小朋友们想一下,还有没有其他的地方吸引我们呢?老师现在给小朋友一分钟的时间。小朋友们现在可以和组内的小伙伴讨论一下。接下来我们继续进入下一个环节举手发言,经过刚刚的讨论,大家要说出和之前不一样的理由了。"

幼儿举手发言说出自己的观点和理由。

(3)幼儿进行自由辩论环节。教师提供给幼儿五分钟的时间让幼儿自由辩论。

教师:"我们现在进入第三个环节:自由辩论。自由辩论最重要的就是要说服对方。我们现在立马来试一试!你们谁想说都可以不用举手,谁先站起来谁就可以先说。"

4.决一决,确认"我们的秋游理想地"

辩论完毕,幼儿通过举手表决确定了最终"秋游理想地"。

教师:"小朋友们,刚才你们都说了很多的理由,现在就可以开始举手做最后的选择了,举手比较多的地方就可以成为我们的秋游理想地。"

教师:"经过大家激烈的辩论,我们终于选出了大家都满意的'秋游理想地'。"

5.幼儿自主说说自己的表现,老师加以总结

教师:"小朋友们,今天是你们第一次进行这样的活动。你们感觉自己表现得怎么样呀?说说自己好在哪里,那有没有觉得今天的表现有一点点不好的地方呢?"

## 六、活动延伸

(1)幼儿向家长描述自己喜欢去哪里秋游,并说明理由。

(2)幼儿回家后和爸爸妈妈一起商量秋游需要准备的物品。

(设计者:蔡露露)

**案例二 讲述活动:中班讲述活动《水果多又多》**

### 一、设计意图

《3—6岁儿童学习与发展指南》中指出,4—5岁儿童"能基本完整地讲述自己的所见所闻和经历的事情""讲述较连贯",而中班幼儿的讲述普遍呈现无序性的特点,且讲述是呈点状的,而非完整的面状的讲述。讲述活动《水果多又多》正是结合《3—6岁儿童学习与发展指南》和中班幼儿年龄特点所设计与组织的,本活动将语言领域、社会领域、科学领域相关核心经验有机结合,选取"水果"为讲述的主要凭借物,设计的三维目标全面、具体、清晰,且与活动内容紧密相连。

### 二、活动目标

(1)知道围绕水果的主要特征进行讲述。

(2)能用较完整的语句讲述水果的形状、颜色、触觉、味觉等。

(3)大胆清楚讲述自己喜欢的水果,初步获得水果讲述的迁移能力。

### 三、活动重难点

重点:能大胆表述水果的不同性状与特征。

难点:讲述比较完整。

**四、活动准备**

物质准备:香蕉、火龙果、苹果、石榴等水果;猜谜的展示盒;有关形状、颜色、触觉等的提示图。

经验准备:中班幼儿对于水果积累了较为丰富的认识与经验。

**五、活动过程**

1. 谈话导入

利用有趣的水果呈现方式,引导幼儿尝试一句话的讲述。幼儿能用一句话讲清出现的水果是怎样的。

教师:"小朋友们,上午好! 今天我们要举办一个水果品尝会,老师带来了很多水果,那现在我们一起来看一看都有什么吧!"

教师逐一出示水果,幼儿说出水果名称。

2. 看一看,讲一讲

(1)游戏:水果跳出来,引导幼儿尝试一句话的讲述。

教师:"准备开始咯! 水果,水果跳出来,1、2、3,香蕉跳出来了(教师出示香蕉)。它想让你们看一看、讲一讲香蕉是怎么样的。"

(教师提问,幼儿回答,进行总结)

教师总结:香蕉是弯弯的,像月亮,香蕉是黄黄的,像她衣服的颜色。那么香蕉还是怎么样的?

(2)出示特征提示图,引导幼儿尝试一段话的讲述。

教师:"刚才,我们介绍了两种水果,我们是从它的哪些方面讲的呢?"

教师总结:要把一个水果讲得很清楚的话,要讲它的形状、颜色、摸上去的感觉、闻上去的味道、吃上去的感觉(边说边出示提示图)。当你把这些特征说出来的时候,这个水果就讲得很清楚、很完整,大家就能听明白了。

教师:"这里有这么多的水果,有哪位小朋友想上来尝试一下吗? 介绍的时候,可以按照这些提示图一个一个地讲。"

3. 听一听、猜一猜

利用猜谜游戏,引导幼儿尝试一段话的讲述,并学习仔细地倾听、分辨同伴的讲述。

(1)众人讲,一人猜(一句话讲述)。

教师:"现在我们一起看一样水果,请一位小朋友猜一猜。其他小朋友要注意,要把你看到的水果的名字放在心里,不能讲出来。谁愿意上来猜一猜呢?"

(2)一人讲,众人猜(一段话讲述)。

请一位幼儿将自己看到的水果,用一段话进行讲述,能将水果的形状、颜色、触觉、味觉等进行比较清楚的描述,请大家听一听、猜一猜。教师引导幼儿在描述之前加上"我给大家猜一样水果",最后加上"请你说说它是谁"。

4. 水果品尝会

教师:"小朋友们可真棒呀! 学会了介绍一样水果要介绍它的形状、颜色、摸上去的感觉、闻上去的味道、吃上去的感觉。"

教师:"那么,水果品尝会开始啦! 你们选择一样自己喜欢的水果,放在桌子上,和朋友们一起品尝一下吧!"

### 六、活动延伸

鼓励幼儿将介绍水果的经验迁移到生活中,向家长介绍水果和食物等。

(设计者:徐浩楠)

**案例三　听说游戏:小班听说游戏《公鸡头,母鸡头》**①

### 一、活动目标

(1)能够正确发出"g、j、h"的音,正确说出公鸡、母鸡、黄豆等词,并会用礼貌用语打招呼。

(2)在游戏中培养注意倾听的习惯,能够听懂并理解简单的游戏规则。

(3)乐意与同伴一起游戏,共同参与猜测和判断的游戏活动。

### 二、活动准备

(1)手指玩偶公鸡和母鸡。

(2)黄豆、红豆、积木等小物品若干。

### 三、活动过程

(1)出示手指玩偶,设置游戏情境。教师分别出示手指玩偶,以玩偶的口吻与幼儿问好,如:"我是公鸡头,小朋友好!"通过自我介绍和相互问好的形式带领幼儿练习发准"公鸡"和"母鸡"的字音。教师要及时纠正幼儿的发音,告诉幼儿下面做个游戏,猜猜黄豆在哪头。

(2)教师出示黄豆,表演游戏。教师边念游戏儿歌,边表演动作,最后伸出两个拳头,请幼儿猜猜黄豆在哪头。游戏进行2~3次。教师重点带领幼儿练习公鸡、母鸡、黄豆等词的发音,先集体练习,后请个别幼儿念一念,及时纠正不正确的发音。

(3)教师引导幼儿游戏。教师请两位幼儿表演"公鸡头,母鸡头"的游戏活动,让幼儿纠正不正确的发音,掌握游戏的玩法。提醒幼儿注意规则:猜错了就继续游戏,猜对了就将黄豆交给对方,交换角色,重新开始游戏。

(4)幼儿自主游戏。

**案例四　文学作品活动:大班文学作品活动《落叶》**

### 一、设计意图

《幼儿园教育指导纲要(试行)》中提出"引导幼儿接触优秀的儿童文学作品,使之感受语言的丰富和优美,并通过多种活动帮助幼儿加深对作品的体验和理解"。设计这个活动让孩子们发现自然界中的树叶的变化,欣赏秋天的美,能初步感受文学语言的美。提高孩子对美的鉴赏能力,陶冶幼儿的审美情趣。

### 二、活动目标

(1)理解幼儿诗《落叶》的内容。

(2)能有感情地朗诵幼儿诗,尝试用"树叶落在哪里? 谁来了,把它当作什么?"句式仿编散文诗。

---

① 张明红:《学前儿童语言教育与活动指导》,华东师范大学出版社,2021年,第252页。

（3）感受幼儿诗表达的秋天的优美意境,喜欢亲近大自然。

### 三、活动重难点

活动重点:理解幼儿诗《落叶》的内容,感受幼儿诗表达的秋天的优美意境。

活动难点:能用"树叶落在哪里? 谁来了,把它当作什么?"的句式仿编幼儿诗。

### 四、活动准备

物质准备:图片、PPT、落叶。

经验准备:大班幼儿有了解幼儿诗的经验,了解自然中秋天的变化。

### 五、活动过程

1. 出示树叶,谈话导入

教师:"今天老师捡到一些树叶,你们猜猜,这些树叶是落在哪里被老师捡到的?"

教师对幼儿的回答做出回应后,引出幼儿诗。

教师:"小朋友的想法可真丰富,今天老师为大家带来一首关于落叶的幼儿诗,我们一起听听诗中的落叶都落在哪里了。"

2. 初步理解幼儿诗

教师完整朗诵幼儿诗,并根据幼儿诗内容进行提问。结合幼儿的回答,出示诗中相应的内容图片。

3. 深入理解幼儿诗,并尝试结合图谱进行朗诵

教师:"刚才我们听到了落叶落到了地上、沟里……都有哪些小动物来了呢? 又把这些树叶当作什么了? 我们再来听一遍吧!"

教师再次朗诵幼儿诗后,根据幼儿的回答,出示诗中相应的内容图片,形成完成的诗歌图谱,并引导幼儿结合图谱进行朗诵。

4. 经验迁移,进行仿编

教师:"小朋友们,我们知道了诗中的树叶落到了地上、沟里、河里、院子里,被不同的小动物发现了,并且把它们当作了屋子、小船,等等,那请你们想一想,树叶还会落到哪里,会被谁发现,把它当作什么呢?"引导幼儿相互讨论后,进行仿编。

### 六、活动延伸

鼓励幼儿将所创编的幼儿诗用图画的形式表现,并进行张贴展示。

**附:幼儿诗《落叶》**

落叶

秋天到了,天气凉了,一片片树叶从树枝上落下来。

树叶落在地上,小虫爬过来,躺在里面,把它当作屋子。

树叶落在沟里,蚂蚁爬过来,坐在上面,把它当作小船。

树叶落在河里,小鱼游过来,藏在底下,把它当作小伞。

树叶落在院子里,燕子看见了说:"来信了,催我们到南方去了。"

（设计者:张思琪）

## 第六节　学前儿童音乐教育活动设计与指导实训

### 一、知识基础

#### （一）学前儿童音乐教育活动的含义

学前儿童音乐教育是以音乐为学习内容的教育实践活动。它是儿童音乐学与学前儿童教育学相互交融的产物，是一门实践性很强的学科。它是根据学前儿童生理和心理发展的特点对儿童实施音乐教育的。[1]

#### （二）学前儿童音乐教育活动的目标

1. 学前儿童音乐教育活动的总目标

（1）《幼儿园教育指导纲要（试行）》中音乐领域的总目标。①能初步感受并喜爱环境、生活和艺术中的美；②喜欢参加艺术活动，并能大胆地表现自己的情感和体验；③能用自己喜欢的方式进行艺术表现活动。

（2）《3—6岁儿童学习与发展指南》中音乐领域的总目标。幼儿艺术领域学习的关键在于充分创造条件和机会，在大自然和社会文化生活中萌发幼儿对美的感受和体验，丰富其想象力和创造力，引导幼儿学会用心灵去感受和发现美，用自己的方式去表现和创造美。

2.《幼儿园教育指导纲要（试行）》《3—6岁儿童学习与发展指南》中音乐领域目标的具体内容与要求

（1）《幼儿园教育指导纲要（试行）》中音乐领域目标的具体内容与要求。

1）引导幼儿接触周围环境和生活中美好的人、事、物，丰富他们的感性经验和审美情趣，激发他们表现美、创造美的情趣。

2）在艺术活动中面向全体幼儿，要针对他们的不同特点和需要，让每个幼儿都得到美的熏陶和培养。对有艺术天赋的幼儿要注意发展他们的艺术潜能。

3）提供自由表现的机会，鼓励幼儿用不同艺术形式大胆地表达自己的情感、理解和想象，尊重每个幼儿的想法和创造，肯定和接纳他们独特的审美感受和表现方式，分享他们创造的快乐。

4）在支持、鼓励幼儿积极参加各种艺术活动并大胆表现的同时，帮助他们提高表现的技能和能力。

5）指导幼儿利用身边的物品或废旧材料制作玩具、手工艺品等，来美化自己的生活或开展其他活动。

6）为幼儿创设展示自己作品的条件，引导幼儿相互交流、相互欣赏、共同提高。

（2）《3—6岁儿童学习与发展指南》中音乐领域目标的具体内容与要求。

---

1)感受与欣赏。喜欢自然界与生活中美的事物;喜欢欣赏多种多样的艺术形式和作品。

2)表现与创造。喜欢进行艺术活动并大胆表现;具有初步的艺术表现与创造能力。

### (三)学前儿童音乐教育活动的类型和内容

1. 歌唱活动

(1)概念。教师选取适合学前儿童年龄特点的音乐作品,采用有趣、有效的方法,引导幼儿在理解内容的基础上,演唱、表现作品的活动。

(2)特点。歌唱是幼儿进入音乐世界最自然的途径,幼儿园歌唱活动具有以下特点:①歌唱活动中包含了许多音乐知识和技能,可以培养幼儿的音乐感受能力、表现能力和鉴赏能力;②歌唱活动引导幼儿在歌声中分享人类生活的美好感情,学会通过歌声与人传情达意、增进交流,是丰富情感体验和提高情感表达能力的重要途径。[①]

(3)分类。独立演唱和合作演唱。

2. 韵律活动

(1)概念。教师选取适合学前儿童年龄特点的音乐作品,采用有趣、有效的方法,引导幼儿在理解内容的基础上,用合拍动作表现作品的活动。

(2)特点。动作是幼儿表达和再现音乐的一种最直接、最自然的手段。学前儿童韵律活动既能满足幼儿对音乐参与、探究的需求,也能促进幼儿身体运动能力和协调性的发展,还能促进幼儿个性、社会性的发展。[②]

(3)分类。基本动作、模仿动作、舞蹈动作。

3. 打击乐活动

(1)概念。教师选取适合学前儿童年龄特点的音乐作品和乐器,采用有趣、有效的方法,引导幼儿在理解内容的基础上,合拍演奏打击乐的活动。

(2)特点。打击乐器是通过敲击、摇动、摩擦、刮等方式产生声音效果的一类乐器。这类乐器是人类最古老的乐器,也是幼儿最易掌握的一类乐器。在打击乐演奏过程中,幼儿不仅可以掌握乐器演奏的知识与技能、发展节奏感,而且能发展对音色、曲式结构、多声部的感受能力,培养合作、创新的意识与能力。[③]

(3)分类。鼓类、木质类、金属类、散响类。

4. 欣赏活动

(1)概念。教师选取适合学前儿童年龄特点的音乐作品,采用有趣、有效的方法,引导幼儿在理解内容的基础上,欣赏作品的活动。

(2)特点。音乐欣赏可以发展幼儿的欣赏能力和审美能力,开阔幼儿的音乐视野,丰富幼儿欣赏音乐的经验,萌发幼儿初步地感受美和表现美的情趣。

(3)分类。欣赏歌曲、欣赏器乐曲、欣赏其他音乐作品。

---

① 许卓雅:《幼儿园音乐教育与活动设计》,长春出版社,2013,第46页。

② 许卓雅:《幼儿园音乐教育与活动设计》,长春出版社,2013,第127页。

③ 许卓雅:《幼儿园音乐教育与活动设计》,长春出版社,2013,第209页。

（四）学前儿童音乐教育活动的方法和途径

1. 方法

（1）示范模仿法。

（2）视、听、讲、做结合法。

（3）游戏法。

（4）表演法。

2. 途径

（1）专门的音乐活动。

（2）一日生活活动中的音乐学习活动。

（3）其他领域中的音乐学习活动。

## 二、能力模块

（一）歌唱活动的设计与实施能力

1. 歌唱活动的内容选择

（1）歌词的选择有童趣并且易于幼儿理解和记忆。

（2）曲调起伏小，音域窄。

（3）节奏简单。

（4）结构短小、工整。

2. 歌唱活动的设计与实施

（1）歌唱活动的设计类型。

1）从动作入手的歌唱活动设计。

2）从歌词入手的歌唱活动设计。

3）从旋律入手的歌唱活动设计。

4）从游戏入手的歌唱活动设计。

（2）歌唱活动的实施要点。

1）淡化伴奏，为幼儿提供清晰的歌曲伴奏和范唱。

2）轻声入手，教师范唱应准确、优美。

3）幼儿学习新歌时，倾听不少于5遍。

4）组织幼儿创编时，教师应提供创编的思路和改善建议。

5）组织幼儿创编时要坚持"够用原则"。

（二）韵律活动的设计与实施能力

1. 韵律活动的内容选择

（1）动作选择：从小班到大班，逐渐从基本动作、模仿动作，过渡到舞蹈动作。

（2）音乐选择：结构工整、节奏清晰、形象鲜明、旋律优美。

（3）道具选择：便于操作、便于活动、便于想象。

2. 韵律活动的设计与实施

（1）韵律活动的设计类型。

1）从故事入手的韵律活动设计。

2）从空间或队形入手的韵律活动设计。

3）从音乐入手的韵律活动设计。

4）从动作入手的韵律活动设计。

5）从舞谱入手的韵律活动设计。

（2）韵律活动的实施要点。

1）使用固定指示语表示特定的队形。

2）使用标志减轻幼儿空间认知的负担。

3）利用稳定的空间状态教授新内容。

4）先让音乐的速度跟随幼儿,再让幼儿跟随音乐的速度。

5）师幼合作在先,幼幼合作在后。

6）使用快节奏的有声语言。

### （三）打击乐活动的设计与实施能力

1. 打击乐活动的内容选择

（1）音乐选择:旋律优美、形象鲜明、节奏清晰、结构工整,针对不同年龄班选择不同音乐。

（2）打击乐选择:音色好,大小、形状、重量、演奏方式、配器与幼儿年龄特点吻合。

2. 打击乐活动的设计与实施

（1）打击乐活动的设计类型。

1）从乐曲入手的打击乐活动设计。

2）从配器方案入手的打击乐活动设计。

3）从乐器探索入手的打击乐活动设计。

4）从故事讲述入手的打击乐活动设计。

（2）打击乐活动的实施要点。

1）指导幼儿欣赏音乐。

2）设计或学习变通总谱。

3）徒手练习,包括分声部和集体练习。

4）使用乐器练习演奏。

5）发展性练习。

### （四）欣赏活动的设计与实施能力

1. 欣赏活动的内容选择

（1）歌曲。

（2）器乐曲。

（3）其他优秀音乐。

2. 欣赏活动的设计与实施

（1）欣赏活动的设计类型。

1）从音乐入手的欣赏活动设计。

2）从歌词方案入手的欣赏活动设计。

3）从动作探索入手的欣赏活动设计。

4）从故事讲述入手的欣赏活动设计。

（2）欣赏活动的实施要点。

1）指导幼儿欣赏音乐。

2）引导幼儿运用多感官参与。

## 三、实训模块

### （一）设计与实施歌唱活动

1. 实训任务

以小组为单位,分享歌唱活动的活动设计和实施。

2. 任务实施

（1）任务1:撰写活动方案。

（2）任务2:分析活动实施。

（3）任务3:做PPT进行小组汇报。

3. 实训评价

（1）任务1评价:活动方案结构完整,内容合理。

（2）任务2评价:活动实施分析条理清晰,认识正确。

（3）任务3评价:PPT简洁明了,小组汇报详略得当。

### （二）设计与实施韵律活动

1. 实训任务

以小组为单位,分享歌唱活动的活动设计和实施。

2. 任务实施

（1）任务1:撰写活动方案。

（2）任务2:分析活动实施。

（3）任务3:做PPT进行小组汇报。

3. 实训评价

（1）任务1评价:活动方案结构完整,内容合理。

（2）任务2评价:活动实施分析条理清晰,认识正确。

（3）任务3评价:PPT简洁明了,小组汇报详略得当。

### （三）设计与实施打击乐游戏

1. 实训任务

以小组为单位,分享歌唱活动的活动设计和实施。

2. 任务实施

（1）任务1:撰写活动方案。

(2)任务2:分析活动实施。

(3)任务3:做PPT进行小组汇报。

3.实训评价

(1)任务1评价:活动方案结构完整,内容合理。

(2)任务2评价:活动实施分析条理清晰,认识正确。

(3)任务3评价:PPT简洁明了,小组汇报详略得当。

**(四)设计与实施欣赏活动**

1.实训任务

以小组为单位,分享歌唱活动的活动设计和实施。

2.任务实施

(1)任务1:撰写活动方案。

(2)任务2:分析活动实施。

(3)任务3:做PPT进行小组汇报。

3.实训评价

(1)任务1评价:活动方案结构完整,内容合理。

(2)任务2评价:活动实施分析条理清晰,认识正确。

(3)任务3评价:PPT简洁明了,小组汇报详略得当。

# 四、案例资源

**案例一    大班音乐活动说课稿《想吃肉的小狐狸》**

**一、设计意图**

5—6岁的幼儿有一定的音乐感受能力,他们动作的协调性、分辨音乐性质的能力、对音乐的情绪体验较中班都有所增强,并且能以象征、想象的方式来演绎乐曲。《幼儿园教育指导纲要(试行)》《3—6岁儿童学习与发展指南》指出,应该支持幼儿"富有个性和创造性的表达,积极参加艺术活动并大胆表现,能用律动或简单的舞蹈动作表现自己的情绪"。因此,本次活动通过创设狐狸偷肉的故事情境,试图让幼儿在听一听、做一做、玩一玩的过程中感受乐曲的旋律、节奏、速度、结构形式,进而促进幼儿的音乐感受力、表现力、创作力等音乐素质和音乐能力的发展。

**二、活动目标**

(1)认知目标:感受音乐节奏的变化,体会宽疏的节奏与密集节奏的不同。

(2)技能目标:根据音乐节奏的变化,能用不同的动作和表情进行音乐表现。

(3)情感目标:在听音乐、做动作的音乐活动中感受到快乐。

**三、活动重难点**

重点:根据音乐节奏的变化,能用不同的动作和表情进行音乐表现。

难点:在较快的音乐节奏中合拍地做动作。

**四、设计思路**

本次活动让狐狸偷肉的故事情节贯穿于音乐学习的全过程,并通过曲式图谱,让幼儿体会音乐的节奏变化。整个活动遵循"循序渐进、层层深入"的教学原则,通过欣赏乐曲、分析乐曲、创编动作、演绎乐曲、音乐游戏等五个层层递进的环节,让幼儿认识乐曲的结构,体会宽疏的节奏与密集节奏的不同;同时,能根据音乐节奏的变化,用不同的动作和表情进行音乐表现,感受音乐活动的快乐和音乐艺术的美,进而促进幼儿音乐感受力、音乐表现力、音乐创作力等音乐素质和音乐能力的发展。

### 五、活动过程

1. 导入部分

情境故事表演,整体感受音乐,激发活动兴趣。

2. 基本部分

利用曲式图谱,分段感受音乐节奏的宽疏与密集,并在理解节奏型的基础上做跑、闻、转、跳、逃等动作练习。

3. 结束部分

在重复游戏中再次熟悉乐曲的旋律、节奏、速度、结构形式,体验音乐活动的乐趣。

## 案例二　　中班音乐活动说课稿《扮家家》

### 一、设计意图

(1)落实《幼儿园教育指导纲要(试行)》和《3—6 岁儿童学习与发展指南》中对艺术领域的要求。《幼儿园教育指导纲要(试行)》提出:"要激发幼儿感受美、表现美的情趣;丰富他们的审美经验,使之体验自由表达和创造的快乐。"《3—6 岁儿童学习与发展指南》中提出幼儿园艺术领域包含两个层次:感受与欣赏,表现与创造。因此,本次活动将让幼儿通过充分感受与欣赏音乐,激发自身审美情趣;通过大胆表现和创造音乐,体验表达和创造的快乐。

(2)发展中班幼儿在音乐领域的最近发展区,中班幼儿具备初步演唱短小歌曲和跟随熟悉的音乐做身体动作的能力,但是,其歌唱方式、多样化肢体表现的水平,还需要在大胆表现的过程中逐步提升。

(3)《扮家家》的歌词贴近幼儿生活,旋律清新流畅的歌曲,适合中班孩子理解。

### 二、活动目标

结合设计意图,本次活动的目标,主要涵盖认知、能力和情感三个层面:

(1)感受、欣赏歌曲活泼、生动的风格特点。

(2)基本准确演唱歌曲,大胆创编动作并表演。

(3)体验参与歌表演的乐趣。

### 三、活动重难点

活动重点:在充满乐趣的氛围中,感受音乐风格特点,并尝试进行多种形式的歌表演。(活动中,教师以角色游戏为载体,引导幼儿通过听一听、说一说、唱一唱、演一演等方式,逐步掌握这一重点。)

活动难点:大胆为歌曲创编动作(首先,教师引导幼儿结合已有经验,尝试做爸爸妈妈的动作;其次,鼓励幼儿结合歌词,大胆为歌曲创编动作;最后,通过幼儿间相互交流和老师适时、适当的指导,逐步完善动作的创编,从而突破这一活动难点。)

### 四、教学方法

1. 多感官参与法

活动中,引导幼儿用耳朵听、眼睛看、嘴巴说、身体做、大脑想等方式,充分调动幼儿多种感官参与活动,从而高效完成活动目标。

2. 游戏法

活动中,以角色游戏为载体,引导幼儿通过感知角色、表现角色,充分体验音乐活动中角色扮演的乐趣。这也体现了《幼儿园教育指导纲要(试行)》中"幼儿在艺术活动过程应有愉悦感"这一要求。

### 五、活动准备

为了有效开展活动过程,我做了如下准备。

1. 经验准备

幼儿参与扮家家游戏的已有经验。

2. 物质准备

音频:《扮家家》音乐及伴奏。

实物:领结、公文包、丝巾、厨师帽、布娃娃等。

### 六、活动过程

本次活动,包含两个阶段

(一)第一阶段:多感官参与,感受音乐

本阶段主要包含以下两个环节:

**环节一:调动已有社会经验,初步感受音乐**

首先,让幼儿围圈坐下,我会俯身询问幼儿:"小朋友们,你们都玩过扮家家的游戏吗?你们都扮演过谁呢?"等幼儿回应后,引导幼儿尝试爸爸妈妈的动作;然后,跟随伴奏,进行多次律动。

试课过程中,幼儿对妈妈动作的表演是这样的:抱娃娃、照镜子和擦桌子。那么,跟随伴奏,幼儿律动就是这样的……

本环节的目的是:调动幼儿已有扮家家的生活经验,为接下来理解歌词做准备。同时,通过多遍随乐律动,达到让幼儿初步感知歌曲的目的。

**环节二:理解歌词、创编动作,进一步感受音乐**

我会告诉幼儿:"接下来,老师要为大家演唱一首歌曲,名字也叫《扮家家》,请小朋友们仔细听,然后告诉老师,你们都听到什么。"

完整欣赏歌曲后,引导幼儿大胆用语言表达对歌曲的理解,包括音乐的歌词、情绪等。然后,我会用多媒体再次完整播放音乐,引导幼儿复述歌词,并创编动作。情景再现创编过程中,我会时刻关注每个幼儿的表现:对于大胆表现的幼儿,要给予充分的尊重和肯定;对于有需要的幼儿,要给予适时、适当的引导,从而落实《幼儿园教育指导纲要(试行)》中这一要求:"尊重幼儿发展水平的个体差异,因人施教"。

本环节的目的是:通过教师清唱和媒介范唱,引导幼儿进一步感知歌曲的目的,达成本次活动的认知目标。然后,引导幼儿大胆创编动作,从而突破活动难点,为下一环节多种形式的歌表演做准备。

至此,活动第一阶段结束,基本完成感受、欣赏歌曲风格特点,以及大胆为歌曲创编动作的活动目标。

(二)第二阶段:多形式歌表演,表现音乐

本阶段主要包含以下三个环节:

**环节一:加入歌唱,初尝歌表演**

首先,我会播放音乐伴奏,引导幼儿结合动作,尝试用自然、音量适中的声音演唱歌曲,初次体验完整歌表演。对于幼儿在歌唱过程中出现的问题,我会给予适当引导。

本环节的主要目的是:发展幼儿的歌唱能力;同时,引导幼儿结合动作,初次尝试完整歌表演,为下一步进行分角色歌表演做准备。

**环节二:划分角色,练习歌表演**

首先,我会和幼儿分别扮演爸爸和妈妈,进行初次分角色歌表演。等幼儿了解规则后,再按照座位、性别、自愿等方式,多次进行分角色歌表演。过程中,对于合作有困难的幼儿,我也会给予适时、适当的引导。

本环节的目的是:通过多种形式的分角色表演,逐步提高幼儿对歌曲《扮家家》的歌唱和表演能力,达成本次活动的能力目标,基本解决活动重点。

**环节三:加入道具,趣味歌表演**

首先,我会引导幼儿两两自由结合,然后为幼儿提供丰富的道具,引导幼儿根据角色需要,自主选择道具并装扮,小组合作并表演。最后,引导幼儿相互交流、相互欣赏、共同提高。

本环节主要目的是:为幼儿提供自主选择道具,与同伴合作表演的机会,使幼儿充分体验歌表演的乐趣,完成本次活动的情感目标。

至此,幼儿在温馨、愉悦的歌表演高潮中,结束本次活动。基本实现活动目标,解决活动重点,突破活动难点。

艺术,是人类感受美、表现美和创造美的重要形式,也是幼儿表达认识和情感的另一种语言。本次中班音乐活动——歌表演《扮家家》,始终为幼儿营造宽松、有趣的氛围,既培养了幼儿感受美和欣赏美的能力,也激发了幼儿表现美和创造美的情趣。既尊重幼儿个性化的艺术表达,也给予幼儿适时、适当的指导。不仅发展了幼儿在艺术领域的最近发展区,也促进了幼儿成长为具有健全人格的人!

**案例三　　大班音乐活动设计《胖国王减肥》**

**一、设计意图**

1.基于对大班幼儿音乐兴趣和音乐能力发展需要的观察

大班幼儿喜欢倾听、观赏他人表演的音乐、舞蹈,喜欢使用不同的艺术形式(如故事、绘画、肢体动作等)来表达对音乐作品的感受。随着音乐感受力、音乐理解力的增强,大班幼儿在音乐活动中的情感体验更加丰富多元,除了直白的语言表述外,他们对于用肢体动作来表现音乐和表达情感体验的兴趣更大了。与此同时,随着听辨能力的增强,大班幼儿对鲜明且有特点的音乐表现出浓厚的兴趣,基于此,本次活动选取了在旋律、节奏、情绪上风格迥异的三段音乐,并借助《胖国王》这一绘本,创设了《胖国王减肥》这一音乐情境,试图让幼儿在感受音乐、理解音乐、创造性地表现音乐的过程中体验音乐活动的乐趣,进而使其萌发感受美、表现美和创造美的情趣和能力。

2. 结合《幼儿园教育指导纲要(试行)》《3—6 岁儿童学习与发展指南》对大班幼儿艺术领域的发展要求

《幼儿园教育指导纲要(试行)》提出"在支持、鼓励幼儿积极参加各种艺术活动并大胆表现的同时,帮助他们提高表现的技能和能力,应该支持幼儿富有个性和创造性的表达。"《3—6 岁儿童学习与发展指南》中指出,针对5—6 岁的幼儿,应该"积极参与艺术活动,能用律动或简单的舞蹈动作表现自己的情绪"。因此,本次活动通过挖掘绘本中便于塑造音乐形象的三个人物(胖国王、厨师、公主),三段音乐(低沉、缓慢的音乐用来突出胖国王笨重的身体和沉重的步伐;急促、快节奏的音乐用来体现厨师忙着做减肥餐的情形;舒缓、流畅的三拍子圆舞曲用来表现公主扭动身姿的优雅与轻盈),并巧妙地通过纸片人创设情境,使幼儿在充满趣味与想象的音乐氛围中,积极投入地进行音乐表达与表现,从而提高幼儿音乐活动的兴趣,促进其音乐感受力、音乐表现力、音乐创造力等音乐素质和音乐能力的发展。

3. 幼儿发展阶段与水平以及幼儿已有经验

(1)大班幼儿发展阶段与水平。大班幼儿动作进一步分化且更为精细,能用比较灵敏的动作反映音乐的速度、力度上的变化,能够更为自如、熟练地表现音乐的节奏、节拍,动作的协调性和自控能力都较中班时期更强,并用动作创造性地表现音乐的积极性。同时,大班幼儿对音乐有一定的感受能力,他们分辨音乐性质的能力、对音乐的情绪体验较中班都有所增强,并且能以象征、想象的方式来演绎乐曲。此外,大班幼儿在韵律活动、歌唱活动等音乐活动中的合作协调意识越来越明确,合作协调的技能也越来越强,开始主动追求与同伴一起进行音乐表演、音乐游戏,并乐在其中。

(2)幼儿已有经验。首先,幼儿已经听过《胖国王》的故事,了解故事中的角色形象和故事情节;其次,幼儿经常模仿周围或自然界的声音以暗示某种事物,知道不同的音色或音响运动状态可以象征不同的视觉形象(如声音粗拙的大提琴可以表现出大象粗壮的体态和沉重的舞步)。

**二、活动目标**

(1)认知目标:感受不同乐曲的特征,分辨三段音乐在旋律、节奏等方面的不同。

(2)能力目标:能根据音乐旋律、节奏的变化,大胆联想并创造性地表现不同角色的音乐形象。

(3)情感目标:愿意积极主动地伴随音乐做动作,体验音乐表演的乐趣。

**三、活动重难点**

重点:能感受出音乐旋律、节奏的变化,大胆联想音乐所表现的角色形象并自然、愉快地表演。

难点:能根据音乐旋律、节奏的变化,创造性地进行音乐表现。

**四、材料准备**

角色乐曲,胖国王、公主、厨师的纸片人一套,人物画像一套,头饰若干。

**五、活动过程**

1.开始部分:听音乐,看表演,激发活动兴趣

教师:"小朋友们,今天我们的教室里来了几位特别的客人,请你们仔细看一看、听一听,他们都是谁? 他们在干什么?"

操作:教师完整播放音乐并一人分饰多角,翻动纸片人,随音乐做相应的动作。

目的:吸引幼儿的注意和兴趣,让幼儿完整欣赏音乐表演,初步听辨、感知三段音乐在旋律、节奏上的变化,体会不同的音乐形象,理解音乐故事。

2.基本部分:听音乐,分辨角色形象,设计角色动作

(1)分辨音乐角色,感受国王的音乐形象。

教师:"听,这段音乐表示谁来了,你是怎么看出来的?"

操作:播放第一段低沉、缓慢的音乐。

目的:引导幼儿根据乐曲特征想象胖国王的音乐形象。

操作:先请个别幼儿演示胖国王的动作形象,再请集体尝试表现胖国王的形象(听音乐表现)。

重点指导:用撑圆双臂夸张地表现国王的大肚子,用降低重心、后撅屁股表现国王的大屁股,用鼓腮帮子表现国王的大胖脸,用沉重的步子、抹汗等动作表现国王的笨重与缓慢。

(2)继续分辨音乐角色,感受厨师的音乐形象。

教师:"国王那么胖,胖得走也走不动,这样的身体状况,急坏了身边的哪些人? 他在干什么?"

目的:引导幼儿回忆第二段音乐中的人物及人物活动,并引导幼儿大胆想象厨师在忙什么。

操作:播放第二段急促、快节奏的音乐,引导幼儿为厨师设计代表性动作,并跟随音乐表现。

重点指导:引导幼儿感受音乐的节奏,并能从洗菜、切菜、炒菜、掂锅等角度表现厨师忙着给国王做减肥餐的情境。

(3)继续分辨音乐角色,感受公主的音乐形象。

教师:"再听最后这段音乐,是谁来了呢? 她在干什么?"

目的:引导幼儿回忆第三段音乐中的人物及其活动,帮助幼儿打开思路、充分想象,在这段音乐旋律下,公主可能在干什么。

操作:播放第三段舒缓、流畅的三拍子圆舞曲,引导幼儿大胆想象和表现公主可能会设计哪些动作的减肥操来帮助胖国王减肥,并跟随音乐表现。

重点指导:引导幼儿感受三拍子圆舞曲的轻快、优雅,并能发散思维,用踮脚尖旋转、转动身体的不同部位(如扭腰转呼啦圈、转胳膊、转脖子、转手腕等动作)等形式表现音乐。

3.结束部分:选角色,听音乐,合作演绎音乐故事

(1)单一角色表演,熟悉角色动作。

操作:根据人物出场顺序,播放音乐,集体根据音乐进行表现。

目的:结合音乐,再次表现角色动作。

(2)根据头饰,自选角色,完整表演。

教师:"老师这里有许多分别代表国王、厨师和公主的头饰,接下来我们要一起来表演胖国王减肥的故事,请选到相同头饰的小朋友围坐成一个圈。"

操作:完整播放音乐,要求听到属于所选角色的幼儿起身进行表演。

目的:明确自身角色,听辨音乐,根据音乐进行联合表演,体验音乐表演的乐趣和合作的快乐。

指导重点:在不同角色出场时适当用语言进行提示(如"胖国王,走不动""厨师忙着炒小菜""公主来了扭啊扭"),鼓励、表扬能用恰当的动作创造性地表现不同音乐形象的幼儿。

(3)交换角色,配合音乐,再度演绎。

(4)师生共同评议演得出彩的动作,并共同学习,自然结束活动。

**六、设计思路**

音乐教学活动《胖国王减肥》是根据绘本故事《胖国王》改编的,绘本中有趣的故事情节、极具视觉冲击力的画面深得幼儿喜爱,基于此,本活动选取了故事中角色形象鲜明,便于塑造音乐形象的三个人物(胖国王、厨师、公主)、三段音乐(低沉、缓慢的音乐用来突出胖国王笨重的身体和沉重的步伐;急促、快节奏的音乐用来体现厨师忙着做减肥餐的情形;舒缓、流畅的三拍子圆舞曲用来表现公主扭动身姿的优雅与轻盈),创设了《胖国王减肥》这样一个音乐情境,设计了本次音乐活动。

活动开始时,播放音乐,同时,教师一人分饰多角,翻动纸片人,吸引幼儿的注意力和兴趣,让幼儿完整欣赏音乐表演,初步听辨、感知三段音乐在旋律、节奏上的变化,体会不同的音乐形象,理解音乐故事;接着,通过分段感知不同乐曲的特点,让幼儿大胆联想音乐所表现的角色形象,并引导幼儿用不同的动作、神情创造性地表现不同的音乐形象;最后,借助头饰,让幼儿自由选择角色进行音乐表演,并尝试与同伴协作来表达对整段音乐的感受和理解。

三个环节层层递进、环环紧扣,并由一以贯之的音乐情境、特征鲜明的音乐形象、对比明显的音乐风格串成了一个完整而有趣的音乐故事。教师在每个环节适时引导,让幼儿在充分感知音乐的基础上发挥想象力和创造力,积极投入地进行音乐表达与表现,从而提升幼儿音乐活动的兴趣,促进其音乐感受力、音乐表现力、音乐创造力等音乐素质和音乐能力的发展。

## 第七节 学前儿童美术教育活动设计与指导实训

### 一、知识基础

#### (一)学前儿童美术教育的含义

学前儿童美术教育的对象是幼儿,相比较于美术教育,学前儿童美术教育具有美术教育的一般含义,也有不同于一般美术教育的特征,具有自己的独特性。学前儿童美术教育的含义可以通过美术与教育两个方面体现出来,分别为美术取向的学前儿童美术教育和教育取向的学前儿童美术教育。

美术取向的美术教育着眼于美术本身,以美术为本位,强调美术对人类独特的价值,以教育为手段,对学前儿童传授美术知识和技能,发展和丰富美术文化。

教育取向的美术教育着眼于教育,以美术为媒介或载体,通过美术,实现一般幼儿教育的价值,立足真、善、美的和谐统一,最终促成幼儿健康全面成长。

#### (二)学前儿童美术教育活动的目标

学前儿童美术教育活动是一个包括目标制定、内容选择、教学方法、组织与实施、活动评价在内的完整体系,而目标的制定是实施学前儿童美术教育活动的前提。只有确定好目标,才能确保学前儿童美术教育活动流程的顺利开展。

1. 学前儿童美术教育活动的总目标

(1)《幼儿园教育指导纲要(试行)》中艺术领域的总目标。①能初步感受并喜爱环境、生活和艺术中的美;②喜欢参加艺术活动,并能大胆地表现自己的情感和体验;③能用自己喜欢的方式进行艺术表现活动。

(2)《3—6岁儿童学习与发展指南》中艺术领域的总目标。《3—6岁儿童学习与发展指南》从健康、语言、社会、科学、艺术五个领域描述了幼儿的学习和发展。每个领域又分为若干子领域,每个子领域下面有若干个目标。其中,艺术领域分为"感受与欣赏"和"表现与创造"两个子领域。

"感受与欣赏"的目标是:①喜欢自然界与生活中美的事物;②喜欢欣赏多种多样的艺术形式和作品。

"表现与创造"的目标是:①喜欢进行艺术活动并大胆表现;②具有初步的艺术表现与创造能力。

2.《幼儿园教育指导纲要(试行)》与《3—6岁儿童学习与发展指南》中美术领域目标的具体内容与要求

为了能达到艺术的总目标,《幼儿园教育指导纲要(试行)》还列出了幼儿园艺术教育的内容和要求,具体如下:

(1)引导幼儿接触周围环境和生活中美好的人、事、物,丰富他们的感性经验和审美情感,激发他们表现美、创造美的情趣。

（2）在艺术活动中面向全体幼儿,要针对他们的不同特点和需要,让每个幼儿都得到美的熏陶和培养。对有艺术天赋的幼儿要注意发展他们的艺术潜能。

（3）提供自由表现的机会,鼓励幼儿用不同艺术形式大胆地表达自己的情感、理解和想象,尊重每个幼儿的想法和创造,肯定和接纳他们独特的审美感受和表现方式,分享他们创造的快乐。

（4）在支持、鼓励幼儿积极参加各种艺术活动并大胆表现的同时,帮助他们提高表现的技能和能力。

（5）指导幼儿利用身边的物品或废旧材料制作玩具、手工艺品等来美化自己的生活或开展其他活动。

（6）为幼儿创设展示自己作品的条件,引导幼儿相互交流、相互欣赏、共同提高。

《幼儿园教育指导纲要（试行）》和《3—6岁儿童学习与发展指南》从社会对未来人才的要求、艺术学科的特点、儿童的身心发展特点等方面出发,提出了全面发展、健全人格的审美教育要求。结合我国教育教学实践,把学前儿童美术教育的目标分为认知目标、情感目标、技能目标和创造目标四个维度。

**（三）学前儿童美术教育活动的途径**

1. 幼儿园美术教育

（1）正规的美术教育活动。幼儿园中正规的美术教育活动,可以通过幼儿园课程中与美术直接相关的学科或领域,如美术教育、艺术教育等途径进行,也可以通过课程设置中的其他学科或领域（如语言、健康、社会、音乐、科学、品德教育等）进行。

（2）非正规的美术教育活动。幼儿园中非正规的美术教育,主要是通过幼儿在活动区的自由活动、幼儿园美术环境创设,以及教师对幼儿随即进行的集体或个体的美术指导等方式进行。比如幼儿园的环境创设、美工区或美术区中幼儿进行的区角活动、随机的幼儿园一日生活中关于美术的探索等。

2. 家庭美术教育

家庭美术教育相较于幼儿园美术教育的途径,有其独特性。一般幼儿园的美术教育更多需要满足大多数幼儿的基本需要和兴趣,而家庭美术教育只针对一个家庭环境中的个别幼儿,根据幼儿的兴趣、需要、个性特点选择和安排美术学习的形式和内容,满足自己家庭中个别幼儿的需要。

除此之外,家庭美术教育还有长期性和随机性的特点,家庭成员对幼儿的美术熏陶可以在家庭生活的任意时候、任意地点,具有极大的灵活性,与家庭生活的紧密相连,渗透在家庭环境的方方面面,并伴随着幼儿长时间的成长,具有长期的特点。早期家庭对于幼儿美术的启蒙与熏陶可以使幼儿终身受益。

3. 社会美术教育

（1）美术馆、博物馆美术教育。社会是除了幼儿园与家庭之外,对幼儿进行美术教育的延伸与补充。近年来,美术馆、博物馆不再仅仅是提供观看和研究美术作品的场所,而是更多的面向全体大众,开展各种有意义的艺术普及与教育活动,并慢慢成为儿童接受艺术熏陶和艺术传承的殿堂。相比幼儿园和家庭,美术馆场地开阔,材料丰富,资料珍贵,指导人员专业,在某种程度上补足幼儿园和家庭环境无法给予的教育资源,有利于培养幼儿的美术兴趣和个性发展。

（2）社会办学形式中的美术教育。社会办学形式中的美术教育主要指由社会力量或社会团体举办的各种美术培训班、技能比赛、儿童美术展、等级考试等。这些社会资源拥有较为优越的设备、场所、多元化的指导教师,能够使幼儿更加亲近美术,进一步了解美术,为幼儿的美术学习提供不一样的思路和帮助。但是由于市场监管还不够到位,教师水平参差不齐,课程研发不及时,使美术教育在方法上倚重临摹,出现概念化、模式化的儿童作品。

**（四）学前儿童美术教育活动的方法**

1. 直观形象传递信息为主的方法

美术的特点是直观形象性,主要依靠视觉进行感知。以直观形象为主传递信息的教学方法,最能够体现美术学科的特点,也是幼儿园美术教育活动中经常采用的教学方法。

（1）演示法。演示法是教师在传递信息的过程中,向幼儿展示直观的教具,示范绘画、制作等过程,使幼儿获得对事物现象的感性认识的一种教学方式。根据演示的功能不同,我们可以把演示分为形象感知、质疑探新、引起兴趣、了解过程。

（2）观察法。观察法启发幼儿观察物象的形状、颜色、结构以及区间的空间位置、相互关系等,获得对事物的感性认识,是学前儿童美术教育活动的最基本的方法。观察法可以分为直接观察和间接观察。

2. 指导练习为主的方法

幼儿的美术操作活动一般需要经过反复的练习和操作,才能将知识经验内化吸收。练习法是指在教师的指导下,幼儿进行各种形式的绘画、手工等操作练习,进而掌握美术基本知识与技能。

（1）模仿练习。根据范例、教师的演示、他人的演示进行的练习。

（2）创作练习。让幼儿根据已有的材料、工具、经验进行加工、改造、制作,独立进行构思并加以表现。

3. 欣赏活动为主的方法

以欣赏活动为主的教学方法,是让幼儿通过对美术作品、自然景物、社会生活中美好事物的欣赏,获得美的感受,提高表现能力、审美能力的教学方法。

4. 引导探究为主的方法

探究法是在教师的指导下,由幼儿自己发现问题、探索问题和解决问题的教学方法。其主要特征是给幼儿提供范例或任务结果,让幼儿通过尝试解决问题,美术经验的获得不直接告知幼儿。

（1）情境法。情境法是根据美术活动的需要,为幼儿创设生动形象的学习环境,使之产生身临其境的感觉,引发相应的情感和态度,促进幼儿学习的教学方法。

（2）尝试法。尝试法是由教师设定情境,让幼儿对某一个学习任务经过几次错误的尝试后找到正确答案的教学方法。

（3）情景法。情景法是指以教师创设的情景为主线,用角色扮演的方式引导幼儿进入情景,在情景中让幼儿表现自己对主题的认识与感受。

## 二、能力模块

### (一)绘画活动的设计与实施能力

**1.绘画教育活动的概念**

幼儿园绘画教育活动是指幼儿在教师的教育和引导下,学习使用笔、纸、颜料等绘画工具和材料,运用线条、色彩、造型、构图等艺术语言,将其生活体验与思想感情通过加工和改造转化为具体、生动、可感的视觉形象,以发展审美创造能力的教育活动。

**2.绘画工具材料**

常见的工具材料分为以下三类,分别是:

(1)蜡笔、油画棒、水彩笔、记号笔、马克笔、水粉笔、毛笔、彩色铅笔等。

(2)水粉颜料、水彩颜料、丙烯颜料、国画颜料。

(3)素描纸、水粉纸、水彩纸、宣纸、卡纸等。

**3.绘画种类**

儿童美术形式多种多样,常见的有彩笔画、水彩画、水粉画、水墨画、纸版画、印画。同时还包括创意美术形式,如吹画、喷洒画、吸附画、手指画、折纸添画等。

**4.绘画内容的选择**

结合幼儿既有美术经验,建议选择贴近幼儿实际生活的题材作为绘画的内容。对于小班幼儿,可以选择日常生活中常见的有趣的事物;中班鼓励选择孩子认识过的或观察过的事物;大班幼儿可以选择较复杂的动植物、生活场景或情节内容,鼓励孩子多观察和描述。

**5.绘画活动的实施**

(1)感知与体验:帮助幼儿仔细观察,丰富表象经验,将艺术元素内化到自己头脑中,并迁移到绘画活动中。

(2)探索与发现:针对绘画技法或工具材料特性进行探索与尝试的过程。

(3)创作与表现:幼儿将自己的经验、想法或情绪情感用绘画的手段表达出来。

(4)欣赏与评议:幼儿对自己或同伴作品的欣赏和评价的过程。

### (二)手工活动的设计与实施能力

**1.手工教育活动的概念**

幼儿园手工教育活动是教师引导幼儿发挥自己的想象力和创造力,直接用双手或操作简单工具,对具有可塑性的物质材料进行加工、改造,制作出具有一定空间的、可视的、可触摸的艺术形象的一种教育活动。

**2.手工工具材料**

适合幼儿的手工工具比较简单,常见的有剪刀、各类胶水、泥工板等,手工材料的基本类型依据创作内容,包括各类彩色纸张、塑形材料、绳子、布匹,以及自然材料和废旧材料。

**3.手工种类**

(1)纸工:折纸、剪纸、撕纸、染纸、搓纸、纸雕、衍纸、纸浆等。

（2）泥工：超轻黏土作品创作、泥土类作品创作、面泥创作等。

（3）自然材料：即来源于大自然中的材料。包括石头画、树叶画、沙盘画、草编、谷物粘贴画、拓印画、花瓣贴画、蔬果拼插、蛋壳画等。

（4）废旧材料：即在日常生活中必要的或常用的、可再生的、安全又卫生的废品。比如，废弃建筑材料、缝纫用品、废旧盒子、废弃家具用品等，经过选择和利用形成有意义的手工制品。

4.手工内容选择

对于小班幼儿，提供安全的可持续探索的创作空间，准备简单恰当的材料；中班幼儿则鼓励有目的创作，准备充分丰富的材料，提供适当的技术支持，鼓励幼儿个性的表达；对于大班幼儿需要提高幼儿之间的协作能力，对于细节的质量，完成较大规制的作品。

5.手工活动的实施

手工教育活动的组织和实施与绘画活动的实施较为相似，同属美术操作活动。这些环节是若干美术活动设计的其中一种类型，也是比较典型的组织实施过程，在实际教学过程中鼓励灵活多样的课程组织与实施办法。

**（三）美术欣赏的设计与实施能力**

1.美术欣赏活动的概念

学前儿童美术欣赏教育活动是教师引导学前儿童欣赏和感受美术作品、自然景物和社会环境中的美好事物，丰富儿童的美感经验，培养其审美情感、审美评价能力和审美创造能力的一种教育活动。

2.欣赏类型

可供幼儿欣赏的类型大致分为：①艺术作品，包括绘画作品、雕塑作品、建筑艺术、实用工艺、民间艺术、儿童美术；②自然景物，包括花鸟虫鱼、日月生辰等；③社会生活，包括以人工为主的各种美的事物，如玩具、服装、日用品、环境布置、园艺等。

3.美术欣赏活动的实施

（1）整体感受：鼓励幼儿自由谈论对作品的第一印象和感觉。

（2）要素识别与形式关系分析：引导幼儿发现和识别作品中点、线、形、色等形式要素，分析要素之间的关系，即表达美的形式，如造型、节奏、统一、韵律、变化等。

（3）再次感受：通过再一次整体感受，深入讨论作品给人的感觉，与第一印象相比，应是更加深刻的。

（4）心理回忆与构思：幼儿对已经欣赏的作品进行心理回忆，并对将要创作的东西进行讨论与构思。

（5）创作表现：欣赏活动可以是纯粹的欣赏，也可以在欣赏后安排创作。

# 三、实训内容及要求

**（一）设计与实施绘画活动**

1.实训任务

学生以小组形式选择某一主题内容，并结合主题内容进行学前儿童绘画活动设计。

2. 任务实施

(1)任务 1:撰写目标。第一,可以由教师出示撰写有问题的绘画活动设计目标,请学生通过讨论分析指出问题,并根据问题提出修改意见,形成新的设计目标。第二,根据本次课程设计主题,形成本节绘画活动的目标。要求目标撰写不仅符合一般活动设计的目标要求,同时要具有鲜明的绘画活动的课程要素。

(2)任务 2:根据年龄班级选择合适的绘画主题。第一,以组为单位,选择适合幼儿的绘画主题,查找相关美术资料,确定与本次活动相关的核心技能。第二,确定适合的幼儿年纪,设计活动的基本思路,确定基本环节构成,选择恰当的工具材料。第三,探讨教师的核心作用,以及讲解演示环节的呈现。

(3)任务 3:撰写活动方案。分别撰写设计意图、课程目标、重难点、活动准备、活动过程、活动延伸等,撰写思路清晰流畅,环节设置合理恰当。

3. 实训评价

具体评价可以从活动目标、活动内容、工具和材料、活动过程、活动效果 5 个方面来进行评价。

(1)辨别活动目标与分类目标、年龄目标、总目标之间达成统一。

(2)活动内容是否有利于目标实现、符合幼儿年龄特点、贴合幼儿兴趣和幼儿经验等。

(3)活动的工具材料与主题内容是否匹配,是否充足,是否富有美术表现力,以及是否符合不同层次水平需要。

(4)活动过程评价时,要看活动准备(物质、经验)、设计(结构合理性、内容理解度、独创性)、组织(执行活动计划有效性、实际灵活性)、指导(讲解示范)几个方面进行。

(5)活动效果主要考察幼儿的情绪、注意力、主动性、作品效果等。

**(二)设计与实施手工活动**

1. 实训任务

学生以小组形式选择某一主题内容,并结合主题内容进行学前儿童手工活动设计。

2. 任务实施

(1)任务 1:撰写目标。第一,可以由教师出示有问题的手工活动设计目标,请学生通过讨论分析目标撰写的问题,并根据问题提出修改意见,形成新的设计目标。第二,根据本次课程设计主题,形成本节手工活动的目标。要求目标撰写不仅符合一般活动设计的目标要求,同时要具有鲜明的手工活动的课程要素。

(2)任务 2:根据年龄班级选择合适的手工主题。第一,以组为单位,选择适合幼儿的手工主题,查找相关美术美工资料,确定与本次活动相关的核心技能。第二,确定适合的幼儿年纪,设计活动的基本思路,确定基本环节构成,选择恰当的工具材料。第三,探讨教师的核心作用,以及讲解演示环节的呈现。

(3)任务 3:撰写活动方案。分别撰写设计意图、课程目标、重难点、活动准备、活动过程、活动延伸等,撰写思路清晰流畅,环节设置合理恰当。

3.实训评价

具体评价可以从活动目标、活动内容、工具和材料、活动过程、活动效果5个方面来进行评价。具体评价的内容与方式与绘画活动实训类似。

**（三）设计与实施美术欣赏活动**

1.实训任务

学生以小组形式选择某一欣赏对象为内容,并结合欣赏的内容进行学前儿童美术欣赏的活动设计。

2.任务实施

(1)任务1:撰写目标。第一,可以由教师出示有问题的美术欣赏活动设计目标,请学生通过讨论分析目标撰写的问题,并根据问题提出修改意见,形成新的设计目标。第二,根据本次课程设计主题,形成本节美术欣赏课的目标。要求目标撰写不仅符合一般活动设计的目标要求,同时要具有鲜明的美术欣赏课的课程要素。

(2)任务2:根据年龄班级选择合适的美术欣赏主题。第一,以组为单位,选择适合幼儿的美术欣赏内容主题,面对欣赏内容仔细观察,并表达自己的初步感受。第二,查找相关美术资料,对作品进行客观的分析与评价,确定与本次活动相关的赏析元素。第三,确定适合的幼儿年纪,设计活动的基本思路,确定基本环节构成。

(3)任务3:撰写活动方案。分别撰写设计意图、课程目标、重难点、活动准备、活动过程、活动延伸等,撰写思路清晰流畅,环节设置合理恰当。

3.实训评价

(1)对幼儿美术欣赏能力的评价。对幼儿美术欣赏能力的评价可以从经验层面(主要内容与关系)、形式层面(审美判断)、象征层面(图像象征意味)、主题层面(作品主旨感受)几个方面进行,根据幼儿的表现分为三级水平(高)、二级水平(中)、一级水平(低)。

(2)对幼儿美术欣赏态度的评价。①很专注:幼儿始终将注意力集中在欣赏活动中,几乎不受外界影响;②比较专注:幼儿努力将注意力集中在欣赏活动中,很少受外界影响,即使受到影响而中断,自己也能较快回到活动中;③不太专注:幼儿在欣赏过程中很容易受到外界影响,常常走神。

## 四、案例资源

**案例一　绘画活动:大班美术活动《下雨天》**

**一、活动目标**

认知目标:欣赏多样雨景,了解小雨、大雨和暴风雨的特点及表现方式。

能力目标:能大胆使用多种工具材料进行泼洒滴甩、点线结合等方式创作,表达下雨天的情景。

情感目标:愿意用创意绘画的手法表现下雨天,激发幼儿感受不同的艺术美。

**二、活动准备**

经验准备:体验过下雨天,有过探究泼墨画的经验。

物质准备:保鲜膜、长卷、雨伞;水彩颜料;滚筒刷、排刷、毛笔、海绵等;棉签、喷壶、黑色记号笔、水彩笔;滴管、一次性杯子等。

### 三、活动重难点

重点:了解并能表达大雨和小雨的特点及表现方式。

难点:用创意绘画的手法表现下雨天。

### 四、活动过程

1. 多重体验不同的下雨天

**环节一:听雨声,创设情景**

(播放包含风起、小雨、大雨、雷暴雨的音频,分段播放,幼儿自主感受并分享)

教师:"小朋友们听到了什么声音?发生了什么?再继续往下听。"

"谁能说一说你从音乐中听到了什么声音?(呼呼的风声、下雨的声音)

"下雨的声音有什么不同?(有小雨、大雨,还有雷雨)

"你可以用动作来表现一下吗?"

**环节二:看雨景**

教师:"小朋友们,我们刚才听了雷阵雨和小雨、大雨的声音,现在老师想要邀请你们用眼睛仔细看一看,下雨天都有哪些不一样的场景?"

2. 欣赏不同环境中的下雨天

例如引导幼儿雨天玩耍、欣赏小雨、暴雨的样子和影响。如图 3-29 至 3-31 所示。

图 3-29　雨天玩耍

图 3-30　小雨、水泡、涟漪

图 3-31　雨滴在玻璃上的点与线

3.欣赏中外大师名画

名画如图3-32至图3-33所示。

图3-32　欣赏吴冠中《雨花江》,感
受春天小雨的美与意境

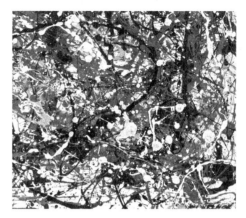

图3-33　欣赏波洛克抽象派泼墨画风

教师:"图3-32是我国著名画家吴冠中先生的《雨花江》,你从这幅画中看到了什么?"

教师:"你从图3-33中又看到了什么?与图3-32有何不同?看到这幅画你有什么感受?"

4.提供材料,充分创作

教师:"小朋友们想不想像两位大师一样,画出你心中的下雨天,画出你感受到的小雨、大雨和暴雨?老师为你们带来了丰富的材料。"

展示创作工具材料(长卷桌面:在桌面上小组创作;保鲜膜:表现玻璃上雨滴流下来的场景;长卷地面:在地面上泼墨。雨伞:在雨伞上创作)。

介绍如何泼墨及注意事项,面状材料适合大雨表达:滚筒刷、排刷、海绵等;点状或线性材料适合小雨表达:棉签、喷壶、黑色记号笔、水彩笔。

教师:"请大家选择你喜欢的材料和场地进行创作吧。"

(引导幼儿作画+师幼互动)

"你用什么工具把雨变出来的?"

"刚才变的是什么?"(小雨、大雨、暴雨?)

"可不可以选择别的工具试试?"

5.欣赏作品,进行评价

(先请各组互相欣赏作品,再请2~3名幼儿分享。)

教师:"你用什么工具变出了什么雨?"

"你有什么感觉?"

"你还喜欢哪个作品,为什么?"

(教师再评)

教师总结泼洒滴甩的抽象派画风、点线结合的表现技法。

**五、活动延伸**

将幼儿合作完成的作品贴在展览处(举办展览会),邀请爸爸妈妈在放学后进行观赏。将材料投放在美术区,继续创作。

**案例二　　手工活动:大班手工活动《种子大变身》**

**一、活动目标**

认知目标:感受秋天种子在大小、颜色、质感上的不同,并用恰当的语言表达。

技能目标:能够用粘贴、染色、堆砌等手法,选择不同类型的种子进行手工创作。

情感目标:乐于自主探索,共享创作手工作品的快乐。

**二、活动准备**

经验准备:野外秋游,带领幼儿采集秋天里各种不同种类的种子。

物质准备:纸箱,大小、颜色、触感不同的种子若干,胶水,剪子,双面胶,彩色皱纹纸,树枝,树叶,颜料,模具,A4白纸,大小不同的透明玻璃瓶,七彩丙烯颜料,形状大小各异的白色卡纸框,儿歌《秋天的种子》录音。

**三、活动重难点**

重点:充分感受不同的种子,能够大胆选择素材,自主探索完成种子手工活动。

难点:能够分辨种子的颜色、大小、质感与素材之间的关系,并能够用语言准确表达。

**四、活动过程**

1. 课程导入:互动游戏,引起兴趣

教师引导语:摸一摸,猜一猜,纸箱里面是什么? 摸起来有什么感觉?

幼儿操作:幼儿先通过小手触摸,感受种子的大小,质感的不同,后通过眼睛观察,比较种子颜色的不同。

2. 主动探索,操作示范

教师引导语:在秋季的大自然中,有的种子裸露在外面,有的挂在枝头,有的藏在果实里。老师上回秋游的时候就采集了一些。其实除了老师,许多小动物都喜欢采集种子,一些小动物是为了过冬储备粮食,另一些小动物会等到第二年开春,把种子种下,好结出更多的果实。你看,这是什么小动物? (出示老鼠一家的PPT图片),它们打算用种子做什么呢? 小朋友们好好听一听。(PPT形式呈现动画效果。)

环节一:

(教师播放原创儿歌《秋天的种子》第一段)

教师引导语:小朋友们,你们看,老师已经替老鼠大哥做好了一项面具,现在老师想让小朋友们仔细看一看步骤图,然后说一说这个面具是怎么做出来的,好吗?

教师操作:教师头戴种子做的面具,引导幼儿安静地专注于图示,最后将图卡粘贴在黑板上。

幼儿操作:全程由幼儿通过仔细观察,自主发现并说明制作要点。

环节二:

(教师播放原创儿歌《秋天的种子》第二段)

教师引导语:老鼠二姐想要用种子做彩色项链挂在脖子上,可是二姐只找到了这些种子(无特殊颜色的种子),怎么做呢? 小朋友们你们谁能替二姐想想办法呀?

讨论:教师请小朋友们各抒己见,开动脑筋讨论彩色项链的做法。

幼儿操作:挑选一位表达较为生动、可行性强的小朋友,指导教师制作项链。

**环节三:**

(教师播放原创儿歌《秋天的种子》第三段)

教师引导语:哇,三姐想要一个立体头饰,老师想了好久,也没有想出什么好办法,你们看老师这里有好多大小不同的种子,小朋友两两一组讨论一下,怎么用种子做出一个漂亮的立体发卡呢? 然后我请讲得最有道理的一组小朋友上台来试试,跟大家分享一下你的金点子。

讨论:幼儿两两分组讨论,开动脑筋探索立体发卡的做法。

幼儿操作:请一组幼儿,上台演示刚才讨论的做法,并尝试制作,教师从旁协助。

3.手工创作,乐享其中

(教师继续播放原创儿歌《秋天的种子》第四段,并出示任务)

教师提示语:听清楚老鼠四弟、五妹、小弟想利用种子做什么了吗?

幼儿创作:幼儿自主选择材料,分组创作与材料提供。分别是瓶子与种子组(堆砌、粘贴);颜料与种子组(染色);图形与种子组(平铺粘贴)。

目的:让幼儿接触到不同性质的素材,通过自己的主动探索,利用粘贴、染色、平铺、堆砌等基本技法,完成与种子之间美的结合。

4.欣赏评述,升华主题

教师引导语:创作结束后,每组挑选个别幼儿上台讲述创作缘由。关键词如下:你想制作出什么图案,出于什么想法,创作时都用到了什么手法,用到了哪些材料,哪些没有用到,为什么?

教师通过聆听和鼓励幼儿回顾创作流程,描述创作中不同种子与素材之间搭配难易程度,如何取舍等关系要点,总结提升个体经验,从而解决本次活动的难点。

教师结束语:在秋天,除了今天课堂活动中探索的种子之外,还有许多有意思的创作原材料,比如农作物、果实,这些都是独属于秋天的东西。秋天里的每一种景物,只要小朋友大胆、充分地探索,都能带给你们无限的灵感,创作出无比美妙的东西,获得丰富的知识,小朋友想不想尝试一下呢?

**五、活动延伸**

(1)带领幼儿采集不同大小、形状、颜色的树叶。

(2)在美工区自主探索制作具有典型形象或情境的树叶贴画。

**案例三　美术欣赏活动:中班美术欣赏活动《有趣的圆圈》**

**一、活动目标**

(1)初步感知作品《几个圆圈》的布局美,知道不同大小、集散的圆圈可以表现画面内容。

(2)在欣赏中能够对圆圈的含义产生联想,尝试用说、贴、动的形式进行表达。

(3)体验圆圈的动态美,萌发对美术作品探索的愿望。

## 二、活动重难点

活动重点:初步感知作品《几个圆圈》的布局美,知道可以用不同大小、集散的圆圈表现画面。

活动难点:在欣赏中,能够对圆圈的含义产生联想,尝试用说、贴、动的形式进行表达。

## 三、活动准备

经验准备:对美术作品感兴趣,有奥尔夫活动的经验,能够区别深色与浅色。

物质准备:不同大小、不同颜色的圆形黑板贴,PPT、康定斯基作品的动态视频,作品《几个圆圈》。

## 四、活动过程

1. 导入环节:创设情境,激发兴趣

教师:"小朋友们,欢迎大家来到七彩美术馆,让我们一起去欣赏一下美术作品吧。"

教师出示美术作品墙图片,展示若干幅美术作品(康定斯基其他浅色背景的作品和《几个圆圈》)

教师:"管理员叔叔告诉老师,这里面有一张画和其他的都不一样,请你们帮老师找一找吧。"

幼儿通过观察,找出作品《几个圆圈》。

2. 直接感知,展开联想

**环节一:观察布局**

教师:"哇,大家这么快就找到了这幅画,那请小朋友们说一说这幅画中有什么。"

教师:"那这些圆之间有什么不一样呢? 那它们又有什么关系呢?"

引导幼儿观察作品的基本布局,发现作品中圆圈的大小和集散,初步达成认知目标。

**环节二:展开联想**

教师:"其实这幅画的名字叫作《几个圆圈》,是康定斯基爷爷创作的,在这幅画里处处都充满了创意,看到这幅画,你想到了什么? 你为什么会这样想呢?"

幼儿展开联想,从整体欣赏,说出像宇宙、彩色泡泡。

教师:"那么这里的小圆和大圆分别像什么呢? 它们在一起在做什么啊?

幼儿:"密集圆圈就像老师带着一群小朋友在做游戏,大圆和小圆就像是爸爸和我们一起玩耍。"

引导幼儿结合生活实际联想圆圈的象征意义,从圆圈入手,幼儿感受圆圈所组成的画面,达成认知目标,实现活动的重点。

3. 小组合作,贴贴说说

教师:"小朋友们,除了这幅画,康定斯基爷爷还有一幅作品,我们发现这两幅作品里都有圆,老师这里有一些圆圈,请小朋友们用它们大胆来表达一下自己的想法吧。"

教师:"请小朋友们分享你们做的画,大圆代表什么,小圆又代表什么呢? 它们在一起又在干什么? 创作的时候,你的心情是怎样的?"

组织小组合作,让幼儿用圆圈进行表现,结合已有经验分享交流自己作品中圆圈的含义,达成此次活动的能力目标,突破了活动难点。

4.体验圆圈动态美

教师:"除了刚刚会动的圆圈,请大家看一个视频,里面的圆又是如何动的?"

教师播放视频,引导幼儿观察分享。

教师:"请小朋友们和老师一起跟着音乐动一动吧!让我们围成一个大圈,收紧,音乐变了,让我们松手变成单独的圆,转圈。音乐又变了,请小朋友们四个人围成一个中圆,再收紧。"

教师再次播放视频,用视频和动作感受圆圈的变化,初步感知圆圈的动态美,激发幼儿对美术作品的探索欲,达成此次活动的情感目标。

教师总结:"我们今天知道圆圈可以用来表示老师、爸爸等那么多的画面,自己也制作了圆圈画,发现了普通的圆圈也有不同的作用,今天美术馆的参观之旅就结束啦!"

**五、活动延伸**

在美工区放置康定斯基的更多作品,幼儿探索其中更多的要素,例如三角形、方形以及相互组合。

# 第八节 学前儿童社会教育活动设计与指导实训

## 一、知识基础

### (一)学前儿童社会教育活动的含义

学前儿童社会教育是研究学前儿童社会性发展的现象、规律以及其教育和训练的一门学科,以发展儿童的社会性为主要目标,以增进儿童的社会认知,激发社会情感,引导社会行为为主要内容的教育。[①]

### (二)学前儿童社会教育活动的目标

1.《幼儿园教育指导纲要(试行)》中社会领域的总目标

2001年,中华人民共和国教育部颁布《幼儿园教育指导纲要(试行)》,从两维度提出儿童社会领域五条目标:

(1)能主动地参与各项活动,有自信心。

(2)乐意与人交往,学习互助、合作和分享,有同情心。

(3)理解并遵守日常生活中基本的社会行为规则。

(4)能努力做好力所能及的事,不怕困难,有初步的责任感。

(5)爱父母长辈、老师和同伴,爱集体、爱家乡、爱祖国。

《幼儿园教育指导纲要(试行)》从教师的角度提出了教师应该了解并掌握的儿童社会领域的教育方向。

---

[①] 戎计双:《幼儿园教育活动设计与实训》,复旦大学出版社,2018,第96页。

2.《3—6 岁儿童学习与发展指南》中社会领域的总目标

2012 年 10 月,教育部颁布的《3—6 岁儿童学习与发展指南》从人际交往和社会适应两个子领域提出了社会领域的七条总目标。人际交往方面包括:喜欢交往,能与同伴友好相处,具有自尊、自信、自主的表现,关心、尊重他人;社会适应方面包括:喜欢并适应群体生活,遵守基本的行为规范,具有初步的归属感。《3—6 岁儿童学习与发展指南》从儿童学习与发展的角度提出了学前儿童社会领域发展的方向与目标,从两方面对不同年龄的幼儿提出具体、阶梯式的教育目标,并提出了具体可操作性的教育建议。

**(三)学前儿童社会教育活动的类型和内容**

学前儿童社会教育的内容指的是幼儿社会领域所包含的特定的现象、事实、规则、问题等基本的组成部分,它们按照一定的规则形成一个有机的整体。① 学前儿童社会教育的内容是社会课程的主体,是实现社会教育目标的重要保证,也是教师设计和实施社会教育活动的重要依据。

社会教育的内容是十分广泛的,在儿童的生活中,一切有助于帮助儿童实现其社会教育目标,增进其社会认知,激发其社会情感,塑造其良好的社会行为的内容均可以作为社会教育的内容。具体说来,学前儿童社会教育的内容可以划分为以下四个相对独立又相互联系的部分,即自我意识教育、社会交往教育、社会环境与规范认知教育和多元文化教育。

1. 自我意识教育

自我意识包括自我认识、自我评价、自我情感体验、自我控制。自我认识是对自己的身体、自己的动作和行动、自己的内心活动等的认识;自我评价是在对自己身心特征了解的基础上对自己的外表、交往、兴趣、成就感等做出的价值判断;自我情感体验包括自尊(自我尊重、自我爱护和期望他人的尊重)以及自信(对自己身体和能力的自信);自我控制是个体对自己行为、思想和言语等的控制,即主体我对客体我的制约作用;幼儿的自我控制主要表现在自制力、自觉性、坚持性、延迟满足。

2. 社会交往教育

社会交往即人际交往,指幼儿与他人进行的接触、沟通交流与交往。包括亲子交往(了解父母的姓名、爱好、职业等信息,培养依恋和信任感等)、同伴交往(沟通交流、解决冲突和亲社会行为等)、师幼交往(喜欢并习惯集体生活、与教师的关系轻松温暖和遵守集体生活规则等)及儿童与其他成人的交往(了解社会上其他职业的人、珍惜他人劳动成果等)。

3. 社会环境与规范认知教育

社会认知即个体对他人、自我、社会关系、社会规则等环境、现象及其关系的感知与理解。这部分的内容包括相辅相成的两方面,即社会环境认知与社会规范认知。社会环境包括物质环境、文化环境。社会环境认知即对自己家庭、幼儿园、社会机构、家乡、民族、国家、重大事件及环境治理与保护等方面的认知;社会规范是与社会要求相符的从事

---

① 李贵希:《幼儿社会教育与活动指导》,北京师范大学出版社,2013,第 51 页。

社会活动、处理社会关系必须遵循的一般要求与行为准则,包括生活规则、学习规则、公共规则、集体规则、道德规范。具体包括:基本道德规范(如是非对错)、文明礼貌行为规范(如礼貌用语、礼仪等)、公共场所规范(如环境保护、公共卫生、交通、公物等)、群体活动规范(如排队轮流等集体规则、具体规则等)以及人际交往规范(如待人接物礼仪、不同民族习俗等)和谨慎规范(如安全、自我保护等)。

4.多元文化教育

多元文化教育包括本土文化和世界文化的教育。本土文化包括传统文化(如传统节日、地域民风民俗、传统艺术等)和民族文化(如节日、服饰、礼仪、活动等);世界文化包括重大节日以及生活文化(礼仪、交往等)。

## 二、能力模块

《3—6 岁儿童学习与发展指南》将学前儿童社会领域的学习与发展分为"人际交往"与"社会适应"两个方面,人际交往则涵盖了自我意识形成和认知他人两个方面;社会适应即幼儿与社会环境建立起和谐关系的过程,对幼儿的学习与发展具有重要意义。学前儿童社会领域核心经验的架构参照《3—6 岁儿童学习与发展指南》社会领域的内容,围绕着自我、他人、环境、社会文化四个维度,确定幼儿园社会领域的核心经验的基本架构。

社会教育活动的目标、内容及核心经验确定以后,教师要能基于社会教育的年龄目标及具体内容,科学设计、实施与评价幼儿园社会教育活动,分析幼儿园社会教育中的实际问题。这就需要教师具备各类社会教育活动的设计以及实施能力。

### (一)自我意识教育活动设计与实施能力

1.自我意识教育活动的核心经验分析

自我意识活动的核心经验在于帮助儿童形成自我意识,其核心经验表现在以下几个方面。

经验1:认识自己与客体。

经验2:对日常物品的整理与收纳,建立个人物品管理意识。

经验3:对自己情绪的调节与辨识。

经验4:养成良好的学习品质。

经验5:具有一定的自我评价能力。

2.自我意识教育活动的组织与实施

学前儿童自我意识教育活动设计的出发点和核心是:以幼儿为本,因材施教。教师要依据不同年龄段儿童的特点,以儿童自我意识发展的规律为线索,与儿童实际生活紧密联系,具备自我意识教育活动的设计与实施能力。除此之外,教师要有结合儿童生活实际中的典型现象和问题确定并提炼出活动主题的能力,以使活动更具有针对性与实效性。

### (二)社会交往教育活动设计与实施能力

1.社会交往教育活动的核心经验分析

社会交往活动的核心经验在于帮助儿童认知他人,其核心经验表现在以下几个方面。

经验1:掌握基本社交礼仪。

经验2:了解身边的人际环境。

经验3:友好相处。

经验4:乐于分享。

经验5:善于合作。

2. 社会交往教育活动的组织与实施

学前儿童社会交往教育活动组织与实施应具有的能力为:要注意引导幼儿对自身与他人社会交往行为的观察、判断与反思;重视创设广泛人际交往的环境,并引导幼儿做好交往技能准备;注重通过儿歌、童话等多种形式调动幼儿多种感官感受与践行良好的社交行为;重视穿插游戏片段,将社会交往教育活动与幼儿游戏活动融会贯通,让幼儿积极练习与践行良好的社会交往行为。此外,也要重视家庭教育对幼儿形成正确社会交往行为的作用。

**(三)社会环境与规范教育活动的设计与实施能力**

1. 社会环境与规范认知教育活动的核心经验分析

社会环境与规范认知教育活动的核心经验在于帮助儿童认知他人,其核心经验表现在以下几个方面。

经验1:了解常见的社会服务机构。

经验2:爱护身边的物质环境。

经验3:自觉遵守社会规则。

经验4:了解主要家庭成员及亲属关系。

2. 社会环境与规范教育活动的组织与实施

教师要具备学前儿童社会环境与规范教育活动的组织与实施能力,就要具备:选择符合幼儿年龄特征的任务和内容的能力;设计有针对性的活动,设计的社会规则也不宜过多;根据幼儿的兴趣和关注点选择活动内容的能力;选取正面的社会现象案例的能力以及综合运用参观、游览等教育方式的能力等和活动设计能力。

**(四)多元文化教育活动设计与实施能力**

1. 多元文化教育活动的核心经验分析

多元文化教育活动的核心经验在于帮助儿童了解社会文化,其核心经验表现在以下几个方面。

经验1:培养社会情感。

经验2:培养社会归属感。

经验3:了解自己的家乡,热爱自己的国家。

2. 多元文化教育活动的组织与实施

教师要具备的能力有:在环境设置中营造多元文化的氛围的能力;在日常生活中渗透多元文化的能力;在节日庆祝活动中使儿童感受多元文化的能力;使儿童在学习和文娱活动中体验多元文化的能力,以及在社会教育活动中挖掘多元文化资源的能力。

## 三、实训模块

为了使学生进一步了解与熟练学前儿童社会教育活动设计的意义与要求,能将师范生社会领域课程所学知识运用至幼儿园教育教学实际中,锻炼学生语言表达能力与课堂教学的基本技能,设计如下实训活动。

**(一)设计与实施自我意识教育活动**

1.实训任务

分组进行学前儿童自我意识教育活动的设计、实施以及评价。

2.任务实施

(1)任务1:以小组为单位完成一个自我意识教育活动设计稿(确定课题—选择内容—准备材料—活动设计)。每组推选一位同学依据自我意识活动设计稿进行说课,组内围绕该活动进行研讨,提出修改意见。

(2)任务2:每组推选第二位同学进行试教,组内进行评价研讨。

(3)任务3:组内成员围绕一个自我意识教育活动,依据活动设计的原理对其进行评价并提出优化建议。

3.实训评价

学生自我意识教育活动实训成果将依据表3-30所示评价指标进行评价。

表3-30　自我意识教育活动实训评价表

| | 实训任务 | 实训评价指标 |
|---|---|---|
| 自我意识教育活动实训 | 任务1:自我意识教育活动设计稿及说课 | 活动方案要素完整,内容合理 |
| | | 活动目标全面、明确具体、难度适宜、可达成 |
| | | 活动准备全面,具体 |
| | | 活动过程层次、环节合理清晰,引导语设计科学 |
| | | 活动延伸恰当 |
| | | 普通话准确流利,语言表达规范、科学 |
| | | 说课仪态端庄大方、态度自然 |
| | | 组织、应变能力强 |
| | | 问题挖掘深,有自己的见解 |
| | 任务2:自我意识教育活动试教 | 教态自然大方、基本功扎实,表达生动流畅 |
| | | 活动目标设置合理,达成度佳 |
| | | 活动准备充分 |
| | | 活动引导语清晰,回应精准 |
| | | 活动环节层次分明,详略得当,时间安排合理 |
| | | 重难点把握准确 |
| | | 突出幼儿主体,既关注大多数幼儿,又注重个体差异 |
| | | 教学过程互动性强,幼儿积极参与,活动效果好 |
| | 任务3:自我意识教育活动评价 | 活动优缺点分析全面、客观、透彻 |
| | | 提出合理的优化建议 |
| | | 依据活动设计的原理及方法进行评价 |

**（二）设计与实施社会交往活动**

1. 实训任务

分组进行学前儿童社会交往教育活动的设计、实施以及评价。

2. 任务实施

（1）任务1：以小组为单位完成一个社会交往教育活动设计稿（确定课题—选择内容—准备材料—活动设计）。每组推选一位同学依据社会交往教育活动设计稿进行说课，组内围绕该活动进行研讨，提出修改意见。

（2）任务2：每组推选第二位同学进行试教，组内进行评价研讨。

（3）任务3：组内成员围绕一个社会交往教育活动，依据活动设计的原理对其进行评价并提出优化建议。

3. 实训评价

学生社会交往教育活动实训成果将依据表3-31所示评价指标进行评价。

表3-31 社会交往教育活动实训评价表

|  | 实训任务 | 实训评价指标 |
|---|---|---|
| 社会交往教育活动实训 | 任务1：社会交往教育活动设计稿及说课 | 活动方案要素完整，内容合理 |
|  |  | 活动目标全面、明确具体、难度适宜，可达成 |
|  |  | 活动准备全面、具体 |
|  |  | 活动过程层次、环节合理清晰，引导语设计科学 |
|  |  | 活动延伸恰当 |
|  |  | 普通话准确流利，语言表达规范、科学 |
|  |  | 说课仪态端庄大方、态度自然 |
|  |  | 组织、应变能力强 |
|  |  | 问题挖掘深，有自己的见解 |
|  | 任务2：社会交往教育活动试教 | 教态自然大方、基本功扎实，表达生动流畅 |
|  |  | 活动目标设置合理，达成度佳 |
|  |  | 活动准备充分 |
|  |  | 活动引导语清晰，回应精准 |
|  |  | 活动环节层次分明，详略得当，时间安排合理 |
|  |  | 重难点把握准确 |
|  |  | 突出幼儿主体，既关注大多数幼儿，又注重个体差异 |
|  |  | 教学过程互动性强，幼儿积极参与，活动效果好 |
|  | 任务3：社会交往教育活动评价 | 活动优缺点分析全面、客观、透彻 |
|  |  | 提出合理的优化建议 |
|  |  | 依据活动设计的原理及方法进行评价 |

**（三）设计与实施社会环境与规范教育活动**

1. 实训任务

分组进行学前儿童社会环境与规范教育活动的设计、实施以及评价。

2. 任务实施

（1）任务1：以小组为单位完成一个社会环境与规范教育活动设计稿（确定课题—选择内容—准备材料—活动设计）。每组推选一位同学依据社会环境与规范教育活动设计稿进行说课，组内围绕该活动进行研讨，提出修改意见。

（2）任务2：每组推选第二位同学进行试教，组内进行评价研讨。

（3）任务3：组内成员围绕一个社会环境与规范教育活动，依据活动设计的原理对其进行评价并提出优化建议。

3. 实训评价

学生社会环境与规范认知教育活动实训成果将依据表3-32所示评价指标进行评价。

表3-32　社会环境与规范认知教育活动实训评价表

| | 实训任务 | 实训评价指标 |
|---|---|---|
| 社会环境与规范认知教育活动实训 | 任务1：社会环境与规范认知教育活动设计稿及说课 | 活动方案要素完整，内容合理 |
| | | 活动目标全面、明确具体、难度适宜，可达成 |
| | | 活动准备全面，具体 |
| | | 活动过程层次、环节合理清晰，引导语设计科学 |
| | | 活动延伸恰当 |
| | | 普通话准确流利，语言表达规范、科学 |
| | | 说课仪态端庄大方、态度自然 |
| | | 组织、应变能力强 |
| | | 问题挖掘深，有自己的见解 |
| | 任务2：社会环境与规范认知教育活动试教 | 教态自然大方、基本功扎实，表达生动流畅 |
| | | 活动目标设置合理，达成度佳 |
| | | 活动准备充分 |
| | | 活动引导语清晰、回应精准 |
| | | 活动环节层次分明，详略得当，时间安排合理 |
| | | 重难点把握准确 |
| | | 突出幼儿主体，既关注大多数幼儿，又注重个体差异 |
| | | 教学过程互动性强，幼儿积极参与，活动效果好 |
| | 任务3：社会环境与规范认知教育活动评价 | 活动优缺点分析全面、客观、透彻 |
| | | 提出合理的优化建议 |
| | | 依据活动设计的原理及方法进行评价 |

**（四）设计与实施多元文化教育活动**

1. 实训任务

分组进行学前儿童多元文化教育活动的设计、实施以及评价。

2. 任务实施

（1）任务1：以小组为单位完成一个多元文化教育活动设计稿（确定课题—选择内容—准备材料—活动设计）。每组推选一位同学依据多元文化教育活动设计稿进行说课，组内围绕该活动进行研讨，提出修改意见。

（2）任务2：每组推选第二位同学进行试教，组内进行评价研讨。

（3）任务3：组内成员围绕一个多元文化教育活动，依据活动设计的原理对其进行评价并提出优化建议。

3. 实训评价

学生多元文化教育活动实训成果将依据表3-33所示评价指标进行评价。

表3-33　多元文化教育活动实训评价表

| | 实训任务 | 实训评价指标 |
|---|---|---|
| 多元文化教育活动实训 | 任务1：多元文化教育活动设计稿及说课 | 活动方案要素完整，内容合理 |
| | | 活动目标全面、明确具体、难度适宜，可达成 |
| | | 活动准备全面、具体 |
| | | 活动过程层次、环节合理清晰，引导语设计科学 |
| | | 活动延伸恰当 |
| | | 普通话准确流利，语言表达规范、科学 |
| | | 说课仪态端庄大方、态度自然 |
| | | 组织、应变能力强 |
| | | 问题挖掘深，有自己的见解 |
| | 任务2：多元文化教育活动试教 | 教态自然大方、基本功扎实，表达生动流畅 |
| | | 活动目标设置合理，达成度佳 |
| | | 活动准备充分 |
| | | 活动引导语清晰、回应精准 |
| | | 活动环节层次分明，详略得当，时间安排合理 |
| | | 重难点把握准确 |
| | | 突出幼儿主体，既关注大多数幼儿，又注重个体差异 |
| | | 教学过程互动性强，幼儿积极参与，活动效果好 |
| | 任务3：多元文化教育活动评价 | 活动优缺点分析全面、客观、透彻 |
| | | 提出合理的优化建议 |
| | | 依据活动设计的原理及方法进行评价 |

## 四、案例资源

### 案例一　自我意识教育活动：大班自我意识活动《独一无二的我》

**一、设计意图**

在集体交往中，由于每个幼儿存在着个体区别，这些区别有的来自幼儿本身，有的来自幼儿所处的环境。在这样的大背景下，幼儿凭借外界的信息、刺激、评价，以及自我感受来逐渐了解自己。教师要帮助幼儿了解自己的"独特"性，从而形成一个积极的自我意识。

本次活动来源于大班《生活》主题"适应集体"，适逢幼儿临近毕业，幼儿面对着各种各样的问题，比如"去了小学老师会喜欢我吗？""小学里的小朋友是不是都很聪明，我会不会有点笨？""我长得不好看，小学里会有我的好朋友吗？"等，这些问题来自幼儿对自己的不了解，对适应新的群体生活的焦虑。为了应对这样的局面，我想应该让幼儿深入了解自己，正确认识自己，把赞扬的声音传递给每个孩子。绘本《各种各样的人》是以立体翻页的形式为主的书籍，书里介绍了各种各样的人，这些人不仅外表和别人不一样，兴趣爱好也都不一样。我将书中一些雀斑、青春痘、小胖子等人物特点提炼出来，通过说、读、猜、听、看等方式，使幼儿感知每个人都是特别的，应该正视自己的优势，建立信心，排除幼儿的心理焦虑。

**二、活动目标**

（1）知道每个人的外形特征、兴趣爱好、能力特长都是不同的，理解"独一无二"的含义。

（2）通过同伴的评价了解自己的独一无二，从而体验到快乐和自豪。

（3）在集体中展示自己独一无二之处，学习正确地自我评价。

**三、活动准备**

绘本《各种各样的人》、PPT、记录卡片、笔、展示板。

**四、活动过程**

1. 引起讨论，点出主题

（1）播放PPT。你认识这个字吗？

（2）引起思考与讨论。世界上有各种各样的人，你见过什么样的人？引起幼儿讨论。

总结：每个人都长得不一样。虽然有些人长得很像，但是仔细观察，还是会发现不一样的地方。

（3）出示读本，介绍书名。结合读本阅读和PPT阅读两种方法，讲述读本内容。

（4）感知"独一无二"的意思。

原来，世界上的每个人都是不同的，都是独一无二的。你知道独一无二是什么意思吗？就好像我们班级里的孩子，每个孩子都是独一无二的。有独一无二的×××、独一无二的×××。

2. 敏锐观察，感知主题

（1）看看、听听，感受不同。猜猜这是谁？播放PPT（内容有五官局部图片、走路背影影像、唱歌声音)你是怎么知道的?从哪里猜出来的?

(2)引起思考。让人一眼能看出来的是外表的不同。你能说说你自己,看上去最大的特点是什么吗?

3.拓展迁移,深化主题

(1)拓展深入。你们说的这些不一样都是外表可以看出来、用耳朵可以听出来的,还有许多与众不同的地方,是需要大家在一起相处熟悉以后才能知道的,你能说说是什么吗?

PPT 提示。比如每个人的性格、脾气、爱好等。你的爱好是什么?

(2)操作。请你用简笔画的方式记录自己最特别的地方。

(3)分享。教师将幼儿记录作品放置于展示板上。

用一句话把你记录的特别之处告诉大家。

4.编创散文,感情共鸣

让我们把刚才那些独一无二的地方用一个接一个的方法编首散文诗。

教师示范开头。

结束:老师希望你们都能保持自己独一无二的优点,让更多的人喜欢你,让更多的人和你做朋友。

(案例来源:上海宝山区机关幼儿园园长蒋静)

### 案例二　社会交往教育活动:小班社会交往活动《好朋友》

**一、设计意图**

当今社会,幼儿多为独生子女,幼儿与同龄伙伴交往的机会大大减少,加之家长过分娇惯与溺爱,造成幼儿以自我为中心,缺乏关心他人、分享和合作的意识。随着幼儿踏入幼儿园,社会交往范围逐渐扩大,他们开始渴望与同伴交往,可由于缺少交往经验与能力,常常与同伴发生争抢的情况,甚至产生攻击性行为。为此,我设计了本活动,希望通过活动引导幼儿学会正确地与他人交往的方法,懂得与同伴互爱互助。

**二、活动目标**

(1)愿意与同伴交流,体验与同伴友好相处的快乐。

(2)积极参与活动,大胆表现自我。

**三、活动准备**

(1)知识经验:课前玩过"碰一碰"的游戏。

(2)环境创设:花丛,小河。

**四、活动过程**

1.玩音乐游戏:碰一碰

带领幼儿玩"碰一碰"的游戏,激发幼儿参与活动的兴趣。

2.玩情境游戏:找朋友

(1)到花丛里请出蝴蝶做朋友。

教师:"刚才我们在和好朋友玩游戏的时候,把一位客人吸引来了,它就藏在花丛里,你们猜猜它是谁?"("蝴蝶")

教师:"你愿意让它也成为你的好朋友吗?那你快大声地把它请出来吧!"("蝴蝶蝴蝶,我想和你做朋友")

玩游戏:找朋友。改编歌曲:"找呀找呀找朋友。找到蝴蝶做朋友,学蝴蝶飞呀飞,你是我的好朋友。"

(2)到河边请出青蛙做朋友。

教师:"刚才我们和蝴蝶成了好朋友,现在我们又来到了河边,你们猜猜这次会是谁想和我们成为好朋友呢?"(幼儿自由回答)

教师:"听,这是谁的声音?"("青蛙")

教师:"那你快大声地把它请出来吧!"("青蛙青蛙,我想和你做朋友")

玩游戏:找朋友。改编歌曲:"找呀找呀找朋友,找到青蛙做朋友。学青蛙跳呀跳,你是我的好朋友。"

(3)拓展思维。

教师:"除了蝴蝶和青蛙,还有谁愿意和我们做朋友?"(可引导幼儿适当反复做游戏)

3.夸夸我的好朋友

教师:"现在我们的朋友越来越多,让我们来夸夸身边的好朋友吧!谁愿意上来介绍一下自己的好朋友是谁,说说为什么喜欢他?"教师鼓励幼儿大胆表述,夸奖自己的好朋友。

小结:刚才听了你们夸奖自己的好朋友,老师很羡慕呢!他们有的能主动帮助小朋友;有的能自己的事情自己做;还有的上课积极主动,勤思考。我也想和他们做朋友,你们欢迎吗?

4.游戏:快乐抱抱

教师带领幼儿念儿歌:"我们都是好朋友,你抱我来我抱你,问问朋友有几个,快乐游戏要听清。"

教师边念儿歌边报出数字,幼儿按照数字抱成团。

**五、活动延伸**

制作"我的新朋友"主题墙,鼓励幼儿大胆地与同伴交流,找到更多的好朋友。

(案例来源:湖北省武汉市直属机关育才第二幼儿园沈慧芬)

**案例三　社会环境与规范教育活动:大班社会环境与规范教育活动《光盘行动》**

**一、设计意图**

1.基于食物浪费现象以及大班幼儿的生活经验

在幼儿园里,每一餐都存在不同程度的食物浪费现象,"不喜欢吃、不想吃"是幼儿挑食、剩饭的常见理由,在家里、餐厅里,食物浪费现象也随处可见。基于此,设计了大班社会活动《光盘行动》,以食为媒,通过幼儿园厨房工作人员辛苦备餐的视频,让幼儿真切体会到每天餐桌上食物的来之不易,学会尊重别人的劳动,珍惜粮食,敬畏食物。

2.落实《幼儿园教育指导纲要(试行)》《3—6岁儿童学习与发展指南》对大班幼儿社会领域发展提出的要求

《3—6岁儿童学习与发展指南》指出:"大班幼儿要遵守基本的行为规范,理解规则的意义,注意节约资源。"习近平总书记一直提倡"厉行节约、反对浪费",多次强调制止餐饮浪费行为。"光盘行动"已经逐渐成为社会用餐风向标,成为一种社会规则、社会风尚进入公众意识。因此,本次活动的宗旨是让幼儿理解光盘行动的意义,践行餐餐光盘的用餐新公约,让"珍惜食物,反对浪费"成为幼儿的自觉行为。

3.基于传承和发扬中华民族勤俭节约优良传统的需要

勤俭节约是中华民族的传统美德,杜绝餐饮浪费是对食物的敬畏,更是对劳动者的尊重。现实生活中,帮助幼儿养成健康的饮食习惯、良好的生活方式、正确的劳动态度是非常必要的,让节约的种子扎根在孩子们心灵深处,继承和发扬中华民族勤俭节约的优良传统。

### 三、活动目标

认知目标:知道食物来之不易,懂得尊重他人劳动成果。

能力目标:能说出不浪费食物的办法,做到餐餐光盘。

情感目标:争做"光盘小明星",为自己的"光盘"行为感到骄傲和自豪。

### 四、活动重难点

活动重点:知道食物来之不易,懂得尊重他人劳动成果。

活动难点:能说出不浪费食物的办法,并做到餐餐光盘。

### 五、活动准备

经验准备:幼儿有剩饭、倒饭的生活经历。

物质准备:PPT,幼儿园后厨工作视频、照片,"光盘勋章"统计板。

### 六、活动过程

1.开始部分:观看图片以及后厨工作视频,体会他人劳动的辛苦,懂得食物来之不易

(出示幼儿昨日中餐照片)

教师:"小朋友们,你们知道昨天中午吃的这顿饭是怎么来到我们餐桌上的吗?"

教师:"饭菜来到我们餐桌之前经历了什么?"鼓励幼儿回忆视频内容,并大胆表达自己的所见所感。

教师小结:任何一顿饭都要经过采购、配送、择、洗、切、炒、分装、运输等环节,才能送到我们的餐桌上。叔叔阿姨在厨房忙活了一早上才做出来供我们享用的美味午餐,看到这些,你有什么样的感受?我们应该怎么对待这些饭菜?

2.基本部分:制造认知冲突,对身边的浪费行为进行反思

将铺张浪费与饥饿贫困两相对比,通过认知对比,让幼儿初步体会浪费粮食不应该,理解光盘行动的意义和价值。

教师:"昨天老师特意让每个班的生活老师把你们午餐没有吃完的饭菜收集在了一起,有这么多,看到这些辛辛苦苦做出来的饭菜要被倒掉,你有什么感受?我们每个人浪费一点点,一点一点汇总起来就可以变成许多,我们每天都可以吃到可口的饭菜,不喜欢吃的、吃不完的,我们就把它倒掉。生活中,身边的浪费现象到处都有。可是有些贫困地区的小朋友,他们吃不上饭、吃不好饭,每天都要忍受饥饿。你觉得浪费粮食,应不应该?"

3.结束部分:分组讨论践行光盘行动的具体办法

引导幼儿分组讨论在家里、幼儿园、饭店请客吃饭、自助餐厅四个典型的场合中,我们怎样才能真正做到不浪费粮食、尊重劳动、践行光盘行动,并分享小组讨论结果。

(教师协助小结)

在家里:吃多少做多少,如有剩饭,请家里人相互帮助把饭吃完,或者把剩下的饭菜喂宠物。

在幼儿园:吃多少盛多少,相互提醒不浪费。

在饭店请客吃饭:根据人数,适量点菜,吃不完的打包带走。

在自助餐厅:一次别拿太多,吃完再取。

**七、活动延伸**

强化教育,杜绝浪费,争做"光盘小明星"。

制作"光盘勋章"统计板,每餐吃光饭菜的幼儿可以贴上一个"光盘小勋章",每周统计结果,运用正面强化的办法,鼓励幼儿"餐餐光盘",争做"光盘小明星",并体验到光盘行动带来的荣耀感。

(案例来源:洛阳师范学院学前教育学院吴新仪、唐桂英)

**案例四　多元文化教育活动:大班多元文化教育活动《中国"年"的故事》**

**一、设计意图**

春节,是中华民族的传统节日,"过年"是中国几千年来的传统,经过世代的沿袭,在过年时逐渐形成了各种各样的风俗习惯,如贴对联、贴窗花、穿新衣、吃团圆饭、放鞭炮、亲友互相拜年、长辈给晚辈压岁钱、吃饺子等。过年是小朋友最快乐的时候,关于过年有说不完的话题,然而,幼儿在感受过年热闹气氛的同时,对"年"的来历并不了解。我设计本次活动,旨在帮助幼儿了解过年的来历,从而激发幼儿热爱中国传统文化的情感。

**二、活动目标**

(1)了解"年"的来历,知道我国过年的几种传统习俗。

(2)感受中国的传统节日文化和喜庆的节日气氛。

**三、活动准备**

(1)了解"年"的来历,知道我国过年的几种传统习俗。

(2)感受中国的传统节日文化和喜庆的节日气氛。

**四、活动过程**

1.参观"过年"图片展,了解过年的几种习俗

(1)引导幼儿观看图片展览。

(2)提问:过年了,大家是怎么庆祝的? 说说自己最喜欢过年时的哪项活动。

(3)小结:过年真热闹。

2.看课件,了解过年的来历

(1)播放课件前半部分。

教师:"很久很久以前,人们可没有过年这个习惯。每年的这个时候是人们最痛苦、最害怕的日子。你们知道为什么吗?"请幼儿猜一猜,说一说。

教师:"到底是什么原因呢? 我们来看一段有趣的动画。"幼儿看课件前半部分,了解人们害怕的原因。

教师:"原来人们是怕'年'这个怪兽。小朋友们,你们快帮这些人想想办法对付'年'这个怪兽吧。"引导幼儿讨论、发表意见与想法。

(2)继续看课件,了解人们战胜"年"的故事。

教师:"大家想的办法都不错,但最后到底是谁的好办法战胜了怪兽'年'呢? 我们一起来继续看下去。"

教师:"白胡子老爷爷是用什么办法对付'年'这个怪兽的呢? 为什么他用这些办法?"

教师:"怪兽'年'最害怕红色、灯光和响声,所以白胡子老爷爷用穿红衣服、贴红对联、放爆竹、点灯的方法来对付它。从此以后,每年过年的时候,人们都穿红衣服,贴红对联、红福字,放爆竹,点亮灯,一家人团聚在一起守岁。过年的习俗就由此而来。"通过"年"的故事,让幼儿了解了过年习俗的来历,对我国的传统节日——春节有了进一步的认识。

3.引导幼儿根据生活经验讲述并体验过年的热闹气氛

(1)谈话,说说自己过新年的感受。重点引导幼儿说说过年都有哪些开心的活动。

教师:"现在,过年的庆祝活动越来越丰富,越来越热闹。小朋友们,你们知道过年时还有哪些庆祝活动吗?"(有好吃的活动,有好看的活动,有好玩的活动)

教师:"你们都这么喜欢过年,那我们一起玩几个过年的游戏吧。"

(2)幼儿分组体验,或手工制作新年的物品,或者表演节目,欢欢喜喜迎新年。

(案例来源:湖北省襄阳市实验幼儿园曹军、岳颖换、吴茜)

# 第四章 幼儿园班级管理实训

班级作为幼儿园最基本的单位之一,班级管理是幼儿园管理的核心与基础。对师范生来说,班级管理的实训需要学生在职前教育中掌握班级管理的目标、内容和方法,熟悉幼儿园班级管理各部分内容的主要特点,能够组织和实施相应的教育活动,进而能在班级管理中科学规划一日保教活动,合理创设班级环境,促进幼儿的身心健康发展。一个班级的单位虽小,涉及内容却较为广泛,在幼儿园班级中有环境、幼儿和保教人员共同组成,涉及人、财、物、时空和信息等多种要素,需要教师通过计划、组织、实施和调整,优质高效实现班级教育目标。

## 第一节　班级管理知识基础

### 一、幼儿园班级管理的含义

关于班级管理的含义,不同学者从不同角度对此有相应的界定,唐淑、虞永平认为,班级管理是指班级教师通过组织、计划、实施、调整等环节,把幼儿园的人、财、物、时间、空间、信息等资源充分运用起来,以便达到预定的目的。[①] 赵春龙、王国昌认为,幼儿园班级管理指幼儿园班级中的保教人员通过计划、组织、实施、协调等实现保育和教育的目的,使幼儿获得全面健康发展的管理活动。[②] 也有学者认为,幼儿园班级管理有狭义和广义之分。广义上认为凡班级教师进行的一切活动都称为班级管理。狭义的班级管理是指为了完成园所的教育目的及各项教育活动并使其能够顺利进行,而将班级的人、事、物等各项条件作为一种整顿、改善与处理的过程。

通过对幼儿园班级管理概念的梳理,可以发现学者们对幼儿园班级管理的界定主要从管理学的角度进行论述,主要含义基本上可以概况为班级管理中的人员对班级中的主要要素进行组织和协调,从而能够实现促进幼儿的全面发展。在此,我们采用杜燕红等的著作中对班级管理的定义,即保教人员将班级的人、财、物、时空和信息等各种要素,通

---

① 唐淑、虞永平:《幼儿园班级管理》,南京师范大学出版社,1997,第 28 页。
② 赵春龙、王国昌:《幼儿园班级管理》,湖南大学出版社,2014,第 4 页。

过计划、组织、实施和调整,优质高效实现班级教育目标,促进幼儿身心全面发展的管理活动过程。[①]

## 二、幼儿园班级管理的目标

班级作为幼儿园最基本的单位,幼儿园保教目标的实现需要依靠班级管理目标的实现,因此,幼儿园班级管理的主要目标是提高班级管理效率,教师能够通力配合保障幼儿的健康发展,最终提高幼儿园的保教质量。

### (一)提高班级管理的效率

班级管理是对班级中的人、物、财、信息等多个因素协调和组织的过程,有效的班级管理能够最大程度合理、有效地利用好这些资源,从而提高班级管理的效率。例如,在环境创设中,区域的合理布置,动线的流畅度可以减少很多不必要的麻烦,从而方便幼儿的操作。

### (二)保障幼儿身心健康和谐发展

班级管理的出发点和落脚点是"幼儿",这也是班级管理最主要的目标,所有管理活动应该是为了幼儿的学习和发展。在班级管理中应该注意每个年龄段的差异性,合理安排幼儿的一日生活,提供满足幼儿身心发展需要的活动,引导幼儿个性健康发展,让幼儿度过快乐而有意义的童年。

### (三)提高幼儿园保育和教育质量

幼儿园的保教活动目标和质量需要靠每一个班级的保教活动来实现,每一个班级中教师的保教活动行为都代表着这个幼儿园保教质量的体现。在班级管理中,每位教师要从生活上对幼儿悉心照顾,加强营养和锻炼,建立合理的班级常规,增强幼儿的危险防范能力,培养幼儿良好的情绪和个性,营造舒适、宽松的班级氛围,提高幼儿的身心健康水平。

### (四)规范办园行为,促进幼儿园可持续发展

班级管理的水平代表着整个幼儿园的保教质量水平,一定程度上也代表着幼儿园的规范化水平。走进一个班级,班级常规井然有序,幼儿笑容满面,班级活动衔接自然,会让参观的人感受到这个幼儿园是规范的。反之,当走进一个班级,物品摆放乱七八糟,班级活动出现较长的浪费时间,幼儿无所事事,这会让人感觉这个幼儿园管理得不够规范。因此,一个班级的管理代表着整个幼儿园的发展水平,能够促进幼儿园的可持续发展。

## 三、幼儿园班级管理的内容

### (一)生活管理

生活管理主要是指班级中一日生活中涉及各种事项,这是班级管理的重要内容,也是班级管理中最为琐碎的内容。由于幼儿的身心发展特点决定了他们的生活自理能力

---

① 杜燕红、康耀华:《幼儿园班级管理》,郑州大学出版社,2021,第15页。

和面对危险的处理能力是较弱的,这就要求幼儿园教师要时刻关注幼儿的一日生活。教师要在班级中创设家庭般温馨的生活环境,合理安排幼儿的作息时间,培养幼儿基本的一日生活常规,为幼儿均衡营养、良好睡眠、安全卫生防护等提供相应的服务,保证幼儿身体生长发育的需要。与此同时,教师要注重培养幼儿的生活自理能力,帮助他们养成良好的生活态度、生活方式和生活习惯,促进幼儿生理、心理的健康与和谐发展。教师还要开展安全管理与教育,根据本班具体情况,通过有计划地创设安全生活和学习环境,制定安全制度,营造和谐宽松的氛围,开展安全教育等来达到幼儿健康生活和成长的教育目标。

### (二)教育活动管理

教育活动管理主要是班级教师有计划、有目的地开展的教育活动,例如关于五大领域的教育活动、主题教育活动等,根据班级幼儿的兴趣、身心发展特点以及《幼儿园教育指导纲要(试行)》和《3—6岁儿童学习与发展指南》中的相关要求,开展班级的教育教学工作,让幼儿通过直接感知、亲身体验和实际操作获取知识经验,促进良好的社会适应性,培养积极情感和个性品德等,促进幼儿体、智、德、美全面发展。

### (三)班级环境创设

《幼儿园教育指导纲要(试行)》中明确指出:幼儿园应为幼儿提供健康丰富的生活和活动环境,满足他们多方面发展的需要,使他们在快乐的童年生活中获得有益于身心发展的经验。幼儿园的班级环境创设主要分为物质环境和精神环境,教师不仅要注重创设丰富的物质环境,更要关注轻松、愉快的精神环境的创设。

### (四)班级信息管理

班级信息管理是指在班级运营过程中幼儿、教师和班内的环境等产生的各种信息资源。例如,从班级教师接手一个班级开始,班级内各种物品的数量、班级幼儿的家庭信息、家长联系方式以及班级内部教师之间的各种文本信息资料等,各种信息混杂在一起,在需要的时候如何能快速查找出需要的信息,这就体现了班级信息管理的重要性。

### (五)班级中的家长工作管理

幼儿园和家庭作为影响儿童发展的重要因素,二者如同儿童成长道路上的同盟军,其协调合作对幼儿的健康成长意义重大。幼儿园内容的资源是有限的,要充分利用教育资源就要向外延伸,利用好家长资源,这就需要班级教师在平时工作中做好家长工作管理。一方面,家长是幼儿的第一任老师,其对班级工作的关注、支持和参与具有重要意义,家庭对于幼儿发展的影响和作用是后者无法取代的。另一方面,家长的关心支持、监督评价也是搞好班级管理,提高保教质量的促进因素。因而,班级管理工作要取得成效,必须得到家长的积极配合和参与,必须发掘整合家庭的教育资源,共同一致地促进幼儿的发展。教师要努力做好家长工作,争取他们的关心和支持,激发其作为幼儿第一任老师的主体意识和育儿信心,要密切与家庭的联系,对家长给予育儿支持和实际的帮助,家园配合协作,共同实施优质的保教工作。

## 四、幼儿园班级管理的过程和方法

### (一) 班级管理的过程

幼儿园班级管理的过程主要是制订班级保教工作计划、实施计划、改进计划以及评价的动态过程。制订班级保教工作计划时要注意以园本计划为依据,结合本班幼儿特点以及本班的实际,确立本班幼儿的培养目标和工作任务要求,并提出具体实施的步骤、方法等。

### (二) 班级管理的方法

为更好地开展班级管理,达到保教目标,教师需要掌握一定的班级管理方法,才能让班级工作顺利运转。常用的班级管理方法主要有以下几种:

规则引导法,主要是指用规则引导幼儿的行为,使其能约束自己的行为。在使用规则引导法时教师要注意规则的制订要和幼儿一起讨论,不能是强行制定的。规则的制定是为了幼儿在班级中更好地发展,而不能是单纯为了教师管理方便。此外,当规则一旦制定后,教师之间要保持一致,不能随意更改。

情感沟通法,主要是指激发和利用师生之间或幼儿之间以及幼儿对环境的情感,以影响幼儿的行为。情感沟通法的基础是共情能力和换位思考的能力,需要幼儿能站在他人的角度思考问题,能从他人的困境、痛苦出发,产生主人行为,这需要教师的刻意引导才会有效果。

榜样激励法,是指选择积极、正面、典型的形象,帮助幼儿形成良好的行为,以达到班级管理的目的。例如,在升国旗活动中,幼儿站姿总是歪歪扭扭,教师可以让幼儿假装自己是解放军叔叔,通过角色扮演,树立正面榜样,使幼儿能保持良好的站姿。

# 第二节  班级管理能力要求

在学前教育专业的毕业要求"一践行三学会"中,班级管理作为"学会育人"的重要内容,对师范生提出了全面的要求,这些能力包括能制订科学的保教活动计划、规划一日生活活动、有效组织教育活动、开展班级环境创设、高效管理班级信息以及做好家园共育工作等,这是幼儿园班级管理的核心内容,同时也是学前教育师范生的专业素养,是未来作为优秀幼儿园教师的必备能力。

由于一日生活实训内容及要求在第一章已经进行了概述,在这里不再重述。

## 一、班级保教工作计划的撰写

班级保教工作是有计划、有目的的过程,需要按照科学的程序展开,作为班级管理计划中的开始环节,要求师范生在未来的工作中能够科学评估班级幼儿、教师、家长以及物品等情况,制订适合本班保教活动开展的工作计划。在制订班级保教计划过程中需要师范生能够遵循科学性、可操作性、目标性以及整体与差异相结合的原则,这份计划应该在本班的现状以及上一阶段班级工作总结的基础上,对本班接下来的保教工作提出具体的要求。

对于学前教育专业师范生而言,班级保教工作撰写的细化目标与期望如下:

(1)基本结构。知道班级保教工作计划的基本结构,包括题目、班级情况分析、本学期工作的任务和目标、基本工作与具体措施、时间进度安排和其他事项。

(2)班级工作计划的类型。班级保教工作计划是班级管理过程的开始,根据不同的形式呈现,具体可分为月工作计划、周工作安排和一日生活活动安排,层次逐级细化。

(3)班级工作计划的动态调整。班级工作计划在学期初制订,但不是一成不变的,根据具体的情况可以随时调整以更适合本班的工作开展。

## 二、教育活动的组织与实施能力

幼儿园教育能否实现具体目标,教育活动管理起到关键作用,幼儿园班级教育活动管理是以培养人、教育人、发展人为工作出发点,通过组织协调各种人力、物力、财力、时间、空间等资源,高效率实现幼儿园育人目标的管理活动过程。要求师范生要设计和实施不同的教育活动内容,开展不同形式的教育活动。

对于学前教育专业师范生而言,教育活动的组织与实施能力细化目标与期望如下:

(1)制定合理的教育活动目标。教育活动目标要具有全面性、适切性和可操作性,目标充分考虑幼儿的原有生活经验和兴趣爱好,使教学活动内容具有典型性和代表性。

(2)活动结构的合理性。活动结构分为横向和纵向。横向上某一个布局要独特、有吸引力;纵向上要求活动流程层层递进,环环相扣。

(3)提问设计的科学性。提问要尊重幼儿的学习方式,关注师幼互动过程,精心设计提问,观察幼儿需要和活动的细节。

## 三、班级环境的创设与实施能力

幼儿园班级环境创设具有多维指向,既包含了“环境创设”的目的性,又包含了创设的具体过程,不仅表示装饰和美化,而且暗含教育意义与价值的建构。在幼儿园班级教育环境创设的过程中,幼儿是主体,教师是主导,家长应是积极的参与者。在创设幼儿园班级环境中要求师范生要做到遵循安全性。

对于学前教育专业师范生而言,班级环境创设细化目标与期望如下:

(1)班级环境的教育性。环境创设要有助于幼儿通过操作和探究获得知识经验的发展。

(2)班级环境的动态性。能够围绕教育活动内容,或者班级开展的主题活动,动态性创设、更换主题墙内容。

(3)以幼儿为本。环境创设主题的选择和确定上,应该考虑幼儿的兴趣和需要,能够通过集体讨论、个别谈话等形式征求幼儿的意见。

## 四、班级信息的管理能力

在当前互联网+、云计算、大数据和人工智能的时代背景之下,信息管理日益影响人们生活的方方面面。在幼儿园班级管理中信息管理也变得尤为重要,作为学前教育师范生,要能够善于利用多种途径和方法,分类、整理和完善班级各种信息库,方便同班教师使用、调取各种信息,从而有利于班级工作的高效运转。

对于学前教育专业师范生而言,班级信息管理细化目标与期望如下:

(1)幼儿信息管理。对幼儿的学籍档案、成长档案和健康档案能妥善管理,并及时做好更新和交接工作。

(2)班级教育信息管理。教育教学过程中的文案、电子资料,例如活动教案、主题活动方案、专题活动方案、游戏活动方案等各种音频、视频和课件等材料,能做到收集、整理和归档。

(3)班级日志管理。对班级日志的内容,能根据实际情况做好记录,以及和接班老师做好交接工作。

(4)班级物品信息管理。对班级中的各种设施设备做好登记,如钢琴、电脑、幼儿的各种玩教具等,能通过"班级物品登记表"或者"班级物品变损清单"来管理。

## 五、家长工作的开展与实施能力

幼儿园班级的家长工作直接关系着家长资源的合理利用以及家长对班级工作的支持程度,要求学前教育师范生能够在未来的工作中,遵循科学的原则,通过多种合适的方法与家长建立密切合作的家园关系,为本班的保教工作创造有利的条件,和家长共同担负起教育幼儿的任务。

对于学前教育专业师范生而言,家长工作开展的细化目标与期望如下:

(1)能主动与家长联系。教师要主动与家长联系,为家长提供科学的育儿指导。

(2)开展不同形式的家长工作。要做到个别实施和集中实施相结合。

# 第三节　班级管理实训内容及要求

## 一、撰写班级保教工作计划

### (一)实训任务

学生将通过实战演练撰写幼儿园班级保教工作计划,保教工作计划具体包括为不同年龄段设计班级保教工作计划、制订月工作计划和周工作计划。

### (二)实训实施

任务1:撰写班级保教工作计划。学生需要选择一个年龄阶段,具体分析本年龄阶段中幼儿的身心发展特点,查阅《3—6岁儿童学习与发展指南》以及《幼儿园教育指导纲要(试行)》等文件,确定指导思想,结合具体月份中的工作重点,以及涉及的安全工作、家长工作、主题活动等内容,撰写班级保教工作计划。

任务2:制订月工作计划。根据班级保教工作计划,结合具体月份的实际情况,提出工作重点和具体要求与措施,使每个月工作计划成为实现每个学期计划的一个实际步骤。例如,小班9月份刚入园,幼儿的分离焦虑是本月的工作重点,应该通过多种方法和措施,缓解幼儿的分离焦虑。

任务3:制订周工作计划。月工作计划要通过周工作计划得到落实,学生需要通过月工作计划,提出本周的主要工作或教育重点,明确周一到周五的活动内容,合理安排每周的教育活动和游戏活动,以达成周工作目标。

### (三)实训评价

学生的实训成果将根据以下几个方面进行评价:

(1)班级保教工作计划的科学性和可操作性。

(2)月工作计划的合理性和贴切性。

(3)周工作计划安排的可行性。

## 二、开展教育活动

### (一)实训任务

学生将通过模拟教学和说课活动,学习幼儿园教学活动开展的一般流程和注意事项,能够通过案例分析,学习处理班级教学中突发事件的能力。

### (二)任务实施

任务1:模拟教学。模拟不同类型的教育教学活动,例如,集体教学活动、小组教学活动、户外研学活动、游戏活动以及自由活动等场景,熟悉每种活动开展的具体流程,能够用规范的语言指导不同类型教学活动的开展。

任务2:处理突发事件。通过案例分析,对教育教学活动中的突发事情,提出自己的观点和解决办法,考查学生对教学活动的灵活处理能力。

任务3:撰写教学活动方案。学生选择一种活动类型,例如,研学活动、小组教学活动等,根据不同活动的流程和注意事项,撰写活动方案。

### (三)实训评价

学生的实训成果将根据以下几个方面进行评价:

(1)教学活动方案目标的科学性,活动过程的流畅性和衔接性。

(2)模拟教学中教姿、教态的得体性,目标的达成性。

(3)案例分析中对教学理论运用的灵活性。

## 三、开展班级环境创设

**（一）实训任务**

学生需要创设不同类型的班级环境，例如，班级墙面的创设、活动区环境创设等，为将来走上教师岗位，开展班级环境创设打下基础。

**（二）任务实施**

任务1：绘制班级空间图，对班级空间进行合理布局。学生根据班级不同功能区的特点以及班级内动线的流畅性，对班级内的空间进行合理布局，例如，标明什么位置规划什么区域，以及放在这个区域的科学依据。

任务2：根据主题，对班级墙面进行布置装饰。学生根据不同主题，例如，家园园地、班级外围墙面等，利用不同的材料，对班级墙面进行装饰布置。

任务3：对区域空间进行布局和材料投放。模拟布置班级区域，并进行区域材料的投放，学生要根据班级幼儿年龄特点，以及区域特点，合理规划区域布局。

**（三）实训评价**

学生的实训成果将根据以下几个方面进行评价：

（1）班级空间规划和利用的合理性。

（2）区域数量的丰富性。

（3）材料投放的适宜性。

## 四、信息管理

**（一）实训任务**

在班级信息管理中，学生要撰写幼儿成长档案、幼儿个案分析、教育笔记以及设计班级日志，并能够有目的地整理、分类和保存。

**（二）任务实施**

任务1：设计班级工作日志。选择不同的年龄段，根据班级一日活动重点，设计属于本班的班级工作日志表格，方便对班级重点工作进行管理。

任务2：撰写幼儿个案分析、教育笔记等。通过去幼儿园见习，观察幼儿以及教师的行为，根据见习内容，撰写幼儿个案分析以及教育笔记，为将来走上教师岗位撰写这些文本材料打下基础。

任务3：分类整理文本资料。开展小组活动，三个人为一个小组，即一个班级，能根据提供的多样化文本材料，分类整理、归纳，并选择合适的保存方法。

**（三）实训评价**

学生的实训成果将根据以下几个方面进行评价：

（1）班级工作日志的清晰化。

（2）幼儿个案分析和教育笔记等内容的规范化以及完整性。

（3）文本材料分类的科学性以及保存的方便性。

## 五、开展家长工作

### (一)实训任务

学生需要根据不同的场景,模拟和家长沟通,包括面对面的交流以及线上的交流,个别沟通和集体沟通等,学习处理不同场景中的棘手问题。

### (二)任务实施

任务1:模拟与家长的个别沟通。通过设置不同的问题场景,学生模拟和家长的个别沟通,学习相应的注意事项,例如,模拟放学接送孩子的场景,学生和家长针对幼儿在园情况进行短暂沟通。

任务2:模拟以集体形式和家长沟通。设置主题,学习开展相关主题的家长会、家长委员会等会议,以集体形式和家长沟通。例如,模拟新学期初家长会。

任务3:设计家园联系手册。设计家园联系手册,以简洁明了的形式呈现沟通重点,通过家园联系手册与家长进行沟通。

### (三)实训评价

学生的实训成果将根据以下几个方面进行评价:

(1)个别沟通时的专业性。

(2)集体沟通时是否突出活动主题和要点。

(3)家园联系手册的简洁性。

# 第四节　班级管理案例资源

## 一、班级工作计划案例

### 小二班班务工作计划

本学期小二班本着同一个目标:让每一个孩子健康、愉快地生活,全面发展成为会学习、会思考、会交往、有创造性的幼儿,以"尊重幼儿、尊敬家长、一切以幼儿利益为优先的原则"开展各项工作。我们在《3—6岁儿童学习与发展指南》和幼儿园教学总目标、总计划的引领下,以园务计划和教研组计划为依据,制订出本学期班级工作计划。

### (一)情况分析

本学期我们班共有幼儿29名,其中男孩16名,女孩13名。29名孩子中有个别幼儿上过托班,但是绝大多数孩子是第一次离开家长的怀抱。孩子们来自不同的家庭,生活行为习惯各不相同,大多数孩子对父母或祖辈的依赖性比较强。在与幼儿以及家长的接触和交谈中我们发现幼儿的自理能力和行为习惯普遍较差,家长对孩子也存在着许多溺爱情绪。如:孩子们不会自己吃饭、不会如厕;有的幼儿个性强,形成了许多坏习惯,时常与玩伴争夺玩具发生攻击行为;有的孩子不合群,任性;有的幼儿说话不清楚;等等。通过组织各种有趣的活动,大多数幼儿在开学的这段时间,哭闹现象有所减少,但也有一小部分幼儿存在较长时间的哭闹,我们将采用不同的方法来教育孩子,让他们尽快地适应幼儿园的学习、生活。家长方面,主要是有些家长对教师工作的不理解,个别家长希望教师能够迁就孩子的意愿,例如,孩子不睡觉,就不要让他睡觉;孩子不吃蔬菜,就不要给他吃;等等。为了让家长放心的同时使这些孩子们尽快稳定情绪,适应幼儿园集体生活,养成良好的行为习惯,形成良好的常规意识,我们老师将齐心协力,团结合作,把更多的精力投入家园合作以及教育工作中去,使每位幼儿都能愉快地生活,取得可喜的进步。

(二)指导思想

认真贯彻、落实《3—6岁儿童学习与发展指南》,以其为指导,树立安全意识、服务意识,不断提高教育和服务质量,在对本班幼儿基本情况分析评价的基础上,参照本年龄段幼儿的一般水平发展的目标,有计划、有目的地选择和组织幼儿的一日活动。更新教育理念,深入开展主题教学。用新形式、新方法与家长相互沟通,达到家园共育的效果,不断提高教育质量和服务质量,让孩子爱上幼儿园,让家长放心地将每一个孩子交到我们的手中。

(三)工作重点

由于幼儿刚入园,在各方面的能力相差甚远,这给常规的教学带来一定的难度。因此本学期我班在充分观察了解幼儿的基础上,遵循小班幼儿年龄阶段身心发展规律,组织开展多姿多彩的教育教学活动,培养幼儿的学习兴趣。在帮助幼儿逐步适应集体生活的同时,培养幼儿的基本生活能力和行为学习习惯,从而使幼儿健康、快乐成长。

(1)加强幼儿常规训练。幼儿进园年龄小,加上在家有家长包办,幼儿的生活自理能力很差。因此,我们要把幼儿良好的生活习惯、文明行为的培养,贯穿在幼儿一日生活当中,教育他们遵守日常行为规范:知道听铃声上位、休息;集体上厕所、喝水;饭前要洗手,午睡前上厕所;爱惜玩具,不乱扔,知道物归原处;与同伴友好相处,不争夺、独占玩具,不把幼儿园的玩具带回家;有礼貌地向老师问早、再见;学习做力所能及的事,培养幼儿爱劳动的习惯;在共同活动中要守纪律,户外活动时不乱跑,避免事故的发生。

(2)培养幼儿的自信心,鼓励幼儿大胆去尝试做自己能做的事,以鼓励为主、帮助为辅的方式,引导幼儿参加各种各样的游戏活动,让一些胆小不说话的幼儿多参加集体活动,如"嗨,你好"主题活动中有许多找朋友的游戏,让他们加入其中,感受到自己是行的。

(3)培养幼儿有良好的进餐习惯。本班幼儿年龄小,部分幼儿在家习惯家长喂,且吃得慢。针对此问题,我们将逐步养成幼儿自己吃饭的习惯,且要求幼儿能一口一口地吃,鼓励幼儿用愉快的心情进餐。

(4)培养幼儿良好的午睡习惯。懂得进入睡室时要安静,会自己换鞋,能找到自己的枕头,盖好被子后能安静入睡,不带玩具进入睡室,知道睡觉时闭上眼睛不说话。

(5)培养幼儿良好的卫生习惯。创设卫生清洁的环境,使幼儿感受清洁环境的美好,让幼儿协助保持环境清洁,初步形成良好的个人卫生习惯,愿意勤剪指甲、洗头、洗澡,知道饭前便后要洗手。教师通过讲故事等方式使幼儿了解到不讲卫生的危害性。

（6）培养幼儿愿意和同伴分享的良好习惯。通过讲故事让幼儿懂得分享,通过游戏让幼儿体验分享的快乐。

（7）培养幼儿收拾东西的好习惯。以"送玩具回家"的游戏方式,让幼儿知道玩完玩具或用完其他玩具后要放回原处,不把玩具放进书包。学习基本的分类,按玩具的特征进行分类。

（8）开展丰富多彩的体育锻炼活动,培养幼儿对体育活动的兴趣,逐步增强幼儿的体质。

（9）开展符合小班幼儿年龄特点的主题活动,贴近幼儿生活,教师能根据幼儿的年龄特点有针对性地组织活动,引导幼儿使用多种感官探索、操作、体验活动。

**（四）家园合作**

教师对新生幼儿进行电话、网络、走进家庭等形式的家访,了解家庭教育情况以及幼儿的兴趣、爱好、生活习惯等,利用家教宣传栏和家长来园时间,多与家长沟通幼儿在园、在家的情况,在生活能力、卫生习惯、自理能力培养方面要求家长给予积极的配合。结合家长开放日或家长会,让家长了解孩子在园的各项生活和学习情况。

（1）利用早晚家长接送幼儿的短暂时间与家长接触,了解和介绍幼儿情况,相互沟通提出建议。

（2）以"家长园地"形式向家长介绍幼儿园和班级活动安排和教育计划。

（3）取得家长配合,幼儿同教师建立初步信任关系。

（4）利用家园联系,使家长以直观方式了解幼儿园教育活动,直接看到幼儿的在园表现,了解教师的工作情况,增强与教师的相互理解、配合,增进情感联系。

（5）鼓励家长协助班级做好各项工作,协调家长间、家长与幼儿园的关系,成为幼儿园和家长联系的桥梁。

**（五）安全工作**

（1）安全工作是我们的重中之重,教师和保育员老师要时刻提高警惕,经常互相提醒,不松懈,发现安全隐患及时汇报。

（2）对幼儿进行安全教育,每个活动都做到:活动前强调安全要求,活动中提醒注意安全,活动后总结。幼儿的安全教育主要以日常教育为主、与教学活动结合,使每个幼儿都形成安全的意识和防范的基本能力。

（3）分析每日活动,找出容易出漏洞的时间和场所。如离园时、户外活动时,洗手间、走廊等,加强对这些时段和场所的关注。带班教师和配班教师分工合作,合理地分散照看幼儿,以便发现问题及时制止和处理。

**（六）逐月安排**

九月份:

（1）制订切实可行、有针对性的班级计划。

（2）班级环境的全面布置、区角材料的投放。

（3）召开新生家长会及学期初家长会。

(4)稳定情绪,依靠、信任与接近老师。

(5)学习良好的坐姿和走路姿势。

(6)不大吼大叫,不撕书,能把玩具分类摆放。

(7)国庆节主题教育活动。

十月份:

(1)正常地参加集体活动,知道按照老师的要求行事。

(2)学习收拾玩具,知道用完东西后要放回原处。

(3)重阳节主题教育活动。

十一月份:

(1)正常地来园和离园,保持愉快的情绪。

(2)摆放桌椅要轻抬、轻放,不拖桌椅。

(3)不趴在桌子上,不随便躺在地上。

(4)知道友好地对待邻里的小朋友。

十二月份:

(1)学习与小朋友友好相处,杜绝独占独霸现象。

(2)知道不在马路上乱跑、知道走人行道。

(3)知道应该保持衣服的整洁。

(4)学习礼貌地对待邻里。

(5)学习在公共场所要遵守规则。

一月份:

(1)对班级计划进行总结。

(2)整理教室,清点财产,登记。

(3)做好寒假班的准备工作。

(案例来源:幼师口袋.小二班班务工作计划.<br>https://www.youshikoudai.com/pckoudai#/pin/42324941.html.)

## 二、家园沟通案例

案例呈现:

一天,大一班曾阳杰的妈妈气冲冲地带着她6岁的儿子找到园长办公室。通过曾阳杰妈妈的述说,园长了解了事情的缘由。原来,她昨天接孩子回家后,在给孩子换衣服时发现孩子腿上有一大块淤青。经询问后,孩子说:"是老师打的。"这位家长生气地对园长说,要告老师虐待,接着大肆批评该幼儿园的制度,还说园里老师素质太差,居然打孩子。园长耐心地安抚这位家长,使她平静下来,并保证要认真调查此事并给予合理解决,家长这才悻悻而归。

园长随即向大一班老师了解事情的经过。老师说,曾阳杰在户外活动时,抢一名幼儿的玩具,在争夺中摔倒过。但当时孩子并没有异样,老师查看后也没发现异常,孩子爬起来就又跑去玩了。老师介绍,这个孩子平时总爱抢其他幼儿的玩具,户外活动不是打人就是咬人,在教学活动中也安静不下来,还影响其他幼儿。甚至有一次由于班里一名幼儿没和他一起玩,就在人家鞋里小便。老师也经常向孩子的妈妈反映,孩子妈妈常向老师道歉,但孩子一直没什么改变。

案例分析:

此事件的发生,是由于教师没有就幼儿在园表现及时与家长沟通,加之幼儿说谎导致的。

幼儿说谎是我们日常生活中常见的一种现象。幼儿说谎行为会对其将来正确道德观和社会责任感的形成产生不良影响。幼儿说谎行为的发展是幼儿社会化过程中的一个必经阶段。研究发现,2~4岁是幼儿说谎的高峰期,但6岁以后,幼儿的说谎行为并未随着年龄的增长而增加,反而有下降趋势。从认知角度分析,说谎可分为无意说谎和有意说谎两种类型。无意说谎是说谎的初级形态,属无意识行为;有意说谎是说谎者为了达到某种目的而有意编织谎言并做出相应行为。有意说谎不一定是真正意义上的欺骗,而欺骗一定是有意行为,并伴有个性化特征,特别是刚刚萌芽时的有意说谎与欺骗有着本质区别。幼儿说谎,主要是幼儿记忆不精确而导致的。

这是一个攻击性行为较强的孩子。攻击性行为指对他人的财产或人身进行直接破坏或攻击的行为,包括殴打、伤人、破坏物品、虐待他人或动物、抢劫等行为。在4~6岁时可表现为咬人、咬物、打人等,是儿童、青少年中一种比较常见的社会行为,它既影响儿童人格和品德的发展,又是衡量个体社会化成败的一个重要指标。有关研究表明:习惯性攻击行为可用来解释和预测犯罪行为;幼童的攻击行为出现的年龄越小,未来发展成反社会行为和犯罪行为的可能性越高;在各种情境中都出现攻击行为的儿童比在特定情境中出现攻击行为的儿童将来更可能出现反社会行为和行为偏差。儿童攻击行为的发生主要依赖于具体情境和认知水平,儿童缺乏信息处理的能力,因此,在社会交往中易出现由于归因偏差而产生的攻击行为。当然,家庭因素也不可忽视,比如,家长的溺爱或是家长自身就具有攻击性行为,那么儿童出现攻击行为很可能是极端任性或模仿成人的结果。因此,教师在日常活动中应该对幼儿进行有效教育,适当给予鼓励或惩罚。

教师缺乏经验,不能有效地与家长进行沟通,对家长工作处理不当。虽然教师之前向家长反映过问题,但并没有和家长认真商讨过引导幼儿的对策,甚至没有引起家长的注意,这直接导致家长对自己孩子认识不到位,没有反思自己的家庭教育方式,更没能对孩子进行有效的引导教育。

我国教育部在2001年颁布的《幼儿园教育指导纲要(试行)》中明确指出,家庭是幼儿园重要的合作伙伴。应本着尊重、平等、合作的原则,争取家长的理解、支持和主动参与,并积极支持、帮助家长提高教育能力。

指导建议:

1. 幼儿在活动时不专心,调皮捣蛋恶作剧,教师要满怀爱心和耐心,积极主动地对幼儿进行有针对性的教育,以灵活多样的方式激发幼儿参与活动的兴趣。

2. 教师和家长之间应实现有效的双向沟通。幼儿园的班级管理离不开家长的理解、支持和参与。教师和家长应加强沟通,以预防为主,减少幼儿说谎的机会。由于幼儿还处于生长发育初期,思想单纯,可塑性很强,受家长和教师的影响非常大。因此,家园联系应保持经常性。班级管理工作要取得效果,做好家长工作对幼儿园来说意义重大,必须与幼儿家庭及家长密切配合。只有在教师与家长经常联系沟通的情况下双方交换意见与心得,才能对幼儿进行配合一致的教育。

3.事后,幼儿园和教师应主动联系这位家长,指出自己在处理这件事上的偏差,为没能及时向家长说明情况,诚恳道歉并取得家长的谅解。幼儿园应多站在家长的立场上考虑问题,对自身存在的问题要勇于承认并积极改正,然后心平气和地与家长一起商讨幼儿身上存在的问题,共同找到合适的教育方法,促使双方在幼儿教育观念、态度与教育方法上达成一致,家园共同努力,帮助和促进幼儿健康成长。

（案例来源:史爱芬、李立新,《幼儿园班级管理案例分析》）

## 三、班级户外教育活动管理案例

案例呈现:

又到了每天户外活动的时间,李老师像往常一样带着大一班的幼儿下楼了。早操结束后,李老师没有让幼儿自由选择玩具和游戏区,而是将幼儿留在了宽敞的集体活动区。"孩子们,我们来活动一下吧。"李老师说。接着,李老师提出了要求:"我们男孩一队,女孩一队,男孩女孩面对面站,现在所有小朋友后退五步,男孩跑过去拍一下女孩的手再跑回来。"男孩兴奋地跑起来。"好,现在换,女孩跑过去拍男孩的手再跑回来。"女孩又开始跑。接着,李老师换了要求:"男孩跑过去绕女孩一圈跑回来,接着换女孩。"跑完后李老师问:"累吗?"幼儿大声齐呼:"不累,一点都不累!"于是李老师又说:"请小朋友们手拉手围一个大圈。每位小朋友向右转,面向你的同伴(背面),现在我们脚跟碰脚尖地慢慢走。"一圈过后,"请小朋友们用脚尖走一走(一圈)。"幼儿高兴地快速走着。"你们还可以试试用脚跟走一走(一圈)。"这时,幼儿小心翼翼地慢慢走。"我们再换一种,我们用单腿跳着走,看谁能坚持跳得时间长(约半圈)。""我们蹲下来双脚跳一跳吧。"幼儿开始学小青蛙,嘴里喊着"呱呱呱"向前跳着。"小青蛙们变成小花猫爬着走一走吧。"这时,幼儿有把屁股撅得高高往前爬的,也有慢慢往前一步一步爬的。"如果你有点累了,请你站起来拍拍手。我们再手拉手站成一个圈,轻轻地向里走,再像一朵花一样慢慢地开放(向外走)。"很快,户外活动的时间要结束了。"我们准备回教室吧。"李老师看着幼儿红扑扑的小脸,一边整队一边问:"好玩吗?"幼儿边慢慢走着回教室边答:"好玩,太好玩了!"有的幼儿说:"我还愿意变成小青蛙跳!"有的幼儿说:"我喜欢拍一下手就跑,呵呵呵。"还有的幼儿说:"我喜欢用脚跟走,就是这样,这样。"

案例分析:

《幼儿园教育指导纲要(试行)》中指出:"培养幼儿对体育活动的兴趣是幼儿园体育的重要目标,要根据幼儿的特点组织生动有趣、形式多样的体育活动吸引幼儿主动参与。"幼儿园户外活动是促进幼儿身体正常生长发育、身体素质和机体适应能力发展的主要途径,它不仅发展幼儿各种基本动作能力,也培养幼儿良好的品德、交往技能和认知技能,以及能富有创意地表现自己的能力。因此,应特别利用好幼儿园户外活动,实现"促进幼儿发展"价值的最大化。该案例反映的是一次教师有目的、有计划地组织的户外活动,从幼儿参与游戏的投入程度和情绪来看,他们乐此不疲地享受着这样的活动。

户外活动之所以深受幼儿的喜爱,因为其一,"好动"是幼儿的天性。其二,户外活动时间是幼儿在幼儿园最自由、放松的一个时段。但是,这种自由和放松不是无条件地放纵和放幼儿去"撒欢"。《幼儿园教师专业标准(试行)》中提出,要"重视环境和游戏对幼儿发展的独特作用,创设富有教育意义的环境氛围,将游戏作为幼儿的主要活动"。即对教师组织活动的行为能力提出了要求。

案例中的教师,看似带着幼儿无目的地跑跑跳跳、玩玩闹闹,实则是将促进幼儿身体发展的基本活动(走、跑、跳、爬、平衡等)贯穿整个活动之中。如果单纯让幼儿练习这些技能,未免太过乏味,而借助游戏方式来组织幼儿练习这些基本动作技能,便大大提升了幼儿的兴趣。案例中,李老师以游戏的方式开始活动,如"男孩女孩拍手跑、绕圈跑",又以游戏的方式来调整活动量,如"脚尖脚跟走",再以游戏的方式提高强度、加大难度,如"青蛙跳、慢慢爬",最后以游戏的方式调整休息收尾,如"花开花落"。整个过程中,幼儿兴致勃勃。

在户外活动中我们不仅要满足形式上的"户外"活动,更应让幼儿在户外享受释放情绪、发泄剩余精力的快感。这就需要教师展现自己的教育智慧,提升自己的教育能力,用心去关照幼儿的成长,用智慧去设计并开展具有魅力的户外活动。

指导建议:

基于以上分析,对幼儿教师户外活动的组织与开展有如下建议:

1. 重视户外活动的开展,实现户外活动的科学化和趣味化。首先,在户外活动的组织上应注意科学化原则,即活动量的安排应合理,动静交替要恰当。户外活动也应有计划、有步骤,按一定程序来进行,从简单到复杂,从少量到多量,从轻缓到逐渐加强,从相对安静进入运动状态。从活动量上来讲,运动后身体微微出汗最为合适。不同类型、不同性质的运动要合理搭配,使幼儿动静交替地进行不同性质的活动,能预防神经系统疲劳,保持身心愉快的情绪,并起到全面锻炼身体的作用。如幼儿玩得满头大汗、气喘吁吁,这时教师可以带他们一起玩活动量较小的体育游戏,让幼儿在原地做一些小动作的活动,这样能控制和调节幼儿的运动量,更好地组织与指导幼儿活动。其次,应关注活动的全面性和趣味性。活动应尽量保证幼儿各个部位、各种技能都得到全面协调的发展。设计和开发一些以走、跑、跳、投、平衡等基本动作为主要内容的、借助一定的情景和有趣味的形式来促进幼儿各方面动作发展的体育游戏,通过全面而有趣味的游戏活动来提高幼儿的身体素质。

2. 调动教师积极性,激发教师的教育智慧。如今,幼儿园户外活动多为统一活动。户外活动时间,教师们多选择固定的活动区,如大型滑梯、蹦床,或让幼儿自由玩耍。这种户外活动看似给了幼儿更多的自由,实际直接造成了教育的盲目性。户外活动开展得丰富与否,关键取决于教师在开展户外活动上的积极程度。户外活动不是教师休息调整的时间,而是帮助幼儿在不同的时间、地点获得能力发展的机会。这就需要教师具有一定的教育智慧,在充分了解幼儿身体发展特点和体育活动性质的基础上,发现"好玩的活动",进而让幼儿感受到"活动好玩"。这需要教师的教育智慧,需要教师"眼中有儿童"。总之,在户外活动这项工作中,幼儿园应既对教师提出要求,又给予教师更多的发挥与展示空间,让教师成为户外活动的主动管理者。

(案例来源:史爱芬、李立新,《幼儿园班级管理案例分析》)

# 第五章 学前儿童行为观察与分析实训

　　幼儿园教师是幼儿园中履行教育教学职责的专业人员,作为专业人员的幼儿园教师,不仅仅需要具备专业的理念和师德,同时也需要具备专业的知识和能力。随着学前教育高速、高质量发展,对幼儿教师的专业知识、专业能力的要求都发生了较大的变化。特别是新时代对幼儿教师提出了新要求,越来越多的学者和专家认识到了学前儿童行为观察的重要价值和意义,他们认为"会观察儿童、读懂儿童、有效支持儿童的发展"已经成了新时代幼儿园教师必备的基本功之一。

　　学前儿童行为观察,能够让幼儿教师面对林林总总的儿童行为时,看见儿童、了解儿童、解读儿童、评价儿童、促进儿童发展。学前儿童行为观察可以促进教师反思意识增强,逐渐更新自己的儿童观、教师观、活动观、课程观等,真正成为幼儿学习活动的支持者、合作者与引导者,从而促进幼儿园教师自身的专业化发展。学前儿童行为观察可以促进幼儿园课程高质量的发展,提高教育活动的质量。学前儿童行为观察可以为学前教育问题研究积累丰富的第一手资料。学前儿童行为观察还可以推动家园合作的有效开展。

　　开展学前儿童行为观察的实训活动,有助于学前教育专业学生了解学前儿童行为观察的观察要点及分析技巧,逐步提高自己的观察能力,从而为幼儿的进一步发展提供适宜的支持策略。

## 第一节　行为观察知识基础

### 一、关于学前儿童行为观察的重要论述

　　对于学前儿童行为观察,在教育部出台的政策文件中有明确的要求。如2001年《幼儿园教育指导纲要(试行)》中要求教师能够"善于发现幼儿感兴趣的事物、游戏和偶发事件中所隐含的教育价值,把握时机,积极引导";在教育评价部分提出"评价应自然地伴随着整个教育过程进行。综合采用观察、谈话、作品分析等多种方法"。2012年教育部印发的《幼儿园教师专业标准(试行)》中幼儿教师"专业知识"维度上的第六个领域"幼儿保育和教育知识"中提到"掌握观察、谈话、记录等了解幼儿的基本方法和教育心理学的基本原理和方法",在维度"专业能力"第十二个领域"激励与评价"中提到"有效运用观

察、谈话、家园联系、作品分析等多种方法,客观地、全面地了解和评价幼儿"。2012 年《3—6 岁儿童学习与发展指南》的出台,为幼儿教师观察和了解儿童提供了导向性的指引,同时也对幼儿教师观察儿童行为的能力提出了更高的要求。时隔 10 年,2022 年教育部印发的《幼儿园保育教育质量评估指南》在"评估方式"里提到"聚焦班级观察即通过不少于半日的连续自然观察,了解教师与幼儿互动情况,准确判断教师对促进幼儿学习与发展所做的努力与支持,全面、客观、真实地了解幼儿园保育教育过程和质量。外部评估的班级观察采取随机抽取的方式,覆盖面不少于各年龄班级总数的三分之一"。这些政策文件的出台进一步明确和巩固了学前儿童行为观察的重要地位,也进一步助推了儿童行为观察的落地实施。

## 二、学前儿童行为观察方法

"工欲善其事,必先利其器",为此,形成学前儿童行为观察的能力,必须先掌握不同的观察方法。学前儿童行为观察方法分为三大类,即描述观察法、取样观察法及评定观察法。

### (一)描述观察法

所谓的描述观察法就是观察者通过文字叙述的方式详细收集学前儿童行为信息的一类观察方法,它是对儿童正在发生的自然情境下的行为的一种复制。描述观察法一般描述的内容有幼儿在做什么及幼儿具体是如何做的等方面的内容。描述观察法包括日记法、轶事记录法、实况详录法。描述观察法的最大优点就在于运用起来方便、灵活,观察记录详细、具体,而同样,它的最大缺点在于比较耗时耗力。

具体来讲,描述观察法的优点有:第一,能够完整描述当时发生的所有事情,具有完整性和连贯性,能够获得大量的原始信息。第二,能够捕捉行为发生时的情境,如发生了什么、在哪里发生的,便于观察者透过情境理解幼儿的行为。第三,观察到的信息能够长久保留,能够与前期的观察做对比分析,帮助观察者了解幼儿、理解幼儿的行为的发展变化。第四,不需要特定场景、编码、类别和时间安排等,适用范围广。

描述观察法的缺点有:第一,需要消耗大量的时间与精力。第二,主要运用文字进行记录,无法对观察到的信息进行量化分析。第三,观察记录时容易掺杂个人主观因素,有观察者个人的主观偏见的影响。第四,对观察者的文字功底及观察敏锐度也有一定的要求。

1. 日记法

(1)日记法的含义。

日记法就是采用同写日记一样的方法,对儿童所发生的行为进行观察记录。日记法是最早采用的一种观察方法,适用于长期追踪式的个案观察,同时也较适用于和幼儿之间比较熟悉的观察者来进行观察,它需要记录的是幼儿的新行为。比如陈鹤琴先生对他的大儿子长达 808 天的观察,就属于日记法的典型案例。

(2)日记法的优缺点。

1)日记法的优点:日记法能够将儿童在真实情境中的行为充分地记录,同时,日记法进行的是追踪式的长期个案观察,因此它具有时间的广度,能够非常清晰、全面地展现某个幼儿行为发展变化的过程,这就具备了翔实性的特点。

2)日记法的缺点:日记法所观察的对象为个案,由于样本量太少,所以就会导致观察结果不具有较大的代表性。

2. 轶事记录法

(1)轶事记录法的含义。

轶事记录法是指对于独特的事件或者是观察者自身感兴趣、认为有价值和有意义的儿童事件和行为进行的文字描述式的观察和记录。

(2)轶事记录法的优缺点。

1)轶事记录法的优点:第一,轶事记录法在运用时简单、方便,比较灵活,没有严格的观察记录表限制。第二,轶事记录法是对幼儿行为及事件的快速、详细的记录,因此被较多托幼机构的教师所采用。第三,轶事记录法能够记录儿童行为发生的前因后果,比较详细。

2)轶事记录法的缺点:第一,轶事记录法是观察者认为有价值、有意义的行为,因此在选择儿童行为进行观察时容易受到观察者自身主观因素的影响,这就会在记录中带有偏向性。第二,轶事记录法往往采用的是事后的补记,因此,会导致观察者记忆的内容有偏差。第三,轶事记录法中一些不恰当的文字记录,会导致阅读者和观察者之间在理解儿童行为上有偏差。

3. 实况详录法

(1)实况详录法的含义。

实况详录法也被叫作"连续记录""流动性记录"。实况详录法是观察者在一段时间内不间断地、连续地观察记录被观察对象的所有行为,然后对观察记录进行分析的一种方法。

(2)实况详录法的优缺点。

1)实况详录法的优点:第一,实况详录法记录的内容包括被观察对象所处的情境,被观察对象的一言一行、一举一动,还包括与之有互动关系的所有人的言行。实况详录法的记录在阅读者读完之后就像是一部电影片段在头脑中呈现出来,因此,实况详录法的记录非常详细、全面、具体。第二,实况详录法在运用时也比较简单方便,不需要事先必须提供观察记录表。

2)实况详录法的缺点:第一,实况详录法运用起来比较费时、费力。第二,实况详录法需要记录大量的文字资料,对观察者个人的观察能力和文字表述能力也有较高的要求。

(二)取样观察法

1. 取样观察法的含义

所谓的取样观察法就是事先按照一个标准选取被观察者的行为类别来作为观察的样本。取样的方法均是对行为做取样,重点不是在描述行为的细节。总而言之,取样的方法是以行为作为样本的观察方法,观察者必须在事前做好准备,经过选择,使用预定的行为类型。在一定时间内,观察者在各种自然情景中选取被观察者的行为样本,它不需要详细地描述被观察者的行为,因此可以在一定程度上大大减少记录的时间。取样观察法包括时间取样法、事件取样法。

(1)时间取样法的含义。时间取样法是在一个固定的时间内,以一定的时间间隔为取样标准,来观察记录预先确定的行为是否出现以及出现了多少次的一种观察方法。时间取样法一般用于迅速记录特定行为出现的次数和频率。时间取样法所观察和记录的行为必须是外显的、发生频率高的行为,如告状行为、攻击性行为等,方便观察者直接观察到行为发生的频率和次数。

(2)事件取样法的含义。事件取样法指的是观察者以选定好的行为事件为观察时的取样标准,等待所要观察的特定行为的出现,从而进行观察记录的一种方法,一般用于研究特定行为发生的背景和过程。事件取样法适合用来研究某类特定行为发生的背景、原因、经过、结果等,便于幼儿教师找到适宜的教育策略。

2.取样观察法的优缺点

(1)取样观察法的优点:第一,根据观察标准事先选定了行为事件,比较省时、省力。第二,可同时观察多名幼儿。第三,为研究提供量化和描述性数据。

(2)取样观察法的缺点:第一,如果采用符号记录法会缺乏对幼儿行为的描述。第二,取样观察法局限于观察记录特定的、常见的外显行为。

**(三)评定观察法**

1.评定观察法的含义

所谓的评定观察法就是观察者在观察之后要对所观察到的行为做出评定或判断。评定观察法包括行为检核法和等级评定法。

(1)行为检核法的含义。行为检核法是为了帮助观察者了解某一或某个群体的某种特定行为是否出现的一种观察方法,它能帮助观察者观察记录幼儿是否表现出特定行为。行为检核表适用于能清晰具体化的行为观察记录,以及同时观察记录多种不同的具体行为指标。

(2)等级评定法的含义。等级评定法是通过观察确定被观察幼儿某种行为或者特征的程度。通常将要观察的行为按照程度分为 2~5 个等级,在观察时进行等级判断,进行记录。

该观察记录方法适用于三种情况:一是不同程度差异较为明显的行为。二是观察者非常熟悉幼儿行为的不同表现程度,即观察者经过长时间的预观察后才确定的幼儿行为表现程度,同时观察者对于所记录的程度越熟悉,越能熟练识别和判断各行为细节的等级。三是表现程度有具体界定的幼儿行为。

2.评定观察法的优缺点

(1)评定观察法的优点:第一,评定观察法可以单独使用,也可以作为评定过程的一个组成部分与其他观察方法共同使用,还可以根据连续观察记录法收集到的信息进行填写。第二,观察量表设计较为简单,使用方便,用途广泛。第三,可以为观察者节约大量的时间和精力。第四,可以多人多次同时进行观察资料的搜集。

(2)评定观察法的缺点:第一,观察过程中缺少对被观察者行为发生的背景、发生的过程等详细记录信息,进而影响观察者对观察行为的解读。第二,观察者要对量表非常熟悉,比如量表里的行为等级、行为项目,否则推论、判断时会有主观偏差。第三,在使用过程中需要观察者快速做出判断。

## 三、学前儿童行为观察的观察要点

### (一)日常生活活动的观察

一日生活皆教育,幼儿园一日生活在幼儿园中有着重要的价值和意义。幼儿园的一日生活包括来园、进餐、如厕、午睡、盥洗等环节。我们在观察的过程中,一定少不了对儿童一日生活的观察。

学前儿童行为观察在儿童日常生活中的观察总要点:第一,了解幼儿行为背后的发生原因。第二,了解幼儿行为发生的环境(场所、情境)。第三,了解幼儿在日常生活不同环节中的反应(情绪、积极性、态度)。第四,了解幼儿在日常生活不同环节中的具体行为表现(具体的行为做法,说什么、做什么,怎么做)。第五,了解幼儿在日常生活不同环节后的反应及具体行为表现。

接下来以常见的进餐环节、午睡环节、如厕环节为例,说明在观察时具体的观察要点。

1. 进餐环节的观察要点

进餐环节的观察要点如表5-1所示。

#### 表5-1　幼儿进餐环节观察要点①

| 进餐环境 | 幼儿对进食环境的反应 | 幼儿的食量 | 幼儿吃东西的态度 | 进餐时社交情况 | 对食物的兴趣 | 进餐的过程 | 进餐后的行为 |
|---|---|---|---|---|---|---|---|
| 在哪里进食/谁负责供应食物/幼儿是否能自行决定所要选取的食物/环境是否安静、轻松,嘈杂,忙乱/食物分量是否充足,是否能根据需要多取食一点 | 对食物接受/期盼/挑剔/抗拒/幼儿进食时严肃/很轻松/幼儿走向餐桌时害怕/热切/积极/胆怯 | 非常少/比较多/两份/很多/不吃肉/不吃蔬菜/吃不够/和他人相比较多 | 如何使用餐具/是否会使用筷子/是否用手抓东西吃/是否边吃边玩/是否扔食物/是否把食物留在口中/进食时是否很有条理 | 是否社交,频率高低/与谁交谈/除了交谈外,还会用什么方法与同伴接触/社交是否比进食更有趣/能否兼顾社交与进食/是否只和老师、特殊的朋友社交,或不和任何人说话 | 是否有特别喜欢或不喜欢的食物/对食物有何评论/进食的速度如何(快或慢) | 整个过程的程序如何/幼儿做了或说了什么/成人做了或说了什么 | 如何离开座位:热切地说话/抿着嘴/不声不响/流着泪/轻松推回椅子/敲着桌子/随后做了什么:绕着桌子跑/站着说话/站着等候老师/拿书或玩具/上厕所/帮忙整理餐桌/查看碗中是否还有食物 |

2. 午睡环节观察要点

午睡环节观察要点如表5-2所示。

---

① 施燕、韩春红:《学前儿童行为观察》(第2版),华东师范大学出版社,2020,第146—147页。

表5-2　幼儿午睡环节观察要点①

| 午睡环境 | 幼儿如何入睡 | 幼儿的反应如何 | 幼儿是否需要成人特别照顾 | 是否有紧张 | 肢体上有哪些需要休息的表现 | 休息时间,幼儿对群体的反应如何 | 午睡如何结束 |
|---|---|---|---|---|---|---|---|
| 幼儿在哪里午睡/教师创设的环境如何(是否适宜)/幼儿睡前准备工作(如厕、穿脱衣物等) | 自动睡下或者遵循要求/老师是否认定幼儿已疲倦/午睡是否紧接安排在午餐后/幼儿是否了解自己被期许,有什么表现 | 接受:无所谓/高兴抵制:闲荡/说话/不回应/经常要求上厕所/经常要求喝水抗拒:哭泣/绕着屋子跑/跑到屋外 | 拍抚/常近坐/带到其他房间 | 肢体的紧张:活动量大/躁动抚慰性的动作:吸吮手指/手淫/拉耳朵对其他幼儿有性意识的行动寄托于其他对象:娃娃/动物/手帕/毯子/枕头/尿布/其他经常找借口离开小床 | 是否有疲倦的迹象:打哈欠/红眼睛/心情不愉快/经常跌倒幼儿是否睡觉:睡多久,是否安稳幼儿是否需要把玩物件:书/娃娃幼儿如果不睡,是否看起来很放松 | 躁动与不安:叫/大声唱歌/乱跑/在小床下跑/吵别人是否有任何交际活动:跟相邻幼儿交谈/打讯号是否察知其他幼儿的需求:轻声低语/悄声走路 | 幼儿如何醒来:笑着/说着/抽泣着/哭/疲累地/清醒地幼儿醒来时做什么:安静地躺着/叫老师/冲向盥洗室/开始玩 |

3.如厕环节观察要点

如厕环节观察要点如表5-3所示。

表5-3　幼儿如厕环节观察要点②

| 如厕环境 | 引起如厕的因素 | 幼儿的反应如何 | 是否有紧张或恐惧的现象 | 幼儿的兴趣 | 幼儿如厕的过程 | 是否能自理 | 幼儿的态度 |
|---|---|---|---|---|---|---|---|
| 地面是否干净,有无水渍/设施配备/男女是否分开如厕 | 幼儿自身的需求/模仿别人/学习自群体活动/老师要求/尿湿裤子 | 有明显需求,但拒绝接受幼儿园马桶,不愿与大家一起上厕所/高高兴兴/心不在焉/匆促/轻松地去 | 身体僵直/抓生殖器/哭泣 | 兴趣高/兴趣低 | 轻松/严肃 | 利落/笨拙/快速/缓慢 | 是否很随意/特别有礼貌/露出身体是否显出了解性别差异/是否显出对两性差异或相似的兴趣与其他幼儿的互动情况 |

① 施燕、韩春红:《学前儿童行为观察》(第2版),华东师范大学出版社,2020,第154-155页。
② 施燕、韩春红:《学前儿童行为观察》(第2版),华东师范大学出版社,2020,第150-151页。

**（二）学前儿童游戏中的观察要点**

要了解学前儿童的游戏行为,主要的方法是通过观察。教师经常观察儿童的游戏,但是这种观察往往是偶然的、无目标的,其结果是"几乎不知道儿童在游戏时间都做了些什么"。教师在游戏中的观察有两种:一种是随机观察,一种是有目的的观察。所谓有目的的观察,是指根据事先设定的儿童各种行为的发展水平指标,持续有针对性的观察。因此,许多时候我们会根据教育和研究需要,在游戏前设计观察内容,即确定目标儿童(有目的地观察某一个儿童),或确定目标行为(有目的地观察某一方面的行为),以便通过观察分析确定有针对性的教育方案。为此,我们就要清楚在学前儿童游戏中的观察要点是什么,以便我们有目地、有针对性地观察。具体如表5-4所示。

表5-4 幼儿游戏活动中的观察要点①

| | 观察要点 | 发展提示 |
|---|---|---|
| 表征行为 | 能否清楚地分辨自我和角色、真和假的区别 | 自我意识 |
| | 出现哪些主题和情节 | 社会经验范围 |
| | 动机出自物的诱惑、模仿、意愿 | 行为的主动性 |
| | 行为仅仅指向物还是指向其他角色 | 社会关系认知 |
| | 同一主题情节的复杂性和持久性 | 行为的目的性 |
| | 行为是以物品为主还是以角色关系为主 | 认知风格 |
| | 是否使用替代物进行表征 | 表征思维的出现 |
| | 同一情节中是否使用多物替代 | 想象力 |
| | 替代物与原型之间的相似程度 | 思维的抽象性 |
| | 用同一物品进行多种替代 | 思维的变通和灵活 |
| | 用不同物品进行同一替代 | 思维的变通和灵活 |
| | 对物品进行简单改变后再用以替代 | 创造性想象 |
| 构造行为 | 对结构材料拼搭接插的准确性和牢固性 | 精细动作、眼手协调 |
| | 对造型是先做后想,还是边做边想,或先想好了再做 | 行为的有意性 |
| | 构造哪些作品 | 生活经验 |
| | 是否按一定规则对材料的形状、颜色有选择地进行构造 | 逻辑经验 |
| | 注重构造过程还是不同程度地追求构造结果 | 行为的目的性 |
| | 是否会用多种不同材料搭配构造 | 创造性想象力 |
| | 构造作品外形的相似性 | 表现力 |
| | 构造作品的复杂性 | 想象的丰富性 |
| | 是否能探索和发现材料特性并解决构造中的难题 | 新经验与思维变通 |

---

① 施燕、韩春红:《学前儿童行为观察》(第2版),华东师范大学出版社,2020,第162-163页。

续表5-4 幼儿游戏活动中的观察要点

| | 独自游戏、平行游戏、合作游戏 | 群体意识 |
|---|---|---|
| | 更多主动与人沟通还是被动沟通 | 交往的主动性 |
| | 更多指示别人还是跟从别人 | 独立性 |
| 合作行为 | 是否会采用协商的办法处理玩伴关系 | 交往机智 |
| | 是否会同情、关心别人和取得别人的同情和关心 | 情感能力 |
| | 交往合作中的沟通语言 | 语言与情感的表达与理解 |
| | 是否善于调整自己的行为以适应他人 | 自我意识 |
| | 是否能爱惜物品,坚持整理玩具、物归原处等 | 行为习惯 |
| | 是否使用一定规则解决玩伴纠纷 | 公正意识 |
| 规则行为 | 是否喜欢规则游戏 | 竞赛意识 |
| | 是否自觉遵守游戏规则 | 规则意识 |
| | 是否创造游戏规则 | 自律和责任 |
| | 游戏规则的复杂性 | 逻辑思维 |

**(三)学前儿童教育活动中的观察要点**

"以儿童为中心""以儿童为本"这些教育理念的提出以及儿童观的建立,让我们更加明白在幼儿教育过程中,幼儿处于主体地位。教育活动的开展是一个不断观察、记录、分析、计划的过程,无论是教育活动目标的制定,还是教育活动内容的选择,以及教育活动的实施,都需要教师以观察儿童、倾听儿童为基础。例如,一个好的活动目标的制定,需要在对儿童充分观察分析的基础上,才能制定出来。在学前儿童教育活动中我们的观察要点又是怎样的呢? 从不同的观察对象上,我们可以获得不同的观察要点。

1. 个体活动

个体活动即采用观察方法对个案进行观察记录。

(1)针对某个儿童的某一个方面的不同发展阶段展开详细的观察。

(2)针对某个儿童的特殊事件,进行观察记录。

2. 集体活动

集体活动即全班参与的高结构的集体活动。我们可以观察:

(1)幼儿的参与状态。

(2)交往状态。

(3)思维的发展水平、创造性。

(4)情绪状态。

(5)发现问题、解决问题的能力。

3. 小组活动

小组活动更多地提供了同伴之间的合作交流的机会。我们可以观察:

(1)幼儿的兴趣。

(2)教师提供的材料的适宜性。

(3)幼儿之间的互动交往行为。

（4）幼儿的专注度。

（5）幼儿发现问题、解决问题的能力。

## 四、学前儿童行为观察的解读理论

学前儿童行为观察解读涉及的理论，一类是教育部颁布的政策文件如《幼儿园教育指导纲要（试行）》《3—6岁儿童学习与发展指南》，尤其是《3—6岁儿童学习与发展指南》，因为其更为具体化和细致化。除《幼儿园教育指导纲要（试行）》和《3—6岁儿童学习与发展指南》这样的纲领文件外，另一类依据就是幼儿发展心理学理论。这两种依据为幼儿园教师提供了解释幼儿行为的纲领与理论，让教师更加理解和了解幼儿，为教师提供教育措施奠定了基础。

### （一）参照《幼儿园教育指导纲要（试行）》和《3—6岁儿童学习与发展指南》

《幼儿园教育指导纲要（试行）》和《3—6岁儿童学习与发展指南》对幼儿每个阶段发展提出了明确、合理的期望与要求。因此，当教师对观察到的幼儿行为进行解读时，可以选择它们作为参照依据。

### （二）参照儿童发展心理理论

儿童发展心理理论对幼儿的心理与行为的发展及规律进行了科学、有规律的总结，是理解幼儿行为的理论指南。观察者可以借助这些理论，有目的地观察幼儿，正确理解、科学评价幼儿的行为，并合理分析其行为背后的原因。表5-5为几种常用的儿童发展心理理论。

表5-5　几种常用的儿童心理发展理论及其适用范围举例[①]

| 发展理论 | 主要观点 | 适用范围及举例 |
| --- | --- | --- |
| 华生的行为主义 | 1. 个人习惯是在适应环境的过程中学会的快速行动的结果<br>2. 习惯是形成的一系列条件反射<br>3. 强调练习的作用 | 解释儿童新行为包括不良行为的形成原因<br>举例<br>1. 观察发现蒙蒙在娃娃家有撕拉玩偶的现象，通过对其日常行为的观察，发现他在看动画片中接触到了一些暴力行为<br>2. 观察者从而得出结论：蒙蒙在看动画片的过程中学到了不良行为，并通过设计相关的消极强化手段帮助其改正不良行为 |
| 斯金纳的操作行为主义 | 1. 强化可以塑造儿童的行为<br>2. 分积极强化和消化强化 | |
| 班杜拉的社会学习理论 | 儿童通过观察学习而习得新行为 | |
| 格塞尔的成熟势力学说 | 1. 个体的发展取决于成熟，儿童在成熟之前，处于学习的准备状态<br>2. 发展的过程不可能通过环境的变化而改变<br>3. 儿童具有自我调节能力，并形成固定的生活模式；自我调节中存在不平衡和波动，表现为进进退退，并提出《儿童行为周期变化表》 | 1. 理解、尊重儿童个体的发展规律<br>2. 解释儿童行为发展中有适度的退化现象<br>举例<br>观察者发现2岁半的豆豆在学习如厕的过程中，虽然之前已经能够主动报告大小便，但是最近又开始经常大小便在身上。通过格塞尔的理论，观察者得出结论：豆豆的这种行为表现是正常的，是一种适度退化现象 |

---

[①] 施燕、韩春红：《学前儿童行为观察》（第2版），华东师范大学出版社，2020，第30—31页。

续表5-5　几种常用的儿童心理发展理论及其适用范围举例

| 发展理论 | 主要观点 | 适用范围及举例 |
|---|---|---|
| 皮亚杰的认知发展理论 | 1.儿童是以自我为中心的,他们会把注意力集中在自己的观点和自己的动作上<br>2.学前儿童处于道德水平的他律阶段<br>3.教育能够促进儿童的思维发展,但是教育无法超越儿童的发展阶段和现有的认知结构水平 | 1.解释儿童从自我中心出发的各种行为,并不反映儿童从小自私,而是受到现有思维水平的限制<br>2.理解儿童对成人、对游戏规则尊崇的行为<br>3.理解儿童根据行为的后果(而非行为者的动机)来判断是非的现象<br>4.理解儿童对于超越其认知结构水平的教育无法接受的现象<br>举例<br>观察者发现4岁的苗苗在向小朋友介绍自己的画时,把画对着自己,其他小朋友根本无法看到,在老师的一再要求下,苗苗才把画对着其他小朋友,但是不经意间,又把画朝着自己了。老师很生气。观察者得出结论:苗苗并非故意,而是无法克服自我中心的思维限制 |
| 维果斯基的社会文化理论 | 1.儿童的自言自语现象出于自我防卫和自我指导;语言是儿童解决问题等高级认知过程的基础,可以帮助儿童考虑自己的行为和行动<br>2.认知发展的社会起源:儿童在与成人的交往中,实现认知的发展 | 1.理解儿童解决问题中出现的自言自语现象<br>2.理解成人与儿童之间的相互作用及混龄儿童之间的相互作用<br>举例<br>观察者记录下了壮壮在用拼插积木搭建一座摩天轮时大段大段的自言自语。观察者解释:这些自言自语并非废话,而是壮壮的思考和自我指导的一种表现 |

# 第二节　行为观察能力要求

## 一、观察记录的能力

学前儿童行为观察中,在进行观察记录的撰写时,要遵循着客观、具体、翔实性的记录原则,即观察记录的语言要是客观的,要采用白描式记录。事实上,在观察过程中由于观察者自身原因,往往没有办法将所发生的幼儿行为完完全全地记录下来,难免会有所疏漏。因此,在记录的时候我们需要形成速记的能力。

### (一)白描记录

白描记录是观察技巧的组成要素,只有白描式记录才能在最大程度上保证观察记录的客观性。在观察幼儿的过程中,采用白描的手法可以客观、具体且平铺直叙地记录幼儿的动作、表情、直接引语、所用材料、事情的发展顺序与场地、空间、材料、作品等内容。

白描记录时,要保证其客观性,即做到以下四点:

(1)客观。直接描述幼儿的行为,不作判断。

（2）具体。记录幼儿行为的每一个细节、每一个动作、每一句话。

（3）使用直接引语。直接记录幼儿的原话,不作增减。

（4）使用情态动词。描述幼儿的情绪状态,用词准确。

**（二）区分主观记录和客观记录**

在观察记录时要注意区分主观性词语（即高度概括、抽象、笼统性的词语）和客观性词语（具体、详细的词语）。表5-6罗列了一些我们在观察记录中应避免使用和应该使用的用语。

表5-6　应该避免使用和应该使用的词汇和短语①

| 应该避免使用的词汇和短语 | 应该使用的词汇和短语 |
| --- | --- |
| 这个孩子爱…… | 他经常选择…… |
| 这个孩子喜欢…… | 我看到他…… |
| 这个孩子喜爱…… | 我听到他说…… |
| 他在……上花很长时间 | 他花了5分钟做…… |
| 似乎…… | 他说…… |
| 看上去显得…… | 他几乎每天…… |
| 我认为…… | 他每月有一两次…… |
| 我觉得…… | 他每次…… |
| 我想…… | 他持续性地…… |
| 他做……非常好 | 我们观察到一种关于……的模式 |
| 他不善于…… | — |
| 他对……是有困难的 | — |

**（三）速记的能力**

通常进行速记时,需要提前做一些预设的准备,如采用代码的方式记录幼儿姓名,采用简写的方式记录幼儿行为,采用图画的方式记录幼儿行进的路线等。

代码记录:幼儿姓名采用符号代码的形式。如幼儿1可以为C1,幼儿2为C2,教师为T(C和T分别为children和teacher的首字母)。

简写记录:简写记录就是记录关键词,采用关键词语的简写,如"拔腿跑向沙池"可以简写为"跑一沙池"。

图画记录:幼儿搭建作品的过程式、户外材料的摆放、幼儿与材料的互动等,都可以用图示的方式记录。如"拿出4块单元积木围成一个小方框"可以采用图画记录。通常

①　[美]盖伊·格朗兰德、玛琳·詹姆斯著:《聚焦式观察——儿童观察、评价与课程设计》,梁慧娟,译,教育科学出版社,2017,第46页。

图画记录又分为两种形式,一种是教师手绘的图画记录,另一种是相机拍摄的图画记录,前者可以现场操作,后者则需要后期进行整理补充插进文本。如图5-1所示为户外探索区材料与场地的图画记录。

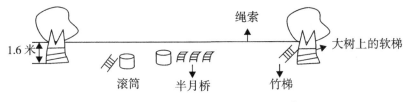

图5-1　户外探索区材料与场地图①

## 二、下操作性定义的能力

观察者在进行观察记录时,为将观察到的复杂行为或现象简化,往往需要进行行为分类并对每类行为下操作性定义。什么是操作性定义? 操作性定义即将观察者要观察的复杂行为进行分类,再对每一类别的行为项目下定义,进行界定,最后使分类后的行为类别变为可以直接感知、直接观测、直接测量的行为项目。

在对复杂行为进行操作性定义时,需要遵循两个原则。第一,相互排斥原则。即一个类别的行为与其他类别的行为要相互独立、排斥,要求观察到的行为只适合不同类别中的一个类别。第二,详尽性原则。即凡是与观察主题相关的行为,都能放在某一个类别中,不会出现观察到的行为无从归属的情况。

## 三、观察记录表编制能力

观察记录表是观察时的重要工具,在对学前儿童行为进行观察时,需要事先制定观察记录表,以便我们更高效地进行观察和记录。一个好的观察记录表能够帮助观察者详细、有效、清晰地记录数据,是分析数据、撰写观察报告的重要保障。根据观察目的、观察对象、观察内容选择观察方法,编制观察记录表。例如,我们在运用取样观察法时,要根据取样标准,按照取样观察法的操作步骤进行观察记录的制定和完善。例如,“幼儿亲社会行为”的事件取样法观察记录的编制。

首先,我们选定“亲社会”目标行为,接下来确定其操作性定义。

根据学前幼儿的行为特点,我们认为,幼儿的亲社会行为是指幼儿在其生活中表现出来的有利于他人、集体和社会的行为。具体地讲,学前幼儿的亲社会行为主要包括以下5种形式:

助人:幼儿在他人需要帮助时给予帮助,如帮小朋友扣纽扣,扶起摔倒的小朋友等。

分享:幼儿与同伴分享玩具、分吃食物等。

合作:幼儿与同伴协同完成某一活动,如合作游戏等。

---

① 徐志国:《学前儿童行为观察与解读》,南京师范大学出版社,2017,第21页。

安慰:在他人遭受心理或生理的伤害时,幼儿给予安慰。

公德行为:该类行为无明确的行为对象,是有利于集体、社会的良好行为,如关紧水龙头、清扫垃圾等。

再次,根据确定好的操作性定义,进行观察记录表的绘制。围绕选取的事件,了解事件的经过及细节。一般来说,事件取样法观察记录表中可以记录事件的内容、事件发生的前因后果、幼儿说了什么做了什么、事件的结果及其影响。

最后,加入静态的观察信息,完善观察记录表。

## 四、分析解读的能力

幼儿行为分析是运用一定的方式收集幼儿信息并对幼儿的学习与发展状况做出判断的过程。这一过程本质上是在幼儿实际表现与幼儿应有发展之间进行的比较和判断。[①] 幼儿行为分析以收集到的原始观察资料为基础,并以此为依据对幼儿行为做出价值判断。幼儿行为分析可以帮助我们了解幼儿,走进幼儿,深入了解幼儿的真实想法,科学合理地引导、推动幼儿的全面发展。

# 第三节　行为观察实训内容及要求

## 一、观察记录的实训

### (一)实训目的
(1)掌握观察记录撰写的技巧。
(2)掌握观察记录撰写的原则。

### (二)实训准备
(1)5人为一组。
(2)已经学习过观察记录撰写的方法和要求。
(3)给出一些观察记录的文本材料。
(4)幼儿行为观察记录单(空白)。
(5)观察记录实训任务单。
(6)幼儿行为观察视频。

### (三)实训过程
(1)领取观察记录实训任务单、幼儿行为观察记录表及观察记录的文本材料,了解本次实训的任务。
(2)分析观察记录的文本材料,小组展开讨论,确定其存在的问题并进行修改。

---

① 潘月娟:《学前儿童观察与评价》,北京师范大学出版社,2015,第32页。

（3）观看幼儿行为视频,进行第一次观察记录。

（4）整理观察记录,进行小组讨论,检查自己的记录是否符合撰写要求、原则。

（5）根据第二次观看视频,进行观察记录的调整、完善,进行第二次记录。小组进行讨论交流。

（6）确认最终的观察记录。

## 二、观察方法的实训

### （一）描述观察法实训

1. 实训目的

（1）熟悉描述观察法的适用条件。

（2）掌握描述观察法运用过程中观察记录的撰写。

（3）掌握描述观察法观察记录的基本要素。

（4）学习根据观察记录评价和分析幼儿的行为。

2. 实训准备

（1）5 人为一组。

（2）已经学习过描述观察法及观察记录的方法和要求。

（3）描述观察法实训任务单、幼儿行为观察记录表(空表)、幼儿行为观察记录实训评价表。

（4）幼儿行为观察视频。

3. 实训过程

（1）领取描述观察法实训任务单、幼儿行为观察记录表,了解本次实训的任务。

（2）观看提供的幼儿行为的相关视频,小组展开讨论,确定要观察的对象、幼儿行为及初步的观察目的。

（3）第二次观看幼儿行为视频,进行第一次观察记录。

（4）整理观察记录,进行小组讨论,检查自己的记录是否完整、客观、具体,有无主观性描述,检查自己的观察记录的要素是否完整。

（5）第三次观看视频,进行观察记录的调整、完善,进行第二次记录。小组进行讨论交流。

（6）根据记录,结合《幼儿园教育指导纲要(试行)》《3—6 岁儿童学习与发展指南》、儿童心理发展理论知识及幼儿发展特点等,对观察到的幼儿行为进行分析和评价,进而提出教育建议。

（7）对比两次记录,了解幼儿园教师有目的的观察对评价和分析幼儿行为的重要意义。

4. 实训评价

针对小组的记录、分析评价及提出的教育建议,小组之间进行相互之间的互评活动,并在幼儿行为观察记录实训评价表上做好记录。

### （二）取样观察法实训

1. 实训目的

（1）熟悉取样观察法的适用条件。

（2）掌握取样观察法运用过程中操作性定义的确定。

（3）会根据选取的取样方法绘制观察记录表。

（4）掌握取样观察法记录方式。

（5）学习根据观察记录评价和分析幼儿的行为。

2. 实训准备

（1）5 人为一组。

（2）已经学习过取样观察法的相关理论知识。

（3）取样观察法实训任务单、幼儿行为观察记录表（空表）、幼儿行为观察记录实训评价表。

（4）几种常见的幼儿行为观察目标行为。

（5）幼儿行为视频。

3. 实训过程

（1）领取取样观察法实训任务单、幼儿行为观察记录表（空表），了解本次实训的任务。

（2）选取预观察的一种幼儿目标行为，小组展开讨论，确定目标行为的操作性定义。

（3）查阅资料，最终确定操作性定义。

（4）针对选取的目标行为结合操作性定义，根据选用的样本标准（时间、事件）进行表格的设计。

（5）小组进行讨论，调整、完善观察记录表。

（6）观看幼儿行为视频，进行第一次观察记录的尝试。小组内交换意见。

（7）第二次观看视频，进行观察记录的调整、完善，进行第二次记录。小组进行讨论交流。

（8）根据记录，结合《幼儿园教育指导纲要（试行）》《3—6 岁儿童学习与发展指南》、儿童心理发展理论知识及幼儿发展特点等，对观察到的幼儿行为进行分析和评价，进而提出教育建议。

4. 实训评价

针对小组的记录、分析评价及提出的教育建议，小组之间进行相互之间的互评活动，并在幼儿行为观察记录实训评价表上做好记录。

（三）评定观察法实训

1. 实训目的

（1）熟悉评定观察法的适用条件。

（2）掌握评定观察法运用过程中操作性定义的确定。

（3）会根据选取的评定方法绘制观察记录表。

（4）掌握评定观察法记录方式。

（5）学习根据观察记录评价和分析幼儿的行为。

2. 实训准备

（1）5 人为一组。

（2）已经学习过评定观察法的基本理论知识。

（3）评定观察法实训任务单、幼儿行为观察记录表（空表）、幼儿行为观察记录实训评价表。

（4）几种常见的幼儿行为观察目标行为。

（5）幼儿行为视频。

3. 实训过程

（1）领取评定观察法实训任务单、幼儿行为观察记录表（空表），了解本次实训的任务。

（2）选取预观察的一种幼儿目标行为，小组展开讨论，确定目标行为的操作性定义。

（3）查阅资料，最终确定操作性定义。

（4）针对选取的目标行为结合操作性定义，根据选用的评定方法（行为检核、等级评定）进行表格的设计。

（5）小组进行讨论，调整、完善观察记录表。

（6）观看幼儿行为视频，进行第一次观察记录的尝试。小组内交换意见。

（7）第二次观看视频，进行观察记录的调整、完善，进行第二次记录。小组进行讨论交流。

（8）根据记录，结合《幼儿园教育指导纲要（试行）》《3—6 岁儿童学习与发展指南》、儿童心理发展理论知识及幼儿发展特点等，对观察到的幼儿行为进行分析和评价，进而提出教育建议。

4. 实训评价

针对小组的记录、分析评价及提出的教育建议，小组之间进行相互之间的互评活动，并在幼儿行为观察记录实训评价表上做好记录。

## 三、观察解读的实训

（一）实训目的

（1）掌握观察解读的常用技巧。

（2）熟练运用相关理论来解读儿童行为。

（3）正确评价及分析儿童行为。

（4）能提出合理的教育策略。

（二）实训准备

（1）5 人为一组。

（2）已经学习过行为观察分析解读的方法和技巧。

（3）实训任务单、幼儿教师的幼儿行为观察记录材料、幼儿行为观察解读记录单、幼儿行为观察记录实训评价表。

（三）实训过程

（1）领取实训任务单、幼儿教师的幼儿行为观察记录材料、幼儿行为观察解读记录单、幼儿行为观察记录实训评价表，重点了解本次实训的任务。

（2）小组内对幼儿教师的幼儿行为观察记录材料进行分析、解读。

（3）师生交流，小组内查阅资料，再次进行分析解读。

（4）整理解读资料,记录在幼儿行为观察解读记录单上。

（5）各个小组之间、师生之间展开交流。

### （四）实训评价

针对小组的记录,小组之间进行相互之间的互评活动,并在幼儿行为观察记录实训评价表上做好记录。

# 第四节　行为观察案例资源

## 一、描述观察法案例

### （一）日记法案例

| 日记法观察记录 |
| --- |
| 幼儿姓名:圆圆　　性别:女　编号:01 |
| 第一次观察<br>年龄:2 岁 8 个月　观察日期:2016 年 9 月 1 日<br>开始时间:7:30　结束时间:16:00<br>地点:幼儿园　观察者:圆圆妈妈 |
| 观察记录:<br>　　圆圆从今天开始就要正式去上幼儿园了!早在两周之前,我和圆圆爸爸在平时与圆圆玩的时候就时常跟她说起幼儿园是个很好玩儿的地方,那里有许多玩具可以玩,还有好多小朋友可以一起玩……在我们的有意引导下,圆圆对幼儿园充满了向往。昨天,为了让圆圆能够尽快适应幼儿园环境,我和圆圆爸爸特意带圆圆去参加幼儿园的半日活动。在幼儿园,圆圆一直开心地又蹦又跳,一会儿玩滑梯,一会儿钻山洞。忙得不亦乐乎!看到她这么高兴,我和圆圆爸爸都松了一口气!<br>　　早晨,我送圆圆去幼儿园,离开家的时候,圆圆很高兴地跟爸爸挥挥手,说:"爸爸,再见!"然后就背着小书包,一蹦一跳地出了家门。走到幼儿园门口,看到许多小朋友都在入园,圆圆转过头来跟我说:"妈妈,有这么多小朋友可以一起玩儿呢!"我说:"对呀,圆圆要乖乖听老师话呦!"圆圆用力地点点头,然后冲我挥挥手,说:"妈妈,再见!"转身刚走了几步,忽然停了下来,她跑回来问我说:"妈妈,你什么时候来接我啊?""下午四点,我在这儿等你!""嗯!"说完她就跑着进了幼儿园。看着圆圆的背影,我还是有一点担心。<br>　　下午,我早早地来到幼儿园门口,心里有一点点忐忑,不知道圆圆今天和小朋友在一起的情况怎么样。老师说:"圆圆表现不错,只是中午吃饭和睡觉的时候想妈妈,还哭了一会儿,后来我跟她说,等她乖乖睡醒妈妈就会来接她回家了,圆圆就不哭了,是个听话的孩子。"听到老师这样说,我就放心了。 |
| 第二次观察<br>年龄:2 岁 8 个月　观察日期:2016 年 9 月 8 日<br>开始时间:7:30　结束时间:15:50<br>地点:幼儿园　观察者:圆圆妈妈 |

续表

| 观察记录： |
| --- |
| 圆圆已经入园一个星期了，现在她开始有点儿不想去幼儿园了。今天早晨醒来，圆圆的第一句话就是："妈妈，我今天可不可以不去幼儿园？"我压下心中的疑惑，开导她道："圆圆，你已经长大了，长大了的孩子都是要上幼儿园的。而且你不是很喜欢和幼儿园的小朋友一起玩吗？"圆圆低下了头，不说话。<br><br>我送她来到幼儿园门口，圆圆拉着我的手一直不肯松开。我说："圆圆，乖，妈妈下午就来接你。"圆圆扁着小嘴说："妈妈，你能把我送到里面吗？"看着她那委屈的样子，我一阵心疼，于是牵着她的手，把她送到了活动室门前。"圆圆听话，跟老师和小朋友一起去玩游戏吧，妈妈得去上班了。"我说。圆圆终于忍不住哭了起来，我又陪她在走廊里待了一会儿，等她情绪稍微平静了一些才离开。圆圆这是怎么了？我心里疑惑不已。<br><br>下午3点，我早早就来到幼儿园，跟圆圆老师联系了一下，然后悄悄躲在活动室外面观察圆圆。圆圆手里拿着一个皮球，但是并没有像在家里一样拍球或者踢球，而是呆呆地站在那里，看着其他小朋友玩耍，一句话也不说。听圆圆的老师说，圆圆现在越来越沉默，不如开始的时候那么活泼。放学的时候，圆圆一看到我，小嘴巴一撇，委屈地哭了…… |

第三次观察
年龄：2岁8个月　观察日期：2016年9月16日
开始时间：16:00　结束时间：16:30
地点：幼儿园　观察者：圆圆妈妈

| 观察记录： |
| --- |
| 圆圆入园两个星期了，为了减少圆圆对妈妈的依恋，我们决定让爸爸送她去幼儿园。爸爸比较果断和坚强，他送圆圆，能给圆圆树立好榜样。果然，圆圆对爸爸的依恋程度不像对妈妈那样强烈，她现在能做到一边哭着跟爸爸说再见，一边独自走进幼儿园了。跟我家同住一个小区的有个叫楠楠的小朋友，她跟圆圆同班。楠楠的年龄比圆圆稍大一点，之前上过一段时间的亲子班，已经基本能够适应幼儿园的生活。我一有空就带着圆圆去找楠楠玩，以便让圆圆与班里的同学熟悉起来，渐渐克服内心对陌生环境和陌生小朋友的恐惧。现在圆圆和楠楠已经是好朋友了。老师告诉我："圆圆现在能够积极地跟大家一起做游戏了，也很听话。"看着圆圆正在一点一点地适应幼儿园生活，我心里一阵欢喜。 |

| 分析： |
| --- |
| 圆圆刚刚进入幼儿园时，因为新鲜感而暂时忘记了与父母短暂分离的事实。但是随着新鲜感的流逝，圆圆的分离焦虑日益明显。导致焦虑的原因可能有两个，一是因为这一年龄阶段的幼儿对亲人的依恋程度比较高，长时间离开亲人会使他们十分伤感；二是幼儿园的环境布置、老师和小朋友对她来说都十分陌生，她没有安全感。 |

| 评价： |
| --- |
| 与新入园的其他幼儿一样，圆圆产生了入园焦虑，出现了哭泣、难以跟母亲分离、不想跟其他小朋友玩耍等现象。 |

| 建议： |
| --- |
| 家长要给孩子更多的理解和关心，多与孩子沟通，帮助其调节消极情绪，并鼓励孩子与同班的小朋友交往，促使圆圆尽快适应幼儿园生活。同时家长可以与教师多沟通，了解孩子的在园情况。教师、同伴可以与圆圆进行更多互动，努力建立良好的师幼关系和同伴关系。 |

（案例来自李晓巍：《幼儿行为观察与案例》，华东师范大学出版社，2017年，第65－66页。）

（二）轶事记录法案例

<table>
<tr><td colspan="2" align="center">轶事记录法观察记录</td></tr>
<tr><td colspan="2">幼儿姓名:露露　性别:女　编号:06</td></tr>
<tr><td colspan="2">年龄:3 岁 1 个月　观察日期:2016 年 10 月 21 日</td></tr>
<tr><td colspan="2">开始时间:13:30　结束时间:13:50</td></tr>
<tr><td colspan="2">地点:生活区　观察者:王悦</td></tr>
<tr><td colspan="2">观察记录:<br>　　露露在夹珠子,手里拿着镊子将珠子从一个碗往另一个碗中夹。1 分钟后,露露对我说:"老师,您帮我数。"我说:"好的。"她慢慢地用镊子紧紧夹住一个珠子,轻轻抬起手臂,挪到另一个碗上方后再把镊子松开。我嘴里数着:"1 个、2 个、3 个、4 个、5 个、6 个、7 个。你这次夹了 7 个。"露露说:"我在家能夹 30 个呢。"于是,她继续夹珠子。这次露露用镊子夹珠子的速度很快,珠子还没有夹紧,她的手臂已经抬了起来,所以露露只连续夹了 3 个,珠子就从镊子中滑落到了地上。露露迅速弯下腰把珠子捡起来后放进碗里,然后把一个碗中的珠子全部倒入另一个碗中,重新开始夹。不同的是,这一次她开始慢慢地夹紧珠子之后再往另一个碗中放。将 10 个珠子不断地夹到另一个碗中之后,她又将珠子全部夹回原来的碗中。露露一直在低头做,其他幼儿从她身边经过,她都没有抬头。全部夹完之后,露露抬起头,开心地和我说:"我做完了。"</td></tr>
<tr><td colspan="2">分析:<br>　　露露连续夹珠子的数量最多能够达到 20 个,手部活动灵活,动作精确。当珠子滑落时,能够及时调整夹珠子的速度和力道。手眼协调较好,能够连续不断地用镊子夹住珠子。即使其间夹珠子失败之后,她也表现出对夹珠子的信心。</td></tr>
<tr><td colspan="2">评价:<br>　　与小班其他幼儿相比,露露表现了较好的手眼协调能力,小肌肉动作发展较好。</td></tr>
<tr><td colspan="2">建议:<br>　　继续给幼儿提供夹珠子等发展小肌肉活动能力的机会。鼓励露露将她夹珠子时的想法和发现讲述给其他小朋友听。</td></tr>
</table>

（案例来自李晓巍:《幼儿行为观察与案例》,华东师范大学出版社,2017 年,第 72 页。）

（三）实况详录法案例

<table>
<tr><td colspan="2" align="center">实况详录法观察记录</td></tr>
<tr><td colspan="2">幼儿姓名:甜甜　性别:女　编号:06</td></tr>
<tr><td colspan="2">年龄:3 岁 5 个月　观察日期:2015 年 12 月 23 日</td></tr>
<tr><td colspan="2">开始时间:9:05　结束时间:9:20</td></tr>
<tr><td colspan="2">地点:自助游戏的积木区　观察者:魏晓宇</td></tr>
</table>

续表

| 观察记录： |
| --- |
| 　　甜甜从玩具架上拿来了一副嵌套拼图,她把一块块的拼图拿出来按照大小顺序依次放到桌子上后,将双手合拢,揉搓了一下,小声说了句:"开始!"她的眼睛迅速看向最小的一块拼图并抓住它,放到了底板拼图最下面的位置上,然后迅速拿起第二块放进底板拼图。在甜甜拼第三块时,乐乐走了过来,站在甜甜旁边看着她拼。甜甜没有回头看,依次拼好了第三块和第四块。整个拼图过程只用了10秒钟。"哈哈,我拼好啦!"甜甜捂着嘴笑着说。这时,她看到了身边的乐乐,说:"乐乐我们一起玩吧,看谁拼得快!""好啊!"乐乐点点头。然后甜甜把左边的嵌套拼图一块块拿出来,按照大小顺序依次放到桌子上后,又把右边的嵌套拼图一块块拿出来,按照大小顺序依次放到桌子上。乐乐在甜甜左边的凳子上坐下。甜甜说:"预备,开始!"迅速拿起最小的一个图块,放到底板拼图最下面的位置,并依次拼好了第二、三、四块。而乐乐在听到"开始"后,拿起了一块中间大小的红色拼图,放到了倒数第二个位置上,然后依次拼好了第三、四块拼图,结果最小的一块拼图剩在了外面。"哈哈,我拼好喽!"甜甜双手握成拳头,举过头顶说。"这块怎么拼啊? 我拼不进去啦。"乐乐皱着眉头问。"我看看。"甜甜说着将左边乐乐拼好的三个图块拿出来,把最小的那块拼图跟桌子上的图块比了比大小,然后放到了拼图最下面的位置,又把剩下的三块依次放进了拼图里。"看,拼好啦!"甜甜笑着看着乐乐说。 |
| 分析： |
| 　　甜甜在玩嵌套拼图时,知道先把围块按照大小顺序依次摆好,在拼图过程中能够做到不出现错误,不受外界干扰,并且能在10秒内完成拼图。另外,甜甜懂得分享,能够与同伴一起玩自己手中的拼图,当同伴拼图出现困难时,能够主动提供帮助。 |
| 评价： |
| 　　与刚入园的时候相比,甜甜表现出较好的顺序思维能力、观察能力和专注力,并且亲社会行为明显增多。 |
| 建议： |
| 　　继续提供拼图等可以发展顺序思维能力、观察能力和专注力的游戏。鼓励甜甜将她拼图时的想法和发现讲述给其他小朋友听。对甜甜的亲社会行为进行表扬和鼓励。 |

　　(案例来自李晓巍:《幼儿行为观察与案例》,华东师范大学出版社,2017 年,第 76—77 页。)

## 二、取样观察法案例

### (一)时间取样法案例

<table>
<tr><td colspan="7" align="center">时间取样法观察记录</td></tr>
<tr><td colspan="7">幼儿姓名:依依　　　性别:女　编号:07<br>年龄:4岁10个月　　观察日期:2015年12月23日<br>开始时间:9:00　　　结束时间:9:10<br>地点:积木区<br>观察目标:观察依依在游戏中的社会参与性<br>观察者:张玲</td></tr>
<tr><td colspan="7">幼儿在游戏中行为的社会参与性分类:<br>A.无所事事　B.旁观　C.单独游戏　D.平行游戏　E.联合游戏　F.合作游戏</td></tr>
<tr><td colspan="7">操作性定义:<br>　　无所事事:幼儿未做任何游戏活动,也没与他人交往,只是随意观望,走来走去、东张西望。<br>　　旁观:基本上观看别的幼儿游戏,有时凑上来与正在游戏的幼儿说话、提问题、出主意,但自己不直接参与游戏。<br>　　单独游戏:幼儿独自一人游戏,只专注于自己的活动,根本不注意别人在干什么。<br>　　平行游戏:幼儿能在一处玩,但各自玩各自的游戏,既不影响他人,也不受他人影响,互不干涉。<br>　　联合游戏:幼儿能在一起玩同样的或类似的游戏,互相追随,但没有组织和分工,每人做自己想做的事情。<br>　　合作游戏:幼儿为某种目的组织在一起玩游戏,有领导、有组织、有分工,每个幼儿承担一定的角色任务,并互相帮助。</td></tr>
<tr><td></td><td>无所事事</td><td>旁观</td><td>单独游戏</td><td>平行游戏</td><td>联合游戏</td><td>合作游戏</td></tr>
<tr><td>9:00-9:01</td><td></td><td></td><td></td><td></td><td>1(50秒)</td><td></td></tr>
<tr><td>9:01-9:02</td><td></td><td></td><td></td><td>1(60秒)</td><td></td><td></td></tr>
<tr><td>9:02-9:03</td><td></td><td></td><td>1(30秒)</td><td></td><td>1(30秒)</td><td></td></tr>
<tr><td>9:03-9:04</td><td></td><td></td><td></td><td></td><td>1(30秒)</td><td>1(30秒)</td></tr>
<tr><td>9:04-9:05</td><td></td><td></td><td></td><td>2(30秒,20秒)</td><td></td><td></td></tr>
<tr><td>9:05-9:06</td><td></td><td></td><td>1(40秒)</td><td></td><td>1(20秒)</td><td></td></tr>
<tr><td>9:06-9:07</td><td></td><td></td><td></td><td></td><td>2(30秒,20秒)</td><td></td></tr>
<tr><td>9:07-9:08</td><td></td><td></td><td></td><td></td><td></td><td>1(40秒)</td></tr>
<tr><td>9:08-9:09</td><td></td><td></td><td></td><td></td><td>2(20秒,30秒)</td><td></td></tr>
<tr><td>9:09-9:10</td><td></td><td></td><td></td><td></td><td>2(20秒,30秒)</td><td></td></tr>
<tr><td>合计</td><td>0秒</td><td>0秒</td><td>1分钟10秒</td><td>1分钟50秒</td><td>4分钟40秒</td><td>1分钟10秒</td></tr>
<tr><td colspan="7">标识:<br>1(50秒):1表示该时距内(9:00-9:01)目标行为出现1次(50秒)表示该目标行为持续50秒。下同。</td></tr>
</table>

续表

| 分析：<br><br>依依"联合游戏"的时间最多，共4分40秒；其次是"平行游戏"1分50秒；"单独游戏"与"合作游戏"较少，都是1分10秒；而"无所事事"和"旁观游戏"并没有出现。可见，依依在区域活动中以"联合游戏"和"平行游戏"为主。在建筑区游戏过程中，依依与同伴希希一起搭建了一座"楼房"。在这过程中，两人有交谈，也有互借材料的行为出现，但是彼此间分工、合作并不清晰。仅有偶尔几个时间段依依表现出与同伴希希合作的意愿，但这种合作行为只持续了几秒，并没有长时间地维持下去。 |
| --- |
| 评价：<br><br>中班幼儿依依初步具备与同伴合作分工、共同游戏的意识，这从她几次表现出希望与同伴合作的意愿中便可看出。但也因缺乏一定的合作技能，才使依依几次"合作"都不了了之。 |
| 建议：<br><br>在游戏过程中我们发现，依依缺乏合作游戏的技能。对此，教师可以通过开展一些主题教学活动，帮助幼儿获得合作的技巧，并让幼儿在合作游戏中获得积极体验。 |

（案例来自李晓巍：《幼儿行为观察与案例》，华东师范大学出版社，2017年，第108－109页。）

**（二）事件取样法案例**

| 事件取样法观察记录 |
| --- |
| 幼儿姓名：玮玮　性别：男　编号：01 |
| 年龄：4岁6个月　观察日期：2016年5月12日 |
| 开始时间：9:30　结束时间：10:00 |
| 观察目标：观察玮玮及同伴在集体教学活动中的同伴互动行为。 |
| 背景：圣诞节将至，班内某幼儿园家长来到班里给幼儿进行一次集体教学活动——"制作许愿圣诞树"。 |
| 观察者：李青 |
| 幼儿同伴互动行为类别：A.寻求帮助　B.提出建议　C.表达情感　D.争夺物品　E.其他<br>同伴互动行为操作性定义：<br>　　寻求帮助：在集体活动时，向同伴借用物品，或向同伴发出求助信号。<br>　　提出建议：在集体活动时，向同伴提出自己的建议和想法，给予同伴帮助。<br>　　表达情感：在集体活动时，通过语言、动作、表情来表达对同伴的鼓励、赞美。<br>　　争夺物品：在集体活动中，出现与同伴争吵，与同伴夺取物品等行为。<br>　　其他：不能归属于上述四种类别的同伴互动行为。<br>同伴互动行为引发的结果：<br>　　1.接受及回应　2.忽视　3.拒绝　4.协商 |

续表

| 姓名 | 年龄 | 性别 | 互动时间 | 发生背景 | 互动原因 | 说什么/做什么 | 结果 | 影响 |
|---|---|---|---|---|---|---|---|---|
| 玮玮 | 4岁6个月 | 男 | 18秒 | 制作许愿圣诞树集体活动刚开始 | 剪刀数量不够 | BZ（能把剪刀给我用一下吗？） | | 去寻求老师的帮助 |
| 壮壮 | 4岁3个月 | 男 | 18秒 | | | JJ（我在用） | | 继续做自己的事情 |
| 玮玮 | 4岁6个月 | 男 | 20秒 | | | JS（嗯，可以，加油！） | | 加快自己的速度 |
| 壮壮 | 4岁3个月 | 男 | 20秒 | 按轮廓剪好圣诞树后 | 壮壮拿起给玮玮看 | BZ（你看我这样剪可以吗？） | | 面带微笑 |
| 玮玮 | 4岁6个月 | 男 | 25秒 | | | JS（点头，说："可以的。"） | 自己手里的还没有剪完 | |
| 菲菲 | 4岁2个月 | 女 | 25秒 | 菲菲也在剪自己的圣诞树 | 拿起手中的圣诞树问玮玮 | BZ（你看这个剪断了吗？这么剪可以吗？） | | |
| 玮玮 | 4岁6个月 | 男 | 28秒 | 看到菲菲突然哭起来 | | QG（菲菲，你怎么了？别哭，有事告诉我。） | | |
| 菲菲 | 4岁2个月 | 女 | 28秒 | 菲菲在剪，已经剪断好几次了 | | | HS（不理睬玮玮的话，继续号啕大哭） | 老师过来帮助解决 |
| 壮壮 | 4岁3个月 | 男 | 19秒 | | | | HS（没有理睬玮玮，在忙着涂色） | |
| 玮玮 | 4岁6个月 | 男 | 18秒 | | | JY（你写上你的名字或者标记） | | |
| 壮壮 | 4岁3个月 | 男 | 18秒 | 壮壮将自己的圣诞树涂好颜色 | 告诉老师，自己的作品完成了 | | XS（我写数字可以吧？） | |
| 玮玮 | 4岁6个月 | 男 | 15秒 | | | QG（看到壮壮的作品，玮玮脸上流露出赞同的表情，并伴随点头） | | 看到有人已经做好，自己也抓紧开始涂颜色 |
| 壮壮 | 4岁3个月 | 男 | 15秒 | 壮壮做好自己的圣诞树 | 给玮玮展示 | | JS（继续向别人介绍自己的圣诞树） | |

续表

| 标识: |
| --- |
| 同伴互动类别:<br><br>BZ＝寻求帮助　JY＝提出建议　QG＝表达情感　ZD＝争夺物品　QT＝其他<br><br>同伴互动行为结果:<br><br>JS＝接受及回应　HS＝忽视　JJ＝拒绝　XS＝协商 |

| 分析: |
| --- |
| 　　玮玮在同伴互动中,处于发起者地位,经常向同伴发起互动。在 30 分钟的集体教学活动"制作许愿圣诞树"中,玮玮分别与壮壮和菲菲发生互动——与壮壮发生了 5 次互动,与菲菲发生了 2 次互动,其中由玮玮主动发起的互动有 4 次。壮壮和菲菲分别向玮玮发起 1 次互动,都得到了玮玮的接受和及回应。同时,玮玮很愿意表达对同伴的肯定和鼓励,看到同伴的作品,会通过动作、语言、表情等来表达对同伴的赞美和鼓励。其他同伴也很乐于向玮玮寻求帮助,并能得到回应和解决办法。玮玮和菲菲在剪纸过程中都遇到了困难,在转折点时经常剪断,他们不能理解"顺着黑线条剪"的意思,会把没画线的地方也剪断。中班幼儿的空间想象发展还处于初级阶段,所以在剪纸时,碰到拐点会遇到困难。但当玮玮尝试几次均剪断后,在求助同伴没得到回应时,会主动请求老师的帮助。与菲菲遇到困难时用哭来解决相比,玮玮有较好的问题解决能力。 |

| 评价: |
| --- |
| 　　玮玮在同伴互动中经常是主动发起者,有较好的问题解决能力,并能提出恰当的意见。壮壮空间想象能力和动手操作能力发展较好,能够在短时间内做好圣诞树,并乐于征求他人的赞美。与玮玮相比,菲菲遇到困难,没有良好的解决办法,以哭来解决问题。 |

| 建议: |
| --- |
| 　　教师在选择教学材料时,要注意考虑幼儿的年龄特点,并重点讲解剪纸遇到转折点时怎样处理。同时,不断鼓励菲菲,增强她解决问题的能力。引导壮壮在面对同伴寻求帮助时,积极主动回应,为同伴提出建议,帮助同伴解决困难,懂得同伴互助,增强其合作水平。 |

（案例来自李晓巍:《幼儿行为观察与案例》,华东师范大学出版社,2017 年,第 118-121 页。）

## 三、评定观察法案例

### （一）行为检核法案例

| 学前儿童社会性游戏行为检核表 |
| --- |
| 幼儿姓名:　　　性别:　　　年龄: |
| 观察时间:　　　观察地点:　　　观察者: |

续表

| 项目 | | 是 | 否 |
|---|---|---|---|
| 手足情况 | 兄 | √ | |
| | 弟 | | √ |
| | 姐 | | √ |
| | 妹 | | √ |
| 1.是否愿意看别人玩游戏 | | | √ |
| 2.是否用自己的玩具或材料独自玩游戏 | | | √ |
| 3.是否用和他人相似的玩具或材料进行平行游戏 | | | √ |
| 4.是否在小组游戏中与其他幼儿玩耍 | | √ | |
| 5.是否能够与其他幼儿交朋友 | | √ | |
| 6.是否能用积极的方式参与正在进行的游戏中 | | √ | |
| 积极参与正在进行的游戏的方式 | (1)观察小组游戏,了解他们在玩什么 | √ | |
| | (2)选择一个与小组游戏相同的内容 | | √ |
| | (3)为游戏的进行做些事情 | | √ |
| | (4)表现出对游戏很感兴趣,在周围走动 | √ | |
| | (5)再次询问是否可以参加游戏 | √ | |
| 7.是否能够用积极的方式在游戏中扮演自己的角色 | | √ | |
| 积极扮演角色的方式 | (1)保持和他人交谈 | √ | |
| | (2)在说话时保持眼神接触 | √ | |
| | (3)在听他人说话时,能专注地看着对方 | √ | |
| | (4)为了让他人理解,能调整谈话内容 | √ | |
| 8.是否能用积极的方式解决游戏过程中出现的冲突 | | √ | |
| 积极解决冲突的方式 | (1)忽视 | | √ |
| | (2)转移注意 | | √ |
| | (3)说理 | | √ |
| | (4)协商 | √ | |
| | (5)合作 | √ | |
| | (6)让步 | √ | |

分析:

在社会性游戏方面,莱莱没有停留在旁观、单独游戏和平行游戏的阶段,他已经能很好地参与其他幼儿的小组游戏活动,与同伴进行合作游戏。为了参与正在进行的游戏中,莱莱会首先观察小组游戏,了解他们在做什么,然后在周围走动,当小组幼儿需要帮助的时候,莱莱会主动伸出援手。比如,他会帮助在积木区搭建城堡的幼儿寻找合适的积木。在询问能否加入游戏并得到允许之后,莱莱会迅速地投入小组游戏中,保持与其他幼儿的交谈,并且努力让别人听懂自己的话。当小组游戏出现冲突时,莱莱会采用协商、合作和让步的方式来解决冲突。综上,与其他幼儿相比,莱莱的社会性游戏水平较高。

(案例来自李晓巍:《幼儿行为观察与案例》,华东师范大学出版社,2017年,第132—133页。)

## （二）等级评定法案例

| 幼儿活动区等级评定表 | | | | | | |
|---|---|---|---|---|---|---|
| 幼儿姓名： 性别： 年龄： 观察者： 观察时间： 观察地点： | | | | | | |
| 类目 | 项目 | 总是 | 经常 | 偶尔 | 很少 | 从不 |
| 自主性 | 能独立完成一项工作 | | | | | |
| | 会主动选择活动 | | | | | |
| | 能主动收拾玩具 | | | | | |
| | 分享活动时能主动提出自己的看法 | | | | | |
| 注意力 | 喜欢逗留该区达 10 分钟以上 | | | | | |
| | 认真思考,解决问题 | | | | | |
| | 不受环境影响改变活动 | | | | | |
| 合作性 | 能与同伴交谈 | | | | | |
| | 能与同伴合作完成一件工作 | | | | | |
| | 遵守集体游戏规则 | | | | | |
| | 会轮流使用活动材料 | | | | | |
| 创造力 | 会利用不同的材料做整体的造型 | | | | | |
| | 能简述其作品造型的意义 | | | | | |
| | 能提出解决问题的方法 | | | | | |
| | 能提供不同的答案 | | | | | |

（案例来自施燕、韩春红:《学前儿童行为观察》(第 2 版),华东师范大学出版社,2020年,第 79 页。)

# 第六章 幼儿歌曲弹唱实训

## 第一节 歌曲弹唱知识基础

幼儿歌曲弹唱,首要关注的是"弹"与"唱"两项技能的融合。"弹"指的是为旋律匹配恰当的和弦、织体进行弹奏,可分为即兴伴奏与成谱伴奏两类,在幼儿歌曲中,通常倾向于即兴伴奏。"唱"则要求根据歌曲的风格和情感进行演唱。在学前教育工作中,教师不仅需为幼儿示范歌曲演唱,还应具备根据音乐活动需求进行歌曲创编或改编,并组织排练的能力。

本章主要阐述"弹"与"唱"所需掌握的基础知识。学习本章后,学生应理解学习"弹"与"唱"所需的概念,掌握歌曲伴奏的方法与步骤,能够判断歌曲调式,并能在伴奏过程中灵活运用各类和弦。

### 一、钢琴演奏的基础知识[①]

#### (一)钢琴演奏正确坐姿和手形(图6-1)

弹奏时,确保身体与键盘中央对齐,保持端正坐姿而不显僵硬,上身略向前倾斜,使全身力量能够汇聚到指尖,脊椎骨不可弯曲,背部和肩部保持松而不懈。

双手放在键盘上时,确保肘部和前臂的高度与键盘一致,能够更好地控制弹奏。

上身部分略前倾,双臂自然下垂,左右肘部放松向身体外侧舒展。下身部分注意保持大腿根部至膝盖呈斜坡状倾斜,膝盖位置位于键盘下方,双脚则微向前伸。

双手应放松,手指呈自然弯曲状,以指尖肉垫部分轻触琴键。掌关节自然拱起,犹如虚握一圆球,手腕与键盘保持大致平行。大拇指第一关节仅以指侧端轻触琴键边缘,同时注意手指姿态端正。

---

① 王娜:《浅谈钢琴启蒙学习的基本问题》,大众文艺(学术版),2011,第248页。

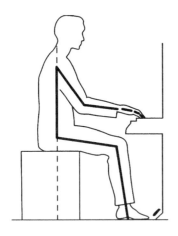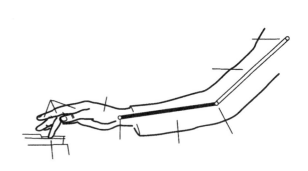

图6-1 钢琴演奏正确坐姿和手形

**（二）弹奏的方法**

**1. 连音奏法**

在弹奏过程中，音符之间的衔接须保持连贯与流畅。按键的动作应当紧凑且一气呵成，避免中断。通过手指与手臂的协同动作，使得音符之间紧密相连。重量在指间移动，前一音符应在后一音符响起后再离键。连音奏法具有浓郁的歌唱性，广泛应用于抒情歌曲的演奏。

**2. 非连音奏法**

在弹奏过程中，每个音都需要饱满且有力，手指触碰琴键和离开琴键的速度须保持较快，同时确保琴键被扎实地按下。特别需要注意的是，要着力训练各个手指的独立活动能力。虽然非连音奏法并不要求如连音奏法那般连贯和流畅，但亦不能产生断奏的感觉。非连音奏法广泛应用于演奏富有力量感的队列歌曲以及欢快、活泼的歌曲。

**3. 顿音奏法**

在弹奏过程中，各音坚实、饱满且具有弹性。手指按键的动作迅速、短暂，避免过于沉重或呆板，手腕应保持放松，以便手指能灵动地起落。顿音演奏技巧适用于表现欢快、活泼的歌曲。

**4. 常用指法**

在弹奏过程中，面对多样化的音符，为了保证手指连接自然，双手移动自如，选用恰当的指法至关重要。常见的演奏指法包括：顺指法、穿指法、跨指法、扩指法、缩指法、同音换指以及暗换指等。

## 二、歌唱的基础知识[①]

### (一)歌唱的基本姿势

站立时,身体自然直立,上身保持放松,下身稳定而不僵硬。整个身心应处于精神饱满、充满活力的状态。双脚分开约肩宽,呈"丁"字形站立,支撑点可选择在前脚或后脚,以便在歌唱过程中保持重心稳定。腰部保持直立,胸部微微挺起,同时腹部微收,两肩平放且略向后舒展,手臂自然下垂。头部与眼睛保持水平,颈部放松。下巴自然下垂并略向后收,避免向前突出。脸部肌肉放松,表情自然且大方。避免出现皱眉、噘嘴、歪头等不良表情。在演唱过程中,可根据歌曲的内在情感加入适量动作,但动作应简练、自然,避免过于矫揉造作,以免影响舞台形象。坐着演唱时,注意不要坐满整个凳面,约占三分之一即可。背部不要靠在椅子上,腰部稍挺,从头部、颈部、背部到腰部,应具有垂直感。头部和脸部的要求与前述内容相同。

### (二)歌唱时的呼吸

呼吸是歌唱的基础,是其驱动力量。歌唱时的呼吸与日常对话时的呼吸有所区别,后者可能导致气息耗尽,而歌唱呼吸则需保持气息稳定。在平静状态下,人的吸气与呼气时间大致均衡,但歌唱发声时,呼气时间明显长于吸气时间。这就需要掌握歌唱呼吸的技巧,包括保持气息均匀、平稳,根据需要尽量延长气息保持时间,并在演唱不同乐句时(如音长、速度、力度变化)灵活运用。理想的歌唱呼吸是将气息完全转化为声音动力,以最少的气息获得优质声音。歌唱呼吸时,自然地用鼻和口同时深吸气,使横膈膜向下压,肋骨附近(包括腰部肌肉)向外扩张,腹部向前方和两侧膨胀。背部及腰部肌肉亦扩张。此时,气息向两侧和背后推进,并在此处贮存几秒钟,保持住,然后缓慢地将气息呼出。这种呼吸方法可从打哈欠时的感觉中体会,即面部稍向下倾斜,下颌内收,边打哈欠边吸气,直至肺部底部。吸气柔和、平稳,避免耸肩,如同闻花香般无声地吸气,避免过度。歌唱时,关键在于在用气过程中保持吸气状态。吸气肌肉群(包括扩大胸部及提高肋骨的各肌肉)有控制地放松,使气息持续至乐句结束。气息与声音应同时发出,避免气息单独流出。声音应由气息支持,以横膈膜和肋下两侧为支点。在气息呼出时,要保持节制、均匀和有力。

歌唱换气(呼吸)的方法:预先设计乐句间的换气节点;乐句间若不存在休止符,则换气前一个音节的时值应缩短。演唱欢快热情的歌曲时,避免个别字音被"吃掉"。呼吸与所唱歌曲情绪要保持一致。在演唱具有气势、音程跳跃较大的乐句时,吸气要深入且有力量,横膈膜的控制力应随音高上升而加强。演唱者确保每个音清晰明了,避免拖沓。共鸣运用正确的发音机制,以充分发挥共鸣为基础。歌唱并非依赖喉头力量或气息压迫,而是柔和、有弹性地运用气息,引发具有共鸣的声音。

在歌唱过程中,演唱者需以精准且优美的嗓音打动听众,同时将歌词纯正且清晰地

---

① 王玮:《谈歌唱的基础知识》,才智,2017,第118页。

传达至听众的耳中。我国传统民族声乐强调歌者应实现"字正腔圆"。为实现"字正"，歌者需研究吐字与咬字的方法，以及各个字词声母与韵母发音的部位。当字词的发音部位准确无误，其咬字的字腹(可唱性部位)方能呈现出圆润、精确的特点。

### 三、伴奏与弹唱的基础知识①

伴奏与弹唱作为幼儿教师音乐教学核心技能之一，有助于幼儿更高效地学习和掌握歌曲，并通过多样化的伴奏方式激发幼儿对歌曲学习的热情。要掌握伴奏与弹唱，幼儿教师需具备一定的钢琴和歌唱基础，同时熟悉基础乐理知识。在学习过程中，注重弹唱相结合，强调手口并重。

调：由基本音级所构成的音列的音高位置，叫作"调"。

主音：主音为调式核心音，当调式中多个音排列成音阶时，首音(Ⅰ级)即为所述的主音。在儿童歌曲中，通常以主音为结束音，仅有少数作品例外。因此，主音成为判断儿童歌曲调式及调性的关键要素。例如：C大调的主音为C，f小调的主音则为f。

调式：调式指若干高低不同的乐音，根据一定的音程关系，围绕某一具有稳定感的中心音有机地组织在一起，形成一个完整的体系。简而言之，以不同的音作主音，便会产生各种不同的调式。例如，以C为主音，可构成C调；以D为主音，则形成D调；依此类推。

调性：调性指调式所具备的独特属性，涵盖了自然大小调、和声大小调、旋律大小调以及民族调式等多种类型。

固定调唱名法：固定调唱名法亦称"固定找do唱名法"，是一种始终将五线谱上的C、D、E、F、G、A、B七个基本音级相应地唱作do、re、mi、fa、sol、la、si的唱名法。无论乐谱所标什么调号，或七个基本音级如何升降变化，其唱名始终固定不变，即C—do、D—re、E—mi、F—fa、G—sol、A—la、B—si。在通常情况下，五线谱均采用固定调唱名法。

首调唱名法：首调唱名法的基础在于"移动的do"，其含义为，在首调唱名法中，do的位置和高度可以移动和变化。然而，调式中各音级之间的相互关系却是固定不变的，始终遵循全全半全全全半的规律。通常，简谱音乐采用首调唱名法。

在简谱伴奏过程中，采用首调唱名法有助于提高移调的效率。

和声：作为多声部音乐中的音高组织形式，和声是音乐的基本表现手法之一。所谓和声的色彩功能，实则是指和声所产生的音响效果，在音乐作品中，不同的和声各具特色，进而展现出独特的音乐表现力。

---

① 聂翔：《学前教育钢琴弹唱实训教程》，华东师范大学出版社，2016，第1—2页。

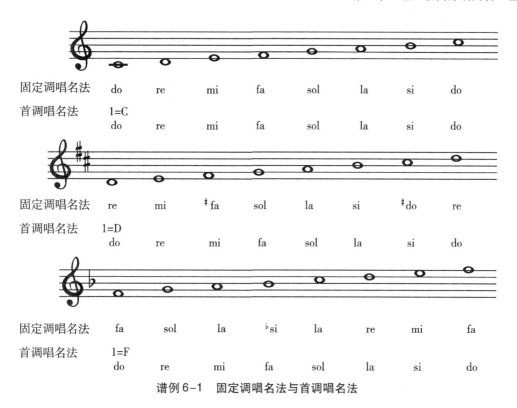

固定调唱名法 do re mi fa sol la si do

首调唱名法 1=C
do re mi fa sol la si do

固定调唱名法 re mi ♯fa sol la si ♯do re

首调唱名法 1=D
do re mi fa sol la si do

固定调唱名法 fa sol la ♭si la re mi fa

首调唱名法 1=F
do re mi fa sol la si do

谱例6-1 固定调唱名法与首调唱名法

# 第二节 歌曲弹唱能力要求

　　幼儿歌曲弹唱能力是学前教育专业学生必备的核心职业能力,同时也是一名合格幼儿教师所必需的教学技能。这一能力涵盖弹奏、编配基本能力,声乐演唱能力以及伴奏与演唱的协同配合能力,旨在引导学生将理论知识与实践相结合,并加以灵活运用。通过培养这些能力,学生将提升自身的综合素质,增强社会竞争力,成为顺应时代需求的"一专多能"实用型人才。

## 一、强化弹奏和编配基本能力

　　幼儿歌曲弹唱彰显出其专业性强、实践性突出的特点。然而,在音乐专业技能方面,学前专业的学生相对较弱。在学习学前教育专业课程之前,大部分学生未曾接触过钢琴,基本功不够扎实,且弹奏练习较少,这无疑对儿歌弹唱技能的训练产生了一定影响。因此,在低年级阶段,音乐教师必须高度重视钢琴基本训练,加大钢琴训练力度,并实施分层教学。同时,教师还需保持耐心,细心纠正学生的错误,悉心示范,并督促学生扎实掌握钢琴弹奏的基本功。教师应严格监督学生完成钢琴弹奏课后作业,使学生通过反复练习积累学习经验,提升钢琴弹奏水平,为儿歌伴奏奠定坚实基础。

儿歌的显著特性在于其篇幅精炼、音域较窄,节奏清晰简洁,情感欢愉,伴奏风格独具特色。这些特点主要通过和声和伴奏音型的运用来体现,儿歌中频繁使用正三和弦,伴奏音型上多采用柱式、半分解、全分解等手法,营造出简洁明快的伴奏效果。由于正三和弦在儿童伴奏中的广泛应用,它在儿歌伴奏教学中的重要性不言而喻。在教授儿歌伴奏编配和弹奏技巧时,教师应着重培养学生的以下几项技能:①熟练运用键盘常用键调弹奏儿歌简谱;②掌握和弦连接技巧,熟练编配儿歌和弦;③感受儿歌的情绪与风格,熟练掌握常用伴奏音型;④具备简单的儿歌编配能力。

## 二、声乐演唱能力

在学前教育专业的儿歌弹唱教学中,除钢琴伴奏教学外,对学生的声乐演唱技巧进行严谨指导,是其未来教学实践的关键环节。教师应引导学生深入了解呼吸器官的功能,教授他们运用胸腔与腹腔进行吸气与呼气的方法,以增强声音的传播力度和集中度。教师需指导学生熟悉并牢记乐谱中的各类标识。对学生的站姿进行调整,确保其呈现出挺拔自信的姿态。通过这些细致入微的指导和练习,有助于学生掌握基本的演唱技巧,促使学生养成良好的歌唱习惯。

## 三、伴奏与演唱配合能力

伴奏与演唱的紧密协同,旨在提升弹唱协调技巧。无论是钢琴伴奏还是声乐演唱,都应紧密结合,互动配合,以培育学生的弹唱协调技巧。这是展现弹唱优势,获得理想教学效果的关键。在学前教育专业的儿歌弹唱教学中,教师需积极改变教学理念,主动融合弹琴与歌唱两个方面,将弹与唱并列为核心,着重培养学生的独立视唱儿歌能力。引导学生先弹后唱。学前教育专业的学生普遍存在此问题,他们能单独演唱儿歌,但当要求弹唱结合时,往往难以兼顾,导致音乐完整性受损,更不必说传达歌曲的内涵与情绪了。

## 四、弹唱能力的练习方法[①]

边弹边唱儿童歌曲是幼儿教师所必备的教学技能。"弹"指选择适当的和弦与织体以弹奏歌曲,"唱"则是根据歌曲的风格与情绪进行演唱。在组织音乐活动或进行歌曲排练时,幼儿教师需运用此技能。

学前教育专业的学生需掌握基本弹唱知识及技巧,具备根据曲谱编配幼儿歌曲伴奏的能力。在教学过程中,教师应具备娴熟的钢琴演奏技艺、优美的歌声,以及自然、亲切的歌唱表情。教师还需根据幼儿的年龄特征,选择适宜的教学方式,以激发他们的兴趣。工作中,幼儿园对教师的弹唱素养有不断提高的要求。

---

① 聂翔:《学前教育钢琴弹唱实训教程》,华东师范大学出版社,2016,第3-4页。

**（一）方法一：基本方法（此方法适用于弹、唱能力平均的学生）**

熟悉旋律→熟记歌词→熟练弹奏→重点难点→弹唱配合

熟悉旋律：这是开展弹唱的前提。旋律练习过程中，务必精确把握音高、节奏和速度等方面的要求。

熟记歌词：这是确保弹唱流畅度的核心要素。教师可根据旋律创编有规律的歌词，并引导幼儿自主创作简单歌词，这是一项深受幼儿喜爱的音乐活动。

熟练弹奏：熟练弹奏旋律部分与伴奏部分。

重点难点：找出弹唱过程中的关键环节与困难所在，针对性地进行反复练习。

弹唱配合：通过先慢后快的反复练习，提高弹琴与演唱的融合能力，最终实现弹唱娴熟自如。

**（二）方法二：以唱为主的练习方法（此方法适用于歌唱能力较好的学生）**

手弹唱旋律→简易伴奏+歌词→复杂伴奏+歌词

单手弹唱旋律：弹奏应始终保持伴奏地位，以配合旋律的演唱。

简易伴奏+歌词：伴奏应处于较弱地位，始终跟随歌唱节奏，选择简单音型，避免复杂的伴奏节奏。

复杂伴奏+歌词：歌唱与伴奏地位平等，但注意力应集中在歌唱上。

注意，用此方法练习时，若出现弹奏错误或伴奏卡壳的情况，可暂停弹奏，继续歌唱，直至本乐句结束，再于下个乐句继续弹唱配合。

**（三）方法三：以弹为主的练习方法（此方法适用于演奏能力较好的学生）**

"da"音+旋律→"da"音+伴奏→歌词+伴奏。

"da"音+旋律：自乐曲前奏起始，遵循谱子精准弹奏旋律，同时用"da"音进行哼唱，以便专注在弹奏上。

"da"音+伴奏：双手弹伴奏，继续以"da"音哼唱，从而降低歌唱难度，奠定弹唱协同之基础。

歌词+伴奏：双手弹奏伴奏，唱歌词。开始唱歌词前，需根据节奏充分熟悉歌词，以防因歌词不熟导致的演奏中断。

在钢琴基础学习中，教师应引导学生边弹边唱旋律。

# 第三节　歌曲弹唱实训内容及要求

## 一、幼儿歌曲弹唱的知识、技能与实训要求

实训是在模拟或真实的工作环境下，对学生进行实际操作与实践活动，旨在培养学生的实践能力，提升综合素质。实训内容与要求是指在实训过程中，学生需掌握的具体知识与技能，以及需遵循的规范与要求。具体如表6-1所示。

表6-1　幼儿歌曲弹唱的知识、技能与实训要求

| 任务 | 知识内容与要求（必备的知识） | 技能内容与要求（应具备的技能） |
|---|---|---|
| 钢琴演奏 | 1.掌握常用的大小调音阶（三升三降）<br>2.练习曲达到《拜厄钢琴基础教程》第96首或相当于此练习曲的程度<br>3.乐曲应达《钢琴基础教程一》的程度<br>4.能演奏简单的儿童歌曲 | 1.养成严谨的读谱习惯<br>2.掌握钢琴基本的演奏技法,包括非连音、跳音、连音及双音、三和弦的弹奏方法<br>3.能够正确地进行音乐作品分析,通过乐句划分、节奏分析等感知不同儿歌的风格及特征 |
| 幼儿歌曲弹唱 | 1.学习两个八度三升三降的大小调音阶、琶音、正三和弦连接<br>2.加强儿童歌曲伴奏范例的学习,能用柱式、分解、半分解和弦、琶音等伴奏音型弹唱幼儿歌曲<br>3.能够独立自主地进行儿童歌曲的即兴编配,并正确使用伴奏织体,富有表情地弹唱幼儿歌曲 | 1.熟练掌握音阶琶音的演奏要点<br>2.掌握分解、半分解、柱式和弦等不同伴奏音型的弹奏技巧<br>3.掌握基本的发声技巧及演唱技能<br>4.掌握即兴编配的方法 |

## 二、儿童歌曲弹唱实训方法与步骤

熟悉分析旋律→和弦布局→音型选择→重点处理→前间尾奏→弹唱配合。

**（一）熟悉、分析歌曲旋律**

（1）熟悉乐谱,唱熟歌词,熟记旋律。

（2）分析调式、曲式、节拍、节奏。

**（二）和弦布局**

（1）和弦初配。

（2）和弦调整。

**（三）选用适合的伴奏音型**

（1）伴奏音型的选择至关重要,根据各类歌曲风格的特点,我们可以做出如下区分:进行曲风格歌曲应选用柱式和弦型,以展现其坚定有力的特点;欢快风格歌曲则适合采用半分解和弦型,以呈现其轻松活泼的气氛;而对于抒情风格歌曲,流动的分解和弦型则是更好的选择。在选定伴奏音型后,需根据歌曲的情绪、速度和节拍,搭配适当的节奏型,以达到和谐统一的效果。

**（四）旋律中重点部分的处理**

（1）长音或长休止处,可通过音阶、半音阶、重复和弦等手法进行填充。

（2）高潮部分的处理应加强,可根据音乐风格选择使用反向八度、音阶、半音阶、震音、琶音等手法。

（3）选择动态变化较大、具有替代性的和弦,以增强紧张感并衬托氛围。

（4）在短小的儿歌中,可以调整节奏型和伴奏音型,以凸显重点。

（5）对前奏、间奏、尾声进行精细的处理。

（6）注重弹奏与歌唱的协同练习。

（7）拓展思考。

**（五）对前奏、间奏、尾声进行精细的处理**

（1）前奏作为歌曲的开端，应选用与歌曲主题相符的伴奏音型，如柱式和弦或分解和弦，以营造氛围。

（2）间奏则起到承上启下的作用，常用重复歌曲部分旋律或进行音区变化的方法，使歌曲过渡自然。

（3）尾声是歌曲的结束部分，应强化终止感，可选择重复前奏或间奏内容，或采用音阶式、伴奏音型式等手法，使歌曲在和谐中完美收尾。

**（六）注重弹奏与歌唱的协同练习**

（1）确保钢琴弹奏和歌唱的基本技能扎实，包括音准、节奏感和音色控制。

（2）分析幼儿歌曲的旋律、节奏、情感等要素，以便更好地融合弹奏与歌唱。

（3）先分别练习弹奏和歌唱，确保两者都能独立完成。随后，尝试将两者结合，从简单的段落开始，逐步过渡到整首歌曲。

（4）注意弹奏与歌唱的音量、节奏和情感的协调，确保两者相辅相成，共同表达歌曲的内涵。

# 第四节　不同类型儿歌的伴奏指导[①]

## 一、按年龄阶段分类

在音乐教学中，根据大、中、小班幼儿的不同认知发展水平，对儿歌进行了基本分类。

1. 小班阶段

小班阶段的幼儿初入幼儿园，正处于动作模仿阶段。因此，可挑选一些幼儿园常识类歌曲，如关于认识自身身体、拍手、点头等歌曲，以及选择身边熟悉的事物如小动物、小汽车等歌曲。可以选取如下歌曲：《我爱我的幼儿园》《身体歌》《上学歌》《五指歌》《我爱我的小动物》《汽车开来》《拍拍手、点点头》《春雨沙沙》等。

小班儿歌伴奏指导：针对小班儿歌，伴奏设计应简洁明了，主要以右手旋律线条为主，旨在激发幼儿兴趣。此类儿歌通常采用柱式和弦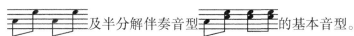全分解伴奏音型及半分解伴奏音型的基本音型。

2. 中班阶段

中班阶段的幼儿经过一年的幼儿园学习生活，基本节奏感和言语表达能力均有所提升。因此，可以选择一些主题形象丰富、节奏型稍复杂、篇幅略长的儿童歌曲，如《小毛

---

① 聂翔：《学前教育钢琴弹唱实训教程》，华东师范大学出版社，2016，第167—173页。

驴》《小树叶》《鸭妈妈和鸡阿姨》《小象》《小燕子》以及《小乌鸦爱妈妈》等。

中班儿歌伴奏指导:中班儿歌伴奏可运用相对复杂的伴奏音型。对于三拍子歌曲,在伴奏音型的选择上,全分解音型 和加入低音的和弦音型 均适用,以体现歌曲三拍的韵律特点。而对于二拍子歌曲,半分解音型 或加入低音的半分解音型 均可选用。

3. 大班阶段

大班幼儿的儿歌选择应更为丰富多样,包括互动性、德育性以及民族特色的曲目,例如《时间像小马车》《金孔雀轻轻跳》《卖报歌》和《海鸥》等。

大班儿歌伴奏指导:大班儿歌通常采用 A—B—A 结构,且大多包含副歌部分。其伴奏不仅运用复杂的伴奏音型,还需根据歌曲各段落的情绪选择不同的伴奏音型。对于三拍子歌曲,在伴奏音型的运用上,可以采用全分解式伴奏音型 。对于旋律波动较大、抒情气息更为浓厚的段落,可以选择加入低音的柱式和弦伴奏音型 及琶音伴奏音型 ,以凸显歌曲三拍子的韵律特征。而对于二拍子歌曲,则可选用半分解音型 或加入低音的半分解音型 ,以体现作品不同段落的风格与情绪。

## 二、按主题分类

对幼儿园的儿童歌曲,根据季节交替、重大节日、劳动篇、爱心篇、小动物篇等主题进行分类,不仅能在日常生活中对幼儿进行德育方面的渗透,还可满足日常教学需求。

1. 季节交替篇

《夏天的雷雨》《秋天多么美》《春雨沙沙》《我爱小雪花》等歌曲。

伴奏指导:欢快活泼、天真无邪的作品,可选用半分解 或全分解 的伴奏音型,并以跳音奏法进行伴奏。

2. 重大节日篇

《妈妈我爱你》《"六一"到,多快乐》《新年好》等。

伴奏指导:在呈现作品情绪时,除采用半分解音型 加入低音的半分解音型 或全分解伴奏音型 ,还可选择柱式和弦伴奏音型 ,以展现节日氛围。

# 第七章 幼儿舞蹈实训指导

随着人们对美好生活的需求日益增长,学前教育专业人才的社会需求和质量提升已经成为我国社会领域和教育领域共同关注的热点问题。艺术教育作为学前教育的重要组成部分,在"以美育人""以美化人""以美培元"方面发挥着不可替代的重要作用。舞蹈课程是艺术教育的重要载体,也是学前教育专业学生的必修课程。对于当前国内普通高校学前教育专业舞蹈课程与教学现状的系统梳理,不仅有利于指导现阶段学前教育专业舞蹈教育的建设与发展,也有利于探索构建新时代学前教育专业舞蹈课程与教学的教育生态体系。在幼儿舞蹈教学的过程中,尤其要重视培养学生的幼儿舞蹈教学能力,最后能达到开发幼儿智力、陶冶幼儿情操,让幼儿舞蹈学习的综合能力得以提升,以全方位促进幼儿身心健康成长为终极教学目标。

## 第一节 幼儿舞蹈知识基础

知识目标:在进行具体的训练过程前,要求学生对舞蹈术语、舞蹈名词进行了解,掌握常用的术语和名词;对舞蹈的音乐的理解要符合音乐所实际表达的思想。

### 一、舞蹈的概念

舞蹈是一种人体动作的艺术,是以舞蹈动作为主要艺术表现手段,着重表现语言文字或其他艺术表现手段难以表达的人们内在层析的精神世界——细腻的情感、深刻的思想、鲜明的性格,和人与自然、人与社会、人与人之间以及自身内部矛盾冲突,创造出可被人感知的舞蹈形象,以表达舞蹈作者的审美情感、审美理想,反映生活的审美属性。舞蹈的起源又可分为劳动起源说、模仿起源说、游戏起源说等。

幼儿舞蹈是由幼儿表演或表现幼儿生活的舞蹈。它贴近幼儿生活,通过形体动作、语言、音乐等艺术手段,表现幼儿的生活和精神世界,是一种形象生动、富有感染力、易于被幼儿接受的艺术形式。

### 二、舞蹈的知识基础

#### (一)舞蹈的分类

根据舞蹈的不同作用和目的,舞蹈可分为生活舞蹈和艺术舞蹈两大类。生活舞蹈包括习俗舞蹈、宗教舞蹈、祭祀舞蹈和社交舞蹈等。艺术舞蹈根据不同的风格特点,可分为古典舞、芭蕾舞、民族民间舞、现代舞、当代舞等。

**(二)舞蹈教学常用术语**

主力腿:在做动作时支撑身体重心的一条腿。

动力腿:相对主力腿而言。

起泛儿:也叫"起势",做动作前的准备姿态。

韵律:舞蹈中人体自然地欲左先右、动静、高低等辨证的规律。较难掌握的动作因素。

身段:舞蹈中形体动作的统称。如坐、卧、行、甩袖、亮相等。

节奏:舞蹈动作的基本要素,舞蹈要配合节奏。

舞蹈动作:经过提炼和美化了的、有节奏和规律的人体动作。

造型:雕塑性强的动作姿态。

亮相:舞蹈中短促停顿做的姿态。一般用于上场或下场。

舞蹈语言:舞蹈动作的别名。

舞蹈组合:两个以上的动作组合成一组新动作。

舞蹈语汇:不同舞蹈动作汇聚,表达舞蹈主题。

主题动作:舞蹈中的核心动作,为表达主题,在一个舞蹈中反复出现。

舞蹈构图:根据主题处理人与物的关系及位置。如对称、集中、方形、圆形等。

**(三)舞台方位、常用人物符号及舞蹈队形记法**

1. 舞台方位图

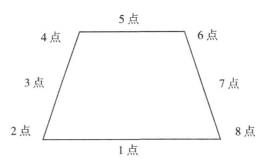

图7-1 舞台方位图示例

2. 常用人物符号

■表示男生,●表示女生。(阴影部分表示后脑勺,另一面表示正面)

3. 舞蹈队形记法实例（图7-2至图7-6）

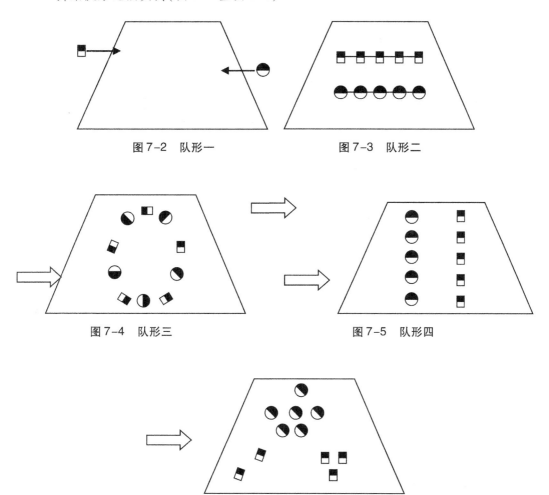

图7-2　队形一　　　　　　图7-3　队形二

图7-4　队形三　　　　　　图7-5　队形四

图7-6　队形五

编排舞蹈之前，设计舞蹈队形是很关键的一步，相当于舞蹈的整体框架，先把整体框架设计出来，在往每个队形上加上自己的动作，这种方法有助于快速编排一个舞蹈节目。一班一首1分钟左右的幼儿舞蹈，只需要设计最多10个这样的队形，而动作则需要11个，中间加上主题动作，一个完整的舞蹈作品就创作成功了。这在今后的幼儿舞蹈创编和民族舞创编中经常用到，需要学生牢牢地掌握此方法。

（四）舞蹈能力的评价标准

动作性、抒情性、节奏性、造型性、综合性。

## 第二节　幼儿舞蹈能力要求

课程能力目标:根据幼儿各年龄阶段发展的特点及学前教育相关理论知识,掌握学前教育专业理论实践知识和舞蹈基本技能和训练方法,注重学生创造意识的培养,引导学生从各年龄段幼儿动作发展特点出发,指导学生从儿童舞蹈活动特有的教育规律出发,设计活动方案,理论与实践相结合,提高学生的组织舞蹈活动的能力和水平。通过教学,让学生了解儿童舞蹈教学活动的基本内容,明确活动的基本要求,掌握活动的基本方式与方法。

课程素质目标:让学生欣赏中国传统舞蹈作品和西方舞蹈作品,领悟中国传统艺术精神和中国传统文化的内涵。在教育教学的过程中,培养学生的创造意识及审美能力。

### 一、舞蹈基础能力

实训课程教学以简单明了、通俗易懂为出发点,结合学生的特点,在实训过程中对学生进行综合训练。课程教学以学生为中心,以能力为本位,以完成各学习模块任务为学习目标,让学生在"练中学"。

(1)使学生掌握重点名词、概念、舞蹈术语;初步掌握幼儿舞蹈与幼儿舞蹈教育;舞蹈的记录。

(2)基础训练是学习舞蹈的基础,是创作舞蹈的先决条件,学生应牢牢把握本部分内容,做到动作协调、流畅,能灵活运用。

### 二、舞蹈表演和编创能力

(1)使学生掌握民族民间舞蹈、幼儿舞蹈的风格特点和动作特点。

(2)学生在掌握民族舞和幼儿舞动作、风格特点的前提下,利用所掌握的基本功,对民族舞和幼儿舞进行创编。

(3)培养学生的学习能力和创造能力以及团队合作的精神。

## 第三节　幼儿舞蹈实训内容及要求

### 一、实训目的

基础训练是舞蹈的基础,在舞蹈训练中是一项重要的训练项目,本项目主要训练学生身体中胯部、膝盖、肩等的开度;四肢以及躯干的柔韧性;对动作的协调、灵活性以及协调能力等。

## 二、实训材料

音乐播放器、舞蹈服装、电视、摄像机。

## 三、实训内容及要求

（1）常用基本动作与舞姿，其中包括芭蕾手、脚的基本位置与基本动作；中国古典舞手、脚的基本形状与基本动作。

（2）扶把的基础知识和技能训练。包括把上活动组合和地面活动组合以及中间训练部分（技巧）。

（3）可根据学生的实际情况加强技巧性动作的训练。

1. 实训任务一：形体练习

（1）基本坐姿（图7-7）：强调后背脊椎骨的直立以及腿部的控制。

（2）基本站姿（图7-8）：强调双腿的收紧以及上身的直立，避免出现塌腰、憋气等错误动作的出现，利用双腿夹书等方法提高学生学习效果。

图7-7　基本坐姿　　　　　　　图7-8　基本站姿

2. 实训任务二：基本功训练之软开度练习

软开度是学习舞蹈所必须具备的一个身体基本条件。软开度训练也是舞蹈必须训练的一个重要部分，它是舞蹈演员身体各关节的运动幅度的练习，是拉长韧带、增强肌肉弹性和力量的练习，是使身体各部位各关节从自然状态、僵硬状态、业余状态下解放出来，使其柔韧度达到舞蹈专业所需要的高水平的训练。学前教育专业学生由于没有舞蹈基础，初次接触训练动作时可幅度小一些。

（1）地面压腿（图7-9）：正腿方向。

（2）地面开胯（图7-10）：一位胯。

（3）地面踢腿（图7-11）：正腿方向。

图 7-9　地面压腿　　　　图 7-10　地面开胯　　　　图 7-11　地面踢腿

3. 实训任务三:基本坐姿组合

(1)抬头挺胸:后背由尾椎骨至头顶往上拔,肩胛骨打开下压。

(2)斜下手位:双手伸直在两旁打开45°,中指点地。

(3)收腹:小腹向后用力,后背挺拔直立。

(4)绷脚:双脚并拢伸直,脚背、脚趾用力下压。

(5)斜上手位:手、胳膊肘伸直,两手向外延伸,指尖用力。

# 第四节　幼儿舞蹈案例资源

## 一、学习跳律动案例

### (一)教学目标

了解动物律动、生活律动、劳动律动、步伐律动的基本概念,学习儿童舞蹈的律动组合,掌握不同律动的动作特点和风格。

### (二)教学重难点

在律动中感受音乐的节奏和情绪,能够生动活泼地表演不同律动组合的风格特点。

### (三)教学内容

1. 认识律动

从字义上讲,律动可解释为有韵律节奏的身体动作,它根据音乐的性质、节拍、速度、力度等,有规律地重复做某个动作或一组动作。它对于儿童身心的健康、情操的陶冶和智力的开发都有着重要的作用,也为幼儿将来的舞蹈学习奠定基础。

2. 学习跳律动

(1)学习跳动物律动。动物律动是用身体模仿大自然中各种动物的形态、动态、典型特点等,提高儿童的模仿力、节奏感、协调性的一种律动。在动物律动活动过程中,可以将人和动物和谐共处的故事或道理灌输其中,让儿童在寓教于乐中得到身心健康发展。

学习跳动物律动《青蛙》:律动组合由四个单一律动组合而成。第一个律动是深蹲青蛙跳律动,第二个律动是拍手律动,第三个律动是单腿青蛙跳律动,第四个律动是双腿青蛙跳律动。舞蹈中通过深蹲跳、单腿跳、双腿跳等律动,表现了小青蛙灵活可爱、蹦蹦跳跳的特点。

动作要点:在跳动物律动《青蛙》的时候,腿和手始终要保持外开的状态,模仿青蛙典型的外形特点。

(2)学习跳生活律动。生活律动是模仿儿童所熟悉的生活场景,如洗澡、睡觉、刷牙、做操等动作,在轻松愉快的律动活动中,培养儿童的良好生活习惯和动作的协调性和节奏感。

学习跳生活律动《洗澡》:将生活中"洗澡"这一现象,经过提炼、加工成律动作品。搓背、搓腿、搓手臂等律动贯穿始终,将"洗澡"这个生活常态,通过舞蹈语汇形象地表现出来。动作编排上重复出现"洗"的律动,使整个舞蹈简单、明了,同时又充满童真童趣。

动作要点:在跳生活律动《洗澡》的时候,注意音乐和动作的配合,一拍一个动作,并且动作要有力、干脆。

(3)学习跳劳动律动。劳动律动是模仿生活中的劳动场景,如扫地、洗衣服、擦玻璃、种树、拉大锯等,提高儿童身体的节奏感和协调性。通过劳动律动的教学活动,可以培养儿童热爱劳动、不怕辛苦、不怕累的精神,让孩子们在舞蹈中体验劳动的快乐,获得身心的健康发展。

学习跳劳动律动《洗衣服》:律动表现了儿童的劳动场景。孩子们左右手交替搓衣服、单手搓衣服,还有向左、向右交换方向搓衣服等,使整个作品充满了劳动的欢乐和力量,塑造了不怕苦、不怕累、自己的事情自己做的家务小能手的形象。

动作要点:在跳劳动律动《洗衣服》的时候,动作要有力,情绪要欢快,不能拖泥带水,要表现孩子们活泼而有生气的劳动场景。

(4)学习跳步伐律动。步伐律动主要是以下肢动作为主,以上肢动作为辅,表现音乐的长短、内容、节奏及情感,提高儿童的身体协调性、节奏感和表现力。

学习跳步伐律动《后踢步》:以后踢律动为主,加屈伸辅助动作组合而成。舞蹈中运用了原地的后踢步、流动的后踢步、双人交流的后踢步等,再配合简单的屈伸过度性动作,使整个作品简单、好看,训练性强。

动作要点:在跳步伐律动《后踢步》的时候,要控制住身体重,踢步和落地都要有快而轻、蹦蹦跳跳的特点。

3.分析不同年龄段的律动

幼儿园小班:动作要简单易学,生动有趣,最好坐在地上或坐在板凳上做单一部位的律动练习。

幼儿园中班:音乐的节奏要鲜明,动作要简洁生动,可以做上下身配合的律动组合练习。

幼儿园大班:在音乐的快、慢、轻、重等变化下,丰富动作的内容,可以加入简单的队形调度。

小学低年级:在不同节奏和旋律中要学会表达不同的情感,注重动作的美感和规范性。

小学高年级:动作内容要丰富,动作变化要多样,通过律动教学初步体验国内外民族民间舞蹈的风格韵律。

4. 律动案例示范

案例视频:幼儿园小班律动《洗澡》。

5. 布置作业

作业要求:选一个律动种类;突出重复性特点;具有童真童趣;参加线下"送教"活动。

## 二、学习跳歌表演案例

### (一)教学目标

了解童谣表演、儿歌表演、民歌表演、外国民歌表演的基本概念,学习儿童舞蹈的歌表演组合,掌握不同歌表演的动作特点和风格。

### (二)教学重难点

边歌边舞中表达歌曲的内容和情感,能够生动活泼地表演不同歌表演组合的风格特点。

### (三)教学内容

1. 认识歌表演

歌表演是将耳熟能详的儿童歌曲与舞蹈动作相结合的一种边歌边舞的艺术表演形式。它将动作表演与歌曲演唱融为一体,互为补充,通过简单、直接、形象的舞蹈动作传达出歌曲所表达的内容和情感。

2. 学习跳歌表演

(1)学习跳童谣表演。童谣是在人们口中传唱的,朗朗上口的歌谣。童谣的内容十分显浅,易为儿童所理解和接受,或单纯集中地叙述事件,或于简洁有趣的韵语中表明普通的事理。因此,童谣表演一般是采用简单、形象的动作来表现歌谣的内容和情绪。

学习跳童谣表演《造飞机》:这是一首朗朗上口的童谣,当唱到"蹲下去蹲下去,我做推进器"时,用半蹲的动作和双手向前推进的动作来表现歌词内容;当唱到"蹲下去蹲下去,我做飞机翼"时,双臂向旁伸展模仿飞机的翅膀,在天空中飞翔;当唱到"弯着腰"和"飞到白云里"的时候,分别用弯腰和飞机翅膀左右摇摆的动作,形象生动地描绘了童谣所表达的内容。

动作要点:在跳童谣表演《造飞机》的时候,我们必须把童谣反复唱熟,一句一个动作去表达童谣的内容,并且每一个动作都要准确地表达出童谣的情绪。

(2)学习跳儿歌表演。儿歌的节奏轻快,音韵流畅,易于上口,是反映孩子们生活情趣的歌曲。儿歌表演配以简单形象的动作、姿态、表情,来表达歌词的内容和音乐形象,边唱边舞蹈,动作随儿歌的始终。

学习跳儿歌表演《春天里》:这是以儿童歌曲《春天》为题材进行创编的歌表演作品,该作品中的舞蹈形象丰富,有蝴蝶、蜜蜂、小白兔等。孩子们边唱边用动作展示了栩栩如生的动物形象。该作品丰富的队形调度不仅使舞蹈画面生动多变,也锻炼了孩子们相互配合的舞蹈意识。

动作要点:在跳歌表演《春天里》的时候,注意边唱边跳的同时,还要把动物们喜迎春天的欢乐情绪融入舞蹈作品中。动作都要准确地表达出童谣的情绪。

(3)学习跳中国民歌表演。我国的民歌,具有悠久的历史,是我们民族丰厚的艺术遗产。民歌表演是在富有民族特色的音乐伴奏下,边歌边舞的一种活动形式。它可以让儿童了解我国各地方不同的民族文化的艺术特色,开阔儿童的视野,提高儿童的审美能力。

学习跳民歌表演《金孔雀》:这是傣族的民歌,歌曲的旋律优美,具有浓郁的民族风格。舞蹈中模仿了孔雀嘴形和孔雀头、尾巴等外形特点,以及孔雀喝水和嬉戏的动态特点,在艺术的启蒙与熏陶中,激发了儿童热爱大自然,热爱民间歌舞的兴趣。

动作要点:在跳歌表演《金孔雀》的时候,舞蹈和歌唱都要轻、柔、美,体验傣族歌舞安详和优美的艺术风格。

(4)学习跳外国民歌表演。世界上每个民族都有自己独具魅力的歌曲,记录了那个民族在历史进程中的社会生活和精神风貌。外国民歌表演是在异国风情的音乐伴奏下边歌边舞的艺术形式。通过学习外国民歌表演,孩子们可以初步了解世界各地不同民族的生活、环境、风俗、文化、艺术等。

学习外国民歌表演《樱花》:这是日本的民歌,在全世界广为流传,表现了樱花盛开的春日之景。日本舞的脚步动作不多,主要靠手的动作传情达意。因此,该作品选择了比较典型的几个手部的动作,如双晃手看樱花树的动作,双手在嘴前交替推伸,闻花香的动作等。通过《樱花》舞学习,孩子们可以初步了解日本歌舞诗意和内敛的风格特点。

动作要点:在表演《樱花》舞的时候,手形始终要保持伸直并拢的状态,动作要缓慢而连贯,基本两拍一次变换动作。

3.分析不同年龄段的歌表演

幼儿园小班:歌曲要朗朗上口,内容显浅;动作要简单,多使用上肢动作。以童谣表演和儿歌表演为主。

幼儿园中班:中班可以上肢和下肢动作配合表演,内容必须是幼儿感兴趣的、美好的、富有教育意义的,让幼儿在愉快的歌表演中认识周围生活和事物。

幼儿园大班:音乐选择可以更宽广,动作设计可以丰富些,过于简单的歌舞使幼儿失去学习的兴趣,适当的难度会增加幼儿学习的挑战性。

4. 歌表演案例示范

案例:幼儿园大班歌表演《丫丫与牛牛》。

5. 布置作业

今天的作业是创编一个幼儿园中班的歌表演。

作业要求:选一个歌表演种类;动作设计要简单、形象;唱为主,跳为辅,情景设计要有趣;参加线下"送教"活动。

## 三、学习跳游戏舞案例

### (一)教学目标

了解故事游戏舞、道具游戏舞、音乐游戏舞、竞赛游戏舞的基本概念,学习儿童舞蹈的游戏舞组合,掌握不同游戏舞的动作特点和风格。

### (二)教学重难点

遵守游戏规则,注意动作与音乐的配合,能够生动活泼地表演不同游戏舞组合的风格特点。

### (三)教学内容

1. 认识游戏舞

游戏和玩耍是儿童重要的生活内容之一。孩子们通过玩游戏探究、认识世界,观察自然,体验角色。游戏舞蹈有严格的游戏规则,只有遵守游戏规则,才能顺利开展活动,才能享受游戏舞所带来的快乐。游戏舞有利于培养儿童竞争意识、团结意识,以及遵纪守法,公平、公正的行为规范。

2. 学习跳游戏舞

(1)学习跳故事游戏舞。故事游戏舞是通过舞蹈动作来讲故事的艺术活动形式。儿童喜欢听故事,用舞蹈的形式来表现故事、寓言、童话等大受小朋友欢迎。如《小猫钓鱼》《小白兔请客》《三个和尚没水喝》《老鹰抓小鸡》等故事游戏舞蹈,富于想象,以有趣的情节和通俗易懂的故事寄托生活哲理,让孩子们在玩游戏、学跳舞的同时得到品德教育。

学习跳故事游戏舞《小老鼠上灯台》:这是根据儿童民间故事改编的游戏舞蹈。故事讲述的是一只小老鼠外出溜达,闻到灯台旁边的油香,抑制不住兴奋,迅速爬到桌子上偷油吃,不料,被一只大懒猫发现了,赶紧往外逃跑。游戏舞蹈中模仿了"小老鼠"与"大懒猫"之间的欢乐趣事。小演员在游戏舞蹈活动中,轮流体验两种不同的角色,相互间享受着由舞蹈带来的种种快乐。

游戏规则:《小老鼠上灯台》的游戏规则是,第一轮舞蹈结束时,被抓住的小老鼠扮演大懒猫,然后互换角色,重复第一遍舞蹈。

(2)学习跳道具游戏舞。道具游戏舞是利用板凳、雨伞、苹果等生活中常见的实物作为舞蹈的道具,在玩耍游戏的过程中提高动作协调性、音乐节奏感的一种艺术活动。道具游戏舞有严格的游戏规则和动作规则,只有遵守游戏规则,才能愉悦地舞蹈,顺利完成活动。

学习跳道具游戏舞《蚂蚁搬家》:作品中最大的亮点是对道具的选择运用以及队形的调度变化。表演者将一根大木头扛在肩头,重复运用"举""托""扛"等动态性的动作,准确地表现出蚂蚁"搬家"的特点;在调度运用方面,全部采用直线性的调度,并且采用轮流表演的形式,加强演员间的合作配合。整个作品看起来趣味性十足,并不时呈现出温馨欢快的情境。

游戏规则:《蚂蚁搬家》的游戏规则是,每一编音乐结束时,队伍中站在最后的一只蚂蚁跑到前面来领队,以此类推,循环反复。每个人都可以体验一次"蚂蚁王"的角色,乐趣无穷。

(3)学习跳音乐游戏舞。音乐游戏舞是在歌曲或乐曲的伴奏下,按照音乐的内容、性质、节奏、结构等设计游戏,有一定的游戏规则和动作要求。音乐游戏舞通过玩游戏的方法,培养儿童对音乐的感受力、记忆力,想象力和表现力。

学习跳音乐游戏舞《DO RE MI》:这是美国电影《音乐之声》中家庭教师教唱孩子们的一首歌曲。该舞蹈中由一位小朋友扮演老师,其余小朋友扮演学生。老师唱一句,学生跟唱一句,老师跳一个动作,学生跟跳一个动作。一教一学,一唱一跳中,快乐地游戏和舞蹈。

游戏规则:《DO RE MI》的游戏规则是,扮演老师的小朋友可以即兴做任何动作,扮演学生的小朋友就要迅速反映并模仿老师的动作。

(4)学习跳竞赛游戏舞。竞赛游戏舞是以儿童生活中常见的游戏为素材,创设竞赛的情景,并在音乐伴奏下进行的一种舞蹈活动。这种以互相比赛,分出胜负的游戏舞蹈,可以是"抢板凳""猜拳""赛跑"等形式。竞赛游戏舞不要过分强调结果的胜负,而要注重游戏的过程和训练目的。

学习跳竞赛游戏舞《抢凳子》:由模仿老虎走路的动作和模仿老虎跑步的动作组成。游戏规则是:5个小朋友争抢4张凳子,当音乐结束时抢坐到凳子上的小朋友为赢,没有抢到的为输,输的小朋友要搬走一张凳子,不能参加下一轮的抢凳子游戏。

游戏要求：竞赛游戏不要过分强调结果的胜负，而是以游戏规则的遵守和动作训练为主要目的。

3. 分析不同年龄段的游戏舞

幼儿园小班：低幼儿的自制力弱，注意力集中时间短。因此，小班游戏舞的音乐不宜过长，规则要简单易懂，多在盘腿坐地或坐板凳的状态下进行游戏。

幼儿园中班：这个年龄段的孩子们，容易在游戏过程中受到外界干扰，因此要选择快乐感和亲切感强的音乐。游戏规则要有趣，能吸引孩子们玩耍的兴趣。

幼儿园大班：大班的孩子们喜欢在游戏中表现自我，容易兴奋和违反规则。因此，要规范幼儿在游戏中的行为举动，游戏过程中经常给予提示。

4. 游戏舞案例示范

案例：幼儿园中班游戏舞《赶苍蝇》。

5. 布置作业

本节课我们学习了游戏舞。作业是创编一个幼儿园大班的游戏舞蹈。

作业要求：选一个游戏舞蹈的种类；动作设计不要多，要简单；游戏规则要清晰，要容易理解；参加线下"送教"活动。

## 四、学习跳表演舞案例

### （一）教学目标

了解少儿民间舞、芭蕾舞、古典舞、当代舞的基本概念，学习儿童舞蹈的表演舞组合，掌握不同表演舞的动作特点和风格。

### （二）教学重难点

充分感受表演舞作品所要表达的内容、情感与情绪，能够生动活泼地表演不同表演舞组合的风格特点。

### （三）教学内容

1. 认识表演舞

表演舞也称为成品舞，是集舞蹈、音乐、服装、道具、舞美为一体的完整的舞蹈形式，欣赏性极高。它题材广泛，动作丰富多变，有特定的主题、内容、情节、角色和场记，儿童通过表演舞的学习，可以丰富课余生活，同时也给儿童提供了展现自我的舞台。表演舞有助于培养儿童对舞蹈的兴趣，提高儿童的艺术表现能力和审美能力。

2. 学习跳表演舞

（1）学习跳少儿民间舞。我国是多民族国家，在这个民族大家庭中，由于文化观念、生活习俗、宗教信仰、地理环境的不同，各民族形成了自己独特的民间舞蹈风格，如汉族民间舞、藏族舞、维吾尔族舞、傣族舞等，种类繁多、历史悠久、各具特色。

学习跳少儿民间舞《瑶鼓咚咚》：舞蹈表现了一群瑶族小姑娘击鼓、玩鼓、斗鼓的情景。舞蹈开始，身着朴实民族装的瑶族小姑娘们，手捧着瑶鼓缓缓进场，她们时而击鼓，时而玩耍,犹如一幅美丽的民族风景画。当舞蹈进入热烈的比舞环节时,鼓声咚咚响,舞步越来越快,舞台热闹非凡,这一情景犹如瑶族人民红火的生活一样,幸福美满,生生不息。

(2)学习少儿芭蕾舞。芭蕾创造了足尖技巧,是综合了音乐、戏剧、舞台美术等艺术形式的舞蹈品种。芭蕾舞起源于意大利,形成于17世纪的法国,18世纪传入俄国,到19世纪成为流传最广、影响最大的舞蹈艺术。

学习跳少儿芭蕾舞《公主舞会》:这是非常优美且有童趣的芭蕾舞作品。舞蹈开始时小公主们梳妆打扮,准备参加盛大舞会。她们的舞姿轻盈、优雅、可爱,用大量的立脚尖、阿拉贝斯、旋转等动作刻画了小公主的优雅形象。小演员们虽然没有穿足尖鞋,但腿部技巧娴熟、轻盈如飞的跳跃和快感十足的打击等,烘托了人物的个性,渲染了芭蕾的艺术气氛。

(3)学习少儿古典舞。古典舞是经过历代艺术家的提炼,加工和创造而形成的舞蹈。很多国家的民族都有自己独特风格的古典舞蹈,如中国的汉唐舞、西班牙的弗拉门戈、印度的婆罗多舞、韩国的宫廷舞等。

学习跳少儿古典舞《粉墨春秋》:中国古典舞,起源于中国古代,历史悠久,博大精深,它融合了许多武术、戏曲中的动作和造型。作品《粉墨春秋》是以中国古典舞为主要风格,借鉴中国戏曲的表演形式,表现了梨园戏班子里小徒儿们刻苦训练,立志成才的风采。舞蹈中武生的动作刚柔相济;青衣的水袖飘逸柔美;花旦的装扮娇艳可爱,各种角色粉墨登场,使人拍手叫好。

(4)学习少儿当代舞。当代舞是指20世纪50年代后的舞蹈创作和表演,儿童的当代舞表达的是现当代儿童的生活状态和情感状态,它对各种舞蹈元素采取了兼收并蓄的方式,风格多样,贴近当下儿童的现实生活。

学习跳少儿当代舞《小草》:这个作品刻画了风雨中坚强不息、顽强抵抗自然灾害的小草形象。舞蹈中运用大量的奔跑、跳落倒地、低头甩发、张开双臂等动作,这些动作与音乐声效完美结合,将"野火烧不尽,春风吹又生"的主题思想表达得准确而生动。

3.分析不同年龄段的表演舞

幼儿园小班:3—4岁的幼儿对音乐的强弱、高低、快慢、长短的辨别力较差,因此表演舞的音乐要简洁,动作要简单,队形变化不宜多,用可爱的造型,萌萌的表情博取观众的掌声。

幼儿园中班:4—5岁的幼儿对新鲜事物好奇心强,但他们学习的主要形式是模仿。

中班的表演舞多以模仿各种有趣的人、动物、植物为主,通过表演舞的学习让幼儿爱劳动、爱生活、爱自然、爱动物等。

幼儿园大班:5—6 岁的幼儿自我抑制能力逐步完善,开始集中精神参与各项活动。这个年龄段的表演舞题材可以更广泛,动作和音乐适当加强难度,通过舞台表演,丰富孩子们的艺术生活。

4.表演舞案例示范

案例:幼儿园大班舞蹈《嘘》。

5.布置作业

作业要求:适合儿童的年龄特点;主题明确、结构完整;有独特的创意;参加线下"送教"活动。

## 五、学习跳东北秧歌案例

### (一)教学目标

了解东北秧歌的风格特点,学习东北秧歌组合,掌握东北秧歌的舞蹈教学方法。

### (二)教学重难点

掌握浪、俏、幽、稳、美的韵律特征,能通过动作示范、口令、讲解等方法进行教学。

### (三)教学内容

1.认识东北秧歌

东北秧歌是中国北方地区劳动人民长期创造积累的艺术财富,它起源于插秧耕田的劳动生活,又和古代祭祀农神有关,是广大群众喜闻乐见的一种民间歌舞。稳中浪、浪中梗、梗中翘,踩在板上,扭在腰上,是东北秧歌的最大特点。同时,花样繁多的"手中花",节奏明快富有弹性的鼓点,浪、俏、幽、稳、美的韵律,都是东北秧歌的特色。东北秧歌既有纯朴而豪放的风情,又有泼辣、幽默的特点,将东北人民热情质朴、刚柔并济的性格特征挥洒得淋漓尽致。

2.示范东北秧歌组合

跟着视频学习跳东北秧歌组合。

3.教授东北秧歌《杂彩灯》

(1)主要动作及要求。

顿步:重拍向上,全脚着地,提胯有顿劲。

肩上交替搭巾:一手甩巾至肩上搭巾,一手向旁斜后甩巾。

半蹲俯身腋下掸巾:1-左脚向 1 点上步,右手腋下掸巾,视 1 点身体前俯;2-右脚并步,左手腋下掸巾,视 1 点身体前俯。

小燕展翅跳:1-双手旁斜下位里绕花,双脚并步跳,体对 1 点视 1 点;2-双手旁斜下位里绕花,并步跳落至左披腿,体对 8 点左倾视 1 点。

提灯舞姿:右手斜上位提腕做提灯状,左手旁斜下位压腕,提右旁腰目视右手。

放灯舞姿:右手斜下位压腕做放灯状,左手旁斜上位提腕,提左旁腰半蹲目视右手。

搓手舞姿:脚下原地碎步,双手胸前搓手,上身微前俯,低头,目视双手,做哈气状。

(2)教学提示。

体现出东北小姑娘活泼、调皮的性格特点。

进一步掌握东北秧歌浪、俏的风格特点。

通过舞蹈表现出东北地区逢年过节时挂彩灯的地域文化。

4.东北秧歌案例分析《冬去春来》

该作品表现了辞旧迎新的春节这一节日里,北方的孩子们放鞭炮、贴春联、嬉闹玩耍的情景。舞蹈中充分利用了东北秧歌的手绢,用各种手绢花旋转的技巧表现节日里"人山人海"的热闹场面。在情节设计上,用夸张和虚实相间的手法,把点鞭炮时你推我挤的场面和嬉闹玩耍时欢快的心情等表现得惟妙惟肖、真切动人。该作品浓郁的民间特色和小演员们的生动表演,使观众感同身受、妙趣盎然。

5.布置作业

(1)巩固练习今天所学习的内容,并自行上网欣赏更多优秀的东北秧歌教学视频,进一步提高民间舞教学能力。

(2)参加线下"送教"活动,教授东北秧歌舞蹈。

## 六、学习跳蒙古族舞案例

### (一)教学目标

了解蒙古族的风格特点,学习蒙古族舞组合,掌握蒙古族舞的舞蹈教学方法。

### (二)教学重难点

掌握热情奔放、粗犷豪迈、节奏欢快、舒展大方的风格特征,能通过动作示范、口令、讲解等方法进行教学。

### (三)教学内容

1.认识蒙古族舞

素有"马背民族"之称的蒙古族人民,具有强悍、矫健和桀骜不驯、勇往直前的民族性格,创造了富有草原文化气息的热情奔放、粗犷豪迈、节奏欢快、舒展大方的蒙古族舞蹈。蒙古族舞上身略后倾的体态,仿佛置身于辽阔的大草原;典型的"抖肩"动作,由内而外一直延伸到双臂的节奏变化,犹如刚健有力的雄鹰和大雁展翅翱翔,连绵不绝,令人赞叹。蒙古族舞蹈形式多样,内容丰富,主要有筷子舞、盅碗舞、狩猎舞、摔跤舞等。

2.示范蒙古族舞组合

跟着视频学习跳蒙古族舞组合。

3.教授蒙古族舞《筷子舞》

(1)主要动作及要领。

扛筷子:双手握筷子,筷子上半部扛在肩上。

敲筷子(十字、头上、肩上、胯旁、体前、地上)。

十字:双手握筷子,筷子上半部十字交叉相搭。

头上：双手正上位，手臂伸直，筷子十字交叉敲打。

肩上：在扛筷子的基础上，单手或双手同时用筷子上半部敲击肩膀。

胯旁：双手手臂呈圆弧形，用筷子敲击左胯或右胯。

体前：双臂弯曲呈椭圆于前平位，手握筷子十字相搭敲击。

地上：双臂弯曲呈椭圆于体前体面上，手握筷子十字相搭交替敲击地面。

（2）教学提示。

提胯、立腰、拔背、敞胸、中心略偏后呈微靠式，是蒙古族女子舞蹈的基本体态。做肩部动作要自然、松弛、灵活；硬肩要有力，要有顿挫感；切不可肩、脚一顺边。耸肩重拍在上，切忌端肩憋气。敲筷子时，大臂要略微架起，节奏清晰。目光远视，气息下沉，稳重、端庄、含蓄、柔中见刚，是蒙古族女子舞蹈的审美特征。

4.蒙古族舞案例分析《神州的故乡》

在辽阔的大草原上，身着传统民族服装的蒙古族小姑娘们头顶着叠碗，翩翩起舞。舞蹈共由三个段落组成，第一段开始，孩子们坐在地上，把酒缓缓倒入碗中，几个简单的伸展动作，表现了蒙古族舞蹈舒展大方的独特韵味。第二段，随着快板的音乐，孩子们用圆场步配碎抖肩和耸肩，使舞蹈情绪变得欢快热烈。在情绪最高涨的时候，孩子们迅速将裙子甩开，裙子由蓝色变成了红色，进一步增添了热烈欢快的气氛。第三段，舞蹈又回到开始的慢板，舞姿变得舒缓悠长。孩子们集中在一起抖手臂的动作，犹如马奶酒的香味在美丽的草原上久久飘荡。《神州的故乡》表现了蒙古族小姑娘们对大草原、对马奶酒、对家乡的无比热爱和深深的故乡情。

5.布置作业

（1）巩固练习今天所学习的内容，并自行欣赏更多优秀的蒙古族舞教学视频，进一步提高民间舞教学能力。

（2）参加线下"送教"活动，教授蒙古族舞蹈。

## 七、学习跳维吾尔族舞案例

（一）教学目标

了解维吾尔族舞的风格特点，学习维吾尔族舞组合，掌握维吾尔族舞的舞蹈教学方法。

（二）教学重难点

掌握热情、豪放、稳重、细腻的风格韵味，能通过动作示范、口令、讲解等方法进行教学。

（三）教学内容

1.认识维吾尔族舞

中国维吾尔族自古居住在中国的西北部，继承古代鄂尔浑河流域和天山回鹘族的乐舞传统，又吸收古西域乐舞的精华，经长期发展和演变，形成具有特殊风格的舞蹈艺术。昂首、挺胸、直腰是体态的基本特征。动、静的结合和大、小动作的对比以及移颈、翻腕等装饰性动作的点缀,形成了热情、豪放、稳重、细腻的风格韵味。维吾尔族舞蹈内容丰富多彩,舞姿矫健柔美,展示出维吾尔族人民乐观、积极向上的精神风貌。

2. 示范维吾尔族舞组合

跟着视频学习跳维吾尔族舞组合。

3. 教授维吾尔族舞《哈密姑娘》

(1)主要动作及要求。

单托帽:(以右为例)右臂托帽手,左手斜上花形手,目视左手方向身体上扬。

击掌:(以右为例)双手耳旁位击掌,身体拧转,目视 1 点。

单移颈舞姿:(以右为例)左手斜上位花形手提腕,右手于移颈手位,左后踏步,目视 1 点。

三步一抬:(以右为例)第一步右脚向 8 点上步,右手体前左手体旁托手,体对 8 点;第二步左脚旁垫;第三步右脚向 2 点上步,双手绕腕至右手托手左手旁平位(顺风旗位),身体同时转向 2 点。不强调抬腿动作。

(2)教学提示。

摊绕腕动作的手摊出要慢,绕要快,运动路线要圆。点颤时注意颤而不窜,胯部上提,膝部既要控制又要有弹性,切忌僵硬。维吾尔族舞的风格始终保持挺而不僵,颤而不窜。

4. 维吾尔族舞案例分析《花帽》

维吾尔族佩戴花帽的传统习惯已有几百年的历史,花帽的花纹样式丰富多样,色彩浓烈灼艳,是维吾尔族人民精心制作的民间工艺品。该作品表现了维吾尔族小姑娘们一针一线,精心绣制花帽的情景。舞台上巨大的花帽道具,渲染出浓郁的民族色彩,小姑娘们扬眉动目、晃头移颈等生动细腻的动作,放射出独特的民族舞蹈魅力。孩子们劳动的心情是喜悦的,戴上漂亮的花帽来装扮自己更是抑制不住的喜悦。《花帽》从音乐、道具、色彩、动作等都表现出热烈欢快的气氛,表现了维吾尔族小姑娘绣花帽时欢乐的心情。

5. 布置作业

(1)巩固练习今天所学习的内容,并自行欣赏更多优秀的维吾尔族舞教学视频,进一步提高民间舞教学能力。

(2)参加线下"送教"活动,教授维吾尔族舞蹈。

## 八、学习跳傣族舞案例

(一)教学目标

了解傣族舞的风格特点,学习傣族舞组合,掌握傣族舞的舞蹈教学方法。

(二)教学重难点

掌握"三道弯"姿态和优美、恬静、灵巧、质朴的动作特征,能通过动作示范、口令、讲解等方法进行教学。

**（三）教学内容**

1. 认识傣族舞

傣族是我国西南地区的少数民族,主要聚居在云南省。那里土地肥沃,山清水秀。傣家的竹楼翠竹掩映,溪流环绕,优美宁静。傣族人民性情温和、善良。傣族舞蹈优美、恬静、灵巧、质朴,步伐轻盈,平稳安详,具有体态优美、曲线突出、含蓄抒情而富有韵律感的独特风格。"三道弯"的体态是傣族舞蹈富有雕塑美的典型的基本特征。傣族舞蹈的动律多为腿保持半蹲状态,重拍向下,在均匀的节奏中,身体左右摆动,风情万种。

2. 示范傣族舞组合

跟着视频学习跳傣族舞组合。

3. 教授傣族舞《打水的姑娘》

（1）主要动作及要求。

拳形:大拇指伸出,其他四指成拳。

掌形:大拇指自然收拢,其他四指并指上。

勾踢步:大腿靠拢,双脚交替勾脚后踢,同时胯部经下弧线随重心左右摆动。后踢时,节奏为快踢慢落。

胯旁提压腕:双手拳形于身体两侧由腰间压至胯旁。

提裙手:双手兰花手,指尖朝下提于腿前,小臂微曲架起。

靠步:一腿半蹲,另一腿膝盖靠拢,小腿向旁伸出,大脚趾内侧点地。

追鱼手:（以右为例）右臂微曲,指尖朝下掌形,左手掌形,指尖朝上,虎口位于小臂处,左脚靠步。

（2）教学提示。

作为表演性舞段要体现出傣族女孩既柔美又不失活泼的性格。快板动作灵巧有停顿。舞姿准确,动作形象生动。

4. 傣族舞案例分析《月亮的女儿》

在傣族文化中月亮代表幸福和美满,舞蹈《月亮的女儿》表达了傣家少女幸福美好的生活和满怀喜悦的心情。月光下,身着粉红色筒裙的傣家少女们翩翩起舞,她们轻巧的舞步如美丽的孔雀,左右摇摆的身体像水里的鱼儿。随着音乐加速,婀娜的舞姿飘起来了,头上的帽子也转起来了。点缀着闪闪珍珠的帽子,随着少女们上下起伏的动律而跳跃,在旋转的舞姿中飘扬。这部作品用傣族民间舞蹈的语言诠释出了傣家少女甜美纯净的形象,含蓄、优美、明快的舞蹈,让观众真切感受到如画般的傣家风景。

5. 布置作业

（1）巩固练习今天所学习的内容,并自行欣赏更多优秀的傣族舞教学视频,进一步提高民间舞教学能力。

（2）参加线下"送教"活动,教授傣族舞蹈。

## 九、学习跳藏族舞案例

**(一)教学目标**

了解藏族舞的风格特点,学习藏族舞组合,掌握藏族舞的舞蹈教学方法。

**(二)教学重难点**

掌握奔放、热情、粗犷、刚健的动作特征,能通过动作示范、口令、讲解等方法进行教学。

**(三)教学内容**

1. 认识藏族舞

在素称"世界屋脊"的我国西部青藏高原上,生活着具有悠久历史的藏族人民。特有的地理环境和宗教信仰,造就了藏族特色的历史文化和丰富多彩的民间歌舞艺术。藏族舞蹈艺术内容丰富、形式多样,主要有"谐"和"卓"两大类。

"谐"俗称"弦子",舞者随着琴声边歌边舞,两腿颤撩,双手臂挥袖。

"卓"俗称"锅庄",即围圈歌舞的意思,其动作风格因地区而异,多为奔放豪迈,欢快热烈,基本动作有"悠颤跨腿""趋步辗转""跨腿踏步蹲"等,舞者手臂以撩、甩、晃为主变换舞姿。

2. 示范藏族舞组合

跟着视频学习跳藏族舞组合。

3. 教授藏族舞《马兰谣》

(1)主要动作及要领。

颤踏:双脚全脚交替踏地,膝盖松弛,重拍向下颤膝。

踩踏:(以右为例)右脚全脚踏地,同时左膝微颤。

跳踏:(以右为例)1-右腿屈膝上抬同时左脚微跳;2-4 右左交替颤踏 3 次。

赶步:(以右为例)在左前丁字位 1-右脚屈膝全脚踏地,同时左腿屈膝抬起;2-左脚直膝全脚踏地,同时重心随脚前移。

牧童舞姿:(以右为例)右手勒马手于体前,左手空拳叉腰,双腿屈膝,双脚蹦跳至右侧大丁字步,同时右顶胯,右倾头。

吹笛子舞姿:(以右为例)双手自然屈指,掌心向内,位于右脸颊旁,模仿手持笛子,双腿屈膝,双脚蹦跳至右侧大丁字步,同时右顶胯,右倾头。

遮阳手:双手五指并拢,平搭于额前,模仿遮太阳的动作。

(2)教学提示。

颤踏步动作膝盖松弛,身体微微随动。

舞姿节奏清晰,位置准确。

表演时体现出牧童放牧时轻松活泼的心情。

4. 藏族舞案例分析《吉祥彩虹》

该作品是具有情节故事的藏族民间舞蹈。藏区开通了火车,孩子们好奇又兴奋,躺在地上听火车开来的声音;争先恐后看火车行驶过来的方向;最后还要追着火车跑。舞蹈中采用了大量藏族民间舞蹈素材,如"弦子""锅庄""踢踏"等,特别是充分利用了男孩子弹跳和甩袖的动作,使舞蹈充满力量和激情。该作品有别于过去藏族舞蹈组合式的编排方式,使民间舞蹈素材和儿童情节故事巧妙结合,既有浓郁的藏族民间舞蹈风格,又有童真童趣的舞蹈趣味。

5.布置作业

(1)巩固练习今天所学习的内容,并自行欣赏更多优秀的藏族舞教学视频,进一步提高民间舞教学能力。

(2)参加线下"送教"活动,教授藏族舞。

# 第八章 儿童画实训

美术教育是人类历史上最早的文化教育之一,是人类社会发展史中一项重要的素质探索活动。在幼儿园的一日生活之中,美术或美术教育无处不在,小到幼儿突然萌发兴趣,对小动物进行细致入微的观察,采集秋天不同颜色的树叶;大到幼儿对生活中的美,对大自然的欣赏与表达,统统得益于幼儿对美术的探索。幼儿的美术实践需要教师的教育统筹,需要幼儿教师具有一定的美术理论与实践学习的基础,具备较高的美术素养。

儿童画实训工作是当前最为有效地提高学前教育专业学生美术能力的途径。在儿童画的内容选择上,通常可以分为发现生活中和大自然中美的事物,引导幼儿通过绘画的手段感知、观察和表现;在儿童画的表现形式上,通常可以分为以线性材料表达为主,或以面状材料表达为主;在儿童画的创意类型上,通常可以分为临摹写生、逻辑想象表达、自由想象表达、综合绘画材料表达等。总之,儿童画实训内容需要根据不同年龄阶段幼儿的美术能力一般表征,从兴趣培养出发,进行有价值的教育引导,使学生在学习中能够真正牢固地掌握美术基本规律,实现对学生审美能力、创造能力、综合教育实践能力的培养,将美术技能转化为艺术教育实践能力。

## 第一节 儿童画知识基础

### 一、美术的含义

#### (一)美术的基本含义

美术是艺术的重要组成部分,即视觉艺术。在艺术的分类中,美术又被称为空间艺术、视觉艺术、造型艺术和静态艺术,既是表现型艺术,也是再现型艺术,既有纯艺术,也有实用艺术。

关于美术的起源,存在着几种重要的学说。分别是:①模仿论。模仿是人类固有的天性和本能,艺术起源于人类对自然的模仿。②游戏论。人的审美活动和游戏一样,是一种过剩精力的使用,美术起源于游戏。③表现论。表现论主张美术是人类表现与交流情感的需要。④巫术论。原始艺术起源于原始巫术,而原始巫术是根植于原始人万物有灵的世界观。⑤劳动论,艺术发生的根源在于生产实践活动,这就是劳动。

**（二）美术的基本类型**

美术是一个较为宽泛的概念，是采用造型手段塑造视觉形象的总称。它包括绘画、雕塑、工艺美术、建筑艺术、民间美术等。

**（三）美术的本质与特征**

1. 美术的本质

美术具有社会本质。美术来源于社会，能全面反映社会生活，同时反映出了社会的经济关系、生产关系和阶级关系。

美术具有认识本质。美术是人类对社会生活或对世界的一种认识的物化形态，是一种能动的认识，而不是被动、机械的反映，美术从来不是与世隔绝，而是客观现实的反映，是人对现实的社会生活的一种认识。

美术具有审美本质。美术既能反映现实美，也能创造艺术美。美术作为"艺术生产"，是一种自由的精神生产、审美创造，因而审美也是它的本质特征之一。

2. 美术的特征

美术具有视觉形象性。美术的形象性特点较之其他艺术门类更加突出与明确，即形象的直观性、确定性、可视性。

美术具有瞬间性与永固性。美术作品是静态的，都是选择事物变化的一个瞬间进行创作，这个瞬间一旦被确定为创作对象，就会被艺术家永久固定下来，具有永恒的魅力。

## 二、儿童美术的含义

**（一）儿童美术的基本含义**

儿童美术指的是儿童从事的造型艺术活动，它反映了儿童对周围世界的认识、情感和思想。

**（二）学前儿童美术的本质**

学前儿童美术是儿童把握世界、认识世界的一种重要的手段。美术也是儿童生命需要的直接显现，儿童天生喜欢美术活动，对于美术活动也具有天生倾向与能力。除此之外，美术活动也是儿童记录生活和经验，交流表达自己思想、观念、想法、情感的重要手段。

**（三）学前儿童美术活动的特点**

学前儿童美术是儿童多感官共同参与的过程，是一个思维不断被建构的过程，是通过模仿不断学习的过程，是通过不断对话不断解决问题的过程。

## 三、儿童画的基本类型

儿童画的基本类型主要分为线性绘画类型、面状绘画类型以及综合美术类型。

线性绘画通常是以线性工具材料为主要创作媒介进行的绘画创作，主要包括：铅笔画、彩铅画、水彩笔画、蜡笔画等。

面状绘画类型通常是以面状形式效果展开的绘画创作，主要包括：水彩画、水粉画、丙烯画、色粉画等。

综合美术类型,主要指通过使用多种美术工具和材料进行的绘画创作,主要包括:各类创意美术形式、结合手工的绘画创作形式,或不同绘画工具进行交叉使用的绘画形式等。

## 四、儿童画基本造型手段与方法

### (一)线条

线条是造型的基本要素之一。对于线条的学习可以分为:对直线和曲线的掌握以及对于线条不同变化的掌握。

### (二)图形

图形是由线条构成的轮廓和结构。对于形状的学习可以分为:规则的几何图形、不规则的图形创造,以及图形与图形的组合。

### (三)色彩

色彩是绘画的重要组成部分。对于色彩的学习可以分为:色彩的辨认、色彩三要素的感知、色彩的灵活表现,以及色彩的情感表达。

### (四)构图

构图是将表现的对象在画面上进行组织与安排,形成的个体形象之间,形象与整体,整体画面布局的关系。对于构图的学习可以分为:单独构图、三角形构图、九宫格构图、半边或一角构图。

## 五、工具材料的种类与基本使用方法

绘画的工具材料是儿童画实训中不可或缺的媒介,正确理解和灵活使用这些工具材料对于儿童画的成效和美感有十分重要的作用,以下就几种常见的绘画工具材料及其特性做一简单介绍。

### (一)工具材料

1.油画棒

油画棒油性足、质地较软,涂色为粗线条,易铺设大面积,色彩鲜艳且可叠加,无需调色,使用起来十分方便。

2.水彩笔/马克笔

这两种画笔都具有水分充足、色彩艳丽的特点,涂色为线条状,色彩之间不可调和,同样使用便捷。

3.水彩颜料

色彩鲜明透亮,需要以水为介质进行调和,颜色不具备遮盖能力,适合绘制明亮、温馨主题的画作。

4.水粉颜料

色彩相对厚重,具有半覆盖力,需要以水为介质进行调和,水少为干画法,水多可形成湿画法,作品晾干之后呈现"粉气",没有刚着色时色彩鲜艳。

5.丙烯颜料

色彩厚重艳丽,可用水进行调和,具有全覆盖能力,作品晾干之后不被水溶。

**（二）使用方法**

1.线性画笔的使用方法

在彩画中,重点需要感受不同画笔的质感与属性,掌握握笔方法、涂色的要义等。

2.颜料的使用方法

不同的颜料对应着不同的画纸和画笔,有不同的执笔方法,运用不同的点、勾、涂、抹等技法,同时需要掌握面对不同的客观对象的刻画,需要重色、轻点或渐变来诠释,水与颜料的配比就十分重要,形成完全不同的视觉效果。

# 第二节　儿童画实训能力要求

## 一、艺术鉴赏能力

学前教育专业的学生必须具备一定的专业的艺术鉴赏能力。在心理上,喜欢艺术,喜欢绘画,乐于谈论与享受艺术品,对艺术作品有探索的兴趣;在行为上,能积极参与学校或社会环境组织的各种艺术活动,习惯更多地游览和观赏与美术有关的博物馆或美术展,对展品的文化背景有一定的了解;在专业上,能掌握基本的中外美术史的脉络,知道具有时代特性的艺术品,对这些艺术品文化背景、作品风格、创作者有所了解,能够联系艺术品与社会生活,有自己的思考和表达。

## 二、临摹与造型能力

学前教育专业的学生在专业技能上,首先需要充分利用的就是自身的临摹能力,在没有系统专业的美术教育背景的条件下,以最为迅速和有效的方式了解美术的门类和基本技能,进而掌握美术领域需要的基本造型能力。在儿童画实训中,选取不同种类的绘画,结合学生的兴趣和能力,进行临摹、写生,可以快速地掌握绘画中必需的点线面、色彩、构图,画面组织与关系的技能,加以反复与巩固,内化为自己的基本绘画能力。

## 三、想象与创造能力

学前教育学生仅仅依靠手、眼、脑的协调能力获得的临摹造型能力,在面对幼儿园的美术教育活动时是远远不够的。在儿童画实训中也需要穿插"绘本创编""大师演绎""主题想象"等方面的实训课程,锻炼学生依据既有的技能与表象材料进行创作表达的能力,在此过程中学生学习难度提高,但对于美术知识的掌握和正确理念的形成却具有积极作用。

## 第三节　美术欣赏实训内容及要求

### 一、美术欣赏的基本含义

美术欣赏一般是运用自己的视觉感知过去已经有的生活经验和文化知识,对美术作品进行感受、体验、联想、分析和判断,获得审美享受,并理解美术作品与美术现象的活动。在很多情况下,对于美术作品的欣赏并不存在谁好谁坏的问题,仅仅是表现方式和风格上的不同而已。

### 二、美术欣赏的一般流程

一般来讲,品鉴艺术作品基本有一套流程。首先,要对画家生平做简单了解,知道其绘画的风格和特点;其次,对作品的创作背景进行分析,获得创作的社会根源;再次,对作品进行美术要素的解析,比如色彩、构图、线条、立意、象征符号等;最后,通过对画作轶事进行了解,丰富画作的文化性。

面对不同艺术门类或不同类型的艺术作品,欣赏与评价的方式方法不尽相同,侧重点也因人而异,在赏析的过程中需要具体问题具体分析。

### 三、美术欣赏的实训内容与要求

#### (一)名画欣赏

1. 内容

世界名画鉴赏。

2. 要求

表达出画面的主要内容与关系;能够有自己的审美判断;能够在象征层面理解图像的象征意味;能够在主题层面指出作品主旨感受。

#### (二)名画创编

1. 内容

学生可任选一幅自己喜爱的世界名画进行作品改良。

2. 要求

时间:120分钟。

画面组织:按照自己的喜好创作,不临摹,与世界名画有相似与不同,有自己的立意,创作方式不限。

# 第四节　素描造型实训内容及要求

## 一、素描的概念

素描从狭义上讲,是一种用于学习美术技巧,探索造型规律,以单色造型为主的绘画,是一切绘画形式的基础。

## 二、素描的基本构成

### (一)透视

透视是指 14 世纪文艺复兴时期逐步确立的描绘物体、再现空间的线性透视以及其他科学的透视方法。主要分为平行透视与成角透视。以立方体为例,如果有一个面与画面平行,立方体与画面构成的关系就叫平行透视,它只有一个消失点。当立方体与画面倾斜呈一定角度时,往纵深平行的直线产生了两个消失点。成角透视就是景物纵深与视中线呈一定角度的透视。

### (二)结构

物体的内部构成框架及其构成关系被称为结构,是物象形体的内在依据。绘画中对物体的结构关系的把握,主要在于用体面关系体现其基本形体特征,这样便于理解和把握复杂的结构和形体体积的塑造。

### (三)比例

比例在素描创作中是指所绘形体之间的大小、高低等位置关系。通过反复比对画面和仔细观察物象,找到合适的参照物对于比例的把握会更加准确。

### (四)明暗

物体由于自身的转折变化、受到光源或环境的影响,由此产生了不同的明暗关系,在素描写生中,抓住明暗关系能很好地体现出物体的立体感。在素描关系中因明暗变化有"三大关系"和"五大调子"之说。

三大关系是指素描关系中的亮面、暗面、灰面的关系处理;五大调子是指高光、灰面、明暗交界线、反光、投影的关系处理。以表现三大关系与五大调子的素描一般被称为明暗素描,而以强调物体结构表现的素描一般被称为结构素描。

## 三、素描的基本方法步骤

### (一)观察物象

整体观察物象的特征,比较物象之间的体量大小、方位、高低,寻找光源下各物体之间的明暗关系,做到心中有数。

（二）起稿确定位置以及明暗关系

将观察到的客观物象按比例刻画在画纸上,并调整彼此之间的大小、位置关系,并在草稿图中迅速将明暗交界线、投影、黑白灰三大面绘制出来,不必过分追求细节。

（三）局部入手、深入刻画、保持整体

从某个物体着手,深入刻画,保持黑白灰的关系,增加质感的刻画,反复深入,切记不可只刻画一件物体,忽略画面的整体黑白灰关系,要在细节的刻画中不断调整关系。

## 四、素描的实训内容与要求

### （一）结构素描临摹

1. 内容

单一几何石膏形体的临摹(除球体以外)。

2. 要求

时间:45 分钟。

画幅:8 开。

技能要求:透视准确,符合素描用线要求,构图大小适中,整体美观。

### （二）结构素描写生

1. 内容

2～3 个高低错落摆放的几何石膏体。

2. 要求

时间:60 分钟。

画幅:8 开。

技能要求:透视准确,符合素描用线要求,构图大小适中,整体美观。

### （三）明暗素描临摹

1. 内容

单一几何石膏形体的临摹。

2. 要求

时间:60 分钟。

画幅:8 开。

技能要求:透视准确,符合素描用线要求,明暗关系明确,构图大小适中,整体美观。

### （四）明暗素描石膏写生

1. 内容

2～3 个高低错落摆放的几何石膏体。

2. 要求

时间:60 分钟。

画幅:8 开。

技能要求:透视准确,符合素描用线要求,三大关系、五大调子关系明确,构图大小适中和谐,整体美观,有立体感。

### (五)明暗素描静物写生

1. 内容

1~2个高低错落摆放的简单静物,比如,静物花瓶与苹果梨的组合;几何石膏体与水果的组合;毛绒玩具或简单日常生活用品的组合。

2. 要求

时间:90分钟。

画幅:8开。

技能要求:透视准确,符合素描用线要求,三大关系五大调子关系明确,构图大小适中和谐,整体美观,有立体感。

# 第五节　简笔画实训内容及要求

## 一、简笔画的基本含义

简笔画是根据物体的外部特征、动势、神态等,使用极其精炼的线条绘画有趣的图案。简笔画一般要求一气呵成,速度较快,落笔准确,概括准确,简洁实用。

## 二、简笔画的创作步骤

第一,观察客观对象,分析对象的基本外形特点;第二,对客观对象进行基本形的概括,省略不必要的内容;第三,变直线为曲线,使线条流畅表达;第四,使用夸张或拟人的方法使物象变得生动有趣。

## 三、简笔画的实训内容与要求

### (一)生活用品的绘画

1. 内容

选择生活中1~2件常见的生活用品,进行简笔画创作。

2. 要求

时间:30分钟。

画幅:16开。

技能要求:能够正确使用简笔画的创作思路和步骤作画;能把握客观对象的基本特征;线条简单流畅;形象饱满生动。

### (二)花卉植物的绘画

1. 内容

选择常见的花卉植物写生,并进行简笔画创作。

2.要求

时间:30 分钟。

画幅:16 开。

技能要求:能够正确使用简笔画的创作思路和步骤作画;能把握客观对象的基本特征;线条简单流畅;形象饱满生动;花卉植物组合需要有姿态或构图意识。

**（三）动物的绘画**

1.内容

选择观察真实的动物或动物图片,并进行简笔画创作,内容上可以有意识地从天上飞的动物、地上跑的动物、水中游的动物三种不同类型的动物中选择。

2.要求

时间:60 分钟。

画幅:16 开。

技能要求:能够正确使用简笔画的创作思路和步骤作画;能把握客观对象的基本特征;线条简单流畅;形象饱满生动;动物的姿态合理优美;有夸张或拟人方法的使用。

**（四）人物的绘画**

1.内容

通过观察小孩、大人、老人,或不同人种的外部特征,进行简笔画创作。

2.要求

时间:120 分钟。

画幅:8 开。

技能要求:能够正确使用简笔画的创作思路和步骤作画;线条简单流畅;形象饱满生动;比例恰当,符合人体结构一般认知;能把握人物的基本特征;对人物的表情与动态有客观的表达;有夸张或拟人方法的使用;人物之间有关联。

# 第六节　色彩应用实训内容及要求

## 一、色彩的相关知识点

### （一）色彩三要素

1.色相与色相环

色相是指色彩的相貌和名称。色相环是指一种圆形排列的色相光谱,色彩是按照光谱在自然中出现的顺序来排列的。暖色位于包含红色和黄色的半圆之内,冷色则包含在绿色和紫色的那个半圆内。互补色出现在色相环 180 度彼此相对的位置上。红黄蓝三原色处于色相环正三角形的位置上。色相环一般有 12 色相环或 24 色相环。

2.明度与明度对比

明度是指色彩的明暗程度。一般同一色相受光强弱不同产生明暗层次,或者由于颜色本身的深浅变化都会造成色彩明度的区别。

从黑到白,通过9个明度阶段来衡定各种色相的明度值,这个明度阶段被称为明度标尺。3度差以内的为明度弱对比,3—5度之间的为明度中对比,5度以上的为明度强对比。

3.纯度与纯度对比

纯度是指色彩的纯粹程度,又称饱和度。其中,一个颜色从它的最高纯度色到最低纯度色之间的鲜艳与浑浊的等级变化称为纯度色阶。按照色彩的纯度可以定为5级,分别为纯色、次纯色、灰性色、次浊色、浊色。

纯度对比就是依据纯度等级对比形成的独特的绘画效果或风格。比如,高彩对比(高纯度颜色间的对比)、中彩对比(高纯度与次纯色,或次纯色与灰性色对比)、低彩对比(灰性色与次浊色,或次浊色与浊色对比)、艳灰对比(纯色与浊色间的对比)。

**(二)色调搭配**

1.色调

在艺术作品中,色调是对一件作品整体颜色的概括评价,是作品色彩外观的基本倾向。在有彩色系中,以某种颜色来决定画面的色调。比如,红色调、蓝色调、绿色调等。

在色彩学上,根据人们的心理感受,把颜色分为暖色调(红、橙、黄)、冷色调(青、蓝、紫、绿)和中性色调(黑、灰、白)。以色彩的冷暖差别来划分色调,即冷色调与暖色调。

2.色调搭配

(1)单色调搭配。单一色系的搭配,具有同一色相,明度各不相同的颜色之间的搭配。

(2)调和调搭配。邻近色配合,在色相环中,处于相邻位置的几块颜色之间的相互搭配。

(3)对比调搭配。这里主要是指对比色、互补色配合使用。

## 二、色彩应用的实训内容与要求

**(一)明度对比训练**

1.内容

主调为高调的高长调、高中调、高短调;主调为中调的中长调、中中调、中短调;主调为低调的低长调、低中调、低短调。

任意选择上述9种中的一种明度对比调为创作内容,进行色彩明度对比训练。

2.要求

时间:120分钟。

画幅:20厘米×20厘米。

形式:水粉创作。

技能要求:涂色均匀;调色干湿恰当;图案优美;主调鲜明正确。

**(二)纯度对比训练**

1.内容

高彩对比、中彩对比、低彩对比、艳灰对比。

任意选择上述 4 种中的一种纯度对比调为创作内容,进行色彩纯度对比训练。

2. 要求

时间:120 分钟。

画幅:20 厘米×20 厘米。

形式:水粉创作。

技能要求:涂色均匀;调色干湿恰当;图案优美;主调鲜明正确。

**(三)色彩装饰画**

1. 内容

运用所学色彩知识点,进行水粉图案画创作,题材自拟,尽量原创。

2. 要求

时间:120 分钟。

画幅:25 厘米×25 厘米。

形式:水粉创作。

技能要求:涂色均匀;调色干湿恰当;图案优美;运用一定的色彩搭配原则;附上色彩分析说明。

**(四)水彩动物、人物、静物画**

1. 内容

单幅独立植物、单幅动物、单幅人物半胸像。

2. 要求

时间:总计约 240 分钟。

画幅:180 毫米×125 毫米。

形式:水彩创作。

技能要求:色彩明亮;背景干净清爽;在技法上能使用晕染或衔接。

**(五)丙烯绘画**

1. 内容

瓶画、T 恤画、井盖绘画。

2. 要求

时间:120 分钟。

形式:丙烯创作。

技能要求:涂色均匀或有渐变,色彩丰富,色调明确,构图饱满,主题积极。

# 第七节　儿童画创编实训内容及要求

## 一、儿童画创编

### (一)儿童画的基本含义

儿童画是综合上述美术内容,将知识转化为适合学前儿童美术学习的素材,其内容更加贴近幼儿的生活,以幼儿的兴趣发展为指标,多使用幼儿常见且便于操控的美术工具材料,进行有主题的、有积极教育意义的、生动有趣的绘画创作形式。

### (二)创编类型

一般儿童画创编的类型多种多样。就创作工具材料的不同可以分为蜡笔画、水彩笔画、刮画、印画、彩铅画、马克笔创作等。就创作的属性不同可以分为主题画创编、连环画创编或图画书创编等。

## 二、儿童画创编的实训内容与要求

### (一)主题创作

1. 内容

以幼儿兴趣或实际生活为主题,选择有意义的主题绘画。

2. 要求

时间:约240分钟。

形式:蜡笔画、水彩笔画、刮花、印画、彩铅画。

技能要求:涂色均匀或有渐变,色彩丰富,色调明确,构图饱满,主题积极。

### (二)绘本或故事书创编

1. 内容

小组合作,手绘完成一本儿童故事书或绘本,内容形式不限。

2. 要求

时间:根据课程需要设置完成时长。

形式:着色上彩,水粉、彩铅、线描均可。

尺寸:除去封皮、扉页,A4(16开,297毫米×210毫米)大小纸张不得少于10页,A5(32开,210毫米×148毫米)大小纸张不得少于15页。

技能要求:故事可以原创或改编,内容积极向上,故事紧凑有趣,线索明晰;用色大胆,色调明确,构图饱满;线条流畅,风格鲜明;有一定的教育教学价值。

## 第八节　儿童画案例资源

### 一、美术欣赏案例

毕加索是立体派的代表。所谓立体派,是把物体分割成各种几何形体,然后再重叠、堆砌在一个平面的画幅上,因此完全改变了物体原有的形态。他创作的油画《格尔尼卡》(图8-1)就是他的代表作。

图8-1　毕加索《格尔尼卡》

### 二、各类绘画案例

#### (一)大师作品改编

图8-2根据《戴珍珠耳环的少女》《凡·高自画像》进行名画创意改编。学生根据自己喜欢的、感兴趣的、熟悉的名画,发散思维,进行不同内容不同风格的改编。

图8-2　改编作品示例

（二）素描作品

图8-3分别是结构素描与明暗素描作品。学生可根据自己的能力水平,对几何石膏外形、个数或摆放进行适当调整。

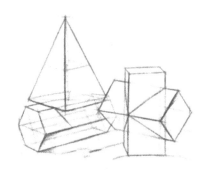

图8-3　素描作品

（三）简笔画作品

如图8-4所示,在简笔画作品中分别展示了植物、景物、动物、人物简笔画的范例,学生可依据不同对象,经过自己仔细观察,获得姿态、动作、表情等方面的经验,并最终形成不同内容的简笔画。

图8-4　简笔画作品

**（四）色彩装饰画**

如图8-5所示，色彩装饰画中有许多不同创作手段，有勾线平涂装饰、单色装饰、套色装饰，最终形成的艺术作品具有平面化、几何化、仪式化等特点。学生可以结合生活实际，将生活之中的立体的、有趣的事物以平面装饰的手段加以表现。

图8-5　色彩装饰画

**（五）水彩画**

如图8-6所示，以水彩画为载体，可以进行植物、动物、人物、建筑等内容的色彩应用与实训。

图8-6　水彩画

（六）儿童主题画

以儿童感兴趣的或贴近幼儿实际需要的题材为核心，设置一些有积极向上意义的、有探索价值的、有一定绘画难度的主题作为儿童主题画创编的内容。比如，捉迷藏、炎炎夏日、快乐的节日、中国娃、大马戏、地球爷爷哭（笑）了等都是适合学生进行创编的素材主题。

（七）图画书创编

图 8-7 所展示的分别是洛阳师范学院学前教育学院的往届毕业生在校期间创作或改编的图画书。这些图画书题材选择都能够结合幼儿的兴趣和生活，符合幼儿的身心发展规律，图画书内容以图文并茂的方式，带领幼儿进入一个崭新的图画领域，畅游其中并寓教于乐。学生也可以根据范例，选择自己感兴趣的主题内容进行故事创编并画出来，也可以以自己喜欢的绘本为素材进行恰当和有价值的改编。

图 8-7　图画书创编

# 第九章 玩教具制作实训

《幼儿园教育指导纲要(试行)》中提出:"幼儿教育要注重幼儿生动活泼、主动的学习。"《幼儿园工作规程》中也提到:"幼儿园环境应当与教育相适应,应当为幼儿活动创造机会。"随着玩具产业和教育装备技术的发展,各种商品化、高结构的玩教具成品已经充斥幼儿园,但是仍旧不能满足幼儿发展的需要。基于此,自制玩教具应运而生,并且成为幼儿园不可或缺的一部分。

玩教具是幼儿园教师在教学中采用的一种教学手段,可以是教师在教学活动中运用的教具,也可以是幼儿操作活动的具体材料,目的是教师通过"寓教于乐""寓教于玩"的教育方式授予儿童以知识。结合幼儿园教育教学的特征,要求玩教具需具备教育性、科学性和娱乐性的特征,让儿童在轻松、无压力的环境氛围中主动学习。儿童在与玩教具的互动中,通过直接感知和亲身动手操作,获取知识,培养个性。所以,玩教具不仅以儿童容易接受的方式,帮助儿童认识周围世界,发展智力,而且使儿童产生积极快乐的情绪,促进儿童的身心健康发展,陶冶儿童的性情。[①]

在学前教育专业课程体系中,美工与玩教具制作课程是一门培养幼儿教师职业基本素质和基本技能的专业必修课程,在本科学前艺术教育中有着重要的地位。课程包括美工的基础技法训练、幼儿园玩教具设计基础理论知识和基本制作技能训练,注重对手工基础技能的掌握、实际操作能力和设计意识的培养,突出"学""做""玩"的艺术教育教学方法,强调应用性和实践性。

## 第一节 玩教具制作知识基础

### 一、玩教具的概念

玩教具与儿童游戏存在着天然联系。在理解玩教具的概念之前,我们要先厘清玩具、教具与玩教具三者之间的联系。教育家陈鹤琴说过:"凡是儿童可以玩的、看的、听的和触摸的东西,都可以叫玩具。"刘焱(2007)认为游戏是幼儿的生活的一部分,玩具是他

---

① 郭力平、谢萌:《幼儿园玩教具配备、设计制作与应用》,中国轻工业出版社,2014,第8页。

们亲密的伙伴。她把经过专门制作的、供儿童游戏的东西称为"玩具"。[①] 李斐(2016)强调"玩具"是指具有一定表征意义和游戏价值的幼儿能够游戏的物品,其表征意义这一概念也在强调"玩具"作为生活中真实存在事物的替代。[②] 广义上的玩具概念是任何可以引发儿童游戏活动的材料。儿童在游戏中自行操控把玩物,在没有明确的教学目标和特定目的前提下,幼儿在与玩具的互动、操作和探索中达成自我发现和自我学习,因此玩具的娱乐性特征更为显著。而教具是教师为达成特定教育目标,在教学中使用的用以辅助教学的模型、实物或图表等材料。教具是一种传递信息或协助说明知识的教学工具,所以教具的教育性特征更为突出。针对儿童的教育,"寓教于乐"一直是人们始终追求的教育理想。17 世纪英国思想家洛克发明了识字积木,率先将具有娱乐性的玩具与具有教育性的教具两者合二为一,这种"教育性玩具"帮助幼儿在轻松、有趣的环境里学习和理解了知识,掌握了技能。故兼具娱乐性和教育性功能的玩教具便应运而生。玩教具是针对学前儿童的一种特殊教具,其具备教育性特征,又具有趣味性和可玩性,让儿童在游戏中潜移默化地学习知识,践行"在玩中学"的教育理念。玩教具基于儿童不同年龄发展阶段的身心特征进行设计。在儿童与玩教具的互动过程中,提高儿童的认知、感知能力,促进儿童身心各方面的健康发展。

## 二、玩教具的分类

玩教具的种类繁多,通过分类来归纳玩具的特点很有意义。比如,从管理的角度来看,玩教具分类有利于相关政策的制定和管理的有效实施;从研究和设计的角度来看,分类有助于界定玩教具的功能,确定玩教具设计的目标;从幼儿园使用和教师投放的角度来看,分类有助于教师科学投放,针对特定幼儿,发挥玩教具的最大功效。[③]

从玩教具的功能进行分类,可分为运动类玩教具、角色类玩教具、建构类玩教具、益智类玩教具、科学探究类玩教具、美劳类玩教具、表演类玩教具;从幼儿园的五大活动领域进行分类,可分为健康领域玩教具、语言领域玩教具、科学领域玩教具、社会领域玩教具和艺术领域玩教具;从玩教具的材质特点进行分类,可分为竹木玩教具、布绒玩教具、塑胶玩教具、金属玩教具、纸质玩教具和泥质玩教具;从玩教具本身结构特点进行分类,可分为低结构性玩教具和高结构性玩教具。

## 三、玩教具的发展历史

玩具的历史悠久,对玩教具的发展追根溯源可知,玩教具的产生源于原始的劳动和游戏,两者均是人们改造世界的社会实践活动。西安半坡仰韶文化遗址出土的陶球和石球,经考古鉴定,是迄今为止发现最早的原始陶制玩具,同时又是当时重要的狩猎工具,

① 刘焱:《幼儿园自制玩教具活动的意义、指导思想和评价标准》,《学前教育研究》,2007 年第 9 期,第 24 页。
② 李斐:《大班幼儿自制玩具研究》,硕士学位论文,温州大学学前教育专业,2016,第 26 页。
③ 郭力平、谢萌:《幼儿园玩教具配备、设计制作与应用》,中国轻工业出版社,2014,第 10 页。

其兼备了玩具和生产工具双重功能,也说明游戏和生产劳动之间存在着非常紧密的联系,也彰显了中国古人的聪明才智和创造力,显示出古人的娱乐心理需求和自我表达的愿望。

宗教赋予玩具成型的环境和条件。早期墓葬和遗址中,随葬和遗留物都是生产工具和日常生活用品,如陶罐、陶盆,后期出现了专用于宗教活动的祭祀用品如陶牛、陶羊等。随着人们宗教意识的强化和审美意识的增强,随葬品由带有实用功能的日常生活用品向具有装饰意味的生活装饰品转化,这些宗教装饰品在日后就有可能转化为民间的陶制玩具。由佛教造像转化的泥娃娃磨喝乐,由祭月活动衍生的泥玩具兔儿爷,都印证了宗教文化活动是玩具的重要起源之一。

民俗传统是玩具发展的生命轨迹。民俗又称民间文化,是指一个民族或一个社会群体在长期的生产实践和社会生活中逐渐形成并世代相传、较为稳定的文化事项,可以简单概括为民间流行的风尚、习俗。在漫长的人类社会发展中,中国老百姓生活中的物质生活和文化生产逐渐形成自己的特点和风俗。所以民间玩具作为民间用具的一种,也带有传统民俗的特征。如与中国传统节日相关的民俗玩具:乞巧节的兔儿爷,元宵节和中秋节的走马灯,春节庙会上的糖人、糖画、风车、空竹等;还有深入儿童日常生活的游戏玩具:滚铁环、打陀螺、跳皮筋、丢沙包等。民俗玩具也是中国传统民间玩具的代表。对中国传统民间玩具的探索,为我们当今玩教具的创新设计提供了思路和资源,融入传统文化的玩教具设计,也为传统文化的创新性传承与发展带来新的路径。

## 四、玩教具的评价标准

经教育界专家学者和幼儿园一线教师的多次研讨,确定教育性、科学性、趣味性、创新性、简易性、安全性为幼儿园优秀自制玩教具的评价标准。

### (一)教育性

作为儿童的"教科书",玩教具可以促进儿童认知、道德和情感的发展。在当前我国幼儿园教育改革的背景下,评价幼儿园自制玩教具的"教育性",应当从是否"符合《幼儿园教育指导纲要(试行)》的基本精神,鼓励幼儿积极主动地参与活动,有益于幼儿身心健康发展"来衡量。所以玩教具的教育性衡量,要以是否适宜儿童的学习和发展,是否符合既定的教育目标为标准。

### (二)科学性

玩教具的科学性应体现在两个层面:第一,玩教具作为承载着教育目的的材料和道具,是将抽象的知识、概念和原理以玩教具为载体具象化、趣味化,幼儿通过自主探索与操作玩教具,学习和理解抽象的概念。所以玩教具在设计时所承载的相关知识、概念和原理一定是正确且科学的,玩教具的结构和使用方法必须符合科学原理。第二,基于学前儿童心理学和教育学中相关儿童发展的知识,玩教具的设计目标要符合目标儿童身心发展的客观规律,难度适中,且以幼儿更易接受的载体表现形式呈现出来。

（三）趣味性

趣味性是玩教具的重要特征之一,它有三个标准:第一,玩教具是否能激发幼儿游戏的兴趣;第二,把玩的过程中,幼儿是否能够专注于游戏,并能感受到喜悦和快乐;第三,玩教具是否有持续的吸引力。这三条标准框定了玩教具在设计时,要符合幼儿的审美情趣和游戏的特点。外观设计上,玩教具要色彩鲜艳、丰富,造型夸张、可爱,是儿童喜闻乐见的形式。在玩法设计上,要能激起幼儿兴趣,玩法设计多样且有趣,过程富有操作性和探索性。总而言之,趣味性的玩教具要求其设计"既美观,又好玩"。

（四）创新性

玩教具制作是一项设计活动,要体现出设计者的巧思和创意。幼儿园自制玩教具的创新性就体现在:一是构思新颖。自制玩教具在外形、结构、使用方法以及所用的材料等方面要"独具一格"或能"推陈出新"。设计者可以从多学科融合、多领域整合角度切入。二是玩教具的设计要有利于儿童的想象和创造。

（五）简易性

鉴于幼儿园空间面积和幼儿教师的精力问题,玩教具设计中要体现出简易性的特点。具体表现在材料简单,就地取材,成本低廉,操作方法简单,幼儿易于上手。建议将"一物多玩""一物多用"的理念融入玩教具设计。

（六）安全性

安全性是玩教具最基本也是最为重要的标准。自制玩教具在"安全性"方面的评价应当参照国家关于玩教具的安全、卫生标准,确保选用的材料、外形结构设计、制作和使用方法等不会对幼儿身心造成伤害。[①]

## 五、自制玩教具的理论研究与现实需求

随着我国社会的进一步发展,近年来人们对玩教具的关注也越来越多。在理论研究方面,王宁指出幼儿教师自制玩教具效率低,耗费大量精力制作出来的玩教具收效不高,使用效率较低,存在质量差、易损坏等缺点。邵雪原指出美术教师要在合理驾驭教学内容、吃透教材的基础上,针对当地教学资源情况、学生状况,选择适合学生学习能力、情感需求并与实际生活经验紧密相连,符合幼儿园实际教学需求并与手工有关的教学内容。在实践探索方面,切里沙特·托宏别克尝试在学前教育专业手工教学中,引入区域民族文化,并以民族文化为纽带,探索学前教育专业手工与民间工艺的诸多共性,例如,黔东苗族服饰制作项目。从现存理论文献来看,幼儿园对自制玩教具的现实需求更倾向于实用性强、具有独创性的玩教具作品,且能够将地方特色文化、传统文化融入玩教具设计中,这对学前阶段师范生的玩教具设计与制作能力培养,提出更高的要求。

---

① 刘焱:《幼儿园自制玩教具活动的意义、指导思想和评价标准》,《学前教育研究》,2007年第9期,第24页。

# 第二节 玩教具制作能力要求

## 一、基础美工能力

幼儿园教师的职业能力要求本专业师范生具有良好的美工基本素质,这直接影响幼儿园玩教具设计与制作、美工教育活动的设计和环境的创设和布置等后续课程。美工教学以个人或集体合作的方式参与美工学习活动,掌握美工知识与技能,提高美工素养,陶冶高尚的审美情操,完善人格。

对于学前教育专业师范生而言,基础美工能力细化目标与期望如下:第一,学会分析、评价美工作品及美工现象,形成健康的审美情趣和审美观念。第二,将体验、鉴赏与动手实践结合起来,尝试各种工具、材料和制作过程,运用观察、想象、直觉和多种思维形式以及美工的方法进行艺术创造活动。必备的美工能力包括纸工、泥工、布艺、废旧材料、乡土材料和综合材料创作技能。第三,理解美工与其他学科之间的联系,为后续课程学习奠定基础。

## 二、玩教具的设计与制作能力

玩教具的设计与制作能力,包括能基于教育需要和幼儿发展需求,充分利用地域物质资源和人文资源,合理运用纸、布、泥、绳、废旧物等材料制作幼儿园玩教具。

对于学前教育专业师范生而言,玩教具的设计与制作能力细化目标与期望如下:第一,掌握幼儿园各类玩教具的要点,能根据各年龄段幼儿的特点创设适宜的玩教具,并能合理利用各种材料设计制作玩教具;第二,对某种特定材料进行深入探索,能够设计"一物多玩"玩教具;第三,能让文化元素融入玩教具设计,进行非遗玩教具、地域特色玩教具的设计与制作。

# 第三节 玩教具制作实训内容及要求

## 一、基础美工实训

### (一)实训任务

学生将通过实际操作,学习必备的美工能力包括纸工、泥工、布艺、废旧材料、乡土材料创作技能。具体任务包括纸工作品创作、泥工作品创作、布艺作品创作、废旧材料作品创作、乡土材料作品创作。

### (二)任务实施

任务1:纸工作品创作。学生需要运用剪纸、纸雕、染纸、纸绳等不同的纸工技法,以动物、植物和幼儿人物、卡通人物为题材,设计并制作符合幼儿审美情趣的艺术作品。

任务2:泥工作品创作。学生需要运用轻黏土、陶土等泥类材料,制作几种不同风格的泥材料作品。

任务3:布艺作品创作。学生需要运用不织布、绒布等布材料,设计制作带有一定故事情节的主题作品若干。

任务4:废旧材料作品创作。学生需要收集各类无毒废旧材料,并结合原形利用、切割重构、综合利用的方法,设计制作以废旧材料为主的创意作品若干。

任务5:乡土材料作品创作。学生需要结合树叶、秸秆、蔬果、蛋壳、石头等生活中常见的乡土材料,运用不同材料之间的综合制作方法,制作不同的粘贴画及玩具作品。

**(三)实训评价**

学生的实训成果将根据以下几个方面进行评价:

(1)美工技法的熟练和精巧度。

(2)美工作品的色彩、线条、造型、构图的艺术性。

(3)材料选取适宜度。

(4)作品的创新性和独创性表现。

## 二、玩教具设计与制作实训

**(一)实训任务**

学生通过实践训练,掌握运用各种材料制作玩教具的基本技能,掌握设计的基本方法,初步具备独立创设幼儿玩教具的能力。具体任务包括运动类玩教具设计与制作、互动绘本剧表演与道具制作、"一物多玩"玩教具方案设计、非遗玩教具设计与制作。

**(二)任务实施**

任务1:运动类玩教具设计与制作。按照幼儿园给出的要求规范,创设和制作抛掷类、爬行匍匐类、马车类和肩挑手举类玩教具,并真实创作模拟使用玩教具过程。这个任务旨在检验学生对某一类别的玩教具的能力掌握情况。

任务2:互动绘本剧表演与道具制作。设计互动式绘本剧,运用综合材料制作合适的教具,如手指偶、皮影、泥偶、纸偶等,设计并制作小型舞台背景,于课堂中展示与表演。这个任务旨在检验学生是否能将自制玩教具与幼儿园领域活动和区域活动相结合,并依托玩教具进行幼儿园课程的创新设计。

任务3:"一物多玩"玩教具方案设计。选取某种特定材料进行深入探索,设计并列举其多种玩法,撰写"一物多玩"玩教具方案,并手绘设计草图。这个任务旨在检验学生对材料的理解和探索。

任务4:非遗玩教具设计与制作。调研某项中国传统非遗,挖掘其中具有教育性价值和艺术性价值的非遗元素融入玩教具设计,并选取适宜的材料制作出成品。这个任务旨在检验学生将抽象的文化元素融入具象玩教具设计的能力。

**(三)实训评价**

学生的实训成果将根据以下几个方面进行评价。如表9-1所示。

表9-1　玩教具制作评价标准

| 项目 | 评价标准 |
|------|----------|
| 教育性与科学性 | 1. 适宜地蕴含教育目标与内容,能促进幼儿某方面或多方面能力的发展<br>2. 玩教具设计符合儿童的年龄特点 |
| 操作性和互动性 | 1. 制作材料丰富,可操作性强<br>2. 能同时容纳两人以上进行游戏<br>3. 游戏时能体现互动(即师生间、生生间互动) |
| 趣味性与艺术性 | 1. 设计新颖,游戏有趣<br>2. 制作精细,构思巧妙,设计合理,色彩鲜明,美观大方 |
| 环保性与独创性 | 1. 废旧利用,符合勤俭节约环保原则<br>2. 原创作品,富有创意 |
| 多功能与可变性 | 1. 有多种组合的可能,能激发幼儿的思维<br>2. 有常规玩法,又有变换性扩展玩法 |
| 安全性与耐用性 | 1. 材料的选用体现无毒、无害、无污染,便于消毒<br>2. 安全无危险。游戏时能考虑到幼儿的安全,避免对幼儿造成伤害<br>3. 适宜反复地玩 |

# 第四节　玩教具制作案例资源

## 一、学生原创作品:科学类玩教具《生命的奥秘》

### (一)作品设计理念

《生命的奥秘》(见图9-1)是一款紧扣《幼儿园教育指导纲要(试行)》与《3—6岁儿童学习与发展指南》要求,面向5—6岁幼儿,以科学探究为核心,以生命教育为主题,让幼儿通过建构、益智、运动、综合角色扮演和同伴协作交流的方式,进行自主探索的大型创意木制结构玩教具。

玩教具的外观设计基于DNA双螺旋结构,用"我从哪里来"和"人类的起源"两条螺旋纽带来呈现。在充分分析儿童的特点和发展需求的基础上,设置具有一定挑战难度的拼摆与体验游戏。其中"我从哪里来",由"两个细胞""胎儿游泳""婴儿爬爬"和"我会走了"四个阶段组成,该主题线索是个体成长发育过程。而"人类的起源"则由"细菌时代""大鱼遨游""灵动猿猴"和"直立人类"四个阶段组成,该主题的线索是人类进化过程。儿童分别通过自主探索两条纽带上四个阶段的不同游戏,获得任务拼图,拼摆双螺旋结构并模拟生物形态,获得个体发育和人类进化的相似与不同的核心经验。将抽象晦涩的科学知识转化为具象有趣且充满挑战的游戏体验,在探索奥秘的历程中,感受生命个体的神奇、人类发展的伟大,进一步激发幼儿对科学探索的兴趣,萌发珍爱生命的情感。

图 9-1 《生命的奥秘》整体装置图

（设计者:李君秋、张楠、贺李悦 指导教师:张书喆、高星）

**(二)作品特点**

1. 教育性与科学性相结合

幼儿的科学探索主张从生活中来,再回归到生活中去。当前学前科学领域的教育存在一些问题,如生命探索以及 DNA 片段这样抽象的主题更加不容易通过玩教具被具象化、生活化,因此该主题的体验探索就显得十分必要而有价值。我们的玩教具在外观设计、具体的指令活动上都尽量使生命探索的主题外显化、生活化,充分为幼儿提供了自主探索的空间。在实践过程中,教师也可以根据本班幼儿的既有经验与课程规划,对玩教具的指令任务适当调整,使之更加有利于课程目标的实现,以及幼儿核心经验的获得,在激发幼儿对科学探索的兴趣的同时,使教育价值最大化。

2. 基于科学探索的综合体验方式

这款玩教具以生命教育为主线,以科学探索为核心,在具体的活动中通过建构、益智、运动、角色扮演以及同伴协作交流的方式,自主探索游戏。

(1)关于建构类探索——搭建。这款玩教具外观为 DNA 双螺旋结构,幼儿需要通过两组游戏互动,动手搭建逐步展示出 DNA 的双螺旋外观,并感受生命的神奇。

(2)关于益智类探索——拼图。DNA 两条双螺旋纽带上彩绘了 8 幅拼图,分别对应四个阶段的不同游戏,幼儿通过掷骰子获得任务拼图,并探究应该如何完成拼图游戏,思考拼图板块之间的联系。

(3)关于综合角色游戏探索——表演、运动、同伴协作。每一块拼图木块正上方都会设计一个非常简单的任务指令卡(指令卡均以图文并茂的形式呈现),比如蒙眼转圈圈,给队友一个爱的抱抱等,幼儿需要正确理解指令并传达给队友,让队友选择合适的道具服装进行体验扮演,感受人类进化与个体发育在本质上的不同。

3.低结构化的游戏规则设置

低结构化的设计理念,使幼儿感受挑战的难度,享受游戏的乐趣,体验在"玩中学"的特殊经验,教师真正成为观察者、支持者。它主要体现在以下几个方面:

(1)游戏开始时,幼儿面对的只有一个中心立柱,而玩教具的主要结构由幼儿通过自主游戏探索,获得线索经验,最终落实DNA双螺旋结构的外观。

(2)指令卡需要幼儿掷骰子获得,通过自己对指令图片的理解,传达给队友,并非教师直接发放口令。如果幼儿认读困难,教师可以从旁协助。

(3)每一个游戏环节的推进,都需要骰子这一关键道具的使用,幼儿根据所掷点数进行游戏探索,这期间充满刺激与乐趣,也存在很大的不确定性,等待幼儿的探秘。

4.独特的外观设计与艺术审美性

该玩教具的外观设计基于DNA双螺旋结构,在充分分析儿童的特点和发展需求的基础上,设置具有一定挑战难度的拼摆与体验游戏,整体高度约120厘米,宽60厘米,用"我从哪里来"和"人类的起源"两条螺旋纽带来呈现。在探索结束后,幼儿会发现十分"壮观"的DNA片段模型,产生由衷的成就感。

另外,组成玩教具的48块木头,基本每一个块面都被赋予了艺术的画面,有的涂鸦了鲜明的色彩,帮助儿童寻找搭建线索;有的以卡通画的形象为幼儿诠释了任务指令;有的则以细腻的笔法在32块木板侧方描摹了细菌与细胞、胎儿与邓氏鱼、猿猴与婴儿、直立人与现代人,让幼儿体验拼图乐趣的同时,感受色彩的魅力与美好的形象,潜移默化地提高儿童艺术感受力。

**(三)作品的用途**

在组织实施教学的过程中,该玩教具可以结合生命相关主题活动,作为主题方案中的一部分来组织幼儿探索;也可以投放在复合单元区域中,为幼儿创设主动探索的空间;同时也可以作为教师进行集体教学的教具来使用。当然,建议幼儿需要有一定的相关经验准备。

在实践过程中,教师也可以根据本班幼儿的既有经验与课程规划,对玩教具的指令任务适当调整,使之更加有利于课程目标的实现,以及幼儿核心经验的获得,使教育价值最大化。

比如,请小朋友们回家问问爸爸妈妈,个体发育和人类进化过程中除了指令中提到的不同,还有什么不一样呢?欢迎大家把这些"不同"制作成新指令等,逐渐使该主题的科学探索更加饱满深刻。

总之,《生命的奥秘》玩教具选取废旧木料与日常生活用品为创作材料,依据安全、环保、简易的原则,促使幼儿同伴协作与交流,用直观有趣的互动,感受"个体成长"与"人类进化"在不同生命阶段的独特之处,探秘生命历程并产生珍爱生命的教育目的。

**(四)制作材料**

1.主体材料

该玩教具以废旧软木块为核心材料,切割打磨成两种不同规格大小,用以制作玩教具的 DNA 双螺旋外观。

实践应用推广时,可结合园所自身需要,也可将主材选择为"纸积木"或"珍珠棉泡沫板",均可实现该玩教具的 DNA 双螺旋结构基本外观。

2. 道具材料

模拟眼罩:原材料为棉布与不织布。

泡泡服:原材料为充气小口袋。

手脚板:原材料为防撞条与松紧带。

皇冠:原材料为扭扭棒。

收纳箱:原材料为废旧纸箱。

指令卡:原材料为卡纸。

骰子:原材料为海绵与卡纸。

其他辅助材料:利用丙烯颜料、马克笔、麻绳、彩色圆点贴、美纹纸等工具材料进行游戏功能展示与装饰美化;制作过程中也用到热熔胶、透明胶、美纹纸、木工胶、磁力贴等进行玩教具的加固,保障游戏的安全性。

（五）制作方法

1. DNA 双螺旋主体结构

(1)中心立柱(见图 9-2)。中心立柱由 16 块规格相同、横截面为正方形的长方体木块组成,木块从下至上分别旋转相同的角度层层叠加,中间用木工胶进行黏制,保证重心在同一条直线上。同时,木块侧方每 4 块为一个颜色,被涂有不同颜色,在探索游戏中为幼儿搭建过程提供线索。

(2)拼摆木块(见图 9-3、图 9-4)。拼摆木块上的图案均由丙烯颜料着色上彩,结合游戏环节中人类进化与个体发育过程中的相似之处,将第一阶段背景色设计为红色系(见图 9-5、图 9-6),隐喻生命伊始细胞与细菌的碰撞;第二阶段绘制为蓝色系(见图 9-7、图 9-8),暗示胎儿与鱼类在水域生存环境这一相似之处;第三阶段结合幼儿偏好纯度明度较高的色彩,将背景色设计为黄色系(见图 9-9、图 9-10);最后一阶段,由于人类进化为能够直立行走,以及幼儿从爬行到学会双脚走路,均有质的转变以及产生成就,因此将背景色彩绘为紫色系(见图 9-11、图 9-12),沉稳庄严。中心立柱之间的相接处均贴有磁条(见图 9-13),利用磁条的吸力来加固拼接。

(3)指令图卡(见图 9-14、图 9-15)。两条拼摆木块链条的正上方均贴有不同的指令图(见图 9-16、图 9-17),由卡纸和马克笔彩绘而成,幼儿需要根据指令进行角色体验与互动配合的游戏。

(4)DNA 双螺旋主体结构(见图 9-18、图 9-19)。

**图9-2 中心立柱**

（整体高138厘米 每块规格:15厘米×15厘米×8厘米 数量:16块）

**图9-3 "人类的起源"拼摆木块**

（每块规格:20厘米×15厘米×8厘米 数量:16块）

图9-4 "我从哪里来"拼摆木块

（每块规格:20 厘米×15 厘米×8 厘米 数量:16 块）

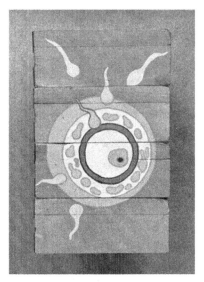

图9-5 "我从哪里来"——两个细胞

（规格:20 厘米×15 厘米×8 厘米）

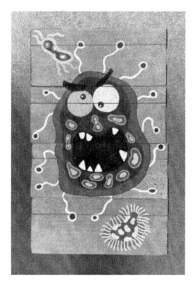

图9-6 "人类的起源"——细菌时代

（规格:20 厘米×15 厘米×8 厘米）

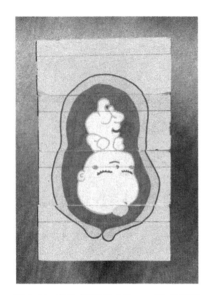

图9-7 "我从哪里来"——胎儿游泳

（规格：20厘米×15厘米×8厘米）

图9-8 "人类的起源"——大鱼遨游

（规格：20厘米×15厘米×8厘米）

图9-9 "我从哪里来"——婴儿爬爬

（规格：20厘米×15厘米×8厘米）

图9-10 "人类的起源"——灵动猿猴

（规格：20厘米×15厘米×8厘米）

图 9-11　"我从哪里来"——我会走了

（规格:20 厘米×15 厘米×8 厘米）

图 9-12　"人类的起源"——直立人类

（规格:20 厘米×15 厘米×8 厘米）

图 9-13　磁力贴条粘贴处

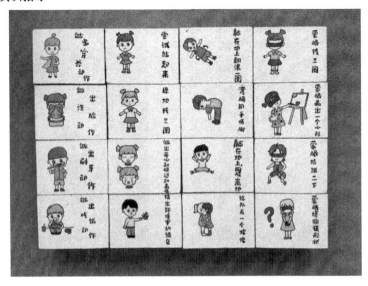

图9-14 "我从哪里来"指令卡

（规格:20厘米×15厘米　数量:32张）

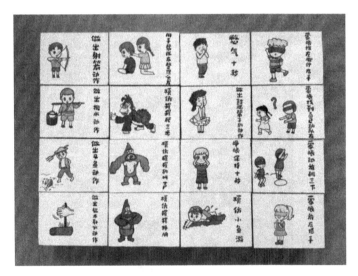

图9-15 "人类的起源"指令卡

（规格:20厘米×15厘米　数量:32张）

图9-16 "我从哪里来"指令卡细节

图9-17 "人类的起源"指令卡细节

图 9-18 DNA 双螺旋主体结构（正面）

图 9-19 DNA 双螺旋主体结构（侧面）

2. 体验道具

（1）骰子（见图9-20）。以海绵正方体块为基础，分别裹上粉色、蓝色的卡纸，用美纹纸对棱包边，再用丙烯在粉色卡纸上画上若干细胞图案，在蓝色卡纸上画上若干细菌图案，每个骰子只有"1""2""3"三个点数。

（2）眼罩（见图9-21）。用不织布剪出细菌、卵子、精子的形状，再用马克笔涂画装饰，最后用热熔胶粘在棉布制成的眼罩上。

（3）手脚板（见图9-22）。在防撞条的两侧分别钻两个洞，将皮筋从一侧洞穿到另一侧洞，最后再用针线进行固定缝和。手脚板上小手和小脚的位置图案均用丙烯画出。

（4）泡泡衣（见图9-23）。每件泡泡衣上下分为三层，每层用透明胶带将14个充气袋粘连而成，厚度为两层。肩带先用四个充气袋粘连，再分别缠上蓝色和黄色的彩色胶带装饰。充气袋用黄色和蓝色的圆点贴来装饰。泡泡衣扣子先用报纸团成球，缠上麻绳，再分别缠上黄色和蓝色的胶带，扣眼用皮筋做成。

（5）皇冠（见图9-24）。用颜色各异的扭扭棒，相互缠绕，分别扭出不同的形状，并组合加固，最后再用钻石玩具装饰而成。

（6）道具棍子（见图9-25）。由卡纸卷成一个圆柱体，在卡纸外面缠上绿色的麻绳，再用红色和绿色的扭扭棒做出花朵的形状，并粘贴在两端，作为指令游戏中的模拟体验道具。

（7）收纳箱（见图9-26）。在两个纸箱表面分别涂上蓝色和红色丙烯颜料作为底色，蓝色纸箱正面用丙烯彩绘猩猩,对应《人类的起源》这一游戏;红色纸箱正面用丙烯彩绘小女孩,对应《我从哪里来》这一游戏,用以提示并收纳游戏中所有可供探索的体验道具,让幼儿养成游戏探索中注意行为规范,乐于收纳的习惯。

图 9-20　骰子

(规格:10 厘米×10 厘米×10 厘米　数量:2 块)

图 9-21　眼罩

(规格:折叠后长度区间约 22 厘米~30 厘米　数量:2 个)

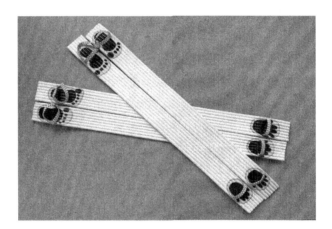

图 9-22　手脚板

(规格:长 98 厘米,宽 8 厘米,手脚间距 77 厘米　数量:2 对)

图 9-23　泡泡衣

(规格:展开总长 105 厘米,高 60 厘米,厚 20 厘米　数量:2 套)

图 9-24　皇冠

（规格：直径 15 厘米，高 8 厘米　数量：4 个）

图 9-25　道具棍子

（规格：长 54 厘米，直径 3 厘米　数量：1 个）

图 9-26　收纳箱

（规格：40 厘米×50 厘米×60 厘米　数量：2 个）

**（六）玩法介绍**

1. 游戏设计说明

（1）DNA 大型模型拼摆。游戏初始，教具仅呈现出一个带有中心立柱的圆盘。立柱由 16 块等高横截面为正方形的长方体错位拼接而成，为幼儿后期拼接提供线索 1。每个链条需要由 16 块长方体木块拼成，每四块为一个阶段，两个链条共计 32 块。长方体拼接木块侧面统一刷成红、蓝、黄、紫四种颜色，用以区别四个阶段，为幼儿拼接提供线索 2。长方体前表面绘有拼图，最终拼接完成后，一个链条呈现个体成长发育过程的图画，另一个链条呈现人类进化过程的图画，为幼儿拼图提供线索 3。

（2）角色体验游戏。在游戏中，每一链条支持两名幼儿玩耍，两两幼儿互为队友，与另外链条的两名幼儿互为竞争对手。在其中一个链条中，A 幼儿通过掷骰子的方式，使 B 幼儿获得拼图块数，B 幼儿拼好拼图，依据最上方拼图所示发出开放指令，由 A 幼儿接收指令,从道具篮中选择相应的道具穿戴好,按指令模拟情景。然后接着掷骰子,如此往复,同时与另一个链条形成竞争模式。两个链条的每一阶段的道具相似,即有两套4种不同的穿戴道具,但指令各有不同。该设计的目的是让幼儿在探索过程中体验不同的生命状态,既能发现胎儿发育与人类进化的共同之处,同时在完成指令任务时还能区区两者的不同。

2. 游戏规则制定

(1)体验道具服装。第一阶段道具为遮光眼罩,孩子只能利用该蒙蔽视觉的特质达成任务,感受细胞阶段没有感官的特殊体验;第二阶段道具为泡泡服,即大型充气背心,孩子穿上像一个圆球,体验水域环境四肢失调的感觉;第三阶段道具为连接手脚的大鞋板,可供孩子同手同脚同时穿进,体验四脚着地进行活动的感觉。

第四阶段道具为一顶小皇冠,在四肢自由的情形下做任务,帮助幼儿获得一定的成就感和仪式感。投掷正好或超越16时,均按照第16块木板的游戏指令完成即可。

(2)指令游戏规则设置。每一阶段下设4个指令,每一链条16条指令,合计32条指令,多为较为开放性的简单指令,重点让幼儿通过动手搭建和角色扮演,了解个体发育和人类进化的历程并感受其中的关联与区别之处。比如,在胎儿游泳中请幼儿四肢蜷缩就地打滚,在灵动猿猴中模仿猩猩走路等。

(3)投掷骰子。骰子由6面正方体构成,只设置1、2、3三个数字,幼儿投掷可能会出现跳过某些指令游戏的情况,但不会错过阶段游戏设置。即确保幼儿能够体验到在不同阶段的指令。

## 二、学生原创作品:综合类玩教具《河南古都汇》

### (一)作品设计理念

《幼儿园教育指导纲要(试行)》指出,要"充分利用社会资源,引导幼儿实际感受祖国文化的丰富与优秀,感受家乡的变化和发展,激发幼儿爱家乡、爱祖国的情感"。河南是中华文明的重要发祥地之一,地域环境独特,历史文化悠久,中国的"八大古都"河南就有四个。河南本土文化具有丰富的审美性、生活性、综合性以及实践性,蕴藏很大的教育开发价值。

《河南古都汇》(图9-27)是一款中大型立体创意场景类玩教具,作品选取河南地区的四个古都为背景,充分挖掘地域特点和文化特色,通过微缩景观模型设计打造四个主题城市游戏场景:我跟轩辕学造车(郑州)、玩转清明上河图(开封)、我在洛阳修文物(洛阳)、探索甲骨文之谜(安阳)。

作品紧扣《幼儿园教育指导纲要(试行)》与《3—6岁儿童学习与发展指南》要求,面向大班幼儿,充分渗入社会、科学、语言、健康、艺术领域教育内容,以"共赏河南风土,体悟中原文化"为主线,采用观察、比较、操作等方法,让幼儿通过独立思考、自主探索、合作游戏等形式,浸入式体验河南地区文化的精神和内涵,进而开拓视野,培养创造力,获得多领域整合的核心经验。

**图9-27 《河南古都汇》作品全貌**

(设计者:魏鑫煜、张妍红、王翔然 指导教师:高星、张书喆)

**(二)作品特点**

1.将文化浸润于微缩景观模型设计

作品的四个主要游戏场景选取河南省四所古都城市最具特色的文化元素:安阳——甲骨文、开封——清明上河图、洛阳——考古文化、郑州——黄帝典故。通过微缩景观模型设计将地方文化元素自然融入游戏中,形式新颖,趣味性强。

2.教育的多领域整合

作品围绕科学、语言、社会、艺术和健康领域的儿童发展需求和教育要求而设计。幼儿通过拼搭、建构、归类、匹配、推理等游戏形式,提高动手操作能力,发展逻辑思维能力,增强地方文化知识的了解(科学领域);通过故事中历史人物品质渗透,以及合作游戏和挑战游戏的形式,培养敢于创造、善于合作和勇于竞争的品质(社会领域);通过游戏中低结构材料操作以及考古游戏工具的使用,提高手部力量和精细动作技能(健康领域),在轩辕车的再创作中发挥艺术想象力和创造力(艺术领域);通过甲骨文与生动形象的匹配游戏,培养对文字符号的兴趣(语言领域),体验多领域整合的核心经验。

3."以儿童为本位"的设计理念

作品中的角色形象造型夸张、生动有趣,色彩单纯简洁,材料结构层次丰富,富有创意,符合幼儿的审美特点。以玩教具为载体,将抽象的文化具象化,便于幼儿理解,符合幼儿的认知特点。

4.玩法多样,简易实用

作品可拆解可组合,既能组合为通关游戏,也可分成四个场景分别进行游戏,玩法多样。适合投放于集体教学活动、区域活动等多种场合使用,实用性较强。

（三）作品用途

这是一款集合了建构、益智、语言等类型的中大型综合类玩教具,其用途是多方面的,既可作为教具供教师开展集体教学活动或区域教学活动使用,又可投放于区域游戏中供幼儿自主游戏。作品价值主要体现在以下几个方面:

1.促进幼儿身体的生长发育

在"我在洛阳修文物"和"我跟轩辕学造车"中,幼儿通过挖寻文物、修复文物或拼插小车等精细动作发展手部小肌肉群,锻炼手部动作。

2.促进幼儿的认知和智力发展

在"探索甲骨文之谜"中,幼儿通过自主尝试比对甲骨文与象形图案并获得一定的感悟,感受文字的奇妙起源,增强文化认知。在"玩转清明上河图"中,幼儿通过组队游戏或竞技游戏,在合作与竞争中感受以智取胜的满足感与成就感。

3.促进幼儿语言发展

中大班幼儿在合作和集体游戏中,通过相互接触,会产生交流的迫切需要。尤其是在游戏宽松、自主的氛围中,如"探索甲骨文之谜"和"玩转清明上河图"中,幼儿的语言运用频率增多,词汇量增加,语言会逐渐变得流畅、自然、生动而富有想象力。

4.促进幼儿思考与解决问题的能力

随着游戏的深入发展,幼儿会遇到很多问题和困难,这实际上也就为幼儿提供了一个需要沉静和毅力来解决问题的环境,这样的环境既有趣味又有挑战,有利于培养幼儿思考问题、解决问题的能力,而这一能力又恰好是认知发展所不可缺少的。

（四）科学依据

《幼儿园教育指导纲要(试行)》指出,要"创造一个自由、宽松的语言交往环境,支持、鼓励、吸引幼儿与教师、同伴或其他人交谈,体验语言交流的乐趣,学习使用适当的、礼貌的语言交往"。幼儿语言的发展与其情感、经验、思维、社会交往能力等其他方面的发展密切相关,因此发展幼儿语言的重要途径是通过互相渗透的各领域的教育,在丰富多彩的活动中去扩展幼儿的经验,提供促进语言发展的条件。为了贴合这一点,本玩教具在开封板块中采取了"大富翁"的多人玩法,不仅极具开放性,也提供了相对宽松的语言环境,让儿童在"竞争"中体验与同伴共同玩耍的快乐与满足,并通过扮演导游等角色,提升语言表达能力。

《幼儿园教育指导纲要(试行)》第五条明确指出:"培养幼儿对生活中常见的简单标记和文字符号的兴趣。"要充分利用社会资源,引导幼儿实际感受祖国文化的丰富与优秀,感受家乡的变化和发展,激发幼儿爱家乡、爱祖国的情感。设计安阳板块时,选择巧用甲骨文与其对应的形象图画展开制作。在郑州板块的建构区,我们摆放了关于轩辕造车的绘本,也结合了《幼儿园教育指导纲要(试行)》中"利用图书、绘画和其他多种方式,引发幼儿对书籍、阅读和书写的兴趣,培养前阅读和前书写技能"。

《幼儿园教育指导纲要(试行)》要求教育活动要既适合幼儿的现有水平,又有一定的挑战性。教育活动的组织形式应根据需要合理安排,因时、因地、因内容、因材料灵活地运用。幼儿的科学教育是科学启蒙教育,重在激发幼儿的认识兴趣和探究欲望,要尽量创造条件让幼儿实际参加探究活动,使他们感受科学探究的过程和方法,体验发现的乐趣。本队玩教具有一物多玩的特点,并覆盖益智、建构、科学探索、语言文字等多种类型,且于多处标明易于幼儿理解的玩法,方便其自行选择感兴趣的城市板块进行自主体验。本队尽全力提供幼儿自由活动的机会,支持幼儿自主地选择、计划活动,鼓励他们通过多方面的努力解决问题,不轻易放弃克服困难的尝试。

(五)玩法介绍

《河南古都会》的玩法多样,四个板块都有其不同且有趣的玩法,详解如下。

1. 郑州板块:我跟轩辕学造车

"商都"郑州是神话中炎黄二帝故事的发祥地,其中黄帝建造宫殿、发明车船,为部落发展做出卓越贡献。该游戏板块以郑州黄帝故里为背景,自制原创绘本《轩辕造车》,并给幼儿讲述黄帝造车的故事,营造故事情境,激发幼儿动手操作、建构小车的兴趣。同时,教师投放各种低结构材料如木片、木棍、瓶盖、小盒、塑料瓶等,幼儿在造车过程中通过拼插、建构发展手部小肌肉群,锻炼手部精细动作,通过装饰车身培养创造力和艺术表现力。(见图9-28、图9-29)

游戏玩法:教师讲述绘本,幼儿借鉴绘本故事中黄帝的造车原理,运用板块中投放的材料通过拼插、建构,自主搭配车身形状,装饰自制小车,操纵小车前进。

图9-28 "我跟轩辕学造车"场景

图 9-29　《轩辕造车》手绘绘本

2. 开封板块：玩转清明上河图

《清明上河图》是宋代张择端创作的绢本长卷，作品以汴河为构图中心，展示了清明时节北宋京城汴梁各阶层人物的生活和动态。本作品以《清明上河图》为背景，设计为益智棋类玩教具。立体制作的棋盘场景再现了汴梁繁荣的商业风貌和地域特色，店铺和道具设计以开封地区本土非遗和地方小吃为元素，如朱仙镇木版年画、开封第一楼包子铺等；游戏棋子设计为四个身着北宋装束的人偶，具有宋代的时代特色。幼儿在趣味性的游戏设计中开发智力，增长见闻。（见图 9-30 至图 9-33）

游戏玩法："玩转清明上河图"可供 2～4 名幼儿同时游戏，玩家选择角色人偶后依次掷骰子来进行走棋。当角色人偶停留在某个建筑前的棕色区域，该玩家则可放置一枚与角色人偶同色的小棋子表示占有该商铺，并获得该商铺对应的非遗碎片。其他玩家进入此区域则必须通过抽签决定下一步的走向。当原玩家经过多次掷骰子走棋，成功停在同一商铺前的棕色地面上，则获得另一片碎片，组成完整的非遗卡片，游戏获胜。获得碎片的幼儿将作为"小导游"，对碎片内容进行讲解。

图 9-30　"玩转清明上河图"棋盘

图 9-31　角色人偶

图9-32　开封非遗碎片正面

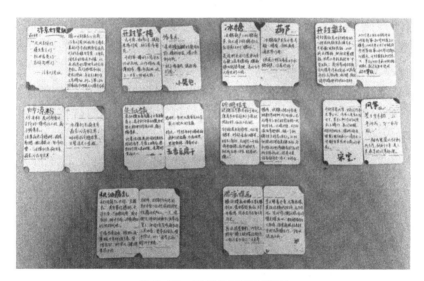

图9-33　开封非遗碎片背面

3. 洛阳板块:我在洛阳修文物

洛阳是十三朝古都,底蕴深厚,这座城市底下沉睡着千年的古物。其中"洛阳铲"是中国考古钻探工具的象征,是考古学工具之一。这一板块游戏有两个分工区,二者相互关联,即"寻找挖掘"和"文物修复"(见图9-34、图9-35)。

图9-34 "我在洛阳修文物"全景

寻找挖掘篇:首先对埋在地下的文物进行挖掘,盒中放有不同形状的土块,有的藏着文物碎片,有的则什么也没有。幼儿可用提供的小锤和小铲子尝试挖出藏有文物碎片的土块,将适量水喷洒在土块上让其湿软,接着用小铲子慢慢挖出完整的小文物碎片,最后用小刷子扫去文物碎片上的浮土。

文物修复篇:首先需要幼儿将碎片全部找出,尝试将碎片拼成完整的文物形状并先用胶带固定,然后用胶水将裂缝补合,晾干固定后拆下胶带并用石膏将缺口破损处补平,最后用砂纸在不平整的地方进行打磨,一个完好的文物便修补完成了。

图9-35 文物修复区局部图

4. 安阳板块:探索甲骨文之谜

《3—6岁儿童学习与发展指南》语言领域指出:"5~6岁幼儿,对图画和生活情景中的文字符号感兴趣,知道文字表示一定的意义。"历史悠久的安阳作为甲骨文的发源地,非常适合成为主题板块帮助幼儿通过辨别甲骨文形态来认知事物。作品创设了生活化、游戏化和综合化的游戏氛围,幼儿通过自主尝试比对象形字卡与图像,感知象形文字的趣味,了解文字的奇妙演变,加深文化认知(见图9-36、图9-37)。

图9-36 山水家园场景局部图

图9-37 甲骨文字卡与形象对应

游戏玩法:在此板块的游戏中,幼儿面对的是一个山水家园立体场景,场景中简笔画形式的景色、建筑、动物等对应着象形字卡如"山""水""屋""树""果""羊"等。幼儿通过大胆想象与匹配象形字卡,尝试在板区中寻找与之对应的图像,在规定时间内配对字卡数量多且正确的幼儿获胜。配对游戏结束后,幼儿可根据象形图案创编故事,在场景中进行故事表演。

# 第十章 故事讲述实训

故事讲述作为学前教育师范生的关键技能之一,其在中国的幼儿教育体系中占据了特别重要的地位。根据教育部的规定和指导原则,幼儿园教师不仅要具备基本的教育教学能力,还需要拥有专业化的故事讲述技巧。这一要求反映了对幼儿教师在语言表达、情感传达以及角色刻画方面的高标准和期望。在教育实践中,故事讲述被视为一种有效的教育工具,旨在通过吸引人的叙述和互动,培养幼儿的文学欣赏、审美鉴赏和品德教育。中国的教育政策强调,幼儿园教师应通过专业训练,提高其讲故事的能力,使其成为幼儿教育的一个重要组成部分。这种专业化的训练不仅包括语言的流畅和准确,还涵盖了对故事情节的理解、角色的生动表现以及与幼儿的有效互动。

幼儿期是人生早期发展的关键阶段,此时通过故事讲述能有效地培养幼儿的语言能力、想象力和情感发展。幼儿园教师通过使用生动的语言、富有表现力的肢体语言和表情,能够将故事中的情境、情感和信息传达给幼儿,这不仅丰富了幼儿的学习经验,还激发了他们对阅读和学习的兴趣。在这一背景下,对学前教育专业学生进行故事讲述技能的培训显得尤为重要。这种培训不仅仅是技能层面的提升,更是对未来教师职业素养的塑造。讲述技巧的培训应包括内容的选择、语言表达的技巧、与幼儿的互动能力以及创意展示等多个方面。这些技能的培养有助于未来的教师在实际教学中更好地服务于幼儿教育,提升整体的教育质量。

## 第一节 故事讲述知识基础

### 一、儿童心理学知识

儿童心理学知识对于故事讲述来说至关重要。这部分知识帮助教师理解儿童的心理发展阶段,包括他们的认知、情感和社交能力。了解这些可以使教师更好地选择和讲述适合儿童年龄和发展水平的故事。例如,不同年龄段的儿童对故事的理解和兴趣各不相同。幼儿更倾向于简单、有节奏的故事,而学龄前儿童可能更喜欢包含冒险和幻想元素的故事。教师需要理解这些心理发展特点,以选择合适的故事材料。

此外,儿童心理学知识还涵盖了儿童的情感发展。通过故事,教师可以帮助儿童理解和表达自己的情感,如快乐、悲伤、恐惧和愤怒。这对于儿童的情感健康和社交技能的发展是至关重要的。理解儿童心理学的教师能够更有效地与儿童沟通,通过故事传达正面价值观和行为模式,帮助儿童形成积极的世界观。

## 二、教育学知识

教育学知识是故事讲述的另一个重要组成部分。这包括教学理论、教学方法和课程设计。掌握这些知识可以帮助教师将故事讲述有效地融入日常教学中,使之成为促进儿童学习和发展的工具。了解不同的教学策略,如问题引导法、讨论法或游戏化学习,可以使故事讲述更加生动和有效。教师可以根据故事内容和教学目标选择最合适的方法,以提高儿童的学习兴趣和参与度。此外,教育学知识还涉及对教学内容的组织和规划。教师需要能够根据课程目标和学生的需求,选择和设计适当的故事。这要求教师不仅要有广泛的故事知识,还要能够有效地整合这些故事到教学计划中。最后,教育学知识还包括对教学效果的评估。教师需要能够评估故事讲述的效果,如学生的理解程度、参与度和情感反应,以优化教学方法和内容。

## 三、儿童故事文学知识

儿童故事文学知识是故事讲述的核心。这包括对儿童文学作品的广泛了解,包括经典童话、民间故事、现代儿童文学作品以及不同文化背景下的故事。了解这些故事不仅是为了在教学中使用它们,而且是为了能够从中挑选出最适合特定群体儿童的故事。不同的故事对儿童的启发和教育有不同的效果。例如,一些故事可能强调道德教育,而其他故事则可能更侧重于激发想象力或解决问题的技巧。对儿童文学作品的深入了解还可以帮助教师理解不同故事的结构和元素,如人物、情节、主题和语言风格。这对于故事的选择、改编和讲述都是非常重要的。对儿童故事文学的了解还可以帮助教师将故事与儿童的实际生活经验联系起来,使故事更加贴近儿童的生活,从而增强教育效果。

## 四、语言艺术知识

语言艺术知识对于故事讲述同样至关重要。这不仅包括对语言的掌握,还包括如何使用语言来有效地传达故事内容和情感。语言艺术知识包括语言的节奏、音调、声音的变化等方面。这些都是为了使故事讲述更加生动和吸引人。例如,通过改变声音的高低、速度和音量,教师可以表现不同的人物和情感,从而让听故事的儿童更加投入。语言艺术还包括对话语的选择和使用。适当的语言选择可以使故事更容易理解,特别是对于年幼的儿童来说。此外,使用生动的描述和比喻可以增强故事的视觉效果,激发儿童的想象力。语言艺术知识还包括对故事结构和叙述技巧的理解,如如何使用开头、发展、高潮和结尾来构建一个引人入胜的故事。教师需要掌握这些技巧,以有效地传达故事的主题和信息。

## 五、表演艺术知识

表演艺术知识在故事讲述中发挥着重要作用。这包括使用身体语言、面部表情和声音来表达故事中的情感和情境。身体语言,如手势、姿态和动作,可以帮助表现故事中的情节和人物。例如,通过模拟人物的动作或表情,教师可以使故事中的人物更加生动和真实。面部表情也是传达情感的重要工具。教师可以通过不同的面部表情来展示人物的情感状态,如快乐、悲伤、惊讶或愤怒,从而使故事更加吸引人。最后,声音的使用也是表演艺术的重要组成部分。除了基本的语言技巧外,教师还可以通过模仿不同的声音来表现故事中的不同角色,如动物的叫声或自然声音,从而增强故事的真实感和吸引力。

综上所述,这五个领域基础知识为故事讲述提供了全面的支持,帮助教师更有效地在学前教育中使用故事作为教育工具。通过对这些知识的深入理解和应用,教师可以更好地与儿童沟通,传达教育内容,并激发儿童的学习兴趣和想象力。

# 第二节　故事讲述能力要求

## 一、故事选择与准备能力

在学前教育中,故事选择与准备能力是教师必须精通的核心技能之一。这不仅是关于挑选一个故事,更涉及如何使故事适应教学环境、满足教学目标,并与儿童的兴趣和发展阶段相匹配。此能力要求教师具备深厚的故事文学知识,对儿童心理的理解以及创造性思维。

### (一)故事内容的深入理解

教师首先需要对选定故事的内容有深入的理解。这意味着对故事的主题、情节、角色和背景进行全面的分析。教师应能识别故事中的核心信息和潜在价值观,理解这些元素如何影响儿童的认知和情感发展。例如,一个关于勇气和友谊的故事可以被用来鼓励儿童面对困难时展现勇气,促进同伴间的合作与理解。

### (二)适宜性评估

选择适合特定年龄段儿童的故事至关重要。这需要教师理解不同年龄段儿童的认知能力、情感需求和社交技能。例如,对于幼儿,简单的故事结构、重复的语言模式和明确的道德教育主题可能更为适宜。而对于稍大的儿童,则可以引入更复杂的情节和多样化的角色。教师需要根据儿童的兴趣和发展水平,选择能够引发他们共鸣和兴趣的故事。

### (三)故事的适配与调整

在实际教学中,教师可能需要对故事进行调整,以确保其符合教学目标和儿童的具体需求。这可能包括改编语言使之更适合儿童的理解水平,调整情节以增加互动性或教育性,甚至加入新的元素以增强故事的吸引力。例如,教师可以将现实生活中的事件融入经典故事中,使故事更加贴近儿童的生活经验。

### (四)文化和价值观的考虑

在选择故事时,教师还需要考虑文化背景和价值观的影响。选择能够反映多元文化和积极价值观的故事对于培养儿童的多元文化意识和社会责任感是非常重要的。例如,包含不同文化元素的故事可以帮助儿童理解和尊重文化的多样性。

## 二、讲述语言技能

讲述语言技能在故事讲述中起着至关重要的作用。它不仅涉及语言的清晰度和准确性，还包括故事讲述者如何运用语言来吸引听众、表达情感和营造氛围。这一技能的培养对于学前教育专业学生而言至关重要，它不仅影响故事的传递效果，还涉及与儿童的情感互动和认知发展。

### (一)发声技巧

教师需要掌握良好的发声技巧，包括控制声音的音量、音调和节奏。声音的音量应该足以让所有儿童听清楚，但又不至于过于响亮。音调的变化可以帮助表达不同的情感和强调故事中的关键部分。节奏的控制则可以增加故事的吸引力，例如，在紧张或激动的情节中加快语速，在温馨或安静的场景中放慢语速。

### (二)清晰的发音和良好的语言组织

清晰的发音对于确保儿童理解故事内容至关重要。此外，故事的语言组织需要合理，句子结构应简洁明了，避免复杂和冗长的表述，特别是在面对年龄较小的儿童时。在讲述过程中适当地使用停顿和重音可以帮助突出故事的关键部分，同时给听众提供理解和消化故事内容的时间。例如，在一个情节转折点或故事高潮使用停顿，可以增强故事的戏剧性。

### (三)语言表现力

教师在讲述故事时需要能够通过语言传达出相应的情感。这包括使用不同的语气和语调来表达故事中的喜悦、悲伤、惊讶或恐惧等情感。情感的真实表达可以让儿童更加投入故事，增强他们的情感共鸣。教师应能够创造性地使用语言，如运用比喻、象征或幽默等手法来增强故事的表现力。这种创造性的语言使用不仅能提高故事的吸引力，还能促进儿童的语言理解和思维能力。

### (四)角色扮演和声音变化

在讲述包含多个角色的故事时，教师应能通过变换声音和语调来区分不同的角色。例如，使用温柔的声音来描述一位慈爱的母亲，或使用低沉的声音来描绘一位严肃的父亲。这种声音上的变化不仅使故事更加生动，也帮助儿童更好地理解和区分故事中的不同角色。

### (五)拟声效果的使用

拟声效果，如动物的叫声或自然环境的声音，可以增加故事的趣味性并激发儿童的想象力。教师应能够准确并生动地模仿这些声音，使故事的场景更加真实和具有吸引力。

## 三、互动技巧

互动技巧是教师在故事讲述过程中与儿童进行有效沟通和交流的能力。这不仅涉及故事的讲述本身，更包括如何激发儿童的参与感，如何引导他们思考和反馈，以及如何处理这些反馈信息来增强教育效果。互动技巧对于提升故事讲述的吸引力和教育价值至关重要。

### (一)提问和引导讨论

教师应能够在故事讲述中巧妙地提出问题,引导儿童进行思考和讨论。例如,在一个关于友谊的故事中,教师可以问:"你们认为这个角色为什么会这样做? 你们会怎么做?"这种提问不仅激发儿童的思考,还鼓励他们分享自己的想法和感受。

### (二)倾听和反馈

教师在提问后需要给予儿童充分的时间回答,并认真倾听他们的回答。对于儿童的回答,教师应给予积极的反馈,如:"这是一个很有趣的想法,让我们一起想想看这对故事有什么影响。"这种反馈信息不仅表明了教师对儿童意见的尊重,也鼓励了更多的儿童参与讨论。教师应能够与儿童建立情感上的联系,共享故事中的情感体验。例如,在讲述一个悲伤的故事时,教师可以表达出自己的同情:"这个故事让我感到有点难过,你们呢?"这种共鸣有助于增强儿童对故事的共感和深入理解。

### (三)情景模拟

通过创建与故事相关的情景,教师可以帮助儿童更深入地体验故事。例如,在讲述一个海洋探险故事时,教师可以将教室布置成为"海底世界",让儿童在这个环境中听故事。这种情景模拟可以激发儿童的感官体验,增加他们对故事的兴趣。

### (四)参与扮演

教师可以鼓励儿童通过角色扮演来参与故事。例如,在一个关于冒险的故事中,教师可以邀请儿童扮演故事中的角色,并问他们:"如果你是这个角色,你会如何解决这个问题?"这种活动不仅让儿童更加投入故事,还激发了他们的创造力和解决问题的能力。

## 四、道具创意使用能力

道具创意使用能力是指教师在故事讲述中利用各种道具来增强故事的表现力和互动性的能力。这不仅要求教师具备选择和制作适当道具的能力,还要求其能创造性地将这些道具融入故事中,使道具成为讲述的一部分,增强儿童的学习体验。

### (一)道具的选择和制作

教师需要够根据故事内容选择或制作合适的道具。例如,在讲述一个关于森林探险的故事时,可以制作一些树木、动物和探险装备的模型作为道具。这些道具不仅可以使故事场景更加生动,还可以帮助儿童更好地理解和想象故事内容。

### (二)道具与故事情节的结合

教师需要能够将道具有效地结合到故事情节中。例如,在讲述一个海底冒险的故事时,可以使用一些海洋生物的玩偶来代表故事中的角色。教师可以在讲述过程中操纵这些玩偶,使其成为故事的活跃部分。

### (三)道具的创意运用

教师应能够创意地使用道具,将其融入故事讲述中。例如,在讲述一个关于太空旅行的故事时,教师可以使用一些灯光效果和太空船模型来模拟太空环境。通过这种创意运用,故事的吸引力和教育效果都可以得到增强。教师也选择或制作那些可以在多个故事中使用的多功能性道具。例如,一个简单的箱子可以在一个故事中用作宝箱,在另一个故事中变成一个小船。这种灵活性不仅可以节约资源,也可以激发儿童的想象力。

# 第三节　故事讲述实训内容及要求

## 一、故事选择与准备

### (一)实训任务

**1.故事选择**

学生需专注于挑选具有教育价值和适宜性的故事。这意味着故事内容应该与幼儿的年龄段和认知水平相匹配,同时具备足够的趣味性和教育内涵。选择合适的故事是关键,因为它直接影响幼儿的学习和兴趣。

**2.故事改编**

改编过程包括将书面语言转换为适合口头表达的语言,并对故事中的重点细节进行创新编排,以适应听众的需求。这一过程要求学生展现出对原文的深刻理解以及创造性思维能力,使故事在保持原有精髓的同时,更加符合幼儿的理解和兴趣。

### (二)任务实施

学生在选择了合适的故事后,需要对其进行改编工作。改编的目标是使故事既流畅又富有吸引力,同时保留其核心价值和教育意义。在这个过程中,学生需要考虑语言的选择、情节的适应性调整以及故事结构的优化。例如,如果选定了一则经典童话,学生可以通过现代化的语言和情节元素,使其更贴合当代儿童的生活实际。此外,重点细节的创编,如角色的个性化、情节的现代化调整,都是提升故事吸引力的重要手段。

### (三)实训评价

故事选择和改编过程的评价着重于以下几个方面:

(1)适宜性:评估故事是否适合目标听众,即幼儿的年龄段和认知水平。

(2)创造性:评估故事改编中展现的创造性思维和创新能力。

(3)教育价值:判断故事在改编后是否仍保持其教育价值,是否能够在娱乐中传递知识和价值观。

(4)吸引力:评估故事的吸引力,包括语言的生动性、情节的紧凑性和角色的魅力。

在评价过程中,教师将提供反馈和指导,帮助学生进一步提升其故事选择和改编的能力。通过这种实践训练,学生不仅能够提高自己的语言表达和创意思维能力,还能够深刻理解幼儿教育的核心要求和方法。

## 二、讲述语言的表达

### （一）实训任务

**1. 声音训练**

（1）发声技巧：训练学生掌握正确的发声方法，包括如何使用腹部呼吸来支持声音，如何调整喉部和口腔以产生清晰、悦耳的声音。

（2）发音清晰度：重点训练清晰的发音，尤其是儿童教育中常用词汇的正确发音，确保每个字词都能被幼儿准确理解。

（3）拟声音效训练：学习模仿各种声音，如动物叫声、自然的声音等，使故事更生动有趣。

**2. 语感训练**

（1）重音和停顿：通过练习，掌握在句子中正确使用重音和停顿的技巧，以增强语言的表达力。

（2）语气、语调和语速：训练如何根据故事内容的需要调整语气、语调和语速，例如在紧张激动的情节中加快语速，在描绘平静的场景时放慢语速并使用平和的语调。

**3. 体态语训练**

（1）手势训练：教授如何使用手势来辅助语言表达，增强故事的可视性和表现力。

（2）眼神交流：学习如何通过眼神与听众建立联系，增强互动和沟通效果。

（3）肢体动作：练习使用身体语言来表达故事中的动作和情感，如模仿角色的行为。

### （二）任务实施

在实训中，学生将通过一系列练习来提高语言表达和非语言表达的技巧。这些练习包括模拟故事讲述场景，进行角色扮演，以及参与模拟教学活动。学生被鼓励在练习中尝试不同的声音、语调和肢体语言，以找到最适合自己风格的表达方式。

### （三）实训评价

在评价过程中，重点关注学生在以下方面的表现：

（1）声音控制：评估学生如何控制声音的音量、音调和节奏，以及声音是否清晰，富有表现力。

（2）语言流畅性：考查学生语言表达的流畅度，以及是否能够准确、有效地传达故事内容。

（3）非语言表达：观察学生使用手势、眼神和肢体动作的技巧，评估这些非语言元素是否与语言表达协调一致，增强了故事的整体效果。

## 三、互动技巧

### （一）实训任务

互动技巧是教师与儿童有效沟通的关键。这包括学习如何提问来激发儿童思考，如何恰当地回应儿童的答案或反馈，以及如何引导和维持讨论的氛围。例如，教师可以通过开放式问题引导儿童分享自己对故事的理解和感受，进而引发更深层次的交流。

**1. 提问技巧**

提问是激发儿童思考和参与的有效方式。教师应学习如何设计开放式和引导性的问题，这些问题应该既能够激发儿童的好奇心,又能够引导他们深入思考故事的内容和主题。

2. 回应技巧

对儿童反馈的回应应该是积极和鼓励性的,即使儿童的回答不完全正确。教师应学会如何通过肯定、扩展和引导,帮助儿童深入理解故事,并在此过程中建立自信心。

3. 引导讨论

教师应能够有效地引导故事相关的讨论,确保每个儿童都有机会参与。这包括学会如何引导话题,维持讨论的积极氛围,并确保讨论内容对所有儿童都是包容和理解的。

（二）任务实施

在实际的故事讲述中,学生将应用所学的互动技巧。例如,在故事的不同阶段,学生可以设置特定的提问环节,鼓励儿童分享他们的想法和感受。同时,学生也应该学会如何有效地回应儿童的每个回答,甚至是那些出乎意料或偏离主题的回答。在讲述故事的过程中,学生可以通过模拟教学的方式,实践如何在故事的不同部分引入互动元素。通过这种方式,学生不仅可以提高自己的故事讲述能力,还能够在实际的教学环境中更好地与儿童互动。

（三）实训评价

在评估学生的互动技巧时,重点关注以下几个方面:

1. 提问的质量

评估学生提出的问题是否能够激发儿童的兴趣和思考,以及问题是否适合儿童的年龄和理解水平。

2. 回应的恰当性

观察学生对儿童反馈的回应是否积极,以及是否能够引导儿童深入思考和参与。

3. 引导讨论的能力

评估学生在讨论中是否能够保持积极的气氛,以及是否能够确保每个儿童都有参与的机会。

## 四、道具创意实用能力

（一）实训任务

1. 创意使用道具来增强故事表现力

学习如何使用各种道具来丰富故事的叙述,使其更加生动和吸引人。道具的选择应与故事内容紧密相关,能够直观地展现故事的场景、情感和氛围。

2. 道具的多样性与创新性

探索使用各种类型的道具,包括日常物品、手工制作品、电子媒体等。鼓励创新思维,比如将传统物品用于新的表现形式,或者结合现代技术如多媒体展示,以增强故事的互动性和趣味性。

3. 道具与故事情节的结合

学习如何将道具融入故事的不同阶段,使其成为推动情节发展的重要元素。例如,在讲述探险故事时使用地图和罗盘道具,使儿童通过互动参与故事的探险过程。

**(二)任务实施**

在实际讲述故事的过程中,学生需要运用所学的技巧,将选定的道具创造性地融入故事中。这包括在适当时机展示道具,使用道具来模拟故事情节,或者让儿童亲自操作道具以增强他们的参与感。例如,在讲述一个关于海洋的故事时,可以使用海洋生物模型、水族箱或者海浪声效来增强故事的真实感。道具的使用应该灵活多变,既能吸引儿童的注意力,又能帮助他们更好地理解故事内容。

**(三)实训评价**

评估学生在使用道具方面的创造性和实用性。重点关注以下几个方面:

1. 道具选择的恰当性

评估所选道具是否与故事内容、主题和儿童的年龄及兴趣相匹配。

2. 创意融合

观察学生如何创造性地将道具融入故事中,以及这种融合是否增强了故事的吸引力和教育效果。

3. 儿童互动与参与度

评价道具使用是否促进了儿童的互动和参与,以及儿童对道具使用的反应和参与程度。

# 第四节　故事讲述案例资源

## 一、猴子摘桃[①]

山上有只小猴子,很活泼,很聪明,可就是老爱丢东西,什么事儿也做不好。有一天他想:这猴山上没什么好玩的,还是下山走走,要是碰上什么好吃的、好玩的,带点儿回来,让别的猴子见了都眼红!

于是他就偷偷地溜下山去,走呀,走呀,走了许多路。他经过一片桃树林,桃树上结满了又红又大的桃子。小猴子快活极了,他自言自语:"这里的桃子多大多好看,比猴山上的瘦桃好多了! 摘一个带回去,让他们都眼红!"于是,他爬到桃树上,摘了一只最大最红的桃子。他把大红桃捧在手里,高高兴兴地又往前走了。

走呀,走呀,又走了许多路。他经过一个菜园子,菜园子里种着大白菜呀,大萝卜呀,在菜园子的边上还种着苞米呢。小猴子指着苞米说:"这玩意儿多好玩,白白的袍子,长长的胡子,猴山上可没有,我摘一个带回去,让他们都眼红!"于是,他扔下桃子,踮着脚,掰下一个大苞米,一手抓着苞米须子,把苞米背在肩上,高高兴兴地又往前走了。

---

① 李煜:《睡前10分钟·小猫卷》,陕西旅游出版社,2004,第11-13页,有删改。

走呀，走呀，又走了许多路。他经过一块瓜地，这瓜地一片绿茵茵，一个个大西瓜滚圆滚圆的，正朝着他笑呢！小猴子乐得摇头摆尾："这大瓜儿真逗人，猴山上哪见过呀。我摘一个带回去，让他们都眼红！"于是，他扔下苞米，趴在地下摘了个大西瓜，抱在怀里，高高兴兴地又往前走了。

走呀，走呀，他走了一阵子，真累坏了。他就放下西瓜，一屁股坐在西瓜上歇着。忽然，一只野兔子从身边跑过去，小猴子一下子蹦起来，大声喊着："我要是抓个兔子回去，就更带劲啦！"他丢下西瓜，向野兔子扑去。野兔子一蹦一跳地在前面跑，小猴子也一蹦一跳地在后面追。可是不好，兔子跑得真快，一会儿连影子也不见了。

天慢慢地黑下来了，小猴子觉得有点儿害怕，就赶紧往回走。回到猴山上，小猴子才想起，闹了半天，还是两手空空的，什么也没拿到！

## 二、不知足的萤火虫①

萤火虫想变得快乐一些，于是，他就去找魔法师，乞求道："请你给我变一些东西吧，我想变得快乐一点！"魔法师问："你想要什么呢？"萤火虫想了想，说："我想要小鸟那样大的翅膀，它能带着我飞得更高、更远。"魔法师同意了他的请求，于是，变出了一双小鸟的翅膀送给他。

萤火虫挥舞着翅膀快乐地飞来飞去，可没过一会儿，他就不满足了。他找到魔法师说："我想变成蝴蝶那样，五颜六色的，多漂亮啊！"于是，魔法师又把他变得和蝴蝶一样了。可没过多久，萤火虫又不快乐了，他想："要是我能像老虎一样有着强大的身体该多好呀！那样的话，谁也不敢欺负我了。"

于是，他又找到魔法师说："我想变得像老虎一样强大！"当魔法师把萤火虫的身体变成老虎的样子后，萤火虫却发现自己的翅膀根本就不能让这么沉重的身子飞起来，而自己离快乐也越来越远了。

他急得大叫起来："为什么我这么倒霉，怎么也找不到快乐呢？"魔法师对萤火虫说："你之所以不快乐，不是因为别的，而是因为你缺少一样东西。"萤火虫奇怪地问："我缺什么呀？你赶紧帮我变出来吧！"魔法师摇摇头说："这样东西我是变不出来的，你唯一缺少的就是知足。"

## 三、害羞的小精灵

从前有只小精灵，她有着五颜六色的翅膀、天使般的歌喉……真是人见人爱、花见花开！可是，小精灵却十分害羞，所以她不得不四处搬家。

一天，小精灵在地里发现了一个大萝卜，心想把家搬到这里，真是再好不过了。于是她马上行动起来，大萝卜就变成了小精灵的家。

小精灵住在这舒适的家里睡得真是香甜。可是，天还没亮，王奶奶就到地里摘菜，发

---

① 腾翔:《让孩子聪明伶俐的快乐故事》,中国电影出版社,2013,第128-130页,有删改。

现如此大的萝卜,心想这大萝卜摘回家熬汤一定好吃,想着便把小精灵住的"家"摘了下来。

王奶奶高兴地拎着大萝卜回家,可小精灵住在大萝卜里一路睡得更舒服啦!心想,这个家真好,还能像摇篮一样,真是个好地方。

王奶奶回家后就忙着做饭,开始磨刀、刷锅……叮叮当当、哗哗啦啦的声音,吵醒了睡在大萝卜里的小精灵。小精灵这可吓坏了,她在里面吓得卷成一团,气也不敢喘。竖着耳朵听到外面王奶奶说话的声音:"今天这个萝卜真是大呀,熬汤一定很甜。"哎呀,一向害羞的小精灵,这下可完了。她在里面想呀想:"这下怎么办呢?我总不能就这样一起被熬汤……"

正当王奶奶拿起大萝卜,害羞的小精灵在这关键时刻终于鼓起勇气唱起了歌儿。王奶奶听到优美的歌声,寻声问道:"你是谁呀?"

小精灵发现身旁是一位和蔼可亲的老奶奶,小声地说:"我是小精灵,我住在这大萝卜里。"

王奶奶见是一位可爱的小精灵,非常喜欢。而且她们还做了好朋友。

从此小精灵不再害羞了,成为世界上最美丽的小精灵!

### 四、柳树和枣树[①]

村民们在村口种下了一棵小柳树和小枣树。几年过去了,小柳树和小枣树都长成了大树。

又一年春天到了,柳树早早地发出了绿绿的嫩芽,细细的、长长的。而枣树还是光秃秃的。柳树对枣树说:"今年你怎么这么晚才发芽啊!你现在光秃秃的,难看死了。"枣树没说话,他使劲儿地从土地里吸收养分。

过了些日子,当柳树已经长满了叶子在微风中飘舞时,枣树才长出叶子。柳树摆动着美丽柔软的腰肢,得意极了。又过了些日子,枣树开出了很香的小花,花落之后,便结出一颗颗青青的小枣。柳树很不解,问:"枣树,你身上结的什么东西啊?那么多,多重啊,快把它们扔掉,随我在风中跳舞吧!"枣树没说话,他仍旧细心地照顾着那些小枣。

那些青青的小枣越长越大。秋天到了,柳树的叶子变黄了,开始落了。而枣树上的那些小枣则变成了又红又大的枣。村民们把枣摘下来,开心地吃着,直夸枣子香甜。柳树听到了很惭愧。枣树对柳树说:"柳树,你虽然不能结果子,但你是第一个预报春天的,人们看见你,就知道春天要到了啊!"

### 五、小蜈蚣穿鞋[②]

小蜈蚣明天就要上学了,这真是顶大顶大的喜事儿。今天,妈妈带他上街去买东西。

① 崔钟雷:《经典睡前故事:星星梦》,北京联合出版公司,2012,第135-137页,有删改。
② 央广江通(北京)文化传播有限公司:《小喇叭60年经典睡前故事(月亮卷)》,化学工业出版社,2014,第150-154页,有删改。

商店里东西可多了,妈妈给小蜈蚣买了十二支铅笔,买了五种文具盒……还买了好多好多的东西,满满地装了三个口袋。

小蜈蚣拉着妈妈指着柜台里花花绿绿的小鞋子说:"我要买鞋子,'吱吱'叫的鞋子。"

"什么,鞋子?"妈妈为难地说,"乖乖孩子。我们蜈蚣的脚多,从来不喜欢穿鞋子,再说,今天买了也拿不动呀。"

站在柜台里的售货员白猫阿姨看见了,说:"拿不动不要紧,我们送货上门吧。"

第二天一大早,妈妈叫醒小蜈蚣,就到厨房里准备早饭去了。

过了好一阵子,香喷喷的早点端上了桌子,可是还不见小蜈蚣来吃饭,妈妈到房里一看,原来,小蜈蚣满头大汗地蹲在一大堆鞋子旁边穿鞋呢!妈妈急了,赶忙叫爸爸、爷爷、奶奶都来帮小蜈蚣穿鞋,好不容易鞋子都穿上了。

小蜈蚣来不及洗脸,顾不上吃早点,就让爸爸、妈妈送他上学去了。

"吱吱,吱吱,吱吱……"小蜈蚣的鞋子像一支乐队来到了街上,小蜈蚣越来越走不动了,爸爸、妈妈在两旁又是扶腰,又是搬腿,费了好大好大的力气,小蜈蚣终于爬到学校门口。

这时候,小动物们唱起歌儿,排着整齐的队伍,从学校走了出来,他们也是来看小蜈蚣"吱吱"叫的鞋子吗?

哦,不!现在已经是中午,学校放学啦!

## 六、穿鞋的小花猫[①]

有一只爱美的小花猫,看见人们穿着鞋,很羡慕。于是,小花猫想:"我要是也穿上鞋,那才漂亮哩!"

小花猫攒够钱就去买鞋,她走进鞋店,指着红色的鞋说:"我就买这种鞋!"小花猫穿着新鞋,走在回去的路上,神气极了。

小猪看见小花猫,惊讶地问:"呀,小花猫,你怎么穿鞋了?""是啊,你看我的新鞋多漂亮,你也去买一双吧!"小花猫说。

"好看是好看……可你……"不等小猪说完,小花猫就走远了。

小花猫回到主人家。晚上,她依旧趴在厨房墙角边,等着逮老鼠。夜里,四处静悄悄的,小花猫觉得奇怪,怎么一点儿声音也没有?平时,有一点响动自己都听得见,今天,一切都静得出奇,小花猫渐渐睡着了。

一群老鼠鬼鬼祟祟地来到厨房,看见一只穿着鞋的小花猫在睡觉。"猫在睡觉,我们快去偷油吃吧!"一只小老鼠说着,就要爬上灶台。

一只大老鼠拉住他说:"别急,猫虽然睡着了,可一有动静就会醒!"狡猾的大老鼠悄悄溜过去,小花猫一点也没察觉。

大老鼠一招手,一群老鼠一拥而上,把一瓶油吃了个精光。第二天,主人发现油被老

---

① 奥斯柏格:《最勇敢的王子童话》,湖北少年儿童出版社,2014,第139-141页,有删改。

鼠偷吃了,便责问小花猫。

小花猫很惭愧,跑去问大黑猫:"晚上老鼠偷油吃,我怎么一点也没察觉?"大黑猫看到小花猫脚上的鞋说:"啊,你怎么能穿鞋呢?"

大黑猫说:"我们全靠爪子在地面感觉声音,你穿上鞋就什么也感觉不到了!"

### 七、爱笑的妖怪①

小青蛙是个讲笑话大王。

小青蛙还是一只勇敢的青蛙。

有一天,小青蛙从池塘里爬上来。突然,他看到有个妖怪从草丛里冒出头来。这个妖怪真吓人,他长着一对大犄角,有两只红红的大眼睛,嘴角边还伸出两只尖尖的长牙齿,浑身长着古里古怪的毛。

妖怪说:"我在这儿等你好久了,我就是爱吃小青蛙。"

小青蛙起先吓了一大跳,他想跳下池塘逃走。可再一想,还是先看看这妖怪到底是什么东西再逃走吧。

小青蛙想了想说:"在你吃我以前,先听我讲个笑话吧!"没等妖怪回答,小青蛙就讲了起来,这是他编的一个最好笑的笑话。妖怪才听了两句,就笑了起来。他越听越乐,笑得腰都直不起来:"哦……哈哈哈……哈哈哈……"

小青蛙侧着耳朵一听,就知道这个妖怪是假的。因为他常讲笑话,对森林里伙伴们的笑声太熟悉了。他闭上眼睛就能猜出这个妖怪是谁装扮的。

小青蛙假装生气地说:"妖怪,你该笑够了。你别忘记前几天,你还欠我一个故事和两个大苹果呢!"

妖怪一听,惊得头上一对大犄角和嘴边长牙都掉了下来。"你是河马!"小青蛙拍着手说,"你的笑声我太熟悉了,你是个爱笑的妖怪呢!"

大河马去掉了伪装,把两只"大眼睛"拿了下来,正好是两个大苹果,他笑着说:"你真是一只勇敢的小青蛙。喏,这就是我要还你的大苹果!"

小青蛙也乐了,他们一起开心地吃起了大苹果。

### 八、小熊祝寿②

大象公公60岁了,小熊要去祝寿。熊妈妈说:"去了要说一句吉利话。"

小熊问:"什么吉利话?"

熊妈妈告诉他:"应该说'祝大象公公寿比南山永远不老',记住了吗?"

小熊说:"记住了。"

小熊出门后,怕忘了妈妈告诉他的吉利话,便一遍又一遍地念叨着:"祝大象公公寿

---

① 张秋生:《小巴掌童话》,春风文艺出版社,2016,第76-79页,有删改。
② 嘉妍、夕莉雅,等:《365夜故事》,上海人民美术出版社,2013,第49-51页,有删改。

比南山永远不老,祝大象公公寿比南山永远不老,祝大象公公……"但一不留神,在小桥上绊了一跤,他"扑通"一声掉进了小溪里。等他湿漉漉地爬上岸时,呀,妈妈教的吉利话却怎么也想不起来了。

吉利话一定掉在小溪里了,他想。于是他爬下小溪,在水里来来回回地摸。

一只小猴从桥上走过,问:"小熊,你摸鱼吗?"

"不是!"

"摸螺蛳?"

"不是!"

"那摸什么呀?"

"我掉了东西!"

小猴热心地说:"我帮你一块儿摸。"

小猴和小熊在小溪里摸过来,摸过去。小猴说:"水里什么也没有啊! 小熊,天不早了,我要给大象公公祝寿去,我先走了,再见!"

"可是,我也要给大象公公祝寿呀!"

"那么快走吧!"

大象公公家里真热闹,来了好多小动物。小熊见了大象公公,愣在那儿不知说什么好。小猴鞠了一躬,马上说:"祝大象公公寿比南山永远不老!"大象公公听了很高兴,请小猴吃了一块大蛋糕。

小熊一听可火了,一把抓住小猴说:"你倒好! 原来我掉在小溪里的吉利话被你捡走了!"

## 九、刺猬和大灰狼

有一天,一只小刺猬正开心地在林子里寻找野草莓。一只大灰狼看见了,便走了过来说:"小刺猬,你能告诉我为什么你全身都长着又硬又尖的长刺吗?"

"呵呵,我们刺猬天生就是这样的啊!"小刺猬对大灰狼说。

大灰狼想尝尝刺猬肉的味道怎么样,就想了个鬼主意。他撇了撇嘴,说:"可你这样多难看啊,而且长刺还会伤到别人。你看我的皮毛,多漂亮多柔软啊!"大灰狼说完,转了一个圈,向小刺猬展示自己长长的大尾巴。

小刺猬无奈地对大灰狼说:"可是我有什么办法把刺都去掉呢?"

大灰狼听了眼睛一眨,悄悄地对小刺猬说:"不用着急,你可以把难看的长刺全拔掉啊,这样就可以啦!"小刺猬觉得大灰狼说得挺有道理,他高兴极了,连忙跑回家。

"妈妈,我要把难看的刺全拔光!"妈妈大吃一惊,忙告诉小刺猬:"孩子,有了这些长刺,像狼这样的大坏蛋就不敢来欺负我们了,可不能拔呀!"小刺猬听了点点头,自己差一点就上当了。

第二天,大灰狼看见包得严严实实的小刺猬,就问:"你的长刺都拔干净了吗?"小刺猬听了,眼珠子转了转,计上心来,就点了点头,大灰狼便向小刺猬扑了过来,张开大嘴就是一口。

"哎哟哟!"大灰狼嗷嗷大叫了起来。他的嘴被小刺猬身上的刺扎破了,流了很多血,只好捂着嘴巴逃走了。

## 十、小怪龙许愿①

小怪龙是一条很开心的龙。

一天,小怪龙和爸爸一起在山坡上看星星,他们看见一颗流星飞过,小怪龙说:"让我许个愿。"因为小怪龙听说,当流星飞过头顶时许个愿,这愿望就能实现。小怪龙许的愿是:"让我有一棵奇妙的树,树上能结出各种让我开心的奇妙果实。"

过了很多日子,这棵奇妙的树也没出现,不过小怪龙早把这事给忘了。小怪龙要过三岁生日,他又悄悄地许了个愿:"让我有棵奇妙的树,树上能结出各种让我开心的奇妙果实。"许好愿,小怪龙吹灭了蜡烛。生日蛋糕吃下好多天了,那棵奇妙的树还没出现,小怪龙问爸爸妈妈是怎么回事。爸爸说:"许了愿,还得自己去努力,愿望才能实现啊!"

后来,小怪龙自己动手,在小院里栽下一棵树,不过那只是一棵普普通通的荔枝树,小怪龙不断地给树浇水、施肥。不久,树长大了,树上挂满了甜甜的荔枝。

小怪龙请来他的好朋友吃荔枝。多么甜美的荔枝呀!大家吃得可高兴了。朋友们也给小怪龙送来各种各样的礼物,这是些让小怪龙十分开心的礼物。

小怪龙捧着一大堆礼物对爸爸妈妈说:"我的愿望实现了,我有了一棵奇妙的树,还有一群奇妙的朋友。瞧,我的树上结了多么奇妙的果实!"

爸爸妈妈笑了,他们说:"我们的小怪龙长大了,他能用自己的努力,实现自己美好的愿望。"

---

① 张秋生:《小巴掌童话》,春风文艺出版社,2015,第108-111页,有删改。